云南师范大学

教育学一流学科建设成果

美国教育转折点丛书

陈瑶　张斌贤　主编

社会运动与美国教育改革

陈　瑶

——等著

河北大学出版社

·保定·

出 版 人：朱文富
选题策划：何　东
责任编辑：李丽华
助理编辑：李天雪
装帧设计：赵　谦
责任校对：王亚薇
责任印制：常　凯

图书在版编目（CIP）数据

社会运动与美国教育改革 / 陈瑶等著. -- 保定 : 河北大学出版社，2024.2
（美国教育转折点丛书 / 陈瑶，张斌贤主编）
ISBN 978-7-5666-2255-6

Ⅰ. ①社… Ⅱ. ①陈… Ⅲ. ①社会运动－历史－研究－美国②教育改革－研究－美国 Ⅳ. ①D771.25 ②G571.21

中国国家版本馆CIP数据核字(2023)第231555号

社会运动与美国教育改革
SHEHUI YUNDONG YU MEIGUO JIAOYU GAIGE

出版发行：河北大学出版社
地址：河北省保定市七一东路2666号　邮编：071000
电话：0312-5073003　0312-5073029
网址：www.hbdxcbs.com
邮箱：hbdxcbs818@163.com
印　　刷：保定市正大印刷有限公司
幅面尺寸：170 mm × 240 mm
字　　数：345千字
印　　张：29.25
版　　次：2024年2月第1版
印　　次：2024年2月第1次印刷
书　　号：ISBN 978-7-5666-2255-6
定　　价：98.00元

总　序

自中国开展现代意义的教育研究以来的100多年间，美国教育一直是中国教育研究的重要领域。尤其是近三四十年以来，关于美国教育历史与现状的研究更是受到教育学不同分支学科的关注，研究成果数量众多，涉及的范围也非常广泛。

然而，通过对学术史的梳理可以清晰地看到，在美国教育的研究领域，长期以来一直存在着两个突出的问题：一是对"宏大叙事"的选题偏好，二是以追求系统性和完整性为目的的"教科书"式的研究路径。这些问题共同造成的结果是，虽然研究成果数量众多，但鲜有富有新意和创见的成果。

为探索更加合理的研究路径，10余年来，来自北京师范大学、华东师范大学、浙江大学、首都师范大学、浙江师范大学、云南师范大学等高校的部分学者组成的团队一直致力于对美国教育史开展微观的个案研究，即精心选择一些对美国教育历史演变具有重要影响的事件，或者对著名教育家思想的形成，即美国教育历史中的"转折点"进行多方面的挖掘，通过"小题大做"，以小见大，从新的角度重新审视美国教育的历史演变。我们认为，这种尝试一方面有助于在学理上厘清美国教育发展的关键环节和基本线索，把握美国教育发展的整体脉络，另一方面的意义则在于尝试探索美国教育研究的新思路、新视角和新方法，消除沿袭已久的教育思想史与制度史、实践史之间的隔阂。“美国教育转折点丛书”就是在这方面初步探讨的成果。

本丛书编写的另一个目的是为教育专业的本科生和研究生提供一个学习和研究的辅助工具。对年轻学子而言，固然需要从整体上了解美国教育演变的基本过程和基本线索，但通过对不同“转折点”的微观认识，可以更加具体和深入地把握美国教育在关键时期发生的重大转变。只有通过宏观了解与微观把握的有机结合，同学们才能更加完整地认识和了解美国教育的过去和现在。希望通过我们的努力，能对同学们的学习有所助益。

本丛书共收录了5种著作。北京师范大学陈露茜教授等撰写的《思想流变与美国教育》旨在对杰斐逊、贺拉斯·曼、哈里斯、埃利奥特、帕克、桑代克、杜威、霍尔、布鲁纳、科南特这10位美国著名教育家的教育观和社会观进行历史梳理，以便于更好地厘清美国教育与整体社会之间的互动。该书力求既清晰地勾勒美国著名教育家的“教育”观，更重要的是体现孕育这些“教育”观的整体社会哲学、社会变革和社会情境，以及这些“教育观”在产生、发展变迁中所遭遇的种种问题及其应对举措。

华东师范大学祝贺副教授等撰写的《法律判例与美国教育变迁》通过对达特茅斯学院董事会诉伍德沃德案、查尔斯·斯图亚特等诉卡拉马祖案第一学区案、普莱西诉弗格森案、麦诺斯维尔诉戈比蒂斯案、布朗诉教育委员会案、恩格尔诉瓦伊塔尔案、米尔斯诉哥伦比亚特区教育委员会案、加州大学董事会诉巴基案、杰弗里斯诉哈勒斯顿案、俄亥俄州教育券案这10个著名判例的梳理，旨在对美国教育史上著名教育判例的缘起、审理过程及社会影响进行历史分析，以便更好地厘清美国教育与法院判例之间的互动。

浙江师范大学於荣教授、浙江大学王慧敏副教授等撰写的《联邦立法与美国教育演进》选取美国历史上对美国教育发展产生重要影响的10个法案，分别对每个法案的立法背景和过程、法案的主要内容、法案的实施和修订，以及法案对美国教育发展的影响等进行了叙述和分析。对这10个联邦教育立法的研究不仅有助于更清晰地了解教育立法与教育发展之间的关系，而且有利于更深入地理解教育与政府、教育与社会之间的关系。

首都师范大学原副教授、独立学者林伟博士等撰写的《著名报告与美国教育嬗变》选取美国教育史上相继出现的10份具有里程碑意义的重要报告，即《耶鲁报告》《十人委员会报告》《弗莱克斯纳报告》《中等教育的基本原则》《科学：无止境的前沿》《自由社会中的通识教育》《为美国民主的高等教育》《今日美国高中》《科尔曼报告》《国家处于危机之中》，叙述分析了报告面世的背景和原因，探讨了报告着重提出的问题和解决问题的路径及其对美国教育发展所产生的重大影响。

云南师范大学陈瑶教授等撰写的《社会运动与美国教育改革》选取公立学校运动、工业教育运动、综合中学运动、教育科学化运动、进步主义教育运动、初级学院运动、生活适应运动、教育民权运动、“回归基础”教育运动、学校选择运动这10个在美国教育史上产生过重要影响的教育运动进行研究，力求以教育运动的线索考察美国教育的历史，不仅梳理了各个运动的背景、起源、过程和结果，而且具体分析了运动在美国教育变革中的影响和意义。

本丛书为云南师范大学教育学部省级重点支持一流学科（教育学）项目建设成果。云南师范大学教育学部陈瑶教授和北京师范大学张斌贤教授共同负责该建设成果的实施工作。感谢云南师范大学教育学部为本丛书出版提供的大力支持。

在丛书出版之际，衷心感谢各位主编和作者付出的辛勤劳动。同时，向河北大学出版社朱文富社长、何东主任和各位责任编辑提供的支持和帮助表示崇高的敬意和诚挚的谢忱。

陈瑶 張斌賢

2023 年 6 月

前　言

在美国教育历史上，自19世纪开始至20世纪中后期的一个半世纪，大大小小的“运动”层出不穷，以运动的方式推进教育变革是美国教育的一个重要特点。通过教育运动的书写展现美国教育历史是本书的立意。

本书选取美国教育史上具有代表性、影响力且有一定“运动”规模的十大运动作为书写对象，它们依次是公立学校运动、工业教育运动、综合中学运动、教育科学化运动、进步主义教育运动、初级学院运动、生活适应运动、教育民权运动、“回归基础”教育运动和学校选择运动。这些教育运动从初等、中等到高等教育，从普通教育到职业教育，从学校教育到社会教育，广泛波及；有的边界清晰、来去有踪，相对自成一体，聚焦在教育领域中突显其作用，有的则被裹挟在社会运动的洪波巨浪中，成为社会运动的一个组成部分；有的运动水到渠成、顺风顺水，有的则勉力抗争、充满波折。

一、以运动推进的美国教育变革

教育运动的发生往往源于解决现实教育问题的诉求，以及由此产生的寻求教育变革的强烈动机。

从美国建国以来，教育发展的最大动机就是构建一个现代学校制度。公立学校运动就是美国教育史上第一个重大运动，它发生于19世纪初期，美国建国 30 多年后，与一个现代国家的形成相辅相成。在以贺拉斯·曼、亨利·巴纳德为代表的一批公立学校运动领导人的倡导下，许多州逐渐建立了教育监管体制，实行了普及、免费、世俗、由税收支持的新教育制度。“从本质上来说，公共学校运动是一场旨在将那些不平等的、经费不足的、在校学生的学习基础各不相同的、由没有经验的和未受过训练的教师管教（而不是教育）的公立、半公立学校，制度化为普及的、免费的、由税收支持的学校的社会运动。”① 在美国教育史上，公立学校运动具有承上启下的特殊意义。它继承殖民地时期的教育遗产，创建了一系列教育体制，初步形成了公立学校理念（common school ideal），开启了具有美国特色的教育理论和实践，并且深刻影响了美国教育的历史发展。

19 世纪公立学校体系确立后，并非一劳永逸地解决了教育问题，在新的平台上，新的教育问题源源不断产生。尤其是 19 世纪后半期，由于工业化带来的社会的全面转型，对劳动力素质与能力的新要求、对美国传统与现实的重新认知、对同化外来移民的坚定信念，以及对社会与政治民主的期待，要求传统的美国中学必须一一做出回应。出于对公共教育现状的不满，19 世纪末到 20 世纪前期，美国相继出现了众多旨在变革美国公共教育的运动，这些运动在不同方面以不同形式对美国公共教育改革发挥了不同程度的影响，也使教育运动成为这一时期美国公共教育改革的基本方式。“19 世纪后期、20 世纪前期，美国相继出现的各种教育运动数不胜数，难以精确统计。得到普遍公认的教育运动包括手工训练运动、裴斯泰洛齐运动、赫尔巴特运动、福禄培尔运动、蒙台梭利运动、工业教育运动、职业教育运动、儿童研究运动、进步主义教育运动，综合中学运动，等等。这些运动直接与

① ［美］L. 迪安·韦布：《美国教育史：一场伟大的美国试验》，陈露茜、李朝阳译，安徽教育出版社，2010，第 188 页。

公共教育改革相关联。除此之外，还有一些社会运动虽其宗旨与教育并无直接关联，但在客观上也对公共教育的改变产生了不同程度的影响，如美国化运动、禁酒运动、贫民安置运动等。”① 本书重点描述了其中比较具有规模和影响的工业教育运动、综合中学运动、教育科学化运动、进步主义教育运动。这几个运动从不同方面以不同的方式回应了工业快速发展对公共教育的挑战，目的是使公共学校制度更加“民主”“科学”“效率”，使所培养的个体更加适应现实的社会生活。

在工业化运动中，通过个人领导、不同利益团体共同酝酿与博弈，通过起草提案与商讨到《史密斯-休斯法》国会主导的教育立法的复杂过程，工业教育运动以其极具美国色彩的、自下而上的运动方式向世人展示了美国教育在应对工业化挑战时的回应。综合中学运动则是在工业化的时代背景下公立中学试图缓解生存危机、回应各方需求的一份综合性解决方案，综合中学委员会及中等教育改造委员会试图在民主社会中以综合化的方式为美国中学树立标准，并且推动中学的大众化。综合中学运动一方面满足了工业化与城市化对中等教育提出的专门化、管理科学化、劳动力分工的需求，另一方面回应了职业教育运动对中等学校的各种职业需求，并且始终坚守民主社会的统一性与团结性。在教育科学化运动中，科学主义的研究取向成为美国教育学术研究的主导思维模式，并且为新兴的美国大学教育学院和教育研究提供了基本的工作和组织模式，学校调查也成为实现改革公立学校的主要技术手段。在此基础上，大学、学校董事会、督学、教育机构之间形成了新的权力秩序，引导了公共教育体系及教育研究的后续发展。

这个阶段的教育运动中声势最浩大的就是进步主义教育运动。工业化和城市化不仅创造了崭新的生产方式和生活方式，而且产生了建

---

① 张斌贤，高玲，钱晓菲：《社会运动与 19 世纪末、20 世纪前期美国公共教育变革》，《教育研究》2017 年第 2 期，第 132—141 页。

立一种全新的社会制度、政治模式、价值体系的深刻需要，从而也需要进行一种整体的教育变革。进步主义教育运动强有力地促进了美国教育从农业时代向工业化时代、从近代向现代的巨大转变，对美国教育的转型发挥了积极的作用，构成了现代美国教育的重要开端，也直接制约着这种发展的方向和格局。它对形成美国现代学校教育的基本特征产生了深远的影响。尽管进步主义教育主张的儿童中心论遭到了指责，但19世纪弥漫在学校教育中的权威主义已不可能再统治美国的学校。进步主义教育运动瞄准美国教育的特殊形势和特殊问题，促进了美国教育理论研究的发展，逐渐形成了以杜威教育哲学为代表的“美国化”的教育理论体系。总之，进步主义教育构成了20世纪美国教育史的主要线索。

对公共基础教育的变革逐渐向上一层级波及，1890年之后，数量急剧增长的高中毕业生的教育需求促使高中扩张延伸教育年限，这些高中毕业生虽然不可能都进入大学，但起码应该向其提供完整的高中普通教育或职业教育，美国中等教育学制系统急需变革，这种形势为初级学院运动的兴起提供了动力。19世纪末，美国高中学制主要以4年制为主，而同一时期的法国、英国和德国等欧洲国家中等教育学制长达6—9年。相比而言，美国中学学制与大学之间的衔接是不够充分和完整的。所以，20世纪初的初级学院运动不单纯是由大学发起的运动，其更深层次的原因是美国民众对公共教育乃至高等教育兴趣和需求的持续增长。初级学院作为介于中等教育与高等教育的过渡性机构，通过多元化的办学模式增进了美国民众接受高等教育的机会，也成为促进美国高等教育民主化进程的重要机构。

学界一般要么认为进步主义教育是“儿童中心”的，要么认为进步主义教育是“儿童中心”“社会中心”兼而有之的。实际上，除了这两种基本的取向之外，在进步主义时代还有另一条非常重要的价值理念，即“社会效率”，而生活适应运动是进步主义教育运动的这一价值在第二次世界大战（以下简称“二战”）后的重要体现。二战后的美国面临着整体的社会适应，生活适应运动以“满足大多数青少年适应生活的需求”为行动指南，通过适应生活的课程改革，最终使中学阶段成为青少年成长普遍的需求。这一方面意味着回应了培养“有效公民”的工业化需求，另一方面意味着美国的中学（即高中）最终被纳入公共教育系统之中，完成中学运动的最终目标——中学的大众化。

教育民权运动作为一场由弱势群体发起、主导且并不主要由教育界人士领导的、长期延续的教育运动，在美国教育运动史上可谓独树一帜。以黑人为主的美国少数族裔争取教育平等权利的斗争是民权运动的一条主要线索，争取平等的教育权利是民权运动的起点，也是民权运动的主要方式、主要组成部分和重要诉求。斗争从 20 世纪上半叶就已经开始，[①] 到 50 年代中期以布朗案为代表、以法律诉讼为武器集中爆发，被民权运动的大潮所推动，在此后的 10 年间取得了前所未有的成果，它与民权运动相辅相成、相互借力，最终对美国的教育政策乃至社会文明进程产生了重大的影响。从“隔离但平等”的诉求到“取消种族隔离”，再到 60 年代中期到 20 世纪末“学校一体化”的种族融合的努力，消除了法律上的种族隔离。虽然直至今天教育中的种族隔离和不平等还以各种新的面目出现，但这近半个世纪的教育民权运动的重要历史意义不容忽视，它也是未来少数族裔在新的历史条件下继续争取教育平等权利的重要基础。

纵观二战后美国的教育改革，一些各界人士和家长们认为学生“过度的自由”带来的不是“创新”而是混乱，从而导致基础质量的低下。20 世纪 70 年代的“回归基础”教育运动就是一场针对当时美国基础教育阶段学生综合能力低下等问题开展的以提升美国基础教育质量

---

① 同期开展教育民权运动、争取教育平权的并不仅仅是黑人，即非裔美国人，还包括其他少数族裔，如印第安人、墨西哥裔、西班牙裔、亚裔等，在此为便于叙事并突出主线，以黑人的教育民权运动为主要线索。

为核心、严明纪律为重点，强调学生基本技能、巩固基础知识掌握为目的的自发性、全国性教育改革运动。在美国民众及政府机构、立法机关、教育部门及其他社会团体积极参与推动下，运动得到越来越多的认可，广泛波及各州、县。进入 80 年代，经历了短暂的兴盛后的“回归基础”被更加全面的新的改革运动代替，不过其强调基础知识、严明纪律的主张及运动的主要内容——最低能力测试制度、教育问责制及基础学校等在之后的教育改革中继续发挥作用。因此，“回归基础”教育运动也是 20 世纪 80 年代美国进行更加全面系统教育改革的前奏曲。

与其他教育运动不同的是，20 世纪 80 年代的教育改革不是由教育家、政治家或关心教育的民众主导，《国家在危机中》促使联邦和州的教育政策制定者及其代理者卷入学校改革，政府的积极参与及市场化的教育资源分配是其主要特点。运动从兴起之际就与“自由”“优异”“公平”和“创新”等词语联系在一起，可结果是否如愿目前尚无定论，不管是为逃避种族融合与实现课程创新而建的早期选择性学校，还是为实现种族融合而建立的磁石学校，不管是以继续学校为代表的 20 世纪 80 年代追求“优异”的选择性学校，还是 20 世纪 90 年代以后以特许学校形式兴起的学校选择，都在不同程度上以追求平等和自由为标榜，但也有学者认为，这些选择都在一定程度上脱离了“选择”曾经构想的“轨道”，即实现家庭及孩子对教育的自由选择权，实际的情况是给学校带来了相对的自主权，却少给学生及其家长带来实质上的“选择权”，很多所谓的选择性学校成为“问题”学生的补习学校。另外，公共学校之外的学校大多只是传统公共学校的变体，二者趋向同质而没有切实构成公共学校之外的可选择项。“选择”或许未必带来教育的优异与公平，或者说这也是“政客与商人联手利用‘选择’这一意向制造的‘平等与自由’的幻象”。“学校选择”的背后是各种势力的激烈博弈和妥协，导致教育改革呈现左右晃动的钟摆状态，理想的教育依然在路上。

从整体来看，十大运动较为完整地展现了美国教育一个多世纪的发展进程，勾画了美国历史中比较重大的教育变革的范围和方向。从每个运动内部情形来看，无论其过程、结果、影响，还是其中的人物、思想和策略，都能微观且从不同侧面呈现美国教育思想和实践的特色。这些运动如一波一波的浪潮，将美国现代教育不断推向更为科学、公平、民主的方向。

二、教育运动是如何“运动”起来的?

为什么美国教育运动会成为美国教育变革的主要方式？教育运动又有哪些特点？以下从教育运动与社会运动的联系与区别的探查中整体思考教育运动发生的动力及其运动的特点和机制。

（一）为什么教育运动成为教育变革的主要方式？

教育运动变革的方式首先来源于社会运动的发展成熟。广泛意义上的社会运动其实就是一种大规模的社会转型，意味着社会政治经济形式的重大变革，而特定意义的社会运动，即被社会学者专门研究的社会运动，则是一种具有特定要素的大众政治形式。美国社会运动研究专家查尔斯·蒂利（Charles Tilly）[①] 着力研究了18—19世纪英国及美洲社会运动制度化的过程，如议会改革运动、工人阶级运动、美洲废奴运动、美国革命（独立战争）等。蒂利将社会运动涉及的策略体系和要素归纳为三个核心——“运动”（campaign，即持续的、有组织的公众努力、向当局伸张诉求）、“剧目”（repertoire，即系列政治行动形式的组合：建立特殊目的的协会和联盟、公众集会、大游行、守夜

---

① 查尔斯·蒂利，美国历史、社会学和社会科学知名学者，曾就职于密歇根大学、哥伦比亚大学，2008年去世。他撰写了600多篇文章和51本关于政治和社会运动的著作。

集会、示威活动、递交请愿书、向大众媒体发表声明、发表时评等)、“WUNC 展示”(WUNC displays,指 worthiness,unity,numbers and commitment,即通过上述活动实现价值、团结、规模、承诺的协同展示)。① 这样的大众政治形式经过若干次的演练,已经发展成为民众表达公共诉求的较为成熟的模式和路径,教育运动自然驾轻就熟、灵活地汲取、运用其中的一些策略实现教育的变革。

其次,社会运动本身就是教育运动发起的深层次的背景。社会运动不仅为教育运动提供了模式和策略,还是教育运动发起的最深层次的原因。比如,在工业化运动的背景下,一波一波地兴起了公立学校运动、工业教育运动、综合中学运动、进步主义教育运动、教育科学化运动等,它们都是教育领域回应社会变革的体现。进步主义运动当然就是进步主义教育运动及二战后的社会适应运动的背景因素,进步主义对人类进步充满乐观主义的态度,强调自由、民主、平等,是一种具有美国特色的民主主义、理性主义、理想主义、改良主义的混合体。进步主义者诉诸政治、经济等手段解决社会问题的同时,也将时代的主张在教育中反映出来。于是,进步主义教育者们相信能够通过教育改造个人和改良社会,教育能带来文教昌明、经济发展、种族和谐、社会平等,是带动社会进步的主要引擎。实际上,教育成了进步主义的一个最根本的改良手段。还有 20 世纪五六十年代的民权运动,甚至是直接以教育运动为手段来实现其政治诉求。所以可以说,教育运动也是社会运动的一个组成部分,社会运动所指向的问题有一部分也是教育的问题,或者也要依赖教育来解决。

再次,美国高度分权的教育管理体制给予教育运动充分的运动空间。美国在特定历史条件下形成的分散、分权的社会治理和教育管理

---

① Tilly, C., *Social movements, 1768-2004* (Boulder: Paradigm Publishers, 2004), p. 194.

体制致使很长时间内在解决重大教育问题时既不存在全国性的教育管理机构，也没有专门的全国教育决策部门。“全国性的教育决策和管理权力机构的缺失和国会在教育事务中的‘无为而治’，实际上为民间人士、民间团体和专业组织在解决全国性的教育问题上发挥作用提供了巨大的空间。”[①] 群众的事，群众自己去办。另外，蒂利分析道：“一旦社会运动在一种政治环境中安家落户，就能通过模式化运作和彼此的沟通合作，促使社会运动被其他相关的政治环境所接受。”[②] 这样的机制在美国教育运动中的发生其实更易于被人理解。教育运动中这类同质化的州际传递往往就是教育运动在全国范围扩散的机制。没有全国性的统一指令，但有对成功经验或共同诉求的仿效和超越，这也是教育运动在美国大行其道的另一个缘由。

18、19 世纪欧美社会运动逐渐成熟的策略和路径的示范，19 世纪社会运动构成的深层次背景，以及美国自身分权化的社会治理环境，这就是美国教育运动频频发生的主要原因。

（二）教育运动的要素与过程

如前所言，社会学家蒂利通过长时段的欧洲和美洲的社会史研究，将社会运动的要素概括为“运动”“剧目”和“WUNC 展示”。另有大卫·斯诺（David A. Snow）和奥利佛（Pamela E. Oliver）从社会心理学的角度提出了社会运动的基本要素：以改变为导向的目标、组织程度、时间的持续性、制度外（如游行抗议）与制度内（如政治游说）等。[③] 历史中的教育运动往往会根据自身形势所需选择运用社会运动的

---

① 张斌贤，高玲，钱晓菲：《社会运动与 19 世纪末、20 世纪前期美国公共教育变革》，《教育研究》2017 年第 2 期，第 132—141 页。

② ［美］查尔斯·蒂利：《社会运动，1768—2004》，胡位钧译，上海人民出版社，2009，第 202 页。

③ Snow A. David, Pamela E. Oliver, “Social Movements and Collective Behavior: Social Psychological Dimensions and Considerations,” in *Sociological Perspectives on Social Psychology*, ed. Cook, Karen S., et al. (Boston: Allyn and Bacon, 1995), p. 571.

一些要素，不如社会运动体现得完整，但也体现了教育运动的一些独特之处。

教育问题或因教育问题而起的社会问题是运动兴起的源头。对教育现状的不满和改革教育的强烈动机，使教育专业人士、关注教育的有识之士开始有所行动。公立学校运动中的贺拉斯·曼和亨利·巴纳德等人，进步主义教育运动中的帕克和杜威等，就是这类关注教育问题并试图寻求实际解决的时代精英。

广泛的社会动员是一个必备条件。所谓“运动”，本身就意味着广泛的社会参与，运动发起的机制依赖于社会动员和民间参与，而动员起来的运动就会基于一定的路径与策略寻求与当局和社会各方利益关涉者的关联互动和多向平衡。教育运动虽然最初从地方、州等局部地方兴起，但由于大多数教育运动都有着深刻的社会背景，结合美国社会治理的特点，运动声势逐渐浩大，获得全国性的影响。教育民权运动甚至是从一个法律事件布朗案为起点，初级学院运动则以加利福尼亚州为起点进而辐射全国，学校选择运动也是从明尼苏达州、纽约市等局部地方开始，后在全国遍地生花。

协会、委员会等组织实体对行动的筹划和实施。教育运动离不开专业人士、教育精英的组织与参与，而作为自发性、自下而上的活动，美国人往往会诉诸组建专门协会、机构或委员会，而且在运动不断扩大影响的过程中，一些相关的有影响力的社会团体、专业组织也会参与进来，共同谋事，如在工业教育运动、进步主义教育运动、综合中学运动中都成立了核心的专业协会，但也广泛吸引了各种专业组织如全美教育协会（National Education Association，简称 NEA）等的参与，特别是在工业教育运动中，还形成了以“全国工业教育促进会”为平台的庞大而松散的工业教育联盟，吸引了工商业界、教育界、劳工界、新闻界、立法机构等各界人士的关注和参与。

运动的纲领、诉求方案的达成。在蒂利对社会运动的分析中，运动的“剧目和表演”是运动的基本要素，如游行、示威、静坐等“街头政治”，作为运动达成目的的手段。教育运动的不同就在于教育运动的行动者与当局的关系并非全然对立，它更多的是通过创立专门的协会或联合相关的组织（包括政府相关机构）开展调查、发布报告、颁布法案等，直接在专业领域内表达运动的纲领。协会还会创办专业会刊、杂志及组织年会等，宣传诉求和纲领，传达沟通信息。教育运动诉求的最终达成体现为不同的方案：有纲领性文件，有体制性的规定，有立法（包括地方立法、州立法、国会联邦立法），有影响力广泛的报告。不同的运动在方案的选择上有不同的侧重点，有的侧重由专门协会主持的报告、纲领，有的侧重从联邦层面推动立法。即便同是立法，也有不同的过程和表现，如工业教育运动和教育民权运动都侧重以立法为诉求，前者过程虽曲折多变，但诉求比较专业、单一，而后者与政治运动一体两面，其复杂艰辛程度自不待言。

争论和博弈。教育运动的目的就是教育变革，这里就免不了不同思想的碰撞、冲突及各种利益关涉者之间的博弈。与改革对立面的争议那是肯定的，除此之外，同样作为运动的发起者和参与者，他们之间也会持有异见。教育科学化运动中的杜威一派与桑代克一派就对“何为教育科学”持不同看法；在学校选择运动中，有逃避种族融合的选择，有追求教育优异的选择，也有追求教育公平的选择，于是大的运动（学校选择运动）中又嵌套着小的运动（自由学校运动、特许学校运动）。比如，有美国学者这样说过：进步主义教育运动并不是一个运动，而是许多个运动的统称。在教育运动中，官方、民众、教育市场各方利益层层交织和叠加，在博弈中寻求着平衡。

在现代教育的共同诉求下，运动内容有不同的侧重点。社会运动基本上是民主和进步的宏大叙事。民主化始终是运动的诉求，也是推动运动的原因。教育运动在这个背景下有其教育专业领域的具体追求。这些教育运动有的致力于初等教育，如公立学校运动，有的专门关注中等教育，如综合中学运动和生活适应运动，有指向中小学的“回归基础”教育运动和学校选择运动，也有指向高等教育的初级学院运动；运动主要关注普通教育，但也有直接发力于职业教育的工业教育运动；有的着意于民主、平等，如进步主义教育运动，教育民权运动等；有的关注科学和效率，如教育科学化运动、生活适应运动。

表 1　美国 19—20 世纪教育运动概览

序号	时间	名称	主要组织	运动纲领、诉求方案
1	19 世纪初开始	公立学校运动	州教育委员会	普及初等教育、州监管的教育体制及征税办学体制
2	1906—1917 年	工业教育运动	全国工业教育促进会	联邦职业教育立法：《史密斯-休斯法》
3	19 世纪末 20 世纪初	综合中学运动	综合中学委员会、全美教育协会、中等教育改造委员会	《中等教育的基本原则》、综合中学计划
4	19 世纪末至 20 世纪 20 年代	教育科学化运动	教育研究署（主要分布于城市学校系统、大学教育学院、教师培训机构、州教育部）	将以教育测量和学校调查为主的科学、量化的实证方法引入教育管理和研究中
5	19 世纪末至 1955 年	进步主义教育运动	进步主义教育协会	进步主义教育原则
6	19 世纪末到 20 世纪 30 年代	初级学院运动	美国初级学院协会、各专业认证委员会	初级学院立法、初级学院认证标准纳入体制
7	1945—1957 年	生活适应运动	生活适应大会及其委员会（其委员会的构成包括全国教育协会、美国学校管理协会、美国职业教育协会等）	伊利诺伊中学课程计划、“基本生活”课程改革

续表

序号	时间	名称	主要组织	运动纲领、诉求方案
8	20 世纪 50—80 年代	教育民权运动	全国有色人种协进会、南方基督教领袖大会	《民权法》、《科尔曼报告》、《初等与中等教育法》、学校一体化
9	20 世纪 70—80 年代	“回归基础”教育运动	全国学校董事会协会、各地社区教育委员会、学校董事会、家长委员会等	各州立法，制定政策；教育问责制、最低能力测试制度、基础学校
10	20 世纪 80 年代至今	学校选择运动	教育优异委员会、各州立法机构和教育机构、市民联盟、各级校董会	《国家在危机中》报告、奖励性引导的联邦政策、各州学校选择方案（教育券、特许学校）、《不让一个孩子掉队》法案

三、以运动为线索探究美国教育史的意义

本书以教育运动史为线索，考察美国教育历史，当我们把这些重要的教育运动放到一起来研学的时候，似乎有了一些不一样的意义：

第一，体现了教育史中“群众主动选择”的现实性。无论从形式到内容，运动都是与民主化、群众性密切关联、相伴相生的。教育运动是一种群众性运动，但主要是由专业领域引导的专业活动，这里边的思想、实践、争论及博弈都比较集中而有力，积极地指向目标的达成和问题的解决。选择的主动性虽然是相对的，但也是现实有效的，就像教育民权运动中的“Free，NOW!”，这种时不我待、只争朝夕的紧迫感代表了民众的呼声，加快了历史的进程，也使更多人能更早地受益。于是，美国教育变革史中自然而然地生出一股自下而上的强大力量，喷薄着一种鲜活、生动、直观、丰富的色线和气息。

第二，体现了教育“兴衰成败”的历史感。如何去评说教育运动的成败？一方面，无论是何种社会运动都遵循着“萌芽—生长—衰落”的生命周期，有兴必有衰；另一方面，教育运动往往涉及最广大的公共事业，是一种“技术简单性和社会复杂性”的变革，其内部往往充满着多元理念、多元实践的冲突及理念与实践的矛盾等，内部的消耗或是最大公约数的利益平衡与妥协也往往是其衰亡的主要原因。所以，表面的成功其实并不是完全达成目标的胜利，表面的衰退也并非一无所得的全线溃败。运动之兴起，是时代中的有志之士为了解决教育中的实际问题（或更为广泛的社会问题）；运动之“衰落”，也恰恰是解决了或缓解了问题。在很多情况下，教育运动也并无戛然而止的“失败”标志，反而是渐渐消弭在历史中，而很多运动主张成为常规，以观念、制度或法律、政策的形式留在了当代的美国教育中，共同拼就了美国教育的现实图景。历史事实绵延不绝，历史的书写当然都是有选择的。美国历史及美国教育史总体不长，但美国教育运动本身历史过程的相对独立性会给予写作者一种相对周严的完成感。

第三，体现了“教育相对独立”的逻辑性。教育虽然受制于社会政治经济，但也有其相对的独立性。这样的教育原理和逻辑在教育运动史中得到了历史的体现。教育运动就其性质而言，也属于一种社会运动，很多教育运动直接与社会运动相互裹挟，互为因果。然而，教育运动依然是相对独立的，本书前面已经分析了它独有的众多特点，在此要表达的是，教育运动史使我们看到历史中专注于教育变革的运动是由专业领域引领的运动，它们（如工业教育运动、进步主义教育运动、教育民权运动等）在特定的历史条件下，甚至以自己独有的力量影响了社会经济和政治的变革。美国的教育运动就这样以自身的相对独立性构成了一部独特的教育史，它们往往以民主参与、自由选择、优异兼顾平等、个人利益兼顾社会福祉等作为其教育理想。就这些教育运动所达成的目标来看，它们都构成了相应领域中的教育发展乃至社会发展的转折点。

读罢掩卷时，一部波澜壮阔、此起彼伏的美国教育运动史了然于胸，虽然已成为过往，但它们就是今天美国教育样貌的来源。

本书的作者：北京师范大学张斌贤教授、云南师范大学陈瑶教授、宁波大学康绍芳副教授、北京师范大学陈露茜教授、广州技术师范大学钱露博士、新乡学院但柳松副教授、中央民族大学高玲博士、陕西师范大学吴婵副教授、山东华宇工学院叶红艳讲师、北京师范大学博士研究生蒋玉阳。各章作者都是美国教育史的专门研究者，在写作中力图基于更广泛的新文献和史料深入分析，力求突破思想史、制度史的传统写作路数，探索运动史的不同写法。虽然同是教育运动，但它们神采各异，所以本书并未制定统一的写作模式，也因此保留了运动各自的特点及作者各自的理解。正因为如此，本书将引导读者从不同视角和重点理解教育运动，为读者的阅读带来不同的节奏和体验。

本书适于美国教育史的研究者、学习者、爱好者阅读，能为快速、深入地了解美国教育史的核心问题、核心线索和核心价值提供帮助。

目　　录

第一章　公立学校运动[①]

1788年6月21日，美国联邦宪法正式生效；1789年3月1日，第一届联邦国会正式召开；1789年4月30日，乔治·华盛顿（George Washington）宣誓就任美国第一届总统。此后，联邦政府正式开始运行，作为一个统一国家的美国正式诞生。大概30年之后，一场以普及初等教育为目标的公立学校运动开始兴起，成为美国教育史上第一个重大运动。[②]

第一节　公立学校运动的背景

美国公立学校运动既是社会变化的客观要求，又是教育自身发展的必然结果。自建国后到内战前，美国社会经历了急剧而广泛的变化，这些变化对教育产生了诸多要求，催生了包括公立学校运动在内的一系列教育改革。从殖民地时期开始，美国重视教育的传统就已经形成，并且对公立学校运动产生了深刻的影响。建国后，普及教育思想逐渐

① 本章撰稿人：但柳松。

② 公立学校运动（the Common School Movement），也被译为公共学校运动、平民学校运动、公共教育运动等。姚运标：《美国公共教育中的宗教问题研究》，安徽人民出版社，2006，第203页；但柳松：《美国公共学校运动研究》，博士学位论文，天津师范大学，2014，第3—10页。不同的翻译反映了对这一运动的不同理解，这里遵从过去的习惯，使用“公立学校运动”这一译法。本章是但柳松在其博士论文《美国公共学校运动研究》的基础上修改而成。

流行，美国出现了具有一定普及性质的教育实践活动。

一、政治、宗教背景

（一）政教分离的基本国策

美国联邦宪法第六条规定："……前述之参议员及众议员，各州州议会议员，合众国政府及各州政府之一切行政及司法官员，均应宣誓或誓愿拥护本宪法；但合众国政府之任何职位或公职，皆不得以任何宗教标准作为任职的必要条件。"① 宪法第一条修正案指出，"国会不得制定有关下列事项的法律：确立一种宗教或禁止信教自由；剥夺言论自由或出版自由；或剥夺人民和平集会及向政府要求申冤的权利"②。联邦宪法的这些规定确立了美国政教分离的基本国策。

由于宪法规定了宗教自由，人们可以完全根据自己的意愿选择宗教或教派。各种宗教和教派在面临着激烈竞争的同时，均获得了生存空间。实行政教分离的政策后，美国信教的人没有减少反而增加了。"宗教教徒从 19 世纪初每 15 个人中有 1 人是教徒，到 19 世纪末增加到每 7 个人中就有 1 个是教徒。"③ 不仅教徒的数量在增长，而且教派在不断分化，产生了许多新教派，西部地区尤其如此。为应对来自其他宗教或教派的竞争，各种宗教和教派必须竭力进行自我完善，通过大力宣传其教义不断吸引教徒。这就使教会和教派的传教形式必须精彩，同时也与世俗生活紧密联系。这样的结果就是宗教传教的过程同时成为一种教育的过程。政教分离的基本国策因此导致了宗教对教育的进一步重视，客观上宣传了普及教育的重要性，为公立学校运动奠定了

---

① 赵一凡：《美国的历史文献》，生活·读书·新知三联书店，1989，第 47 页。

② 赵一凡：《美国的历史文献》，生活·读书·新知三联书店，1989，第 49 页。

③ ［美］亚瑟·科恩：《美国高等教育通史》，李子江译，北京大学出版社，2010，第 51 页。

一定的基础。

（二）民族主义的盛行

独立战争前后，民族主义在13个殖民地兴起；联邦政府的成立、1812—1814年第二次美英战争使民族主义思潮更加流行，人们越来越希望美国是一个强大而团结的整体。然而，在联邦政府成立之前，13个殖民地已经存在了很长时间，它们都有自己相对独立的文化和传统。在一个具有地方自治传统的国家，如何真正实现“合众为一”的合众国理想，是建国后美国许多有识之士不断思考的问题。新的合众国要“合众为一”，就必须要有共同的价值观念、政治信仰和民族精神等。要实现这一目标，就必须普及教育。“公共学校最强大的支持者，主要是处于主流地位的、说英语的社会中上层新教徒。他们把公共学校看成对社会经济下层进行社会控制的机制，他们希望通过公共学校实现移民儿童的美国化，实现广大民众的社会化，进而使他们遵循维持现有的社会秩序所必需的价值观念和信仰。”①

移民的不断涌入更加强化了人们的这种认识。移民带来的不仅是人口和劳动力的增加，更是宗教、文化的多元。在殖民地时期，天主教会的教徒人数并不多，其影响力也主要局限在宾夕法尼亚等州。随着19世纪四五十年代大量新移民的到来，天主教逐渐成为美国重要的教会。1845年前，已经有100万爱尔兰人移民到美国；1845年，因为土豆歉收，为逃避饥荒，又有150万爱尔兰人移民到美国。② “在此之前，大多数移民都来自北欧。他们与美国人有着相同的语言、风俗和宗教背景，但这些新移民不同。从19世纪三四十年代开始，绝大多数移民来自爱尔兰、德国和南欧。他们信奉的是罗马天主教，一般不说

① ［美］L.迪安·韦布：《美国教育史：一场伟大的美国试验》，陈露茜、李朝阳译，安徽教育出版社，2010，第161页。

② 参见 Spring，Joel H.，*The American School*，*1642-2000*（New York：McGraw-Hill，2001），p. 87。

英语。他们大多定居在东北部和中西部的大城市里，为不断发展的大工业中心提供大量必需的劳动力，但同时也使城市地区出现了越来越多的问题。”[①]

与新教不一样的是，天主教承认罗马教皇的最高权威。而且，由于采取金字塔式的管理模式，天主教对其教徒的控制及其内部凝聚力都比较强。人们对这样一个效忠于欧洲教皇的宗教、对信仰这一宗教的人士普遍抱有不信任的甚至是仇恨的态度。这种不信任造成的仇恨态度导致了美国历史上令人恐怖的宗教骚乱。1843 年，费城公立学校委员会规定，天主教儿童可以阅读他们自己的《圣经》，并且可以不参加学校的其他宗教教学活动。新教徒认为，这是天主教徒把《圣经》从学校中排挤出去的企图。他们为之愤怒，开始攻击天主教徒，结果导致 13 人丧生、1 座教堂化为灰烬，史称“费城《圣经》骚乱”。类似情形几乎遍及全国。[②] 正是目睹了宗教冲突引起的骚乱，贺拉斯・曼等人从思想上进一步认识到，通过普及教育建立共同的价值观具有非常重要的意义，公立学校必须实施不带任何教派偏见的教育。“随着每一船欧洲新移民的到来，常住人口中的担心不断增加，他们担心在外国出生的具有不同习俗和背景的人可能无法被同化到美国社会之中。也许更糟糕的是，他们甚至可能危害一个年轻国家的共和政体实验。所以，正是存在着数量如此庞大的移民，使人们强烈支持由教育改革家根据某些影响提出的一个观点：公立学校将比任何其他社会机构更有助于使移民‘美国化’。”[③] 从这个角度来看，公立学校运动是民族主义

---

① ［美］L. 迪安・韦布：《美国教育史：一场伟大的美国试验》，陈露茜、李朝阳译，安徽教育出版社，2010，第 159 页。

② 参见 Spring, Joel H., *The American School, 1642-2000* (New York: McGraw-Hill, 2001), p. 90。

③ ［美］S. 亚历山大・里帕：《自由社会中的教育：美国历程（第 8 版）》，於荣译，安徽教育出版社，2010，第 89 页。

盛行的重要产物。

（三）选举权的扩大

建国初期，多数州的选举权都附带一定的财产限制。那些具有一定财产的人，家庭相对富裕，他们一般接受过一定程度的教育，为其从政打下相当的基础。但是，这种以财产权为前提条件的选举权制度，与美国“人人生而平等”的精神相背。随着美国政治民主的推进，这种局面开始转变。

1801 年，托马斯·杰斐逊（Thomas Jefferson，1743—1826 年）就任美国第三任总统，开始了美国历史上的“杰斐逊民主时期”。让更多的人参与到国家政治进程中来，是杰斐逊时期的重要政治目标。路易斯安那的购买进一步扩大了美国的领土，使联邦政府拥有更多的可售土地；在西部实施的新土地法使购买土地相对容易，更多的人成为土地所有者，并且通过努力劳动使土地增值，从总体上增加了自己的财产。在公民选举权以一定财产为前提的情况下，这些措施实际上扩大了选举权。不仅如此，马里兰、南卡罗来纳等州还在这一时期修改了州宪法，废止了选民的财产限制。“由于各州普选权的扩大，使参加投票的人由 1824 年的 33.5 万人增至 115.5 万人。”① 1829 年，杰克逊就任美国第七任总统，成为美国第一位平民总统。在任期间，杰克逊总统进一步扩大了选举权。

选举权的扩大增加了人们出任公职的机会，使普及教育成为一种必要。因为要让所有人都能明智地行使政治权利，就必须让他们都受到一定程度的教育。受到教育的人能提高当选的概率，也能更好地参与政治活动，这就使人们更加渴望接受教育。

---

① 刘绪贻，杨生茂：《美国通史（第二卷）》，人民出版社，2002，第 159 页。这里的投票是指 1828 年总统选举投票。

二、经济背景

（一）东部工业化的发展

19 世纪 50 年代，新英格兰地区工业革命已经基本完成。当时处于领导地位的纺织工业已经基本上实现了机械化，工厂制度已经形成。与此同时，机器制造业已经建立，能够用机器制造机器。工业革命在新英格兰地区的完成，给美国的经济发展和社会结构的变化造成了深远的影响。这个地区成为美国的一个重要工业基地，不断向其他地区输送产品、设备和技术人才。西部地区的工业因此得以迅速发展，从 19 世纪 50 年代开始就出现了工业中心西移的趋势。工业革命也促进了农业的机械化，为西部农业的开发创造了技术前提。

工业化给教育带来了极为深刻的影响，其表现之一就是公立学校运动的兴起。工业化造就了一大批专门通过劳动力赚取工资的工人阶级。在工业化初期，工人生活条件较为恶劣，他们将全身心投入到工厂中，根本没有时间顾及孩子。这些孩子无人看管、放任自流，使地方犯罪率居高不下，有时人们的生命安全也受到威胁，造成了严重的社会问题。于是，人们开始呼吁把孩子送入学校。这样既有助于儿童安全健康、社会稳定，也有助于普及教育。“城市中贫穷和贫民窟的增多及工厂里恶劣的工作环境的加剧，导致了为所有美国社会成员争取教育机会均等的新需求。劳工领袖和改革家大声呼吁，支持把免费公立学校作为唯一的改善工厂制度的滥用和城市化中的社会罪恶的明智手段。”① 工业化程度不断提高的社会经济也对劳动力的文化和技能水平提出了更高的要求，工人阶级开始把学校看作向上流动的重要工具。

---

① ［美］S. 亚历山大·里帕：《自由社会中的教育：美国历程（第 8 版）》，於荣译，安徽教育出版社，2010，第 90 页。

"在美国教育史上，工业革命最重要的结果之一是在北方城市逐渐出现了一个新的、对公立学校感兴趣的工人阶级。"①

新英格兰是美国最早完成工业革命的地区，也是内战前美国经济发展最快的地区。这种经济发展的优势对新格兰地区的教育提出了更高的要求，同时也为教育发展奠定了坚实的物质基础。这正是公立学校运动首先在新英格兰地区兴起的重要原因。

（二）"西进运动"的扩张

19 世纪前半期，美国公路、运河和铁路交相辉映、蓬勃发展，交通运输业的突飞猛进既促进了经济腾飞，也为"西进运动"提供了极大便利。美国人在西部寻找机会的过程中为西部带来了大量人口。"在 1810 年，仅有不到 4%的美国人居住在中西部地区。而到了 1840 年，美国人口的 17.9%，即 300 万人居住在那里。到 1860 年，这个比例上升到 25%。"② 人们在西部开发和定居的过程中，不仅为当地带来了政治、经济、文化等方面的变革，也带来了学校。"由于没有被宗教和私人学校反对的传统，公共教育的观念也扎下根并缓慢地发展，与西进的移民一道进入了阿里格尼山脉（Allegheny Mountains）以外的地区。"③ "随着连接西部和东北部地区的铁路主干线的建设，这些地区的联系日趋紧密。铁路修到哪里，人们和学院也跟着到哪里。"④ "与通常描述的正相反，边疆既吸引了不称职的和未受过教育的人，而且哈佛和耶鲁的许多毕业生，以及公共学校的毕业生，也都沿着国道、坎伯

① ［美］S. 亚历山大·里帕：《自由社会中的教育：美国历程（第 8 版）》，於荣译，安徽教育出版社，2010，第 88 页。

② ［美］恩格尔曼等：《剑桥美国经济史（第二卷）：漫长的 19 世纪》，高德步等译，中国人民大学出版社，2008，第 235 页。

③ ［美］S. 亚历山大·里帕：《自由社会中的教育：美国历程（第 8 版）》，於荣译，安徽教育出版社，2010，第 81 页。

④ ［美］亚瑟·科恩：《美国高等教育通史》，李子江译，北京大学出版社，2010，第 49 页。

兰小道、伊利运河或其他陆路和水路来到边疆。他们为边疆带来了延续教育的渴望。”①

在开发西部边疆的过程中，富有开拓和冒险精神的美国人把一片片荒原、森林变成了良田，为美国经济社会的发展做出了不可磨灭的贡献。在这一过程中，人们几乎都站在同一起跑线上，每个人在西部拓荒能否成功，主要就只能依靠自身的能力和勤奋。这种强调平等和个人价值的精神与公立学校运动对平等的强调较为一致。“边疆运动本身也促进了公共学校运动。它强调个体价值，而不是社会阶级。具有这种精神的人们为边疆运动推波助澜。此外，边疆是一个认为实用主义教育比能用拉丁文阅读、写作更重要的地方。实际上，公共学校的思想不仅与边疆的价值观一致，还是边疆价值观的支撑。”② 此外，在开发西部边疆的过程中，新技术和新工具不断出现，迫使人们必须接受一定程度的教育、掌握一定的知识。

三、教育背景

（一）殖民地时期的教育遗产

1. 普及教育的理念与实践

17 世纪的新英格兰移民绝大多数是清教徒（Puritans）。他们认为每个人都可以通过阅读《圣经》、虔诚礼拜等方式直接与上帝交流，反对神职人员的特殊地位及传统教会的形式，更倾向于简单、实在、上帝面前人人平等的生活信仰。在这种人人平等观念的指引下，人人都有受教育权的观念顺理成章。对《圣经》的重视，要求人们普遍具有

① ［美］L. 迪安 · 韦布：《美国教育史：一场伟大的美国试验》，陈露茜、李朝阳译，安徽教育出版社，2010，第 162 页。

② ［美］L. 迪安 · 韦布：《美国教育史：一场伟大的美国试验》，陈露茜、李朝阳译，安徽教育出版社，2010，第 162 页。

阅读能力，这就进一步催生了普及教育的理念。“加尔文派极为注重教育，认为人必阅读《圣经》才能信神和敬神，而信神和敬神乃是实现新社会的必要途径。就这样，宗教狂热促成群众的教育狂热。”① 最初，人们在家庭或教堂中学习阅读。随着学校的陆续建立，学习阅读的场所也开始转移，普及教育的理念逐渐形成，并且被传播到新英格兰以外的其他殖民地。

殖民地时期普及教育初步实践的主要体现是两类学校：一类是城镇学校（town schools），另一类是免费学校（free schools）。新英格兰地区的城镇学校面向所有儿童，因而具有普及教育的性质。在没有城镇学校的地方，特别是在中部和南部殖民地，许多儿童因为家庭贫困无法进入收费昂贵的私立学校，丧失了受教育的机会。为了给贫困儿童提供教育机会，免费学校、慈善学校（charity schools）和贫儿学校（pauper schools）等应运而生。虽然这些学校名称不一、创立者各异、免费对象不尽相同，但其性质和目的极为相似，都是为了扩大学校教育的普及面，成为殖民地时期普及教育实践的重要组成部分。虽然独立战争使殖民地时期开始的普及教育实践中断，但是一旦国家独立，社会秩序恢复正常、经济迅猛发展，必然产生巨大的教育需求。普及教育的理念和实践也迅速恢复，并且在新的历史时期有了更大发展，最终形成了声势浩大的公立学校运动。“在 19 世纪 30 年代和 40 年代，公立学校运动把先辈的许多教育理念付诸实施。”②

2. 公共资助学校的传统

1647 年的马萨诸塞州法案——《老骗子撒旦法案》（*The Old Deluder Satan Act*）规定：凡满 50 户的城镇要任命一名教读写的教师，并且由每个儿童的家长或师傅，或者全体居民支付其工资；凡满 100 户

---

① 滕大春：《美国教育史》，人民教育出版社，1994，第 52 页。

② Spring, Joel H., *The American School, 1642-2000* (New York: McGraw-Hill, 2001), p. 103.

的城镇要建立一所拉丁文法学校，以便为年轻人上大学做准备；对不遵守这一规定的城镇罚款5英镑。[①] 1647年的法案不仅是马萨诸塞州第一个公立学校法，还成为其他殖民地制定类似法律的榜样，新英格兰殖民地逐步建立了公共资助城镇学校的制度。“殖民地时期孕育的另一个重要基石就是公共资助的学校。虽然直到现在学校都不是免费的，早期的教育法也没有完全被执行，但是开创了公共资助学校的先例。”[②]“虽然新英格兰的学校设施简陋、课程简单，并且资助不足，但一个重要的事实是它们大量存在。在成为国家之前，美国的教育传统早已形成。这种传统包括普及教育和公众资助。”[③] 与此同时，为贫穷儿童设立的免费学校也获得了一定的公共资助。

3. 地方自治的习俗

殖民地时期的美国人在拓荒的过程中实行地方自治。这种政治、经济上的地方自治制度，必然影响到教育的管理体制。“殖民地时期孕育了当代美国教育系统的核心基础。也许其中最基本和最重要的就是地方控制。”[④] “从许多方面来看，新英格兰的教育对后来美国学校的成长至关重要。……新英格兰殖民地制定了法律，要求对儿童实施教育，但把细节问题交给了地方社区，因而确立了地方自治和学区制的传统。”[⑤] 公立学校运动时期，普及教育的实践得到推广，地方自治的传

---

① Tyack, David B., *Turning Points in American Educational History* (New York: Blaisdell Publishing Company, 1967), pp. 15-16.

② ［美］L. 迪安·韦布：《美国教育史：一场伟大的美国试验》，陈露茜、李朝阳译，安徽教育出版社，2010，第112页。

③ Pulliam, John D. and Patten, James Van, *History of education in America* (New Jersey: Prentice-Hall, Inc. Simon & Schuster/A Viacom Company, 1999), p. 67.

④ ［美］L. 迪安·韦布：《美国教育史：一场伟大的美国试验》，陈露茜、李朝阳译，安徽教育出版社，2010，第112页。

⑤ Pulliam, John D. and Patten, James Van, *History of education in America* (New Jersey: Prentice-Hall, Inc. Simon & Schuster/A Viacom Company, 1999), pp. 62-63.

统也延续下来。正是因为这个传统的存在，即使有像华盛顿、杰斐逊那样极具权威人物的号召，全国统一的教育体制也没有被建立起来。“承袭了早期新英格兰教育分权的传统，公立学校运动最终创立了州学校体系，而不是像欧洲许多国家那样的全国性学校体系。”①

（二）建国先贤普及教育的构想

1. 托马斯·杰斐逊

托马斯·杰斐逊关于普及教育的思想主要反映在《进一步普及知识》（*The More General Diffusion of Knowledge*）的提案中。1779 年，他向弗吉尼亚州议会提交了这一法律草案。在该草案中，他拟定了本州的教育发展规划。州政府应该主管教育事业，建立公立学校体系。这一体系的第一级学校主要教授读、写、基本算术（common arithmetic）、历史（包括古代史、英国史和美国史），所有自由民子女均可免费学习 3 年，3 年之后的学习则需要交费。第一级学校应该在全州划分的每个“百人区”（hundreds）中设立，并且由税收支持、民众代表监督。由此可以看出，杰斐逊的教育规划明显包含了一个免费普及 3 年初等教育的内容。与当时弗吉尼亚州多数人的观念相比，这种免费普及教育的设想太超前了，《进一步普及知识》的提案未能在州议会获得通过。然而，杰斐逊普及教育的思想对后来美国教育的理论与实践都产生了一定的影响。“杰斐逊不但是美国高等教育的创新者，还是美国中小学教育的开拓者。19 世纪经霍列斯·曼和亨利·巴纳于 30 年代和 40 年代领导的公共教育运动，也深深受到杰斐逊关于教育是启发民智和振兴国势的手段的启发。”②

---

① Gutek, Gerald L., *Education in the United States* (Prentice-Hall, Englgwood Cliffs, New Jersey 07632, 1986), p. 82.

② 滕大春：《美国教育史》，人民教育出版社，1994，第 298 页。霍列斯·曼，即贺拉斯·曼。亨利·巴纳，即亨利·巴纳德。

2. 本杰明·拉什

本杰明·拉什（Benjamin Rush，1745—1813 年），一个共和主义者。他珍视新建立的共和国，强调教育是保证共和国长存的关键。“我认为，把人培养成共和国机器是可能的。而且，如果希望人们在伟大的国家机器中各负其责，我们就必须做到这一点”；“……通过这种教育模式，我们促使年轻人遵守法律，把他们培养成共和国的好公民。如果年轻人在 21 岁以前不知道或没有意识到自己的意志，之后他们已经成为最有用的公民，我将非常满意”。① “拉什为……‘一场以一人之力重塑美国的运动’奔走呼号。他将似乎无穷的精力投入到改革运动中，要求实施免费学校，建立国立大学、改良监狱、免收报纸邮资、为黑人兴修教堂、提倡禁酒、解放黑人奴隶、教育妇女、废止死刑等，而这一切的核心则是推行大规模的包罗万象的民众教育。”②

拉什这一“包罗万象的民众教育”，主要体现在《关于在宾夕法尼亚州建立公立学校和普及知识的方案》（*A Plan for the Establishment of Public Schools and the Diffusion of Knowledge in Pennsylvania*）中。与杰斐逊的教育提案类似，拉什的教育方案也有三级。第一级是在每个拥有或超过 100 户家庭的城镇建立的学区学校或城镇学校，主要教授读、写、算、英语和德语。这些学校免费向所有适龄儿童开放。第二级为在宾州不同区域创设的四所学院，主要教授数学和科学的高级分支学科。第三级创建费城大学，设置法律、医学、神学、政治学、经济学和自然科学等。拉什关于普及教育的思想深刻地影响着公立学校运动，“公共学校将会促进社会和谐，确保共和国是由有才智的、有德行的公民来领导。曼的这种信念不是独创的或独一无二的。它是对

① Kaestle, Carl F., *Pillars of the Republic: Common Schools and American Society, 1780-1860* (New York: Hill and Wang, 1983), p. 7.

② ［美］劳伦斯·A. 克雷明：《美国教育史·2·建国初期的历程》，洪成文等译，北京师范大学出版社，2002，第 120 页。

拉什和其他共和主义思想家的观点的回应。”[①]

3. 诺亚·韦伯斯特

诺亚·韦伯斯特（Noah Webster，1758—1843 年）主张，在政治独立之后更需要取得文化上的独立，从而使新生的民主共和体制能够得到精神文化的支撑。建国后，他身体力行，一直为美利坚合众国的文化独立而努力。“无论他是以学校教师的身份出现，还是以律师、记者或政治家的身份出现，韦伯斯特无时无刻不在教人。而他所教的原则是，美利坚合众国需要一种独特的美国文化，好的公民正是受过这种文化适当熏陶的人。”[②] 韦伯斯特认为，要形成独特的美利坚文化，使美国人养成高尚而一致的民族性，就必须借助教育的力量。为使美国人养成高尚而一致的民族性，应该让每个美国儿童学会正确地说、读和写英语，掌握实用的算术知识，还要熟悉历史、地理和政治。要实现这一目标，就必须在全国各地创建公立学校。

韦伯斯特对当时美国教育的贡献还在于他编写了各种各样的教科书。这些教科书包括《英语语法原理》（*A Grammar Institute of the English Language*），还有《有用知识的基础》（*Elements of Useful Knowledge*），其中包括历史、地理和动物学各个分册；《供学校使用的传记》（*Biography for the Use of Schools*）；《美国史》（*A History of the United States*）；《教师》（*The Teacher*）；《有用的学习手册》（*A Manual of Useful Studies*）。[③] 1825 年，《美国英语字典》（*American Dictionary of English*）的完成是韦伯斯特在使美国英语成为具有美国

---

① ［美］L. 迪安·韦布：《美国教育史：一场伟大的美国试验》，陈露茜、李朝阳译，安徽教育出版社，2010，第 166—167 页。

② ［美］劳伦斯·A. 克雷明：《美国教育史·2·建国初期的历程》，洪成文等译，北京师范大学出版社，2002，第 282 页。

③ Cremin, Lawrence A., *American Education: the National Experience, 1783-1876* (New York: Harper & Row, Publishers, 1980), pp. 266-267.

特色语言方面的最大成就。

韦伯斯特不仅提出普及教育的理念，而且为之身体力行，为美国教育做出了杰出的贡献。所以，有人认为“韦伯斯特为公立学校所做的工作实际上是19世纪30年代贺拉斯·曼领导的公立学校运动的开端”①。

（三）普及教育的先期实践

1. 星期日学校

1780年，英国格洛赛斯特市（Gloucester）的印刷商、慈善家罗伯特·雷克斯（Robert Raikes）于星期日设立临时性学校，教育贫穷儿童，这就是星期日学校（Sunday School）的开始。1786年，弗吉尼亚州汉诺威县出现了美国第一所星期日学校，其目的是向在工作日上班家庭的儿童提供道德教育，传授读、写等基础知识。此后，弗吉尼亚各地纷纷成立同类学校。纽约、里士满和其他东部城市也开设了星期日学校。

为更好地开展工作，对星期日学校热心的人士成立了协会。费城成立了首日学校协会（First Day School Society），到1800年，费城的星期日学校已有2000多名学生。② 1816年，艾力扎·洛德（Eleazar Lord）及其助手迪威·贝修（Divie Bethune）成立了纽约星期日学校联合会（the New York Sunday School Union Society）。同年，贝修的妻子乔安娜成立了促进安息日学校女性联盟（the Female Union for Promoting Sabbath Schools），这个联盟为男女儿童和成年女性建立了学校。1817年，成立了一个全国性的组织——“星期日学校与成人学校联盟”（the Sunday and Adult School Union）。1824年，它被改组为“美国星期日学校联盟”（the American Sunday School Union）。联盟出

① 季苹：《美国公立学校的发展研究》，高等教育出版社，2002，第55页。

② Kaestle, Carl F., *Pillars of the Republic: Common Schools and American Society, 1780-1860*(New York: Hill and Wang, 1983), p. 44.

版和分发了阅读和拼写用书、宗教图书，以及道德教育用书，还兴办了一批“星期日学校图书馆”（Sunday school libraries）。据估算，到1827年，星期日学校共招收学生20多万名。[①]

随着星期日学校数量的不断增加，它突破了济贫和慈善的性质，转而面向所有儿童开放，成为普及教育的一种实践，对美国教育的发展起到了非常重要的作用。它扩大了孩子们受教育的机会，并且让整个社会开始关注教育。虽然星期日学校明显带有慈善性质，但它并没有冠以慈善的名称，而且它只在星期日开放。在星期日学校蓬勃发展之时，另一类学校也在兴旺发展。这类学校不仅有慈善之实，还有慈善之名，它们就是后来被称为“免费学校”的慈善学校。

2. 免费学校

1805年，纽约市免费学校协会（Free School Society of the City of New York）成立。协会所辖学校由私人而非教派创办，免费向城市贫困儿童开放。在筹备第一所学校校舍基金时，该协会向公众发出这样的呼吁和请求：“这样在无知中、在坏习气的熏染中长大的儿童，都濒于毁灭的危险；值得担忧的是，他们中的绝大多数不是成为社会有用的成员，而是将成为社会的负担和害虫。早期教育和牢固的勤勉、正派和守秩序的习惯是行为端正的可靠保证。如果既不能也不愿对他们的孩子的教育给予必不可少的关注，帮助他们履行这个重要的义务就成了公众和当权者的责任。如果不堵死犯罪的源泉，无论是制定法律来惩办罪犯，还是善人抵制不信教的恶行的努力，都是徒劳无功的；采取以早期教育的有益训练作为预防的手段才是合乎时宜的。”[②] 其他各地一些慈善家也借鉴纽约市免费学校协会的做法，创立了一些免费

---

① Kaestle, Carl F., *Pillars of the Republic: Common Schools and American Society, 1780-1860* (New York: Hill and Wang, 1983), p. 45.

② ［美］E. P. 克伯雷：《外国教育史料》，任宝祥、任钟印主译，华中师范大学出版社，1991，第616页。

学校。免费学校为19世纪中期美国城市公立学校制度的建立奠定了重要基础。

第二节 公立学校运动的进展

以贺拉斯·曼、亨利·巴纳德为代表的一批公立学校运动领导人积极宣传免费普及教育，为新教育制度的建立做出了不可磨灭的贡献。在他们的倡导下，美国的许多州逐渐建立了教育监管体制，实行了征税办学，创设了教师培训机构，初步实现了教育世俗化。

一、代表人物的倡导

（一）贺拉斯·曼

在政治观念上，贺拉斯·曼（Horace Mann，1796—1859年）信奉新教共和主义。从宗教方面来看，新教共和主义仍然强调宗教的重要性。但是，它不再强调清教的唯一地位，而是强调各教派的平等地位。从共和主义来看，新教共和主义强调共和国的重要性，重视平等自由的价值观念。新教共和主义在重视地方自治传统的同时，也重视州对地方事务的影响；[①] 对信奉新教共和主义的人士来说，新生的美利坚合众国意义非凡。基于这样的政治观念，贺拉斯·曼大力倡导公立学校运动。

曼极力宣传创建公立学校、普及教育的必要性。对曼来说，公立学校是保证每个人都能接受教育的最佳方案。“曼理想中的公立学校包含了所有他认为共和国教育最基本的要素。它应该是共同的；它不仅

---

① ［美］韦恩·厄本，杰宁斯·瓦格纳：《美国教育：一部历史档案（第三版）》，周晟、谢爱磊译，中国人民大学出版社，2009，第139—140页。

是面向平民的学校（像普鲁士大众学校），还是面向所有民众的、共同的学校。它应该面向所有人开放，并且由税收支持；它应该像私立机构一样，同样向富人和穷人开放。”① 一直以来，富裕人士的子女有上学的传统。然而，过去他们上的是收费的私立学校，这些学校学生的家庭身份、地位和经济状况都较为相似。让子女与贫穷家庭的子女上同样的学校，富裕人士有抵触心理。曼劝说他们，贫富儿童同校有利于他们相互理解、共同进步，从而更利于孩子的成长和社会的稳定。由于当时童工盛行，工人群体更倾向于把孩子送到工厂，从而在一定程度上减轻家庭负担。针对这种现象，曼指出，接受学校教育之后，孩子因为掌握了一定的知识和技能而更受雇主欢迎，有利于他们提升经济地位。此外，还有一些家长仍然保留着传统的观念，认为孩子的基础教育是家庭和教会的责任。曼强调，传统的家庭和教会教育已经无法承担培养共和国公民的重任，这一重任只有学校教育才能胜任。

曼大力宣传征税办学的必要性。公立学校要面向所有民众免费开放，需要大量资金，只能依靠税收支持。富裕人士对征税办学的做法最为反感，因为在他们看来完全没有必要这样做。传统上，他们把子女送到私立学校上学，解决了自己子女的教育问题，因而感受不到创办公立学校的必要性。另外，还有许多富裕人士的子女已经过了接受初等教育的年龄，或者并没有适龄子女。因此，他们把征税办学看作对他们财富的掠夺。曼以其高超的智慧劝服了他们。在 1842 年提交的第五份年度报告中，他描述了受过教育与未受过教育的工人之间的差距。他认为，受过教育的工人更加可靠。这些工人不仅工作效率高，而且更倾向于遵守工厂的规章制度，较少出现违法行为。他们通过稳定的工作养家糊口，认同现存的社会秩序；反过来，那些没有受过教

① Cremin, Lawrence A., *American Education: the National Experience, 1783-1876* (New York: Harper & Row, Publishers, 1980), p. 138.

育的工人则容易出现各种问题，甚至会因为无法养家糊口而铤而走险，抢劫或摧毁富裕人士的财富。因此，无论是否有子女上学，富裕人士交税办学都是一个非常有益的选择。“拥有大笔财富的个人都应当对这件事情感兴趣，因为平民学校系统是保护他们财产的最起码、也是最有效的措施。教育并监管大众的思想，比官员或监狱要有效得多。”①

曼推动了马萨诸塞州的公立学校运动。在担任州教育委员会秘书的时候，他做了大量演讲，编辑出版了《公立学校杂志》（*The Common School Journal*），巡视州内各个学校，每年向州议会提交一份年度报告。在这些演讲、报告中，他描述了当时的教育实际状况，提出一些改进建议，积极宣传公立学校理念。这些措施取得了较大成效，“在他的努力下，州政府对教育的拨款翻了一番，新建了 50 所中学，教科书和教学设备也得到了改善，马萨诸塞州的教师工资提高了 50%以上，并且将最短学时延长到 6 个月。”② 在此期间，他还创立了美国第一批州立师范学校。

在马萨诸塞州的引领下，公立学校运动迅速在新英格兰地区兴起，并且在其他州和地区产生了重要影响。作为公立学校运动的旗手和代言人，曼受到教育史学家的高度赞誉。“如果有人能被冠以美国教育之父的头衔的话，那么这个人一定是贺拉斯·曼”；“在公共学校运动遍及全国的时候，在解释公共学校的基本原则和信条的时候，毫无疑问，贺拉斯·曼是公共学校的主要代言人”。③ “美国教育史中的名人，在 20 世纪初期以杜威最著称，在 19 世纪初期则以霍列斯·曼最著称。杜威

---

① ［美］韦恩·厄本，杰宁斯·瓦格纳：《美国教育：一部历史档案（第三版）》，周晟、谢爱磊译，中国人民大学出版社，2009，第 141 页。

② ［美］L. 迪安·韦布：《美国教育史：一场伟大的美国试验》，陈露茜、李朝阳译，安徽教育出版社，2010，第 166 页。

③ ［美］L. 迪安·韦布：《美国教育史：一场伟大的美国试验》，陈露茜、李朝阳译，安徽教育出版社，2010，第 165—167 页。

的主要贡献在于教育哲学，霍列斯·曼则以领导公共教育运动和树立教育事功而彪炳史册。他们同样是美国新教育的巨人。”①

（二）亨利·巴纳德

亨利·巴纳德（Henry Barnard，1811—1900 年），康涅狄格州公立学校运动的主要推动者。他的教育改革活动主要包括主编教育杂志、建立州教育监管体制等。

在担任康涅狄格州和罗得岛州教育委员会秘书时，巴纳德主编了两州的教育杂志，包括 4 卷《康涅狄格州公立学校杂志》（*Connecticut Common School Journal*）和 3 卷《罗得岛州教学研究所杂志》（*Journal of Rhode Island Institute of Instruction*）。在这些杂志中，他积极宣传征收教育税、创办公立学校、普及教育的重要意义，介绍州学校的基本状况，提出改进教育教学和教育管理的措施、建议。在宣传公立学校理念、促进公立学校运动的过程中，这些杂志在当地发挥了十分重要的作用。1855 年，44 岁的巴纳德因病再次离开康涅狄格州教育委员会秘书的职位。但是，他并没有离开教育事业，而是转向主编出版《美国教育杂志》（*American Journal of Education*）。自创刊以来，直到 1882 年，历经 27 载，《美国教育杂志》出版了 31 卷，每卷大约 800 页。巴纳德不仅为该杂志付出了艰辛的劳动，而且为之耗费了大量的财力，以致曾经富裕的他在去世时事实上已经破产。② 因为内容新颖、丰富，《美国教育杂志》发行量较大，是当时美国唯一具有全国意义的教育杂志，巴纳德经常被称为“美国教育杂志业的奠基者”③。

殖民地时期以来，美国教育各自为政、一盘散沙，学校之间的交

---

① 滕大春：《美国教育史》，人民教育出版社，1994，第 311 页。

② ［美］S. 亚历山大·里帕：《自由社会中的教育：美国历程（第 8 版）》，於荣译，安徽教育出版社，2010，第 108 页。

③ Pulliam, John D. and Patten, James Van, *History of education in America* (New Jersey: Prentice-Hall, Inc. Simon & Schuster/A Viacom Company, 1999), p. 107.

流极少。这种状况使公立学校运动的倡导者十分担忧。为此，亨利·巴纳德与贺拉斯·曼一样，努力建立州教育监管体制。正是基于此，他在担任康涅狄格州众议院院长时推动了州教育委员会的建立，担任了第一任州教育委员会秘书。任职期间，他与曼一样，坚持巡视本州各所学校并不断的演讲，宣传其教育主张。他“视察学校达 200 所以上，与全州三分之二的教师谈话，搜集 1200 余所学校的统计数据，分发 6 万册《康涅狄格州教育杂志》给全州教育工作者”①。在罗得岛州，他被任命为该州第一任州教育委员会秘书，从事与他在康涅狄格州教育委员会相似的工作。虽然州教育委员会的权力有限，主要是收集相关数据、提出相关意见和建议，但是它的存在毕竟使全州有了专职的教育管理部门，初步形成了州的教育监管体制，并且在相当程度上推动了公立学校运动，促进了教育普及。

主编教育杂志、宣传公立学校理念，是巴纳德对公立学校运动和美国教育的巨大贡献，“巴纳德最伟大的成就在于他的民主哲学——‘让学校对最优秀的人足够好，对最穷的人足够便宜’，在于他传播了关于什么是优异的学校的信息”②。

贺拉斯·曼和亨利·巴纳德是公立学校运动最主要的推动者和代言人。除他们之外，马萨诸塞州的詹姆斯·卡特（James Carter），康涅狄格州的凯瑟琳·比彻（Catherine Beecher），俄亥俄州的加尔文·斯托（Calvin Stowe）、萨缪尔·路易斯（Samuel Lewis）和萨缪尔·加洛威（Samuel Galloway），印第安纳州的尼年·爱德华兹（Ninian Edwards），密歇根州的约翰·皮尔士（John Pierce）和艾萨克·克莱里（Isaac Crary），肯塔基州的罗伯特·布莱金士奇（Robert Breckinsidge），北卡罗来纳州的加尔文·威列（Calvin Willey），加利

① 滕大春：《美国教育史》，人民教育出版社，1994，第 328 页。

② ［美］L. 迪安·韦布：《美国教育史：一场伟大的美国试验》，陈露茜、李朝阳译，安徽教育出版社，2010，第 168 页。

福尼亚州的约翰·斯威特（John Swett）等，都在本州为普及公立学校教育摇旗呐喊，积极从事相应的教育实践活动。他们继承建国先贤普及教育的思想，在理论和实践方面推广了公立学校，初步形成了公立学校理念，一起推动了公立学校运动的发展。①

二、教育体制的创新

（一）州教育监管体制的确立

随着工业化和商业化的发展，美国各地区的经济社会生活的联系更加紧密。这种情况逐渐打破了过去各自为政的局面，教育的发展同样受此影响。与此同时，美国各州之间在经济、交通、教育等方面展开了全面的竞争，过于分权化的教育管理模式不利于各州整体教育水平的提升，于是从州的层面加强教育管理的呼声越来越响。

1812 年，纽约州正式出台法令，为管理全州初等学校设置督察长（the superintendent）一职。第一任督察长由吉登·霍雷（Gideon Hawley）担任。霍雷热心教育且干练多才，他首先通过出售州土地和征收教育税筹措学校资金，并且视察学校，告知它们如何配备教育教学设施、处理各项正当开支。继纽约州之后，马里兰州于 1826—1828 年、俄亥俄州于 1837—1840 年、新罕布什尔州于 1846—1850 年都设置了督察长，全国约有半数的州都曾或长期或短期地有过同样的经历。州督察长的设立在一定程度上促进了相应州教育的发展。但是，仅凭一人，面对全州数量众多的公立学校，显然力不从心，必须采取更加有效的措施，州教育委员会应运而生。

在设置州教育委员会一事上，马萨诸塞州走在了全国的前列。该

---

① Cubberley, Ellwood P., *Public Education in the United States* (Boston: Houghton Mifflin Company, 1934), pp. 229-230.

州本是新英格兰地区、也是整个美国教育发达的州，殖民地时期美国最早的教育立法和最早的一批公立学校都在这里诞生。但到19世纪30年代，该州的教育没有跟上社会发展的步伐，开始落后于其他地区。其主要原因在于，学区制导致了地域局限，阻塞了教育人士对新事物、新思想的接触，无法适应工业化、城市化、人口激增和文化多元的新形势。1821年，詹姆斯·卡特开始揭露学区制的弊端，提出成立州教育委员会的设想。5年后，马萨诸塞州议会批准他的提议，通过法律要求各城镇设立学校委员会（the School Committee 或 the School Board），负责视察城镇学校，挑选教材，考核和认证学校教师。1837年，经卡特提议，马萨诸塞州设置了教育委员会，由教育委员会选举秘书。这是美国第一个州教育委员会。[1] 大致在同一时期，康涅狄格州也成立了州教育委员会。1839年，亨利·巴纳德就任康涅狄格州教育委员会第一任秘书。此后，其他一些州也相继成立了州教育委员会。

州教育委员会的成立，使各州的教育事业有了统一的引导，各州内、各州之间的教育交流也开始频繁起来。然而，地方自治既是一种长期以来形成的牢固传统，又是美国民主的根本内容，导致任何加强集权的措施都会遭到强烈反对，即使这种集权是社会发展的客观要求。州教育委员会及其秘书的遭遇正是这种情况的反映。1840年，马萨诸塞州州长在就职演讲中公开宣称要取消州教育委员会。1842年，康涅狄格州取消教育委员会，直到1851年才恢复。其他各州的教育委员会也有类似的兴废现象。地方自治传统与教育集权的客观要求之间的矛盾，决定了州教育委员会及其秘书不可能拥有足够的权力。“州教育委员会秘书的工作主要是事务性的、规劝性的。他的任务是定期收集、汇总和报告州教育实践数据。人们期待他撰文介绍好的教育实践、推

---

① Cubberley, Ellwood P., *Public Education in the United States* (Boston: Houghton Mifflin Company, 1934), pp. 221-222.

介教育改进措施”；“州教育委员会秘书更像宣传者而非官员。他们在州内旅行，参观学校，举行演讲，组织教师培训班，收集数据，传播公立学校改革福音。他们当中有些人希望拥有更具强制性的权威，而且他们努力建立了初具框架的专业化监管体系（a rough hierarchy of professional supervision）。但是，他们的管理权力形式多于实质”。①

虽然没有实权，但是在贺拉斯・曼、亨利・巴纳德等人的卓越领导下，州教育委员会及其秘书举行各种会议、大量演讲，大力倡导兴办公立学校，希望人人都能接受教育，在道德品质和基础知识方面成为国家公民，从而承担国家公民的义务；创立征收教育税的制度，为公立学校的发展提供教育经费，确保人人能够免费接受教育；巡视州内公立学校，调查学校工作，改善学校设施设备；创立师范学校、教师培训班等，培养公立学校所急需的教师；创立图书馆和夜校，编辑发行教育书籍杂志；创立教师联合会，以更新教师的观念、推介新的教育教学方法，引导教师开拓创新。州教育委员会及其秘书为美国教育事业的发展做出了不可磨灭的贡献。

（二）征税办学体制的形成

1. 教育经费来源多元化的传统

早期殖民地的教育经费主要由教会解决，因为学校很少且主要由教会举办。在新英格兰地区，随着城镇加大对教育的投入及后来学区制的流行，教育经费开始由城镇当局负担。经费来源于城镇的公共收入，包括土地捐赠、地方税、地方拨款等。此外，计日学费也是学校经费的来源之一。

建国初期，美国教育经费的筹措延续了上述做法，并且增加了一些税收项目，如执照税、保险税、银行税等。1774 年，康涅狄格州把

---

① Carl F. Kaestle, *Pillars of the Republic : Common Schools and American Society, 1780-1860*(New York: Hill and Wang, 1983), pp. 114-115.

各城镇酒类执照税用于学校；1826 年，新奥尔良市对两座剧院发放执照，其条件是每座剧院每年为学校出资 3000 美元。发行彩票，是这一时期扩大教育经费来源的新举措。1799 年，纽约州批准了 3 次彩票发行，为学校筹得 10 万美元；1801 年，再次募集相同款项；1810 年以前，又多次发行类似彩票。1820 年，路易斯安那州发行 2 次彩票为学校筹款。1816—1821 年，马里兰州 5 次发行彩票，每年为学校筹得 5 万美元。① 教育永久基金的建立，是这一时期教育经费筹措方面的重大举措。1802 年，根据 1785 年土地法令（Land Ordinance of 1785），联邦政府对新加入联邦的俄亥俄州赠予土地，规定该州每个城镇的第 16 区用于公立学校。此后加入联邦的各州都遵守了这一规定，利用这些土地建立了教育永久基金。

多元化的经费来源符合当时的社会条件和传统观念，一定时期内满足了学校教育事业发展的需要。然而，随着人口的激增、免费公立学校教育理念的传播、适龄儿童越来越多，教育经费来源多元化的传统无法适应新的教育发展形势。

2. 免费公立学校教育理念的宣传

（1）宣传普及教育。随着工业化的发展，儿童的教育责任必须从家庭和教会转移到学校，必须普及教育，这是社会发展的必然趋势。越来越多的人意识到这种趋势，开始与传统观念做斗争，积极宣传普及教育理念。在州教育委员会成立之前，数以百计的协会、学园之类的组织已经建立。1817 年，宾夕法尼亚州成立“促进公共经济发展协会”（the Pennsylvania Society for the Promotion of Public Economy）。10 年之后，整个宾州都出现了这个协会的分支——“促进公立学校协会”（the Pennsylvania Society for the Promotion of Public Schools）。其

---

① Cubberley, Ellwood P., *Public Education in the United States* (Boston: Houghton Mifflin Company, 1934), pp. 177-178.

他各地，包括西部一些州也相继成立了类似协会。1826 年，美国学园（the American Lyceum）成立，并且于 1831 年成立了全国学园（the National Lyceum）。这些协会和学园出版发行了大量印刷品，举办了大量会议，并且对州立法机构进行游说，极力宣传普及教育理念。[①] 协会和学园的这些功能与州教育委员会的部分功能极为类似，随着后者的兴起，前者的影响力逐渐下降。工人组织和政党也为免费的、普及的公立学校教育开展了斗争。1827 年，费城劳工党成立，该党的斗争纲领中包含实施免费的、普及的义务教育制度的要求。1829 年纽约市召开技匠和工人大会，1830 年达拉华州新加塞尔（New Castle）市的工人联合会，1830 年波士顿工人、技匠和友人联合会也提出了类似要求。[②]

（2）消除慈善初等教育。慈善教育在美国流行已久。殖民地时期以来，教会和一些慈善家出于人道主义目的兴办了慈善学校，为贫苦儿童和孤儿、弃儿提供免费教育。建国以后，慈善教育事业得到进一步发展。但是，作为免费教育的一种形式，慈善教育带有相当的歧视性。送孩子上这些慈善学校的前提是，家长必须签署书面文件承认自己是贫民。签署这样的文件之后，这些人便在法律上失去尊严，在社会上失去地位。许多人宁愿孩子不上学，也不愿意接受这样的事实。这种带有歧视性的免费教育必然引起公立学校教育倡导者的不满。他们觉察到这种慈善教育的弊端：多数人接受一般的学校教育而成为公民，而其他一些人在教育上受到歧视或隔绝以致成为次等公民或受鄙视的公民，这样容易导致教育走上等级制的道路，不利于新生的民主共和国的发展。随着普及教育观念的流行，慈善教育观念遭到越来越

---

① Cubberley, Ellwood P., *Public Education in the United States* (Boston: Houghton Mifflin Company, 1934), pp. 167-169.

② Cubberley, Ellwood P., *Public Education in the United States* (Boston: Houghton Mifflin Company, 1934), pp. 173-174.

多的反对。人们逐渐认识到，受教育是每个人的一项基本权利，这种权利不应该受到家庭经济条件的限制。即使是家庭贫困的儿童，也有受教育的权利。这种权利不是别人给予的施舍，而是儿童本身应该享受的。与此同时，政府加大了对慈善学校的资助力度，最终把这些慈善学校改造成公立学校。从此，免费教育获得了它的现代意义，不再是慈善教育的代名词。

（3）呼吁取消计日学费。在实施免费教育之前，计日学费是美国学校经费的一个重要来源。殖民地时期，马萨诸塞州和康涅狄格州最早开始实行这种方法，后来这种方法又被传至纽约等州。建国前后，有些州沿用了这一方法。虽然这种办法收取的学费并不算多、家长的负担并不算重，但有些家长因此放任孩子缺课或逃学，以致常有一半或一半以上学龄儿童不上学。例如，1826 年纽约市公立学校联合会宣布学费数额时，加入该市公立学校联合会的学校学生为 3457 人，6 个月之后骤降为 2999 人；1826 年全市共收学费 4426 美元，1831 年降为 1366 美元。① 为提高入学率、普及教育，公立学校运动的倡导者大力呼吁取消计日学费，实行完全的免费教育政策。

公立学校运动领导者希望普及教育，而要普及教育就必须实施免费教育。通过宣传普及教育、消除慈善初等教育、呼吁取消计日学费等措施，免费公立学校教育观念逐渐被大众接受。然而，要真正实现免费教育，就必须有稳定的教育经费来源，征税办学这一制度应运而生。

3. 征税办学体制的形成

对儿童实施免费教育，需要稳定的经济来源作保障。如何确保教育经费的稳定增长、不断增加对教育的投入，一直是各州面临的难题。在其他各种办法都无法确保教育经费稳定、持续增长的情况下，征税

① 滕大春：《美国教育史》，人民教育出版社，1994，第 287—288 页。

办学成为唯一的选择。“到 1825 年，有识之士已经明确意识到，州学校体系唯一可以真正依赖的保障在于对财产普遍征收直接税。‘各州财富必须用于教育各州儿童’成为响亮的口号。”[①] 由于社会背景和教育基础等具有很大差别，各州确立征税办学体制的时间、过程不尽相同。一般来说，城市比农村、北方比南方开展得早，也更加顺利。

在征税办学问题上，首先取得突破是一些城市。罗得岛州的普罗维登斯（Providence）和纽波特（Newport）分别于 1800 年、1825 年获得征税办学的法律许可，而该州直到 1828 年才通过类似立法。其他类似的市与州：纽约市在 1805 年，纽约州则在 1812 年；费城在 1812 年和 1818 年，哈里斯堡（Harrisburg）和匹兹堡（Pittsburgh）在 1821 年，宾夕法尼亚州则在 1834 年；巴尔的摩（Baltimore）在 1825 年，马里兰州则在 1826 年；莫比尔（Mobile）在 1826 年，亚拉巴马州则在 1854 年。[②] 由于这些城市面临的问题复杂而迫切，因此它们在州议会之前开始采取了行动，为征税办学体制的创建发挥了良好的榜样示范作用。

大致同一时期，一些州对征税办学通过了选择性法案（the optional law），允许各县、地方（或学区）符合一定条件时可征税办学。1816 年，马里兰州通过法案，允许卡洛林县（Caroline County）投票决定通过捐赠还是通过征税办学。1820 年，新泽西州的法案允许各县征税办学教育贫困儿童。1824 年，密苏里州的法案规定如果学区三分之二的投票人书面请求，就可以征税办学，学期长短则由家长决定。1825 年，伊利诺伊州通过法案，规定投票人可以决定征税用于学校的一半支出，但需要纳税人的书面同意。1828 年，罗得岛州的法案

---

① Cubberley, Ellwood P., *Public Education in the United States* (Boston: Houghton Mifflin Company, 1934), p. 180.

② Cubberley, Ellwood P., *Public Education in the United States* (Boston: Houghton Mifflin Company, 1934), pp. 180-181.

规定，各城镇如觉得适宜可以征税办学。1830 年肯塔基州、1834 年宾夕法尼亚州、1840 年怀俄明州、1846 年密西西比州均通过法案，允许学区征税办学；1848 年，印第安纳州的法案允许各县征税办学。[①] 由于许多纳税人反对征税，因此很少有符合选择法案规定条件的县或学区，这些法案往往成为一纸空文。

为了从根本上解决教育经费短缺的问题，必须无条件征税办学。各州实现这一目标的过程不尽相同，大致有两种主要情形。一种情形是缓慢的、渐进式的，以俄亥俄州较为典型。1821 年，该州允许学区对居民征收财产税办学。1825 年，允许各县对每人征收半密尔教育税，并且于 1828 年、1834 年、1836 年、1838 年分别提升至 0.75 密尔、1 密尔、1.5 密尔、2 密尔。1831 年，允许学区对非本地居民征收财产税办学。1838 年，允许州对每人征收半密尔教育税。1853 年，取消县教育税，州税提至 2 密尔。1854 年，州教育税减至 1.5 密尔，城镇获权征收 2 密尔教育税。至此，俄亥俄州基本确立了征税办学体制。另一种情形则是大起大落，以印第安纳州较为典型。1824 年，该州通过首部普通学校法案（the first general school law），允许城镇各学区通过征教育税或收取计日学费办学。1836 年，法案要求城镇普遍征税办学，但由于反对意见太多，这一法案不久就被取消。这就导致该州学校严重不足，入学率特别低。1840 年，在近 30 万适龄儿童中，只有不到 5 万人上学。即使如此，由于反对者众多，征税办学的进程一直没有实质性进展。直到 1851 年新的州宪法通过，规定实行州征税办学体制，1852 年该州开始为学校普遍征收财产税，才最终确立了征税办学体制。[②]

---

① Cubberley, Ellwood P., *Public Education in the United States* (Boston: Houghton Mifflin Company, 1934), p. 181.

② Cubberley, Ellwood P., *Public Education in the United States* (Boston: Houghton Mifflin Company, 1934), pp. 183-187. 密尔，即 mill，当时的一种货币，相当于 0.001 美元。

征税办学因为触及多数人的切身利益，所以遇到的阻力最大。在以贺拉斯·曼、亨利·巴纳德等为代表的公立学校运动领导人的积极宣传推动下，各州民众逐渐克服了各种阻碍，接受了这一革命性理念，最终实现了州、县、城镇（或学区）征税办学制度，为普及公立学校奠定了坚实的经济基础。

三、学校与教师队伍的变化

（一）学校的变化

1. 学校规模

公立学校运动时期，美国的城乡差别还较为明显。不仅如此，东北部与中西部的地区差别同样明显。这些差别决定了学校校舍及相应教学设备的差距。在城市，由于生源充足，学校规模一般较大，往往能够容纳较多学生。在东北部农村地区，随着学区的不断合并，合并学校（consolidated schools）或联合学校（union schools）逐渐成为主流。这些学校一般是由上下两层的建筑构成。在正处于拓荒期的中西部农村地区，人口分散且流动性大，适龄儿童数量不多，普及教育只能采取“一教室一教师”的形式。“1860 年，典型的公共小学是这样的：一间拥挤的教室，照明不足，通风条件极差，桌椅不全，专门教学设备全无。”①

2. 入学率

全国 5—19 岁白人的入学率从 1830 年大概是 35%，1840 年、1850 年、1860 年分别提升到 38.4%、50.4%、57.7%。西部和南部的增长

① Pulliam, John D. and Patten, James Van, *History of education in America* (New Jersey: Prentice-Hall, Inc. Simon & Schuster/A Viacom Company, 1999), p. 100.

最迅速。西部入学率的增长主要是源于公立学校运动。[①] 南部入学率的增长虽然不是公立学校运动的直接作用，却与公立学校运动有一定关系。建国后至内战前这一时期，因为在奴隶制问题上的分歧，美国的南方与北方之间的关系渐成水火。为了体现自身的正确性，双方展开了全面的竞争。在公立学校运动的背景下，北方学校教育取得巨大进展。南方对此自然不敢松懈，在学校教育方面进行了巨大投入。然而，因为没有从制度上根本性地解决问题，南方学校教育仍然比北方落后。东北部因为教育基础较好，又是公立学校运动的发源地，所以入学率排在全国前列。例如，1860 年纽约市已基本普及教育，全部 813669 总人口中有 153000 名学生在公立学校注册上学。此外，大概有 14000 人在罗马天主教学校就读，另有几千名学生进入了独立学校、由儿童救助协会等慈善组织举办的学校。[②]

公立学校运动时期，入学者的一个重要变化就是人们开始反对年龄太小的儿童入学。一直以来，很多三四岁的儿童随着哥哥姐姐入学。家长允许他们上学，并不是指望他们增长知识，而是希望他们能够有人照料。随着公立学校改革者的倡导，人们开始觉得年龄太小的儿童应该属于家庭而不是学校。

3. 分年级制

“一教室一教师”学校所处地区人口较稀少，适龄儿童一般只有 40—60 人。然而，在城市和东北部农村地区，人口较为集中，适龄儿童较多，学校规模较大，“一间教室”无法容纳所有学生，分年级学校（graded schools）开始出现。最初的分级制并不是现在通常采用的班级授课制，而是把学校分为不同的层次。这些层次主要有初级学校

① ［美］劳伦斯·A. 克雷明：《美国教育史·2·建国初期的历程》，洪成文等译，北京师范大学出版社，2002，第 190 页。

② ［美］劳伦斯·A. 克雷明：《美国教育史·2·建国初期的历程》，洪成文等译，北京师范大学出版社，2002，第 476 页。

(primary schools)、中间学校（intermediate schools）和文法学校(grammar schools)。此时，中学尚未普遍设立，多数公立学校接纳5—19岁年龄段的学生，包含大学前的整个教育。这种分层模式主要发生在农村的合并学校或联合学校中。在规模更大的城市学校，由于学生人数众多，班级授课制逐步得到了普及。

4. 学期

在相当长的一段时期内，美国经济以农业为主，农业人口占了绝大多数，公立学校只在农闲时期开放，分为夏季学期和冬季学期。冬季学期的学生往往比夏季多，因为冬季农活少，一些年龄更大的孩子又回到学校。他们甚至造成一些纪律问题，使许多学校在冬季不敢聘用女教师。“19世纪许多怪异而有趣的小说中有一个永恒的主题——‘轰走教师’，这种主题传统是有着现实基础的。也因此，新教师的工作之一常常是与班上的‘大男孩’比试力气，方能认真像样地开始一学期的教与学的工作。”①

（二）教师队伍的变化

1. 教师地位

从殖民地时期开始到建国初期，美国公立学校教师的工作报酬、社会地位都非常低，农村教师尤其如此。男教师每月20美元，女教师10美元，这些钱并不一定以现金支付，往往以在学生家中轮流食宿的方式代之。此外，当时学期很短，一般就几周，教师只有在此期间才能获得工资，非教学期间没有任何报酬。

公立学校运动时期，教师工资仍普遍较低（见表2）。“普通劳工的平均周薪1841年是4.86美元、1864年是7.98美元，工匠的平均周薪分别是8.28美元、12.66美元。这意味着同一时期城市男教师比普通

---

① ［美］劳伦斯·A.克雷明：《美国教育史·2·建国初期的历程》，洪成文等译，北京师范大学出版社，2002，第421页。

劳工和工匠挣得多，而城乡女教师和农村男教师挣得比普通劳工少”；“只有城市男教师的工资足以养家；而无论城乡，女教师的所得仅能勉强糊口”。① 正是因为农村教师工资普遍偏低，学生家庭轮流提供食宿这种做法一直延续到内战时期。“1862 年佛蒙特州报告 68%的教师、1846 年康涅狄格州报告 84%的教师都轮流食宿。”②

表 2 1841—1864 年美国教师平均每周的工资③

时间（年）	农村（美元）		城市（美元）	
	男教师	女教师	男教师	女教师
1841	4.15	2.51	11.93	4.44
1845	3.87	2.48	12.21	4.09
1850	4.25	2.89	13.37	4.71
1855	5.77	3.65	16.80	5.79
1860	6.28	4.12	18.56	6.99
1864	7.86	4.92	20.78	7.67

工资微薄、食宿在学生家中，这些都导致教师地位低下，教师职业缺乏足够的吸引力。在其他主客观条件的共同作用下，教师的来源在公立学校运动时期出现了根本性变化。

2. 教师来源

殖民地时期，教师地位低微，所以被认为是不够体面的职业。公立学校教师常由仆役或契约奴等充当，甚至有不少教师是罪犯、酒鬼

---

① Spring, Joel H., *The American School, 1642-2000* (New York: McGraw-Hill, 2001), p. 141.

② Spring, Joel H., *The American School, 1642-2000* (New York: McGraw-Hill, 2001), p. 141.

③ 季苹：《美国公立学校的发展研究》，高等教育出版社，2002，第 80 页。

和歹徒。当然，也有相当一部分牧师兼任教师，他们是当时教师队伍中素质比较高的人。此外，由于当时学期较短，而非教学期间教师又没有任何工作报酬。为了生存，教师必须在非教学期间从事其他工作。反过来说，几乎任何其他行业的人都可以在教学期间成为教师。这种情况在美国建国后相当长的一段时间内并没有得到根本改观。

公立学校运动时期，大量女性开始加入教师队伍，逐渐成为教师队伍的主体。“在康涅狄格州，女教师占全体教师的比例从 1846 年的 56％增长到 1857 年的 71％；在新泽西州，1852 年男教师是女教师的 2 倍，10 年后女教师的人数超出了男教师；在佛蒙特州，1850 年女教师为 70％；宾夕法尼亚州，女教师的比例从 1834 年的 28％增长到 1856 年的 36％。”[①] 大量女性进入教育行业，从事教师工作，为公立学校提供了充足的教师资源，满足了公立学校运动对教师的需求。新英格兰地区甚至出现了教师供过于求的状况，许多女性因此到中西部地区寻找担任教师的机会。大量女性从事收入微薄的教师工作，为公立学校运动普及教育的理想提供了师资保障。为此，乔尔·斯普林说：“公立学校运动的真正英雄是女教师。”[②]

女性大量进入教师队伍，主要是居于以下原因：首先，缩减教育经费是各地吸收女教师的重要原因。由于女教师工资比男教师低得多，各州都倾向于使用女教师。“平均而言，1845 年密歇根州女教师的工资是男教师的 44％，1863 年仍然如此。在威斯康星州，这一比例稍如人意一些，1850 年为 53％，1860 年增至 62％。整个时期，马萨诸塞州男女教师工资比例维持在 40％左右，而 1834—1860 年，教师队伍中女教

---

① Spring, Joel H., *The American School, 1642-2000* (New York: McGraw-Hill, 2001), p. 140.

② Spring, Joel H., *The American School, 1642-2000* (New York: McGraw-Hill, 2001), p. 133.

师的比例从56%增至78%。"① 其次，教师是当时极少数向女性开放的职业。随着城市化进程的持续，女性参与社区活动和家庭事务的机会不断减少。她们渴望走向社会，找到属于自己的工作。然而，社会传统观念根深蒂固，女性找工作并不是容易的事情。除纺织工外，女性能找到的工作几乎只有教师。再次，当时的社会观念有利于女性在公立学校任教。人们认为，女性温柔，充满母爱，适宜从事道德品质的培养。女性的职责就是在家庭和学校中，培养孩子良好的道德品质。最后，女性之所以能够进入教师行业，还有一个非常重要的原因，师范学校的学生主要是女性。

3. 教师培养

公立学校运动之前，教师来源极广，几乎任何人只要愿意就能担任教师，更有许多教师是刚刚从公立学校毕业的学生。在这种情况下，不存在教师培养的问题。然而，教育教学质量的低劣引起公立学校改革者的担忧。他们积极呼吁提高教师队伍水平，大力倡导专门进行教师培养工作。这一时期公立学校教师的培养机构主要有文实学校（the academy）、教师培训班（the teachers' institute）、师范学校（the normal school）等。

文实学校最初由美国著名人士本杰明·富兰克林（Benjamin Franklin）创立，其本意是适应经济迅速发展的需要，培养与经济发展紧密联系的实用型人才。由于当时社会传统势力依然强大，文实学校不久就趋向古典知识的教学，成为与文法学校相近的教育机构。到公立学校运动时期，随着对教师需求的增加，文实学校开始设立师范部培养教师。1834年，纽约州议会通过决议，由州政府出资，在州内的8区每区选择1所文实学校开设师范部，为该州培养公立学校教师。其他

---

① Carl F. Kaestle, *Pillars of the Republic: Common Schools and American Society, 1780-1860* (New York: Hill and Wang, 1983), p. 123. "整个时期"是指公立学校运动时期。

各州也纷纷效仿，文实学校成为培养教师的机构之一。

教师培训班是公立学校运动时期的一项重要创新。它们一般是在州教育委员会秘书的支持下，在县一级层面组织在职教师培训。培训的内容包括演讲和讨论，一般由知名教育家主讲或主持。教师培训班一般持续四五天，白天主要是示范课和课堂技巧的讨论，晚上则是演讲。因其灵活、方便的特点，教师培训班为公立学校运动培养（培训）了大量教师。“1849 年，缅因州官员报告，36%的教师，包括男教师和女教师，参加了培训班。……1859 年，威斯康星州开始支持教师培训班，同年大约 14 个城市的 1500 名教师参加了培训班，占该州教师人数的 20%。同一时期，密歇根州大约 15%的教师参加了培训班。”① 在正处于开发期的中西部地区，由于人口分散、流动频繁等，教师培训班更受欢迎。

公立学校运动中，教师培养方面最值得一提的是师范学校的创立和发展。教师培训班随机性太强，并且主要适合于在职教师的进修。公立学校教师收入偏低，而文实学校费用较为昂贵，其师范部因此难以吸引大量学生。无论是从数量还是从质量，教师培训班和文实学校作为教师培养机构都很难适应普及公立学校教育的需要。恰恰就在这一时期，亨利·德威特（Henry Dewitt）、加尔文·斯托、贺拉斯·曼等人考察欧洲教育归来，他们对普鲁士学校和教师印象深刻、赞不绝口，呼吁按德国的模式设立师范学校、培养教师。热心教育的艾德蒙·德威特（Edmont Dewitt）以州政府配套相应经费为条件，为设立师范学校捐款 1 万美元。1839 年，贺拉斯·曼在马萨诸塞州莱克星顿市设立师范学校，这是美国第一所州立师范学校。同年在贝尔（Barre）、1840 年在桥河（Bridgewater）相继设立了第二所、第三所州

① Carl F. Kaestle, *Pillars of the Republic: Common Schools and American Society, 1780-1860*(New York: Hill and Wang, 1983), p. 129.

立师范学校。此后，纽约州（1844 年）、康涅狄格州（1849 年）、密歇根州（1849 年）、罗得岛州（1854 年）、新泽西州（1855 年）、宾夕法尼亚州（1859 年）、明尼苏达州（l860 年）先后创立了州立师范学校。到 1860 年，全国共有州立师范学校 12 所。需要特别指出的是，由于公立学校教师待遇偏低，师范学校的学生主要是女性。“1856 年，马萨诸塞州 4 所师范学校报告共有 332 名学生，其中 290 名是女生。”①

4．教师职业化

学期的延长、大量女性成为教师、教师培训机构专业化等，促进了教师职业化。如前所述，在公立学校运动之前，公立学校教师并不是一个专门职业，他们只不过在教学期间从事教学这一活动而已。这种情况必然造成教师队伍不稳定，整体素质难以得到持续提高，教育质量无法保证。为此，公立学校运动时期的改革者大声疾呼，希望促使教师成为专门的职业。

学生学习天数的增加，教师的教学天数也随之增加，慢慢地，教师就成为一个全职职业，再也无须像过去那样从事其他兼职。这样既在相当程度上保证了教师的经济收入，又有利于教师专心从事教学工作，为教师队伍的稳定提供了根本保障。

女性逐渐成为公立学校教师队伍的主体，同样有利于教师职业化的发展。如前所述，在公立学校运动时期，教师几乎是唯一对女性开放的职业。女性成为公立学校教师稳定的来源，为这一职业的稳定奠定了基础。

教师培训机构的专业化不断提升着公立学校教师队伍的素质。教师越来越被认为是具有专业技能的人，而不再是任何人都可以从事的职业。在公立学校运动时期，虽然还无法确保每位教师都受过专门的

① Spring, Joel H., *The American School*, *1642-2000* (New York: McGraw-Hill, 2001), p. 143.

职前培训，但是教师应该受过专门的职业培训的思想深入人心，师范教育观念已经初步形成。

教师职业化的另一个重要标志是部分州已经开始推行教师资格认证制度。1843 年，纽约州授权州教育委员会秘书设置教师资格考试，对考试通过者颁发本州内通用的教师资格证书。印第安纳州（1852 年）、宾夕法尼亚州（1854 年）也相继实行了这一制度。

四、教育世俗化的演进

公立学校运动早期，许多州对教会学校和公立学校进行同样的资助。例如，直到 1834 年，宾夕法尼亚州的教会学校和私立学校一直都接受来自贫困法基金（poor-law funds）的资助；1830 年和 1831 年，新泽西州修订普通学校法，允许所有的私立学校和教区学校分享州教育基金。[①] 这一时期，政府对涉及公共利益的项目，如运河、铁路都给予了大量资助，而不考虑资助项目的经营者是私人还是政府。殖民地时期以来，直到美国建国后相当长的一段时期内，宗教被看作公共事务，所以对教会学校的资助在当时并没有引起人们的反对。不仅如此，这些教会学校因为获得州政府的资助，或多或少地具有了公立学校的特征。“1813 年，当纽约市将获得的州对公立学校补助的份额用于资助该市各种教派开办的慈善学校时，那些慈善学校无疑是被大多数人当作公立或公立学校的。”[②] 然而，随着新教不同教派及天主教对学校基金的争取，公共资金平等资助所有学校的局面逐渐被打破。

1807 年，纽约州资金开始资助纽约免费学校协会。1820 年，伯特

---

① Cubberley, Ellwood P., *Public Education in the United States* (Boston: Houghton Mifflin Company, 1934), p. 236.

② ［美］劳伦斯·A. 克雷明：《美国教育史·2·建国初期的历程》，洪成文等译，北京师范大学出版社，2002，第 174 页。

利浸礼会（the Bethel Baptist）为来自各个教派的贫困儿童开办了一所学校。根据一项特别法案，该学校可以分享州资金。对此，免费学校协会表示反对。1825 年，纽约市议会取消了对浸礼会学校的资助，决定不得把公共资金给予任何宗教团体。1828 年，纽约公立学校协会获准征收地方税以充实办学资源。[①] 1831 年，因孤儿和贫困儿童在自己管理的学校上学，循道会（the Methodists）申请分享学校基金。由于公立学校协会的强烈反对，纽约市议会拒绝了这一申请。[②] 虽然纽约市的情形比较突出，但并不是个例，其他地方也不同程度地存在类似情况。而天主教会对公共资金的争取使形势更加严峻。

如前所述，天主教与新教之间存在较大的教义分歧，而公立学校传播的主要是新教的价值观念。这些学校唱新教圣歌，祈祷和阅读时都使用詹姆斯国王版《圣经》，它们使用的课本和材料公开反对天主教教义。天主教儿童在公立学校遭受歧视和不公平对待，并且常常因为宗教原因受到具有新教信仰教师的惩罚。许多天主教儿童因此拒绝进入公立学校而流浪街头。于是，一些天主教社区开始建立自己的学校。纽约市因为集中了大量爱尔兰移民，天主教与新教之间的对立非常突出。1840 年，威廉·施瓦德（William Seward）州长视察纽约市时发现，由于反天主教的氛围，大量天主教儿童没有到公立学校上学。他认为，这些儿童如果不接受教育，长大后就是文盲，会给社会带来巨大负担。因此，施瓦德州长向州议会建议，将天主教学校纳入州立学校体系，并且为其提供州资助，同时保留其天主教特征。施瓦德的建议鼓励了纽约市天主教社区，他们向市议会请愿，要求获得一部分公立学校基金。在请愿书中，他们指出，尽管他们正在纳税支持公立学校，但是由于学校里出现的反天主教情绪，使他们不得不建立自己的

---

① 纽约免费学校协会此时已更名为公立学校协会。

② Cubberley, Ellwood P., *Public Education in the United States* (Boston: Houghton Mifflin Company, 1934), pp. 236-237.

学校。新教徒对施瓦德的建议表示强烈反对，由新教徒控制的公立学校协会（the Public School Society）支配着州立学校基金，反对天主教学校分享这一基金。在新教教会和公立学校协会的压力下，市议会拒绝了天主教的请求。1842 年，为了从根本上解决公共基金的问题，纽约市成立了市教育委员会以创办公立学校，同时禁止在公共基金资助的学校中传授任何教派教义，其中也包括公立学校协会所辖学校。①

类似的新教和天主教冲突在其他许多地方也出现了，这些冲突的结果往往类似：公立学校中不得传授任何教派教义，新教各教派放弃了对学校的控制权，公立学校转而完全由政府掌控。这样，贺拉斯·曼等人追求的无教派的、世俗的、政府资助的公立学校体系逐渐完成，教育世俗化迈出了一大步。“具有讽刺意味的是，宗教狂热和荣耀上帝的信念导致了公立学校中的宗教论争，而论争的结果催生了公立学校的世俗化和去宗教化。”②

然而，这个教育世俗化的过程也存在相当的局限性。首先，虽然公立学校不得传授教派教义，但是阅读《圣经》等宗教行为仍然普遍存在。公立学校运动时期的教育世俗化是一个非常不彻底的过程，《圣经》阅读在 20 世纪仍然是一个令人困扰的问题。其次，作为寻求国家统一性的活动，公立学校运动保持了新教价值观的支配地位，但同时造成了对天主教教徒的不公。天主教徒反对公立学校中的宗教活动，而学校董事会拒绝进行改革，甚至强迫天主教儿童参与新教的宗教活动。一个较为极端的例子是 1854 年缅因州的多诺霍诉理查兹案。该案中，州最高法院裁定学校董事会可以开除拒绝阅读新教圣经的学生。最终，许多天主教徒感到，公立学校就是新教学校。“天主教徒对公立学校改革者的反对证明了这一观点：公立学校主要反映了新教意识形

---

① Cubberley, Ellwood P., *Public Education in the United States* (Boston: Houghton Mifflin Company, 1934), p. 237.

② 姚运标：《美国公共教育中的宗教问题研究》，安徽人民出版社，2006，第 284 页。

态。从19世纪开始直到20世纪，许多天主教徒把公立学校看作新教学校。”① 为了保护自己的宗教信仰，天主教徒不得不建立自己的学校体系。1829年，巴尔的摩的约翰·英格兰（John England）主教召集了第一次天主教地方会议（Provincial Council of Catholicity）。在这次会议上，他反对在公立学校中唱新教圣歌和阅读新教圣经，并且鼓励天主教徒为他们自己的孩子建立学校。这一倡导得到积极响应，“到1840年，教会已建立了75所初级教区学校、25所中学和6所学院。”② 天主教徒既要为公立学校纳税，又要为天主教学校出资，这对他们而言极为不公。到了20世纪，关于公共税收资助教会学校的问题，成为美国基础教育的最大争议之一。

第三节　公立学校运动的意义

在美国教育史上，公立学校运动具有承上启下的特殊意义。它继承殖民地时期的教育遗产，创建了一系列教育体制，形成了具有美国特色的教育理论和实践，实现了美国教育的成功转型，并且深刻影响了20世纪以来美国公立学校的发展。

一、奠定了美国教育财政体制的基础

公立学校运动之前，虽然个别重视教育的州开办了公费支持的学校，但由于没有明确完善的制度规定，学校教育发展起伏不定，质量更无从保证。从全国来看，学校教育整体上较欧洲大为落后。正是因

① Spring, Joel H., *The American School, 1642-2000* (New York: McGraw-Hill, 2001), p. 92.

② Pulliam, John D. and Patten, James Van, *History of education in America* (New Jersey: Prentice-Hall, Inc. Simon & Schuster/A Viacom Company, 1999), p. 131.

为如此，贺拉斯·曼等公立学校运动领导人纷纷赴欧考察学校。公立学校运动之后，美国确立了征税办学体制，州和学区根据本州法律规定均能征收教育税并分担学校开支。从此，学校有了较为稳定的经费来源，改善了教育教学设施，提高了教师待遇并稳定了教师队伍，提高了教育质量。这种征税办学体制奠定了美国教育财政体制的基础，当今美国公立学校教育经费的筹措仍以州和学区为主体。

二、确立了美国的教育管理体制

公立学校运动之前，学校教育完全是地方事务，联邦和州政府对此既无权利，亦无义务。公立学校运动并未完全改变这一地方自治传统，但同时建立了州教育监管体制。通过教育委员会及其秘书的设立，州政府获得了一定监管教育事务的权力。教育委员会可以巡视学校、统计数据、提出改进建议、分配州教育经费等，从整体上协调本州教育的发展。此后，美国联邦教育署和教育部的成立基本上遵循了州教育委员会的逻辑框架。州政府监管、地方具体负责教育事务制度的形成，奠定了美国教育管理体制的基础。

三、实现了美国教育的世俗化

公立学校运动之前，美国教会曾经在很长时间内控制了教育事务，对教育具有举足轻重的作用。公立学校运动之后，随着征税办学体制、州教育监管体制等的确立，教育事务逐渐世俗化。一方面，世俗政府全面掌控了教育事务，从学区到州，教育不再受教会的直接干预。另一方面，教学内容、教学方式越来越与现代生活紧密联系，与教会保持了一定的距离。这样，美国基本实现了教育世俗化。

四、培养了一支素质较高的教师队伍

公立学校运动之前，美国初等学校的教师待遇很低、素质较差、流动性很大，更没有教师培养机构。公立学校运动之后，美国各州提高了教师待遇，形成了教师培养体系，并且建立了教师资格认定制度。特别值得一提的是，在公立学校运动中，既采取了教师培训班这一因地制宜的方法，又致力于兴办师范学校这样正式的教师培养机构。到19世纪后半期，教师培训更是与时俱进，不仅有师范学校升格为师范学院，大学还开始参与教师培养。这些措施在相当大的程度上提高了教师素质，稳定了教师队伍。

五、基本普及了初等教育

公立学校运动最直接的目标就是普及教育，“从本质上来说，公共学校运动是一场旨在将那些不平等的、经费不足的、在校学生的学习基础各不相同的、由没有经验的和未受过训练的教师管教（而不是教育）的公立、半公立学校，制度化为普及的、免费的、由税收支持的学校的社会运动”①。从这个意义上来说，公立学校运动较为成功，它的确使多数美国儿童都能够进入学校学习。不仅如此，公立学校运动还促进了教育质量的提高，“公共教育运动中建立了专门培养师资的师范学校，提高了师资水平，增加了教师工资，加上学校内部的教学组织形式、教学内容、教学方法、教学设备等方面的改革，这些都有助

---

① ［美］L. 迪安·韦布：《美国教育史：一场伟大的美国试验》，陈露茜、李朝阳译，安徽教育出版社，2010，第188页。

于公立学校教育教学质量的提高”[①]。

综上所述，19 世纪公立学校运动是美国教育的第一次转型，确立了具有美国特色的教育体系，对促进当时美国教育的发展具有十分重要的意义。“公立学校的兴起和发展是美国在世界教育史上的最重要的贡献之一，充分体现了美国教育的特色。”[②] 需要指出的是，在取得巨大成就的同时，公立学校运动也存在一定的局限性。首先，从教育机会均等方面来看，公立学校运动时期，“向所有人开放”这一理念中的“人”主要限于白人，“运动的领袖人物没有提出过黑人、印第安人的教育问题，少数黑人子女仅仅在新英格兰可以进入为数很少的私立隔离式初等学校学习”[③]。在这样的理念指导下，还有相当一部分人被排除在公立学校体系之外，实践中自然无法真正实现教育机会均等。其次，从教育世俗化方面来看，公立学校运动时期的教育世俗化并不彻底，新教文化主导了公立学校，学生阅读《圣经》仍是天经地义的事情。这还导致了天主教学校体系的建立，不仅为教育世俗化蒙上一层阴影，还导致了对天主教家庭的不公。当然，公立学校运动的这些局限性是时代的局限性，这种局限性也只能随着时代的发展而逐步被消除。

结语：公立学校运动与当代美国教育发展

从长远来看，公立学校运动对美国教育最重大的影响在于公立学校理念的形成。公立学校运动之前，受欧洲教育传统的影响，很多美

---

① 李素敏：《美国的公共教育运动》，《现代中小学教育》1997 年第 2 期，第 55—58 页。

② 单中惠：《美国公立学校运动新论》，《教育评论》2000 年第 3 期，第 58—61 页。

③ 李素敏：《美国的公共教育运动》，《现代中小学教育》1997 年第 2 期，第 55—58 页。

国人认为教育是教会和家长的职责，富人把子女送入私立学校接受教育，穷人的孩子只能进免费学校或慈善学校等。公共教育运动之后，人们不再把受教育纯粹看作私事，干预教育事业既是政府的权利，又是政府的义务；免费学校教育的思想已深入人心，公立学校向适龄儿童免费开放是一种义务，儿童免费上学是一种权利；对于许多人而言，贫富家庭子女上同一所学校是美利坚合众国存续的必然要求。正是在这些公立学校理念的指引下，美国才建立了颇具特色的单轨制公立学校体系，与当时欧洲的双轨制学校体系形成了鲜明的对比。美国内战以来，虽然社会政治经济环境不断发生巨变，公立学校也随之而不断发展变化，但是公立学校理念一直延续下来并深刻地影响着当代美国公立学校的发展。

公立学校是培养共同价值观的重要机构，公立学校教育是同化移民的重要途径。在以英裔美国人为主体并掌控国家权力的美国，这种共同的价值观必然是“盎格鲁-新教”传统和价值观。为培养这种共同的价值观，必须通过公立学校同化外来移民，使他们在心理上、文化上真正成为美国人。自公立学校运动以来，直到 20 世纪中叶，公立学校基本成功地同化了外来移民子女，促进他们尽快融入了美国社会。“直到 20 世纪中叶，最重要的美国化机构是公立学校系统。这一系统建立于 19 世纪中叶，迅速得到巨大发展，其原因之一就在于人们认识到开展美国化活动的必要性。”① 20 世纪后期到 21 世纪初，双语政策的变化反映了公立学校理念的重要性。1968 年，为使拉美裔（Hispanic-American）等少数族裔美国人熟练掌握英语，促使他们更好地融入主流社会，美国国会通过了《双语教育法》。但是，在拉美裔美国人聚居地的公立学校，双语教育不仅没有促进他们英语水平的提高，反倒使

---

① ［美］塞缪尔·亨廷顿：《我们是谁？——美国国家特性面临的挑战》，程克雄译，新华出版社，2005，第 112 页。

公立学校变成了西班牙语学校。这种情况引起了美国主流社会的警惕和不满，他们担心这种情况会导致美国共同价值观的消失，从而影响美国作为一个国家的生存。2002 年，《有教无类》法案（No Child Left Behind，简称 NCLB）开始实施。该法案不仅取消了双语项目，还要求所有学生在一定年级参加数学、阅读、科学等科目的考试并达到一定的成绩要求。这些科目均以英语为考试语言，母语为非英语的学生也同样如此。双语教育政策的这种变化，正是美国主流社会对国家同一性担忧的回应，反映了公立学校同化移民的重要功能，这正是公立学校理念的核心内容之一。

公立学校运动提倡公立学校“向所有人开放”（open to all），“对所有人免费”（free to all），并且使这一观念成为社会共识。这种教育机会均等的思想是公立学校理念的又一核心内容。1934 年美国国会颁布了《印第安人重新组织法》（*Indian Reorganization Act*），1972 年通过了《印第安人教育法》（*The Indian Education Act*，1978 年修订），1975 年通过了《印第安人自决和教育援助法》（*Indian Self－Determination and Education Assistance Act*），1990 年通过了《土著美国人语言法案》（*The Native American Language Act*）。在这一系列法案及相关改革措施的推动下，土著美国人基本获得了平等的受教育机会。与之类似，非洲裔美国人（African-American）、亚裔美国人（Asian-American）、拉美裔美国人都经历了一个从种族隔离到种族融合、多元文化共存的过程。在这个过程中，他们逐渐从法律上获得了包括教育权利在内的各项平等权利，从而促进了教育机会均等。不同族裔的美国人都获得了相对平等的教育机会，这正是公立学校理念的成功实践。

公立学校理念中教育世俗化原则的矛盾性深刻地影响着 20 世纪以来美国公立学校与宗教的冲突。公立学校运动确立了教育世俗化的原则，明确了公立学校与宗教相分离。但是，由于宗教在美国生活的重要性，这种世俗化并不彻底，从而导致了略显矛盾的两种现象。一方面，要求公立学校与宗教之间保持一定的距离，如禁止把公共税收运用于天主教等教会或教派建立的学校。另一方面，公立学校与宗教之间又存在千丝万缕的联系。这种矛盾必然引发公立学校与宗教之间的冲突，并且经常引发诉讼案。对于公立学校与宗教的关系，联邦最高法院始终在艰难而又谨慎地做出裁决，并且经常受到美国社会和宗教发展形势的深刻影响。例如，在公共税收资助教会学校这一问题上，亚哥斯提尼诉费尔顿案在裁决之前，法院倾向于适用确立条款，之后则倾向于适用宗教信仰自由和平等保护原则。[①] 联邦最高法院对于公立学校与宗教关系案件的裁决，深刻地反映了教育世俗化原则的不彻底性。

【主要参考文献】

一、中文参考文献

季苹．美国公立学校的发展研究［M］．北京：高等教育出版社，2002.

刘绪贻，杨生茂．美国通史（第二卷）［M］．北京：人民出版社，2002.

李素敏．美国的公共教育运动［J］．现代中小学教育，1997（2）：55-58.

［美］斯坦利·L.恩格尔曼，罗伯特·E.高尔曼．剑桥美国经济史（第二卷）：漫长的19世纪［M］．高德步等，译．北京：中国人民大学出版社，2008.

［美］E.P.克伯雷．外国教育史料［M］．任宝祥、任钟印，主译．

---

① 但柳松：《美国公共学校运动研究》，博士学位论文，天津师范大学，2014，第102—104页。

武汉：华中师范大学出版社，1990.

［美］劳伦斯· A. 克雷明. 美国教育史·2·建国初期的历程［M］. 洪成文等，译. 北京：北京师范大学出版社，2002.

［美］L. 迪安·韦布. 美国教育史：一场伟大的美国试验［M］. 陈露茜、李朝阳，译. 合肥：安徽教育出版社，2010.

［美］塞缪尔·亨廷顿. 我们是谁？——美国国家特性面临的挑战［M］. 程克雄，译. 北京：新华出版社，2005.

［美］S. 亚历山大·里帕. 自由社会中的教育：美国历程（第8版）［M］. 於荣，译. 合肥：安徽教育出版社，2010.

［美］韦恩·厄本，杰宁斯·瓦格纳. 美国教育：一部历史档案（第三版）［M］. 周晟、谢爱磊，译. 北京：中国人民大学出版社，2009.

［美］亚瑟·科恩. 美国高等教育通史［M］. 李子江，译. 北京：北京大学出版社，2010.

单中惠. 美国公立学校运动新论［J］. 教育评论，2000（3）：58-61.

滕大春. 美国教育史［M］. 北京：人民教育出版社，1994.

姚运标. 美国公共教育中的宗教问题研究［M］. 合肥：安徽人民出版社，2006.

赵一凡. 美国的历史文献［M］. 北京：生活·读书·新知三联书店，1989.

二、英文参考文献

Carl F. Kaestle. Pillars of the Republic: Common Schools and American Society, 1780-1860[M]. New York: Hill and Wang, 1983.

Cremin, Lawrence A. American Education: the National Experience, 1783-1876[M]. New York: Harper & Row, Publishers, 1980.

Cubberley, Ellwood P. Public Education in the United States[M]. Boston: Houghton Mifflin Company, 1934.

Gutek, Gerald L. Education in the United States[M]. Prentice-Hall,

Englgwood Cliffs, New Jersey 07632, 1986.

Kaestle, Carl F. Pillars of the Republic: Common Schools and American Society, 1780-1860[M]. New York: Hill and Wang, 1983.

Pulliam, John D. and Patten, James Van. History of education in America (7th ed.) [M]. New Jersey: Prentice-Hall, Inc. Simon & Schuster/A Viacom Company, 1999.

Spring, Joel H. The American School, 1642-2000[M]. New York: McGraw-Hill, 2001.

Tyack, David B. Turning Points in American Educational History [M]. New York: Blaisdell Publishing Company, 1967.

U. S. House of Representatives. Report of the Commission on National Aid to Vocational Education[R]. Washington: House of Representatives, 1914.

第二章　工业教育运动[①]

第一节　工业教育：工业时代的诉求

正如杜威所述，完成工业化后的美国在社会各个方面都发生了重大的变革。“首先引人注意的变化是，笼罩一切，甚至支配一切的‘工业’变化——科学的应用导致大规模廉价地使用各种自然力的重大发明：作为产品目标的世界市场的增长，供应这一市场广大制造业中心的发展，廉价且迅速的交通和分配方式的发展。……人们难于相信在历史上竟有这样迅速、广泛、彻底的革命。”[②]

一、工业时代的冲击

1890 年，美国改进的蒸汽动力占全国非人力动力的比例达到 60% 左右，工业产值第一次超过了农业超值[③]。制造业在美国生产部门新增

---

① 本章撰稿人：高玲，张斌贤。

② Dewey, John., *The School and Society (2nd edition)* (Chicago: University of Chicago Press, 1900), pp. 21-22.

③ 关于美国工业化完成的时间，不同学者观点不一，本书采用《美国通史》中描述的 1890 年作为完成工业化的时间点。余志森：《崛起和扩张的年代（1898—1929）》，人民出版社，2001，第 10 页、第 19 页、引言第 1 页。

产值中占据 47.4%（37.3 亿/78.7 亿，单位：美元），一跃超过农业所占的比重；工厂制造业产品占 80%多。[①] 完成工业化后的美国，工业生产一跃取得世界第一位，与英、德等国匹敌。仅在 1895—1900 年这 5 年间，美国的工业产品价值增长了 500%。[②] 1904 年，美国教育局（the United States Bureau of Education）的一位官员说："没有什么能比对外国的恐慌和担心更让美国人开眼界的了。也没有美国人不为促进美国国力和强盛上骄傲自豪。"[③] 在 1870—1930 年这半个多世纪中，英、德、美三国占领世界制造业商品市场的三分之二。但是，美国清醒地认识到，"虽然美国位列世界生产制造业出口国的第四……但我们才进入这个市场，而占领市场的对手在和我们激烈地竞争"[④]。

与此同时，美国城市人口也在这一时期突增，城市化进程加速。1890 年，城市人口占 6300 万总人口的 30%；至 1920 年，城市人口占据 1.06 亿总人口的一半以上。[⑤] 大量的农民涌入城市，极大地导致了城市问题的攀升。随着来自南欧和东欧国家和地区的新移民的大量迁入，在语言和技能上存在的障碍更加剧了城市问题。一系列社会问题带来的不稳定因素与经济繁荣并行发展着。工业城市发展中的钱权交易、垄断、违法、大众道德沦丧等成为斯蒂芬斯（Lincoln Steffens）、塔贝尔（Ida M. Tarbell）、贝克（Ray Stannard Baker）、辛克莱（Upton

---

① 数据来源：Nash, Gary B. etc., *The American People: Creating a Nation and a Society* (concise edition, 6th edition) (Beijing: Peking University Press, 2012), p. 513。李剑鸣：《大转折的年代——美国进步主义运动研究》，天津教育出版社，1992，第 11—15 页。

② 余志森：《崛起和扩张的年代（1898—1929）》，人民出版社，2001，第 19 页。

③ Howard J. Rogers, "The Relation of Education to Industrial and Commercial Development," in *Educational Review* 23, 1902: 493.

④ U. S. House of Representatives, *Report of the Commission on National Aid to Vocational Education*, 2, 1914: 22.

⑤ Nash, Gary B. etc., *The American People: Creating a Nation and a Society* (concise edition, 6th edition) (Beijing: Peking University Press, 2012), pp. 547-549.

Sinclair）等揭丑的对象。这些黑幕揭发有效地以通俗化新闻、报刊为媒介，唤起了美国民众对社会问题的关注。

与这些众多社会问题同时存在的还有被美国人一直以来引以为傲的公共学校问题。针对公共学校以升入大学为目的，只顾及升入大学的“少数”而忽视踏入职业领域的“多数”，而且由于缺乏职业技能训练，这些“多数”往往只能从事薪酬低、技术含量低和没有晋升前途的工作，进而不利于个人和工业社会双重发展的问题，美国发起了职业教育运动。从19世纪七八十年代以来，公共学校就被呼吁回应工业快速发展的问题。19世纪70年代，手工训练运动的重要领导人朗克尔（John Daniel Runkle）和伍德沃德（Calvin Milton Woodward）认为，公共学校应该主动适应工业发展带来的社会变化，教育要更加实用。朗克尔认为，“我们的公共教育应该在多方面与现实生活接轨，为儿童未来的幸福生活做好准备。这并不意味着我们要无视学校教育知识传递的功能。重要的是找到一些教育元素，这些元素能兼顾文化教育和技能训练。而那些与工业社会相适应的机械工艺中所蕴含的手工训练因素，恰能完成上述任务，它有助于学生的全面发展”①。伍德沃德也指出，“公共学校迷恋过时的绅士文化，忽视对生活的适应，忽视向学生提供谋生的手段”②。19世纪90年代，在赖斯（Joseph Mayer Rice）的推动下，大众得以关注美国的公共教育，教育界也更加重视回应社会的反应。因此，相较于19世纪70—80年代对教育的局部、间歇的批评，19世纪90年代的批判也更具有全国性并具有教育革新的趋势。

针对学校固守学术性教育，工商业界不断地批评其没有为儿童做

---

① Lazerson Marvin and W. Norton Grubb, *American Education and Vocationalism: a Documentary History, 1870-1970* (New York: Teachers College Press, Teachers College, Columbia University, 1974), pp. 59-60.

② Calvin Milton Woodward, *The Manual Training School* (Boston: D. C. Heath & Co. Publishers, 1887), pp. 243-245.

好充分的职业准备，使儿童运用他们双手劳动的“本能变得迟钝”，很多儿童都被打发到“没有前途的职业或行当”。1898 年，全国制造商协会（National Association of Manufacturers）第二任会长塞奇（Theodore Search）指出，公共学校“牢固地坚持古典和自由学科的学习是可取的……但对于美国庞大的世俗利益集团而言，不考虑企业和商业的明显需要是不公平的”①。协会发言人卡德曼（S. Parkes Cadman）也指出，“把人文学科教给孩子们是重要的；但教给他们开挖沟渠或犁耕一块地或旋动车床也同样是重要的”②。“除了学了一些读、写、算外，什么也没有学到，其中所学的多数内容很快就忘掉了。”③ 塞奇则指出，“我们在城乡为公共教育花费了非常庞大的金钱，这笔钱中的多数具有这样的特点，即它在人们的实际事务中很少使人们受益”。他们甚至指出，“被遣送到一些少年管教所的违法儿童，实际上有更好的机会成为一名熟练工人并比那些在我们公共学校里没有犯法的一般儿童挣更高的工资”④。

来自教育界内部的批判更令公共教育“雪上加霜”。1910 年，马萨诸塞州教育专员斯内登指出，“如果让所有 14—16 岁的男女学生都从事理论学习，是难以想象的。在当今社会，职业教育对劳动者的地位意义非凡，因此必须让他们从 14 岁开始接受职业教育”⑤。他更指出，美

---

① ［美］S. 亚历山大·里帕：《自由社会中的教育：美国历程（第 8 版）》，於荣译，安徽教育出版社，2010，第 142 页。

② ［美］S. 亚历山大·里帕：《自由社会中的教育：美国历程（第 8 版）》，於荣译，安徽教育出版社，2010，第 142 页。

③ National Association of Manufacturers, *Proceedings of the Nineteenth Annual Convention Held at New York City* (New York: 19 and 20 May, 1914), pp. 99-100.

④ ［美］S. 亚历山大·里帕：《自由社会中的教育：美国历程（第 8 版）》，於荣译，安徽教育出版社，2010，第 142 页。

⑤ Intermediate Industrial Schools, *Report of Committee on the Place of Industries in Public Education*, 1910: 782.

国公共学校制度是“不民主”且“无效率的”，因为它只考虑了小部分将要上大学的学生，忽视了大部分偏向实用型学生的兴趣。纽约州学校督学德雷珀（Andrew S. Draper）指出，“我们的初等学校不面向工业进行培训，仅升入中学，然后通向学院、大学或专业学校，在专业和管理岗位上具有很大的排外性”①。北卡莱罗纳州的学校总督学乔伊纳（James Joyner）1910 于年说道：“90%的美国人都依赖工业生存，仅有 5%的人接受高等教育（学院或大学）。美国人需要的是一个面向工业大众、为人民的公共教育。”② 哈佛大学原校长埃利奥特（Charles W. Eliot）也批评公共学校只顾及 5%的儿童，忽略了 95%的儿童的兴趣。

20 世纪初，一些专门的学校教育调查起到了推波助澜的作用。1906 年，马萨诸塞州工业和技术教育委员会对该州的公共学校教育状况进行了调查并发布报告指出，学校对孩子们毫无吸引力，成千上万的 14—16 岁学生中途辍学，由于学校缺少职业训练而从事低微的工作或无所事事。③ 1908 年，拉塞尔·塞奇基金会（Russel Sage Foundation）统计研究部主任埃尔斯（Leonard Ayres）也指出，几乎所有的美国学生都完成了五年级的学业，但是只有一半的学生能完成第八年级的学业。为此，美国 16%的孩子都在因为无法进入更高阶段的学习而不停复读。这些复读的孩子每年花掉了国家 2700 万美元。造成学校这么高的失败率的主要原因是学校的课程设置超出了大多数学生的接受能力，从而

---

① Andrew S. Draper, “The Adaptation of the Schools to Industry and Efficiency,” *NEA Journal of Proceedings and Addresses*, 1908: 70.

② James Joyner, “Some Dominant Tendencies in American Education,” *NEA Journal of Proceedings and Addresses*, 1909: 53-54.

③ *Report of the Massachusetts Commission on Industrial and Technical Education* (New York: Teachers College, 1906), p. 25, 30-31.

使大多数学生感到沮丧和羞辱。①

来自各界的批评和指责不仅暴露了美国公共学校制度变革的滞后性，难以满足工业化转型后美国社会的需求，还为即将到来的、全国性教育变革奠定了普遍的社会基础。进入20世纪，“工业”元素在教育上的反映更加明显，社会各界要求开展工业教育以促进美国工业社会的发展和进步。学校教育因为工业化社会的转型而难以满足社会的需求，受到了巨大的挑战；传统的职业性培训也因其自身的缺陷而遭到时代摒弃并衰落。整个美国社会亟须开展一种新型的工业教育以满足工业时代之需。

二、工业教育的诉求

传统的社会机构各司其职对儿童进行培养，学徒制负责实践技能培训，学校教育负责普通知识的培养，家庭、社区和教会又分别对仪态、道德等进行教育。随着社会文明的发展，学校的开办，雇主和工匠等的共同推动，使职业培训更加组织化、获得职业培训的机会更多。进入19世纪，随着工业化的不断推进，职业技术培训更加丰富地开展起来。从1827年纽约建立奥内达学院（Oneida Institute）向学生传授制造工具和日常生活用品等手工劳动科目②起，1865年马萨诸塞州伍斯特县工业科学免费学院（the Worcester County Free Institute of Industrial Science）由私人出资开办，提供“公立学校中学不到且与学

① Leonard M. Ayres, *Laggards in our schools* (New York: Russell Sage Foundation, 1909), p. 3, 132.

② Hamilton Ross Smith, *Development of Manual Training in the United States* (Lancaster, Pa.: Intelligencer Print, 1914), p. 14.

生的现实生活密切联系的课程”①。1870 年，伊利诺伊大学分别为本校建筑学专业增设木工作业课程，为机械工程专业增设金工作业课程。1871 年，新泽西州霍博肯市（Hoboken）创办史蒂文斯学院（the Stevens Institute）。有的大学开始增设手工和机械训练课程。缘起于 1876 年世界博览会、由朗克尔和伍德沃德领导的手工训练运动（Manual Training Movement）② 最为典型地反映了这一时期人们的实践性教育需求。

1876 年 5 月 10 日，在《独立宣言》颁布 100 周年之际，美国在其签署地费城举办了纪念国家独立 100 周年的博览会，前后历时半年，35 个国家参展，观众达 1000 万人。这场博览会使郎克尔和伍德沃德看到俄罗斯莫斯科帝国技术学校送展的产品模型制作精良、工艺考究，并且受其启发纷纷创办手工训练学校。1876 年 8 月 17 日，在时任麻省理工学院院长朗克尔的推动下，机械工艺学院（School of Mechanic Arts）正式招生，传授木工作业和金工作业两类机械工艺，并且设置教学工场以用于练习手工操作等。③ 1879 年 6 月 6 日，华盛顿大学在圣路易斯市建立了美国历史上第一所手工训练学校——圣路易斯手工训练学校（St. Louis Manual Training School），伍德沃德出任该校校长。19 世纪八九十年代是手工训练蓬勃发展的时期，费城、巴尔的摩、克利夫兰、辛辛那提、纽黑文、芝加哥等多个城市都在 19 世纪 80 年代纷纷建立公立手工训练学校，或者将手工训练引进公立中学等。根据 1890 年美国

---

① Calvin Milton Woodward, *The Manual Training School* (Boston: D. C. Heath & Co. Publishers, 1887), p. 2.

② 国内关于“手工训练运动”的细致研究可参见张斌贤、兰玉、殷振群《迎接工业化的挑战：1870—1910 年的美国手工训练运动》，《清华大学教育研究》2013 年第 5 期，第 5—15 页。

③ Lazerson Marvin and W. Norton Grubb, *American Education and Vocationalism: a Documentary History, 1870-1970* (New York: Teachers College Press, Teachers College, Columbia University, 1974), pp. 59-60.

教育局的调查报告，全美有 15 个州、36 个城市开办了手工训练学校。[①] 至 1890 年，美国已有 20 个州的州立师范学校相继开设了手工训练课程。与此同时，私人创办的手工教育学校也先后建立。

手工训练运动强调对品质的教育、培训和奠基，而非以就业为目的的行业培训。这种通识性特征虽然使手工训练在 19 世纪末受到认可而蓬勃发展，但在进入 20 世纪之后陡然衰落。或许是因为手工训练“从未真正在中学的课程中获得稳固的地位，从未能得到教育家的广泛支持”[②]，或许是因为伍德沃德等人对工业化及其对人才需要的认识仍停留在传统的范畴中，也或许是其倡导者和资助学校的工商业主之间的矛盾日益加剧，但归根到底是手工训练自身的“缺陷”——重视文化价值，忽视职业价值（vocational value），难以满足新时期对工业人才的需求。

手工训练的发展与衰落反映了工业时代对教育的新诉求——社会转型导致社会生产对工人技能、知识等一系列职业教育要求发生巨大变化：一是技能和知识基础由传统、习俗转为科学发展，新技术知识持续快速发展并被投入使用；二是技能和知识数量种类多、程度高，并且要求尽可能地被广泛传播；三是旧有的学徒制仅在几条生产线上有效，工人适应工作的需求增多；四是职位变化快，一劳永逸的培训已大都无效。[③]

这种强烈的诉求与行业培训、职业培训课（如夜校、业余推广课等）的严重不足形成极大的反差，对传统教育温和的修修补补已远远

---

① Cremin, *The Transformation of the School: Progressivism in American Education, 1876-1957* (New York: Knopf. Cremin, 1961), pp. 32-33.

② L. Dean Webb, *The History of American Education: A Great American Experiment* (San Antonio, TX: Pearson Education Inc., 2006), p. 211.

③ Prosser, Charles A., Thos. H. Quigley., *Vocational Education in a Democracy (Revised Edition)* (Chicago: American Technical Society, 1949), pp. 70-72.

不能满足社会对新型工人的需求。作为美国教育的领军之地，马萨诸塞州率先对传统的学校教育进行调查并立法开展工业教育。该州早在1869年就有规定，在与制造业相关的生产程序上、在熟练工人的身上，应具有一些关于绘画和其他设计艺术的知识，[①] 只不过一直并未得到很好的贯彻落实。直至1905年5月24日马萨诸塞州参众两院批准成立“工业和技术委员会”后，其后续的调查报告才产生了实际且重大的影响。

1905年6月7日，在州长威廉·道格拉斯（William L. Douglas）的任命下，马萨诸塞州工业和技术教育委员会（Massachusetts Commission on Industrial and Technical Education，或者称“道格拉斯委员会”，Douglas Commission）成立，对工业发展状况及14—16岁孩子的需求做了详细调查。委员会在州内不同地方举行公共听证会，并且通过下属委员会对本州的主要工业进行调查，即农业、靴鞋业、建筑业、制衣业、电力工具业、家具业、打印装订业、纺织业和制表业。经过20场听证会，在代表着广泛的利益团体和职业团体——制造商、商人、农民、工会代表、学校行政人员、校长和督学，以及社会组织成员、男女老少的反映下，委员会共计聆听了143位参会人员的发言，广泛收集了不同代表的建议、意见。委员会经过调查发现，社会上广泛地需要工业教育或以职业为目的的专门培训，而现存公共学校制度在满足现代工业和社会条件需求上存在不足，等等。[②] 在随后呈交议会的《工业与技术教育委员会报告》中也指出，14岁或15岁就辍学去工

① *Report of the Massachusetts Commission on Industrial and Technical Education* (New York: Teachers College, 1906), pp. 10-11.

② *Report of the Commission on Industrial and Technical Education* (New York: Teachers College, Columbia University, 1906), pp. 3-7.

作的孩子缺乏实际生产价值和生产效率上的增长，等等。[①] 报告分析了马萨诸塞州工业与技术教育的现状，提出发展工业教育的建议：首先，委员会建议城、镇调整初等学校工作，以囊括对男孩和女孩在农业、机械和家政艺术方面生产性工业元素的教学和实践。其次，委员会建议立法规定建立独立的工业学校，并且在《一项深化开办工业教育的法案》（*An Act to Provide Further for Industrial Education*）中建议：成立专门负责工业学校的"工业教育委员会"（Commission on Industrial Education），进行为期 5 年的无薪服务，负责调查、监管、推广工业培训。所有城、镇都可以开设独立的工业学校，为各行各业开设夜课；开设面向 14—18 岁儿童的日间业余课。州与当地共同资助工业学校和工业课的开展。授权州农业学院建立师范部门，以此对公共学校中的农业教师进行教学指导。[②] 1906 年 6 月，道格拉斯签署通过上述法案。

报告及法案虽然未对学校进行激烈的批判，但它们都明确表达了对一种新的教育制度的倾向——更强调与生活和职业密切相关的职业、商业和家政教育。1909 年，工业教育委员会与州教育委员会合并，斯内登担任改组后的教育委员会第一任专员，普罗泽为副专员，负责指导工业教育，艾伦（Charles R. Allen）为工业教育代理。这促进了马萨诸塞州工业教育在与公共学校相互联系的基础上迅速发展。虽然这个法案由于不确定性和冲突性等因素（公共学校是否对行业教育负有责任、职业培训是否是公共职责等问题）并没能被很好地执行，但它掀开了美国教育历史的崭新一页，标志着工业教育从个人的、民间的意愿和呼吁开始向群体的、政府的行动转变，因此也一般被认为是美

---

① *Report of the Commission on Industrial and Technical Education* (New York: Teachers College, Columbia University, 1906), pp. 18-20.

② *Report of the Commission on Industrial and Technical Education* (New York: Teachers College, Columbia University, 1906), pp. 20-24.

国工业教育运动的重要开端。它与随后成立的全国工业教育促进会（National Society for the Promotion of Industrial Education）一起拉开了工业教育运动的序幕，开启了一场轰轰烈烈的教育变革。

第二节 工业教育运动的开展

正如 19 世纪法国著名历史学家者托克维尔（Alex De Tocqueville，1805—1859 年）所说的，在美国，不同年龄、不同条件、不同性格的美国人都在不断地组成各种协会。在这场工业教育运动中，全国工业教育促进会（以下简称“工促会”）在基于时代之需和前期奠定的广泛基础上成立，正式地宣告工业教育运动的爆发，并且以骤然有力的方式在全美展开。以工促会的组织为平台，不同的利益团体从自身的立场出发畅所欲言、交流信息，唤醒民众对工业教育的广泛热情，共同推动工业教育的开展。随着工业教育运动的开展、客观条件的变化，工促会又适时调整自身的目标和战略，将最初追求推进的工业教育扩大到包括农业教育、商业教育和家政教育，从舆论动员转向联邦立法。可以说，工业教育运动在工促会的引领下步步为营，不断地推进展开。

一、工促会的成立与工业教育运动联盟的形成

在《马萨诸塞州工业和技术委员会报告》发表后不久，哥伦比亚大学师范学院教授理查兹（Charles R. Richards）与纽约市公共学校手工训练项目主任哈尼（James P. Haney）就着手推动成立工促会，并且于 1906 年 11 月 16 日在纽约召开成立会议，标志着工业教育从区域的自发行为向全国性运动转变。

来自工商业界、教育界、劳工界、新闻界等多个领域的 250 多人与会，万众瞩目。哥伦比亚大学校长巴特勒（Nicholas Murray Butler）

指出，“协会所关注的（工业教育）问题是最深刻的社会、工业问题之一”①。芝加哥霍尔会所会长亚当斯（Miss Jane Addams）也指出，“受教育的工人是美国的财富，具有这种财富的国家将会成为成功的竞争者”②。工商业界的代表也从商业和社会繁荣发展的角度对工业教育的重要性进行了解读。其中，全国城市银行副总裁范德利普（Frank A. Vanderlip）在分析迅猛增长的国民经济中各个部门的发展情况时指出，美国的劲敌德国可以在资源短缺的状况下取得世界领先的地位，得益于其卓越的学校教育制度——目的是使每个公民成为有效的经济体，使每个年轻人掌握工作智慧。当今教育和经济发展的关系空前的紧密。③波士顿的美国电话与电报公司总裁费什（Frederick P. Fish）也总结指出，“工业教育对美国福祉来说起关键性作用……我们要在美国公立学校教育制度中引进工业培训，将工业培训作为其重要的一部分……工业教育是当今美国工业发展最亟须解决的问题”④。

时任美国总统的西奥多·罗斯福（Theodore Roosevelt）也表达了对工促会开展的工业教育推广事业的支持。1907 年 5 月 24 日，罗斯福致信工促会第一任会长普利特希特（Henry S. Pritchett）：“协会所进行的事业正是我深感兴趣，也是事关民生的问题。……我们需要培训、灵巧的手工和工业智慧……在学校中开展工业训练有助于提高工人的收入和社会地位，有益于形成公民的健全性格。”此外，他还指出工促会成员包含制造商、工会领导人、教育家和公关人员等各行各业对教

---

① *National Society for the Promotion of the Industrial Education Bulletin No. 1: Proceedings of the Organization Meetings*, Jan., 1907: 17-19.

② *National Society for the Promotion of the Industrial Education Bulletin No. 1: Proceedings of the Organization Meetings*, Jan., 1907: 37-44.

③ *National Society for the Promotion of the Industrial Education Bulletin No. 1: Proceedings of the Organization Meetings*, Jan., 1907: 17-19.

④ *National Society for the Promotion of the Industrial Education Bulletin No. 1: Proceedings of the Organization Meetings*, Jan., 1907: 24-30.

育和工业感兴趣的人，有利于成功地解决工业教育问题。[1]

一直以“保守”著称的查尔斯·埃利奥特在工促会1908年1月的第一次年会上也指出，近来对教育的看法发生了改变……行业学校(即工业教育)应成为那些不幸地在14岁或更小时离开普通公共学校的学生的补习学校。他还呼吁通过减少对义务教育的限制来重视工业教育。初等学校的教师应承担这项“分类”学生进入工业学校或普通中学的新责任。[2]

在工促会发布的第三期《公报》中，制造商和工人代表对“工业教育”的重要性都表达了普遍的认同。例如，马萨诸塞州林恩市劳工骑士团（Knights of Labor）工会会长阿姆斯特朗（I. B. Amstrong）指出，“工业教育的需求已得到普遍认可……”。伊利诺伊州芝加哥劳工联合会（Chicago Federation of Labor）主席菲茨帕特里克（John Ftzpatrick）表示，“总的来说，我支持工业教育”。[3] 1907年，美国劳工联合会（American Federation of Labor）在其年会上通过决议，表示支持“任何政策、任何协会、任何组织关于提高工业教育水平和多个工业更高技术教学的目标”[4]。

在1909年全国教育协会年会上，美国教育部长布朗（Elmer Ellsworth Brown）以“工业教育：全国性的兴趣利益”为题进行演讲并指出，“毫无疑问，工业教育是维护工业繁荣的必需，这一点已经被

---

① President Theodore Roosevelt, *National Society for the Promotion of the Industrial Education Bulletin No. 3: A Symposium on Industrial Education*, Sept., 1907: 6-9.

② Charles W. Eliot, "Industrial Education as an Essential Factor in Our National Prosperity," *National Society For the Promotion of Industrial Education Bulletin No. 5*, Sept., 1908: 12-14.

③ *National Society for the Promotion of the Industrial Education Bulletin No. 3: A Symposium on Industrial Education*, Sept., 1907: 11-13, 21.

④ *Report of the Proceedings of the Twenty-Seven Annual Convention of the American Federation Labor*, Vol. XXVII, 1907: 173.

广泛地讨论，可以被视为理所当然”[①]。可见，美国社会各界在这段时期对工业教育的重要性讨论与认可达到了空前的高度。报纸杂志充满着对任何职业岗位上的工人进行培训的舆论、深谋远虑的政治人士希望有德国般的职业教育制度以稳固其在世界的竞争地位、雇主希望提高工人的效率、雇员希望提升技能水平以提高工资和生活质量、一些教育者则希望通过工业教育革除社会中的弊病。因此，以工促会的成立为契机，不同利益团体积极参与到关于工业教育的活动中来，进而推动了以工促会为平台的“工业教育运动大联盟”的形成。通过工促会，工业教育运动激发了大众对教育的热情，希冀通过工业教育解决社会发展的诸多问题。不同利益团体在工促会提供的平台上博弈、协商、妥协，促进运动前行，而工促会在不断地通过活动重点的转移引领着工业教育运动的发展方向。可以说，工促会从 1906 年成立到 1917 年《史密斯-休斯法》颁布这 10 余年的组织史，既是其自身定位、目标不断变化、工作重心不断调整的历史，也是美国波澜壮阔的工业教育运动的缩影。因此，对工业教育运动开展的分析必然绕不开对工促会活动的阐释。

根据工促会在自身定位、目标和工作重心的调整，大致可以将其划分为两个主要阶段：第一阶段，1906—1911 年。工作重心：一是健全、完善协会自身的组织。1908 年，建立 3 个常设委员会[②]，规范州分会[③]。至 1907 年年底，协会已建成 38 个代表着雇主和雇员、教育者和公众的兴趣利益的州分会。[④] 二是宣传工业教育的重要性，充当信息交流中心的

---

① Elmer Ellsworth Brown,“ Industrial Education as a National Interest,”*NEA Journal of Proceedings and Addresses*,1909：288.

② 常设委员会分别为财政委员会（Finance Committee），公共利益委员会（Committee on Public Interest）和出版委员会（Committee on Publication）。

③ 要求州分会至少应达到 50 人，而且各州分会还应在每年 9 月或 10 月开会，为协会的年会做一定的准备。

④ *National Society for the Promotion of the Industrial Education Bulletin No. 7: Circular of Information Constitution State Branches officers and Members*, Nov. (1908): 18.

角色。第二阶段，1912—1917年。大力推进各州和联邦的职业教育立法，推动各种形式的职业教育实践探索，实际上发挥了影响州与联邦职业教育立法的院外集团的作用。需要指出的是，这种划分是相对的，在工促会的历史上，有些活动（如推动州和联邦的职业教育立法）具有显著的阶段性特征，而有些活动（如举办年会、信息发布等）则一直在延续，并没有明显的阶段性。这种阶段划分主要是为了便于说明工促会或工业教育运动在不同时期的活动重心的变化，而不是绝对的切割。

以工促会为平台的庞大的松散的工业教育联盟，共同从各自的角度阐释、探讨如何开展更好的工业教育。“美国的历史是出现问题、解决问题的历史，能解决问题的方法不论是谁提出的，都有被采用的可能。”[①]这一说法在这场工业教育运动不断地探索、解决工业时代工业教育的问题中得到了印证。

二、交流、传播信息：工业教育运动的初步探索

在早期探索工业教育发展的过程中，工促会主要通过刊发《公报》和开办年会来发布交流信息，吸引大众的关注。协会在第二期《公报》中选编了工业教育的相关文献[②]，内容涉及学徒制、欧洲工业教育、公立学校与工业教育的关系、行业学校（trade school）等大量具有重大价值的文献。在第三期《公报》中，向300人左右的制造商和工会代表发函，征求其关于工业教育的观点、意见，并且选刊33人的文章进行汇编[③]。

---

① 钱满素:《自由的阶梯：美国文明札记》，东方出版社，2014，第185页。

② 未涉及手工训练和高等技术教育。Charles R. Richards, *National Society for the Promotion of the Industrial Education Bulletin No. 2: A Selected Bibliography on Industrial Education*, July, 1907: 1-32.

③ *National Society for the Promotion of the Industrial Education Bulletin No. 3: A Symposium on Industrial Education*, Sept., 1907: 1-58.

随后从1908年1月的第一次年会起，将历届年会讨论的内容、工业教育开展情况在《公报》中一一呈现。1908年成立的“出版委员会”担负专门负责《公报》等出版物的编辑印行之职。这种定期刊发的工业教育信息，向大众展示了当时美国的工业教育发展状况，也逐渐得到了更为广泛的注意、支持，进而为后期工作的开展奠定了基础。

工促会定期举行的年会通过主题的变更和讨论，不断推动、深化工业教育运动的开展。参与年会的人来自不同的社会阶层，具有不同的职业背景和不同的利益诉求，因此围绕着工业教育的讨论各执一词、众说纷纭，使工促会真正发挥了信息交流中心的作用。通过召开年会，工促会邀请来自全国各地从事职业教育实践的督学、校长和教师介绍、交流各自的经验。例如，在第一次年会上关于传统学徒制的讨论，克拉克学院院长赖特（Carroll D. Wright）认为，大机器生产必然导致学徒制的衰落，应该建立一种新的学徒制——培训制度，这种体制将能确保年轻人学到所有能从学徒及为职业和工业教育而开设的现代学校中学到的东西。① 还有人认为旧式的学徒制不是过时了，而是根据时代的变化而发生了改变，当今的学徒制将更加专业化。② 一些工会人士坚持认为，学徒制才是男孩们有效工作的合法途径。可以看出，不同背景的人对学徒制这种传统职业训练主要方式的认识存在显著的差异。

女子工业教育也一直受到工促会的关注。1907年，工促会出版了关于女子工业培训的调查报告。调查发现，女性已逐渐从家庭走向社会，成为雇佣工人，97%的职业女性集中在家政、农业、教师等47个行业领

---

① “The Apprenticeship System as a Means of Promoting Industrial Efficiency,”in *National Society for the Promotion of the Industrial Education Bulletin No. 5: Proceedings of First Annual Meeting*, Chicago, Part 1, Apr., 1908: 30-33.

② “The Apprenticeship System of Today,”in *National Society for the Promotion of the Industrial Education Bulletin No. 5: Proceedings of First Annual Meeting*, Chicago, Part 1, Apr., 1908: 34-39.

域。报告还提出了一系列针对女性的职业培训建议。[1] 历届年会也都对女子工业教育进行了一定的关注。例如，在第一届年会上，斯宾塞（Anna G. Spencer）发表了“女子工业教育的社会价值”的演讲；在第二届年会上，马歇尔发表了“如何管理女子中等职业学校”的演讲；在第三届年会上，罗宾斯（Raymond Robins）发表了“女子工业教育”的演讲；等等。在 1910 年 11 月 17—19 日召开的第四届年会上，女子工业教育成为一个重要的讨论主题。1910 年 11 月 17 日上午，年会以“女子在职业和商店中的需要和机会”（Demands and Opportunities for Girls in Trades and Stores）为主题进行讨论。当天下午，年会又以“为女子而进行的教师培训”（the Training of Teachers for Girls）为主题进行了探讨等。

随着工业教育的开展，职业教育指导也日益成为一个重要的讨论主题。1910 年 11 月 15—16 日，由波士顿职业局（Boston Vocation Bureau）和波士顿商会（Boston Chamber of Commerce）联合主办的第一次全国职业指导大会（First National Conference on Vocational Guidance）[2] 召开，来自美国 45 个城市的 300 多位代表与会。[3] 全国职业指导大会与工促会年会在波士顿不期而遇，诸如保罗·汉纳斯、斯内登和普罗泽等重要的代表性人物同时参与两大会议并成为共有会员，进而推动工业教育运动与职业指导运动的偕同发展。在 1913 年的年会上，工促会还以“职业教育和职业指导”为主题进行研讨，主席雷德菲尔德（Hon William C. Redfield）分析道：职业教育和职业指导和而不同，后者是指向前者的——职业指导指引男孩子进入职业教育并获得成功，是通向职业教育道路的指路灯。职业指导是协会为了更好地推动工业教育发展的一种尝

---

① Florence M. Marshall, *National Society for the Promotion of the Industrial Education Bulletin No. 4: Industrial Education for Women*, Oct. , 1907: 1-59.

② 1913 年改组为全国职业指导协会（National Vocational Guidance Association）。

③ Paul H. Hanus, "Vocational Guidance and Public Education," *The School Review* 19, No. 1, 1911: 51.

试。普罗泽也指出，只有在系统的指导下，才能帮助解决 14 岁孩子面临的工作或上学的选择困境，并且推动“有效的雇佣”（useful employment）。不当的引导和培训将导致从业者不适应所做的工作，进而导致低效、工资低、不稳定、材料浪费和产出低等问题。①

工促会通过历届年会上讨论的主题（详见下表）很好地引导了公众对工业教育的关注、讨论。

表 3　全美工业教育促进会历届年会主题

次序	会议时间	会议地点	会议主题/内容
1	1908 年 1 月 23—25 日	芝加哥	工业教育的重要性、学徒制、中等职业学校/职业学校等
2	1908 年 11 月 19—21 日	亚特兰大	工业艺术、学徒制、中等职业学校、工业教育制度等
3	1909 年 12 月 2—4 日	密尔沃基	工业教育、职业教育立法、夜校、女子教育等
4	1910 年 11 月 17—19 日	波士顿	行业和商店中对女性的需求、女子教育的教师培训、学徒制和企业职工学校、业余学校与夜校等
5	1911 年 11 月 2—4 日	辛辛那提	辛辛那提的工业教育经验、工业教育责任承担问题、业余学校、工人与工业教育、工业教育与美国的经济发展、中等职业学校是否公办等
6	1912 年 12 月 5—7 日	费城	宾夕法尼亚州职业教育立法、女子工作的教师培训、联邦资助职业教育、职业教育法与职业学校、州职业教育立法中应秉持的原则和政策等
7	1913 年 10 月 23—25 日	大急流城	密歇根的职业教育法问题、职业教育和职业指导、女性职业教育、商会与职业等

① Charles A. Prosser, “Practical Arts and Vocational Guidance,” in *American Education and Vocationalism: a documentary history, 1870-1970*, ed. Marvin Lazerson (New York: Teachers College Press, 1974), pp. 134-136.

续表

次序	会议时间	会议地点	会议主题/内容
8	1914 年 12 月 9—12 日	里士满	零售店、工业教育、里士满调查等
9	1916 年 1 月 20—22 日	明尼阿波利斯	明尼苏达调查、职业学校、夜校、行业和技术学校、家政艺术、农业教育、职前教育等
10	1917 年 2 月 22—24 日	印第安纳波利斯	印第安纳调查、职业学校面临的教育问题、职业教育的经济背景、职业性家政会议、职前教育等

通过工促会，工业教育运动有效地推动协会实现其成立时制定的任务目标——促使公众意识到工业教育对美国工业发展的重要性、提供机会讨论和研究工业教育的各种问题、推动国内外工业教育经验的应用推广、促进工业训练机构的建立等。

不同的利益团体基于工业教育重要性共识，探讨具体实施问题。在工商业主与劳工之间，工商业主倾向于由自己操办中等职业学校，从而更好地培养行业所需的人才，提高工业效率，增强竞争力；劳工认为工商团体只是为了培养忠诚的技工，便于剥削工人罢了，因此反对行业学校，并且强烈攻击制造商与学校之间的合作协议，谴责任何私人控制公立教育制度或私人选择学生的计划。① 美国劳工联合会在其 1907 年年会上通过了反对私人行业课的决议。鉴于对工商团体可能控制行业学校的担心，劳工团体一直强调职业教育应为公立学校制度的一部分。1910 年 12 月，工促会出资邀请德国著名教育家凯兴斯泰纳（Dr. George Kerschensteiner）来美宣讲职业教育，在一定程度上缓解了工商团体与劳工团体在行业学校上的矛盾。通过介绍德国的职业教育发展状况，比较德、美两国职业教育的发展，凯兴斯泰纳阐述了具有国际知名度的慕尼

① ［美］劳伦斯·阿瑟·克雷明：《学校的变革》，单中惠、马晓斌译，山东教育出版社，2009，第 36 页。

黑“补习学校”(continuation school)① 制度，引起了许多美国工商界和教育界人士的强烈兴趣。补习学校以其多短期班、收效快而受到广泛的欢迎。一些慈善团体、教会团体和企业纷纷开办补习学校，制造商组织也开始转向支持设立补习学校，进而调和与劳工团体在建立中等职业学校问题上的矛盾。② 一时间，各种形式的补习学校如雨后春笋般出现在美国各地。

工业教育的资助问题——公共资助还是私人投资仍没有定论。大公司、大企业有能力创办自己的企业职工学校（corporation school），以培养满足自身需求的工人，如 1913 年成立的全国企业职工学校协会（National Association of Corporation Schools，简称 NACS），关注销售、行政工作和制造技术等行业培训，并不用依赖联邦政府“有为”，也不担心联邦的“有为”带来的影响。然而，中型企业公司组织，如全国制造者协会在面对工业教育时并不能像大企业、大公司那样轻松地投资开办工业学校，它还需要处理不同意见的成员、劳工、大企业，以及工业教育与普通教育之间的关系等多方面的问题。

职业教育和公共学校中普通教育的关系也是需要处理的一大难题。长期以来，工业教育是以学徒制、私人机构等形式开展的，并没有登上公共学校的大雅之堂。即便是后来进入公共学校的工业艺术，也是具有通识性质的，与具有职业性的工业教育是不同的。但是，随着工业化社会的变革，家庭、教会等在不断地转移其具有的教育功能，学校应逐渐

---

① 补习学校的理念为培养对其所生活的社会负责、履行义务的有用公民；指引其适应身体、心灵，使其为理性的娱乐和赚钱生活做好准备。详见 Dr. George Kerschensteiner, *National Society for the Promotion of the Industrial Education Bulletin No. 14: The Trade Continuation Schools of Munich*, July, 1911。

② McClure, Arthur F., *James Riley Chrisman, Perry Mock. Education for Work: The Historical Evolution of Vocational and Distributive Education in America* (London, Toronto: Associated University Presses, 1985), pp. 49-50.

承担职业教育和自由教育的双重任务，以解决公共学校的传统文化教育特征和当时亟须开展工业教育任务之间的巨大矛盾。以普罗泽为代表的职业教育家提出应将职业教育的教学、管理等独立于普通教育，给有效的工业教育留下空间。① 但杜威等人并不以此为然。杜威认为，学校里开设工业教育并不是为了训练（熟练的）工人，也不是要钻研一种工作或职业，而是使学生获得与普通教育结合的职业训练，逐渐明白现代工业的基础，养成一种对工作或职业，以及对社会的明智态度。此外，还应运用孩子的整体环境为工作提供动机和意义。② 杜威认为，“当前的问题不是现在的学校制度是否该激进地重组和扩充过去未太关注的社会功能，而是学校管理、学习、方式方法和学生团体间的深刻分裂，传统的文化教育和行业预备教育间的深刻分裂”③。这种分裂不仅会导致学校管理等方面的复制、资源浪费，破坏当时改善普通教育的活动，还会造成接受职业教育的学生难以接触到学术性教育、学习范围受限的危险。杜威呼吁从经济、效率的角度来看，最好的方式就是扩充当时的学校制度。④

虽然杜威在表面上占据优势，但斯内登设置的更为开阔的教育目的实际上获得了贯彻。⑤ 在追求效率的年代，美国需要的是快速地解决社会问题，培养工业生产所需要的熟练工人。这种具有就业目的的职业教育

---

① Prosser, Charles A., *Why Federal Aid for Vocational Education* (New York: Press of C. S. Nathan, 1912), p. 9.

② Dewey, John and Evelyn, *Schools of Tomorrow* (New York: The Knicker Bocker Press, 1915), p. 252.

③ Dewey, John, “Splitting up the school system,” *The Middle Works (1899-1924), Vol. 8, 1915* (Carbondale, IL: South Illinois University, 2008), p. 125.

④ Dewey, John, “Some danger in the present movement for Industrial Education,” *The Middle Works (1899-1924), Vol. 7, 1912-1914* (Carbondale, IL: South Illinois University, 2008), pp. 100-102.

⑤ Labaree, David F., “*How Dewey Lost: the Victory of David Snedden and Social Efficiency in the Reform of American Education*,” in *Pragmatism and modernities* (Rotterdam/Boston/Taipei: Sense Publishers, 2010), p. 164.

理念在《佩奇议案》(*Page Bill*)和日后通过的职业教育法案中得到了反映。

1911 年 11 月，工促会在辛辛那提召开第五次年会，协会的定位与工作重心随后发生重大转变，标志着工业教育运动重心的转移。其明显的体现就是“工业教育”的含义得到了更新和更为广泛、清晰的界定——工业教育具有明确的就业目的，与农业教育、家政学同为职业教育的一部分，各州和联邦应资助职业教育的开展。最初，工促会宽泛地界定“工业教育”的工作介于公共初等学校的手工训练与工程学院之间。这种模糊的界定在一定程度上导致不同利益团体之间的冲突，也导致不同工业发展水平的州之间的矛盾，难以达成平衡。工业教育的最合适的定义是“向工业工人进行直接的具有职业价值的学校训练”①。

在这次年会上，以斯内登和普罗泽为代表的职业教育家对工业教育的含义进行了深刻的分析和总结。以分析《佩奇议案》为契机，斯内登指出，“工业教育、农业教育及家政艺术教育，这几种教育是中学阶段职业教育的 3 个方面”。《佩奇议案》的尝试目标总体上值得工促会支持，联邦政府(从培养更有生产力、更好的工人的角度看)也应支持职业教育的发展，其他类似的协会组织也应努力探明国家对职业教育的资助状况。他还呼吁对于当前的职业教育处于实验性阶段的状况，应该进一步确定发展措施，在力所能及的范围内支持那些正确的职业教育类型——具有专业知识的中间机构、单独的权力部门及各州当地管理的职业教育等。②

普罗泽也分析指出，一是应开办独立的职业学校。为 14 岁以上的

---

① *National Society for the Promotion of the Industrial Education Bulletin No. 1: Proceedings of the Organization Meetings*, Jan., 1907: 7.

② Snedden, David, “Report of Committee on National Legislation,” in *National Society for the Promotion of the Industrial Education Bulletin No. 15: Proceedings of Fifth Annual Meeting*, Cincinnati, Ohio, Mar., 1912: 126-132.

孩子开设的职业学校应与高中平行，而非对立。通过1—4年的职业教育，使其先适应工作，后成为职业领袖。二是过去5年来的工业教育发展反映了州资助和国家资助在当时促进社区开办职业教育中的必要性，职业教育可以使14岁以上的孩子为工厂、家庭和农场中的工作做好准备。他还指出，在工促会的英明领导下，职业教育在不断开展宣传，这些探索应在调查和谨慎实验的基础上前进。①

因此，工促会随后使用的“工业教育”的语境已发生了显著的变化。作为推动工业教育重要力量的工促会此时已转变为促进职业教育发展的利益集团的代言人。这为接下来的各州和联邦立法资助职业教育奠定了广泛的基础。与此同时，专门推动工业教育发展的“工业教育运动”也扩展为推动各州、联邦立法资助多种形式的职业性教育的“职业教育运动”。

工促会的目标和定位进行了重要性的更新、拓展。“协会的目标远比唤醒公众的兴趣，使公众关注工业教育和提供相关人士合作的渠道更为广阔，更具建设性”②，它已不仅仅发挥着成立时确定的“全国工业教育信息交流中心”的作用。工促会新增的4项宗旨：一是搜集和研究工业教育的事实，开展方法的讨论，发表信息，传播工业教育的成功经验；二是援助努力开展和组织有效的工业教育的地方政府和社团并提供计划和建议；三是帮助那些尚未为工业教育提供足够法律和经济支持的州制定全州性法律；四是援助支持工业教育、确保工业教育经费有效管理的联邦立法。这预示着工促会工作重心的转移，进而导致了随后开展的工作重点的转移。

---

① Snedden, David, "Report of Committee on National Legislation," in *National Society for the Promotion of the Industrial Education Bulletin No. 15: Proceedings of Fifth Annual Meeting*, Cincinnati, Ohio, Mar., 1912: 126-132.

② *National Society for the Promotion of Industrial Education Bulletin No. 15: Proceedings of Fifth Annual Meeting*, Cincinnati, Ohio, Mar., 1912: 11-13.

三、调查、立法：工业教育运动的成熟

工业教育运动重心的转变并非一蹴而就的，而是在以工促会为平台的前期开展工作的基础上不断调整的。为了更好地推动工业教育的实施，工促会早在1910年就应理查德会长的要求，对全国举办工业学校的情况进行了广泛调查，并且对美国各地中等职业学校和工业学校的组织、管理、教学方法和课程等进行了比较全面的介绍。根据各种学校的特征，协会将工业学校划分为8类：一是中等工业学校、职业预备学校或职业学校，为孩子和家长提供指导和教学，以便在2—3年后就业；二是中等职业学校（日校），为让小学生为某个行业的实际工作做准备；三是技术学校（日校）；四是学徒制学校；五是夜校，提供技术课程或使用销售课程；六是业余学校；七是有色人种中等职业学校；八是函授学校。① 调查反映了各地因为实际情况和需求的不同，在实施工业教育机构的名称、所提供的课程和招生的对象等方面存在巨大的差异性、多样性。不仅如此，本时期各州有关工业教育的立法也普遍存在着概念和术语的混乱、模糊。

同年，工促会与美国劳工立法协会（American Association for Labor Legislation）合作开展关于“实践性活动”立法及资助情况的调查。调查显示，截至1910年11月，在全美48个州中，对实践培训（practical training）进行相关立法的州有29个，详见下表。

---

① Edward H. Reisner, *National Society for the Promotion of the Industrial Education Bulletin No. 11: A Descriptive List of Trade and Industrial Schools in the United States*, Aug., 1910: 1-125.

表4 美国各州立法规定实践活动及其所占比例情况①

项目	数量（个）	所占比例（%）
对实践活动进行立法的州	29	60
规定开展技术中学的州	10	20
规定开展手工训练的州	18	37
规定开展家政训练的州	11	23
规定开展农业训练的州	19	39
规定开展工业和职业训练的州	11	23
规定开展所有实践活动的州	3	6

值得一提的是，在这29个州中，25个是在1900年后进行立法的。这反映了当时实践和职业培训运动的快速发展。然而，仔细考察这29个州的立法可以发现，对实践活动进行规定资助的情况不甚乐观，详见下表。

表5 美国各州立法规定资助实践活动及其所占比例情况②

项目	数量（个）	所占比例（%）
对实践活动的某种类型或多种类型进行资助的州	16	33.33
对技术中学进行资助的州	1	2
对手工训练进行资助的州	9	19
对家政学进行资助的州	11	23

① Edward C. Elliott, Charles A. Prosser, *National Society for the Promotion of the Industrial Education Bulletin No. 12: Legislation upon Industrial Education in the United States*, Nov., 1910: 24-25.

② Edward C. Elliott, Charles A. Prosser, *National Society for the Promotion of the Industrial Education Bulletin No. 12: Legislation upon Industrial Education in the United States*, Nov., 1910: 25-26.

续表

项目	数量（个）	所占比例（%）
对农业培训进行资助的州	13	27
对工业和行业培训进行资助的州	8	17
对所有实践活动进行资助的州	2	4

虽然各州对实践活动的资助远远难以满足实际的需要，但通过历史对比分析可以发现，20 世纪以来，美国对职业培训，尤其对工业培训的立法规定、资助取得了巨大的进展。在 16 个资助实践活动的州中，14 个是从 1903 年起提供资助的；在 13 个资助农业培训的州中，12 个是从 1905 年起开始资助或增加资助的；在 8 个资助工业和行业培训的州中，6 个是从 1906 年起通过立法资助的。“合理地说，针对农业和工业进行的职业培训到目前为止，在获得州资助的州中得到了最为令人满意的发展。”①

立法深化发展了职业教育，规定了各州主动对职业教育进行资助和合理的管理。从 1906 年马萨诸塞州建立全国首个公共职业教育制度后，其他各州争相效仿，尝试在州立法前任命成立委员会对职业教育的开展进行调查、报道等服务，如康涅狄格州（1903—1907 年）、新泽西州（1908—1909 年）、马里兰州（1908—1910 年）、缅因州（1909—1910 年）、密歇根州（1909—1910 年）、威斯康星州（1909—1911 年）、印第安纳州（1911—1913 年）和伊利诺伊州（1911—1913 年）。其中，马萨诸塞州、康涅狄格州、新泽西州、威斯康星州、印第安纳州这 5 个州的委员会在发布报告后直接促使本州职业教育制度的建立。不过可

---

① Edward C. Elliott，Charles A. Prosser，*National Society for the Promotion of the Industrial Education Bulletin No. 12：Legislation upon Industrial Education in the United States*，Nov.，1910：26.

以看出，积极主动开展职业教育调查立法的州具有很大的地域性，严格来说是仅仅局限于密西西比河以东、梅森—狄克森线（Mason-Dixon line）[①] 以北的几个工业州。此外，纽约州和俄亥俄州在没有通过成立委员会进行职业教育调查—发布报告—立法的路径下，也建立了较为完整的职业教育制度。

为了解决各州职业教育立法中概念表述的混乱局面，更好地推进州职业教育立法工作，工促会在1912年第六届年会上制定了“州职业教育立法中应秉持的原则与策略”决议，1913年2月由协会的管理委员会通过。“原则与策略”对职业教育、工业教育等概念进行了明确的界定，规定“职业教育”包含各种形式的专门教育，主要目的是为了“有效的就业”（useful occupation）。“原则与策略”还对工业教育、农业教育、商业教育和家政教育这几个方面的职业教育进行具体规定：一是工业教育是为了满足在行业、工业及家庭（household）中工作的体力劳动者的需求而设的一种职业教育形式；二是农业教育是适应与耕地、家畜、林业和其他农田上的劳动职业相关的一种职业教育形式；三是商业教育是为了满足在管理书籍、速记、打字、文员工作、售货员这样的商务和商业领域的劳动者的需要而进行的一种职业教育形式；四是家政教育是面向不以挣钱为目的的与家政相关的一种职业教育形式。[②]

在不断厘清工业教育运动相关问题的过程中，工促会赢得了普遍的信任。许多州，甚至是联邦立法（如《佩奇议案》），主动要求与协会合作，共同推进职业教育开展、立法等。在1912年的这次年会上，参议员佩奇（Carroll Smalley Page）表达了对协会秘书普罗泽等人的感

---

① “梅森—狄克森线”是美国宾夕法尼亚州和马里兰州的分界线，也是南北战争前美国的南北区域分界线。

② William T. Bawden, *National Society for the Promotion of the Industrial Education Bulletin No. 16: Proceedings of Sixth Annual Meeting*, Philadelphia, Pa., Aug., 1913: 292.

谢。[①] 普罗泽也在1912年的年度报告中指出，一是当时的职业教育事业取得了丰硕的成果，国会已确定地进行着一些有利行动。当时的问题不再是联邦政府是否应该资助、鼓励和刺激州建立职业学校，而是在何种条件下分配联邦资金给各州实现目标。二是州职业教育立法也取得了很大的进步，那一年中有8个州在协会的帮助下起草通过了或将通过资助职业教育法，其中有5个州是首次尝试对职业教育进行资助。[②]

在1913年第七次年会上，主席雷德菲尔德总结指出，在过去的一年（1913年）中，协会在普罗泽秘书及其身边相关人员的辛勤工作下，职业教育立法工作得到很好的贯彻。[③] 在协会推动下的州立法顺利进行，越来越多的州和地方支持通过法律保障职业教育的开展。

1914年和1915年，工促会作为理想的合作对象，分别受到里士满、明尼阿波利斯当局的邀请参加当地的职业教育调查。1914年在里士满召开的年会上，普罗泽在年度工作报告中总结道：协会推动的州立法使协会名声远扬，源源不断地投入到各州立法工作中，在民众中声望大增。里士满调查取得多方面的成功：一是研究了职业教育前的学校建立问题并提出方案、投入运行；二是策划了印刷业学徒课的学习课程和组织；三是协助准备了总调查委员会（General Survey Committee）的材料。[④] 明尼阿波利斯调查开始于1915年5月1日，普罗泽任总调查委员会负责人，历经4个月完成，调查报告经讨论研究后

---

① Page, Hon. Carroll S., *Vocational Education, delivered in the Senate of the United States* (Washington: Government Printing Office, 1912), p. 5.

② William T. Bawden, *National Society for the Promotion of the Industrial Education Bulletin No. 16: Proceedings of Sixth Annual Meeting*, Philadephia, Pa., Aug., 1913: 299-305.

③ William T. Bawden, *National Society for the Promotion of the Industrial Education Bulletin No. 18: Proceedings of Seventh Annual Meeting* (Grand Rapids, 1913), Mar., 1914: 93.

④ *National Society for the Promotion of the Industrial Education Bulletin No. 20: Proceedings of Eighth Annual Meeting*, Richmond, Va., Jun., 1915: 1-226.

于12月末出版。该调查出色地完成了最初预想的目标："查明真相以利于明智地规划职业教育发展；提出可行的建议方案；赢得对该问题感兴趣的人和组织的合作，从而全面开展职业教育；使调查成为协会的主题，使明尼苏达州成为最大的受益者；使其他也在面临该问题的城市受益。"[①] 可以说，这两次调查虽是州和地区层面的，但具有全国性的意义。

对各州职业教育立法的调查不仅直接推动了职业教育在各地的发展，而且为职业教育运动在全国的开展、推动联邦的职业教育立法创造了极为重要的条件。也正是在各州职业教育不断发展的过程中，工业教育运动逐渐意识到各州和当地能力的有限性，以及联邦资助职业教育的必要性。1912年，普罗泽分析国会上正在讨论的《佩奇议案》时指出，联邦应资助办理职业教育，因为自然资源和人力资源在不断地被浪费，职业教育已成为举国之需；全国的效率是各州公民效率的总和，但因各州能力有限，若无联邦资助，职业教育发展将会迟缓；只要不违反总原则和能达到好的目标，各州具有在职业教育上的自治权。[②] 联邦资助职业教育发展的最有力的保障就是国会立法，这也是扩展后的工业教育运动重心转向联邦职业教育立法的原因所在。1911年末召开辛辛那提年会后，即自1912年起，工促会不仅加大了对职业教育调查研究的人力投入，而且更加积极主动地参与到各州和联邦职业教育立法之中。也正是在这个变化过程中，工促会实现了从信息交流中心到"院外集团"的角色转变，工业教育运动的重心转向联邦立法资助职业教育的发展。

---

① *National Society for the Promotion of the Industrial Education Bulletin No. 21: Report of Minneapolis Survey for Industrial Education*, Jan., 1916: 1-697.

② Prosser, Charles A., *Why Federal Aid for Vocational Education* (New York: Press of C. S. Nathan, 1912), pp. 3-9.

第三节 工业教育运动的句点：《史密斯-休斯法》

鉴于前期在各州的职业教育调查和开展立法的经验，工业教育运动逐渐意识到需要联邦的援助才能将职业教育在全国范围内进行更好的贯彻。通过国会立法的形式将它确定下来，无疑是最为坚固的保障。工业教育运动之前及运动期间，不少关于职业教育的议案都败下阵来。但是，在工业教育运动联盟的持续努力、博弈和妥协下，凭借国会民主党、共和党成员组成变动的契机，联邦资助职业教育的立法出现转机，并且取得《史密斯-休斯法》颁布的胜利。虽然说这一过程是复杂曲折的，但它为工业教育运动画上了具有深远意义的句点。

一、联邦职业教育立法的屡败屡战

早在 1912 年工业教育运动的重心转向联邦职业教育立法之前，国会就曾有职业教育立法的尝试，只是由于时机不成熟——20 世纪初国会的重心仍是农业教育立法，未取得明显成果。

从 1906 年起，国会不断出现关于职业教育方面的议案。例如，要求联邦拨款资助各州开展职业科教师培训的师范学校的《伯克特-波拉德议案》（*Burkett-Pollard Bill*）、提倡资助建立中等农业学校的《利文斯顿议案》（*Livingston Bill*）等都无疾而终。① 在总结此前提交的议案的基础上，来自明尼苏达州的众议员查尔斯·戴维斯（Charles R. Davis）于 1907 年提交《戴维斯议案》（*Davis Bill*），对工业教育的必

① Blauch, Lloyd E., "Federal Cooperation in Agricultural Extension Work, Vocational Education and Vocational Rehabilitation," in *Bulletin, 1933, No. 15. U. S. Office of Education* (Washington: Government Printing Office, 1935), pp. 52-53.

要性和联邦资助工业教育的重要性进行宣传。① 可以说，《戴维斯议案》是美国教育史上较早明确提出联邦资助工业教育的设想和法律动议。

1911 春提交的《佩奇议案》是《史密斯-休斯法》颁布前最接近成功的职业教育议案。② 它主要涉及联邦每年对开展职业教育的公立中学拨款 500 万美元；为各州农业高中提供 400 万美元的拨款；向培训教师的师范学校提供 100 万美元的拨款；对开展农业推广工作的赠地学院和农业实验站增加拨款；等等。议案在提交后又不断地经过广泛征求各相关方面的意见而反复修改，于 1912 年 12 月在参议院宣读。③ 议案得到了来自美国劳工联盟、全国工业教育促进会、制造商协会、全国农民协进会和农民全国代表大会等多方面的支持，但也遭到了赠地学院等利益团体的强烈抵制。正在这时，与《佩奇议案》内容相似、涉及农业推广工作的《史密斯-利佛议案》（*Smith-Lever Bill*）已被呈递至国会。在参众两院审议过程中，民主党占优势的众议院不愿支持《佩奇-威尔逊议案》，而共和党占多数的参议院则反对《史密斯-利佛议案》，④ 最终导致两项议案均未在第 62 届国会上获得通过。作为《史密斯-利佛议案》的提案人，来自南卡罗来纳州的众议员利佛（Asbury Frank Lever）和来自佐治亚州的参议员史密斯（Hoke Smith）均是来

---

① *National Society for the Promotion of the Industrial Education Bulletin No. 9: Proceedings of Second Annual Meeting*, Atlanta, Jun. 1909, pp. 101-112.

② 来自宾夕法尼亚州的众议员威尔逊（William B. Wilson）也向众议院提交与《佩奇议案》内容相似的《威尔逊议案》，后来二者合并为《佩奇-威尔逊议案》。Bennett, Charles A., *History of Manual and Industrial Education 1870 to 1917* (Peoria, IL: Manual Arts, 1937), p. 546.

③ McClure, Arthur F., James Riley Chrisman, Perry Mock, *Education for Work: The Historical Evolution of Vocational and Distributive Education in America* (New Jersey: Fairleigh Dickinson University Press, 1985), pp. 57-58.

④ 在第 62 届国会上，众议院民主党与共和党的席位分别为 230 个、162 个；参议院中分别是 44 个、52 个。

自严重依赖农业经济的南方州议员，二人都希望通过联邦资助改善所在选区的农业经济发展状况，增加在国会连任的胜算。为了缓解《史密斯-利佛议案》与《佩奇议案》之间的僵局，工促会与提案人协商达成一项“交易”：一方面，工促会等动员支持通过《史密斯-利佛议案》；另一方面，《史密斯-利佛议案》的提案人史密斯，时任参议院教育与劳工委员会（Senate Committee on Education and Labor）主席，明确表态支持工促会等职业教育运动倡导者的联邦资助职业教育的构想，并且积极推动全国援助职业教育委员会的成立。最终，旨在资助农业领域的职业教育和技术推广的《史密斯-利佛法》于1914年5月通过，长达5年的国会论辩告一段落。① 该法案还建立了联邦与赠地学院之间的合作推广服务制度，帮助农民了解农业经济和公共政策、掌握新的农业技术。

这项主要反映了来自南方利益诉求的《史密斯-利佛法》是在与代表北方利益的国会议员经过复杂的博弈后才妥协通过的，当然也是民主党在国会组成上占据优势的一大战果。这项妥协奠定了全国援助职业教育委员会（National Commission on National Aid to Vocational Education）成立的基础。1914年1月20日，威尔逊（Woodrow Wilson）总统签署通过参众两院的决议，要求委员会于同年6月1日前向国会提交报告。全国援助职业教育委员会由9人组成，包括参议员史密斯（主席）、参议员佩奇、众议员休斯、众议员费斯（S. D. Fess）、印第安纳立法信息局主任拉普（John A. Lapp）、纽约市曼哈顿职业学校校长马歇尔（Florence M. Marshall）、芝加哥市国际手套工人联合主席尼特（Miss Agnes Neator）、工促会秘书普罗瑟（Charles Prosser）、华盛顿特区劳工数据统计局特别代理温斯洛（Charles Winslow）。除4

---

① McClure, Arthur F., James Riley Chrisman, Perry Mock, *Education for Work: The Historical Evolution of Vocational and Distributive Education in America* (New Jersey: Fairleigh Dickinson University Press, 1985), p. 93.

位国会议员外，其余5位成员均与工促会有密切的联系，或者说他们都是职业教育运动的支持者。全国援助职业教育委员会的人员组成反映了它的基本立场。

1914年4月2日，全国援助职业教育委员会正式成立并开展工作。根据国会决议，它主要面对6个主要问题开展调查和研究：一是美国在多大程度上需要职业教育？二是是否需要联邦拨款刺激和鼓励州开展职业教育？三是联邦拨款应鼓励何种形式的职业教育？四是联邦政府能在多大程度上通过专业知识援助各州的职业教育？五是联邦政府通过国家拨款能在多大程度上帮助州发展职业教育？六是联邦政府在何种条件下对州职业教育进行拨款？在确定主要问题后，委员会通过向数以百计的教师、104个全国性工会组织、70个工商业组织发放调查问卷，以及举行听证会等多种途径，收集了大量的材料。在此基础上，委员会完成了题为“职业教育之需”的报告，于1914年6月1日按时向国会提交。

报告指出，职业教育对国家的福祉来说是必需的。美国各地和各行各业都存在着对职业教育的强烈需求，具体的需求包括保护和开发资源；提高农业产量与促进农业的繁荣发展；减少人力资源的浪费；为学徒制提供补充；提高产业工人获得薪酬的能力；满足工人和熟练工人培训的需要；缓解生活支出的增长。报告还指出，发展职业教育事关美国的繁荣、福祉，关系到美国在国际经济竞争中的地位。因此，联邦资助职业教育将是美国的一项精明投资。

报告建议通过立法资助各州开展职业教育，培养有效的教师并支付其薪水。其具体内容包括拨款范围为农业、职业和工业领域的职业教育；资助经费主要用于支付教授农业科的教师、学监和负责人的工资，支付教授职业和工业科教师的工资，支付农业科、职业科、工业科及家政科教师的培养支出，支付联邦职业教育委员会的工作开支；拨款资助夜校、业余学校和全日制学校；建立联邦职业教育委员会，与州职业教育委员会开展合作；等等。可以说，全国援助职业教育委员会的建议与之前工促会领导下的工业教育运动所提出的主张大体是一致的。其工作不仅衔接了工业教育运动前期的活动主张，更开启了该运动随后在国会中关于职业教育立法的博弈。工业教育运动可谓取得了对联邦资助职业教育必要性的广泛性支持。联邦职业教育立法也已万事俱备，只欠在国会上提交通过职业教育的议案。随即而来的第64届国会成为联邦职业教育立法的关键，《全国援助职业教育委员会报告》更是作为《史密斯-休斯议案》的蓝本，奠定了联邦的职业教育立法。

表6　第64届国会具体日程安排

举行年份	会期	起始日	休会日（共253天）	日历天数	立法天数	国会休息日
1915—1917年	1	1915年12月6日	1916年9月8日	163天	163天	1915年12月18日—1916年1月3日（17天）
	2	1916年12月4日	1917年3月4日	74天	73天	1916年12月23日—1917年1月1日（10天）

二、《史密斯-休斯议案》（S. 703）的博弈

1915年12月6日，第64届国会召开的第一天，众议院的教育委员会（Committee on Education）主席休斯向众议院提交了职业教育议案，即众议院第457号议案（H. R. 457）①。次日，史密斯向参议院提交职业教育议案，并且在得到参议员临时主席（the president pro

① U. S. Congress, *Congressional Record*, Vol. 53: 24. H. R. 457与后来的H. R. 11250（新编号）为同一议案。

tempore）批准后，宣读议案。[①]

1916年1月31日，参议院的教育与劳工委员会（史密斯任主席）提交了关于S. 703议案的支持性报告，即第97号报告（No. 97 report）。[②] 1916年2月12日，由众议院的教育委员会（休斯任主席）向众议院提交了第457号议案。[③] 至此，《史密斯-休斯议案》已分别在参众两院宣读，完成其在国会上"三读"程序中的"一读"。议案在两院中分别由提案人担任主席的委员会负责，这为支持并通过议案奠定了重要的基础。

1916年4月20日，史密斯提议参议院审议S. 703议案，并且希望"尽早讨论其细节问题并通过，然后送到众议院表决"。他向参议员们总结议案涉及的主要内容：一是与州合作拨款支付农业领域的职业科教师工资；二是与州合作拨款支付机械艺术领域职业科教师工资；三是与州合作拨款培养这些职业科教师。联邦与州应支付同等数量的经费。[④] 但是，参议院当天并未将主要精力投放在讨论议案的细节上。1916年6月3日，史密斯又一次提请参议院仔细考虑讨论S. 703议案，但由于受到来自华盛顿州的参议员琼斯（Wesley Livsey Jones）的阻碍——要求先处理一下地方问题（local matters）而搁置。不过，史密斯与来自佛蒙特州的参议员佩奇对该议案的具体细节进行了一定的解释。[⑤] 1916年7月19日，史密斯就S. 703议案所进行的修改向参议院汇报，要求印发最新版本的议案并得到批准。[⑥]

1916年7月31日，史密斯请求对议案做完整陈述并进行全院投

① U. S. Congress, *Congressional Record*, Vol. 53:92-93.

② U. S. Congress, *Congressional Record*, Vol. 53:1781.

③ U. S. Congress, *Congressional Record*, Vol. 53:2440.

④ U. S. Congress, *Congressional Record*, Vol. 53:6479-6480.

⑤ U. S. Congress, *Congressional Record*, Vol. 53:9223-9224.

⑥ U. S. Congress, *Congressional Record*, Vol. 53:11275.

票。史密斯首先指出美国当时的关注点主要是在第一次世界大战上，参议院对战备关注较多，但“即便是战争期间有很多人前往一线，但更多的男女是留在国内生产武器及士兵所需的食物和衣服。他们应该为其所承担的战争与和平中的职责而做好准备”①。在获取参议员们同情性理解的基础上，史密斯对议案进行了详细地陈述，尤其是对拨款这一关键性问题进行了详细说明。② 此外，议案还进行了一些修改：一是由于拖延未能通过，将议案中提出的实施时间相应后推一年。二是在与其他部门合作的关系表述上，将议案原先的表述“只要是关于农业教育方面的研究、调查和报告，都应与农业部合作”改为“当委员会认为可行时，关于农业教育的研究、调查和报告可以与农业部合作进行”。三是联邦职业教育委员会在其助理中挑选一位职业教育专家，作为职业教育工作的总指导，每年支付该专家 7500 美元的工资。③

在审议过程中，来自新罕布什尔州的参议员盖林格（Jacob Harold Gallinger）曾质疑议案中对家政科教师的拨款比其他教师低，认为过低的工资恐将难以聘请到合适的教师。史密斯回应，当时每个有能力的家政科教师最多可以拿到 5000 美元的年薪。针对其他科教师的更高报酬，史密斯辩解道：“很多工业教育的领导者们可以到更大的地方拿到更高的报酬……但家政学的报酬一直相对较低，这已是议案中所能提供（家政科）最高的数额了。”经过一系列解释和讨论后，议案得到“三读”并通过。④

虽然参议院有惊无险地顺利通过了议案，但在众议院的审议工作因为 1916 年 11 月的大选等迟迟未有进展。直到 1916 年 12 月 22 日，休斯才得以向众议院提请对 H. R. 11250 议案（《史密斯-休斯议案》）

---

① U. S. Congress, *Congressional Record*, Vol. 53:11873.

② U. S. Congress, *Congressional Record*, Vol. 53:11873.

③ U. S. Congress, *Congressional Record*, Vol. 53:11874.

④ U. S. Congress, *Congressional Record*, Vol. 53:11874-11878.

进行表决。为了加快立法进程，休斯请求直接由众议院全院委员会[①]对参议院通过的议案进行审议。[②] 在没有议员反对的条件下，众议院审议进入全院委员会辩论阶段，由主席佩奇主持。休斯指出，教育委员会已进行了长期的没日没夜的工作，而且参议院已通过与该议案差异不大的议案，众议院应对议案进行详细讨论并通过议案。随后，主席应允休斯的请求，由来自艾奥瓦州的众议员陶纳（Horace Mann Towner）报告。

首先，陶纳说明两院的《史密斯议案》与《休斯议案》在联邦职业教育委员会成员构成上存在的差异。[③] 其次，他分析了资助职业教育对美国发展的重要性。再次，他详细地阐释了全国管理、“农业培训”、工业和职业、“家政学”等方面的问题。例如，在管理上，《休斯议案》的目的并不是取代由各州成功进行的教育实践，而是为适应职业教育的需要，由联邦协助这项工作的开展，而监管、教学和管理的全部工作将仍由各州负责。在家政学上，90%的女孩在7—8年级时辍学，除了通过观察学到的家庭生活技能外，她们对实际生活事务一无所知，进而难以成为好母亲和家庭主妇。鉴于母亲和家庭主妇是家庭最为稳定的保障和幸福的来源，每个女孩都应学好家政。此外，陶纳还对来自不同议员的提问进行了解答。例如，针对密苏里州的议员博兰（William Patterson Borland）提出的“向各州赠地、拨款发展教育与建立指导性委员会监管相关方面的教育有什么区别?”，陶纳回应道：“该议案并没有建立具有监管职能的指导性委员会。该议案并没有做出硬性要求，只是建立了各州应根据其配额所接受的标准而已……”在资

---

① 全院委员会（Committee of the Whole House on the State of the Union，简称Committee of the Whole）由众议院的全院议员组成，实际上就是众议院本身。其主席（presiding officer）由众议长担任。

② U. S. Congress, *Congressional Record*, Vol. 54:714.

③ U. S. Congress, *Congressional Record*, Vol. 54:715-716.

金使用上，针对俄亥俄州的议员费斯（Simeon Davison Fess）和密苏里州的议员罗素（Joseph James Russell）询问一些大学（如农业大学）是否可以获得资助，陶纳指出，“除非是在学院级别下的学校机构，其他学校机构则不会受到议案的拨款资助”①。如此等等。

在陶纳对议案进行详细阐述之后，来自肯塔基州的众议员鲍尔斯（Caleb Powers）对议案展开了逐条解读，如资金划拨、具体使用等细节，回答了不同议员的质询。例如，在资金划拨和使用上，来自印第安纳州的众议员考克斯（William Elijah Cox）质疑联邦的拨款是否由各州的教育委员会负责支配。鲍尔斯对该问题的解释是，州委员会只是个代理机构，所拨资金由各州的司库负责。来自俄亥俄州的众议员舍伍德（Isaac R. Sherwood）提出，该议案是否该建立一个统一的制度，而不是将权力下放到各州？鲍尔斯指出，“委员会认为各州的不同利益较为多元化，难以形成一个可以涵盖各州的议案”②。

众议院全院委员会还对该议案的不同方面进行了细致的讨论。例如，在议案的表述上，“将第 8 页条款 6 的第 17—25 行删除，插入以下内容：联邦职业教育委员会在此成立，由 5 名美国公民组成，其中 4 名应由美国总统指定……”，以及在第 10 页第 19 行后添加一条新的条款：联邦职业教育委员会必须指定成立指导委员会（advisory committee），由工业、商业、劳工、农业、管家或普通教育或职业教育的代表组成，以（帮助联邦委员会）管理该法案；联邦委员会在此上所花费的资金不应超过 5 万美元。③ ……此外，还有一些众议员先后发表了关于职业教育的见解。例如，来自马萨诸塞州的众议员达林格（Frederick William Dallinger）认为家政学对培养良好的母亲和家庭主妇、降低离

---

① U. S. Congress, *Congressional Record*, Vol. 54:716-717.

② U. S. Congress, *Congressional Record*, Vol. 54:719.

③ U. S. Congress, *Congressional Record*, Vol. 54:720.

婚率、减少家庭经济开支等具有重要贡献。[①] 来自亚拉巴马州的众议员赫德尔斯顿（George Huddleston）则强调，在对职业教育的资助中，要注意保持公共学校的民主性，那些以职业岗位为目的的学生不应与接受自由教育的学生相隔离……他说："我所支持的职业教育不是教机械、职业，以使学生直接进入一个个职业岗位，我所支持的应是广泛的、基础性的培训。"[②]

最后，经主席佩奇许可，众议院执事（the Clerk）对议案进行宣读。在众议院休会之前，休斯又重申将众议院议案（即对参议院议案修正后形成的议案）替代参议院议案。休斯的提议得到采纳，并且由主席佩奇向全院委员会宣读。可以说，这时的众议院全院委员会已经对职业教育议案（S. 703）展开了深入的讨论，只是仍未达成一致决议。众议院决定，将对该议案的决议列入众议院休会后第一天（即1917年1月2日）的会议议程。[③]

1917年1月2日，休会后的众议院继续审议职业教育议案，对很多细节提出修正意见。例如，罗素提出在第1条款后加上"各州获得的所有拨款，在各州委员会管理下，应被平均分配到各个地区、部门，只要在该法案下具有可能性和可行性"[④]。但罗素的提议遭到了很多议员的反对，未予采纳。来自纽约州的众议员普拉特（Edmund Platt）提出，"第1页第9行，在'职业'一词后删除'家政学'，第2页第1行删掉'和家政学'"[⑤]。来自威斯康星州的众议员伦鲁特（Irvine Luther Lenroot）提出议案中日期的问题，因为该议案是一年前（1916年2月

---

① U. S. Congress, *Congressional Record*, Vol. 54: 722.

② U. S. Congress, *Congressional Record*, Vol. 54: 723-724.

③ U. S. Congress, *Congressional Record*, Vol. 54: 725. 虽然众议院对参议院议案 S. 703 提出了修正案并有自己的众议院编号，但仍经常采用 S. 703 代指《史密斯-休斯议案》。

④ U. S. Congress, *Congressional Record*, Vol. 54: 749.

⑤ U. S. Congress, *Congressional Record*, Vol. 54: 757.

12 日）提交的，如今需要将日期往后推迟一年。这一提议得到了休斯的赞同。[①] 在众议院充分审议议案之后，休斯建议终止对第 6 条款的辩论并请求予以通过，但仍未形成一致性决议。[②]

1917 年 1 月 9 日，休斯再次向众议院议长提议讨论职业教育议案。经过较长时间的讨论后，众议院对议案进行了“三读”，并且以口头表决（voice vote）形式通过了议案。[③] 至此，相隔半年时间，《史密斯-休斯议案》终于在参众两院各自获得通过。接下来，只要参众两院可以对双方议案的不同之处进行协商并达成一致意见，《史密斯-休斯议案》就基本完成了它在国会上的历程。但需要指出的是，此时距离本届国会的结束（3 月 4 日）仅剩下不到两个月（50 多天）的时间，参众两院只有在这段时间内共同组建议案委员会，达成一份意见一致的议案报告并在参众两院各自通过，取得总统签署，否则极有可能功败垂成，因为美国的立法规定总统接到两院通过的议案后可以搁置或否决。如若遭到否决，参众两院可以再取得三分之二的多数通过，无须总统签署即成为法律。而搁置是不需要理由的，搁置 10 天，议会并未休会，议案自动生效；10 天内议会休会，则议案自动作废。虽然此时担任美国总统的威尔逊是一位支持联邦资助职业教育发展的总统，但为了谨慎起见，参众两院仍需加快促进议案通过的日程。

三、《史密斯-休斯法》的颁布

1917 年 1 月 11 日，史密斯向参议院提议建立“会议委员会”（Conference Committee），对参众两院通过的职业教育议案进行审议、

---

① U. S. Congress, *Congressional Record*, Vol. 54: 758.

② U. S. Congress, *Congressional Record*, Vol. 54: 749-782.

③ U. S. Congress, *Congressional Record*, Vol. 54: 1071-1084.

协商，以达成两院共识。随后，参议院议长宣布批准成立会议委员会。[①] 1917 年 1 月 13 日上午 11 点，休斯也向众议院提议建立会议委员会。在未有议员反对的条件下，众议院议长遂宣布由休斯、鲍尔斯和来自密苏里州的众议员拉克（William Waller Rucker）三人代表众议院出任会议委员会成员。[②]

会议委员会对参众两院的两份议案中存在的 137 个不同之处进行讨论和协商。这些不同之处小到文字表达甚至标点符号的使用，大至具体职业科的资助金额等。其中，比较大的分歧主要是三个方面：一是家政学是否应当与工业和职业科目一样得到联邦资助；二是联邦职业教育委员会成员的构成除农业部部长、商务部部长、劳工部部长、教育专员及分别代表制造业和商业利益的代表之外，是否应增加代表劳工和农民利益的代表；三是对各州接受资助的要求。经过长达 4 周的讨论、协商，参众两院最终达成一致意见，形成关于议案的会议报告（conference report）。

1917 年 2 月 14 日，史密斯向参议院提交会议报告，并且要求打印发放给全体参议员，以使全体议员更好地了解议案前后的变化。该请求获得准许。[③]两天后，众议院议长在休斯的请求下，要求执事向众议院宣读会议委员会的报告，尽管一些议员等仍存有异见，但报告最终还是得以顺利通过。[④] 紧随其后，2 月 17 日，史密斯向参议院请求通过议案。在解释议案发生的部分变化，如联邦职业教育委员会构成等之后，议案获得通过。[⑤] 6 天后，即 1917 年 2 月 23 日，威尔逊总统签署议案，即《史密斯-休斯法》得以颁布。

---

① U. S. Congress, *Congressional Record*, Vol. 54:1189.

② U. S. Congress, *Congressional Record*, Vol. 54:1332.

③ U. S. Congress, *Congressional Record*, Vol. 54:3262-3265.

④ U. S. Congress, *Congressional Record*, Vol. 54:3423-3429.

⑤ U. S. Congress, *Congressional Record*, Vol. 54:3482-3483.

《史密斯-休斯法》于开篇就明文指出，这是一项规定推广职业教育的法案；一项规定与州合作，推广农业、行业和工业领域中教育发展的法案；一项规定与州合作，培养职业科教师的法案；一项拨款并规定其使用的法案。法案在其 18 条法律条文中做出以下规定：

第一，联邦与各州合作，支付农业科教师、学监、负责人的工资。联邦政府拨款总额为 50 万美元（1918 年）至 300 万美元（1926 年及以后），按各州乡村人口所占美国总乡村人口的比例来分配（根据美国最近一次人口普查，不包括边远地带）。（第 2 条）

第二，联邦与各州合作，支付行业或工业科、家政学教师的工资。联邦政府拨款总额为 50 万美元（1918 年）至 300 万美元（1926 年及以后）；每年支付家政学教师的工资所占比例都不应多于 20%；按各州城市人口所占美国总城市人口的比例来分配（根据美国最近一次人口普查，不包括边远地带）。（第 3 条）

第三，培养农业、行业、工业及家庭学教师。联邦政府拨款总额为 50 万美元（1918 年）至 100 万美元（1921 年及以后）；按各州人口所占美国总人口的比例来分配（根据美国最近一次人口普查，不包括边远地带）。（第 4 条）

第四，对接受法案的州做出规定。要求各州成立州职业教育委员会，制订职业教育实施计划，监管职业教育经费使用；要求制订职业教育师资培训计划，与联邦公共资助师资培训；要求职业学校和职业科教师、督学和校长应当达到州职业教育委员会的要求；接受联邦资助须提供 1∶1 的配套经费。（第 5、8、9 条）

第五，成立联邦职业教育委员会，开展职业教育调查研究；对法律的实施和经费分配进行监督、调查等；协助州政府开办职业学校和职业班，对学生进行农业、工业、商业和家政等 4 个方面的训练。（第 6、7 条）

第六，所资助学校由大众监管或管理，主要目标是“有用的雇佣”、低于学院级别且面向 14 岁以上、已经进入或准备进入工作的人；不应直接或间接地资助任何宗教性或私立学校、学院。（第 10、11、17 条）

就第一、二、三点可以发现，法案不仅规定了拨款数额，还对资金分配进行了限制。按照美国最新人口普查（1910 年第 13 次人口普查）[①] 进行分配，但不同条目下的具体依据并不同。

首先，对农业科教师、学监、负责人工资的拨款根据农村人口所占比例进行分配。根据 1910 年人口普查数据[②]，乡村人口占 3%[③]以上州的情况见下表：

表 7 乡村人口占 3% 以上州的情况

排名	州名	所占比例（%）
1	宾夕法尼亚州	6.15
2	德克萨斯州	5.99
3	伊利诺伊州	4.38
4	俄亥俄州	4.25
5	佐治亚州	4.20
6	纽约州	3.91
7	密苏里州	3.84
8	北卡莱罗纳州	3.83
9	亚拉巴马州	3.58
10	田纳西州	3.53
11	肯塔基州	3.51

① 1920 年，美国进行了第 14 次人口普查。

② 下面 3 个表的数据来自 U. S. Congress, *Congressional Record*, Vol. 53: 11875-11876。

③ 鉴于乡村人口占比较大的州大多占比 3%左右，所以选取 3%为界点。

续表

排名	州名	所占比例（%）
12	密西西比州	3.22
13	弗吉尼亚州	3.21
14	印第安纳州	3.16
15	艾奥瓦州	3.13
16	密歇根州	3.01
总计	—	62.90

其次，对工业科教师工资的拨款则根据城市人口所占比例进行分配。根据1910年人口普查数据，城市人口占比排名前10的州的情况见下表：

表8 城市人口占比排名前10的州的情况

排名	州名	所占比例（%）
1	纽约州	16.86
2	宾夕法尼亚州	10.86
3	伊利诺伊州	8.16
4	马萨诸塞州	7.33
5	俄亥俄州	6.25
6	新泽西州	4.47
7	加利福尼亚州	3.45
8	密苏里州	3.28
9	密歇根州	3.11
10	印第安纳州	2.68
总计	—	66.45

最后，职业科教师的培训按各州人口数进行拨款。根据 1910 年人口普查数据，人口占比排名前 10 的州的情况见下表：

表 9　人口占比排名前 10 的州的情况

排名	州名	所占比例（%）
1	纽约州	9.91
2	宾夕法尼亚州	8.33
3	伊利诺伊州	6.13
4	俄亥俄州	5.18
5	德克萨斯州	4.24
6	马萨诸塞州	3.66
7	密苏里州	3.58
8	密歇根州	3.05
9	印第安纳州	2.94
10	佐治亚州	2.84
总计	—	49.86

由上可以看到，农业、工业人口的分布上具有很大的集聚性，居于前 10 的州的相关人口占比总和达 50%左右。这样一来，不同区域、产业、行业和集团则可以各取所需，使各自的利益达到最大化。

第四、五点规范了联邦与州通过联邦职业教育委员会—州职业教育委员会的途径来计划、监管《史密斯-休斯法》的实施。第六点对资助的学校类型进行了限制——低于学院级别、面向 14 岁以上的孩子。这样就将受资助的学校限制为公共中等学校教育级别，使传统的专门为升学做准备的普通中学面临着改组为兼具升学与就业双重目标的综合中学。

《史密斯-休斯法》奠定了之后美国职业教育发展的基调——联邦立

法，联邦与州合作共同推动职业教育的发展，堪称美国职业教育的“母法”。当然，法案在实施中也逐渐凸显了一些问题，如阶级分化更为严重等。1922年康茨（George S. Counts）对4个城市中的17265名学生的高中生父母职业进行了调查研究，发现中学中专业人员子女比工人子女多；中学里工人子女倾向于选择职业性课程，专业人员子女则倾向于选择准备上大学的学术型课程。①

作为20世纪美国联邦政府较早的教育立法，《史密斯-休斯法》的影响并不仅仅局限于职业教育范围，其创制过程中形成的程序被随后的许多联邦教育立法复制，成为美国国会教育立法的一个独特的社会现象。其独特性在于，通过发动社会运动，表达特定群体的利益诉求；通过公共讨论，引起公众对问题的广泛关注；通过请愿和游说，逐渐影响立法机构，促使相关法律的制定；通过法律推动教育的变革。这种社会运动—立法—改革的模式，使教育改革不再是教育界内部的事，而是具有社会事务性。当然，在促进教育改革、满足不同利益团体的教育需求的同时，教育改革的成败也愈来愈依赖于社会资源的动员与支持水平。

这场工业教育运动得以促成如此具有影响力的《史密斯-休斯法》的颁布，离不开以工促会为平台的工业教育联盟的形成。许多全国性组织，无论是工商业性质的、社会性的还是教育性的组织，都表达了对职业教育的倾向，希冀通过立法组织来确保对职业教育的全国性资助。据统计，诸如工促会、全国制造商协会、美国劳工联合会、全国儿童工委员会（National Child Labor Committee）、全国劳工立法协会、全国教育协会及其督学部门（National Education Association and its Department of Superintendence）、南部商会（Southern Commercial

① Counts, George S., *The Selective Character of American Secondary Education* (Chicago: The University of Chicago, 1922), pp. 26-27, 56-57.

Congress）、南部教育协会（Southern Educational Association）、女子俱乐部总联合（General Federation of Women's Clubs）、美国纺织工人联合（United Textile Workers of America）、全国农民协进会（National Farmers' Grange）[①]、全国家政学协会（National Domestic Science Association）、全国农业教育委员会（National Committee on Agricultural Education）、美国商会（Chamber of Commerce）等几十个全国性组织都表达过对法案的支持。[②] 其实这些团体并不存在基本的共识，而且经常拥有冲突性的目标，它们仅仅是为单一的问题而结成临时性的联盟。[③]

工业教育运动与众多19世纪与20世纪之交的教育运动相比，具有不同的特征：与其他的教育运动主要由教育界人士发起、参与和推动，产生的影响局限于教育界不同，工业教育运动更多的由教育界之外的各界人士参与，如农场主、工商业者、劳工、慈善人士、社会工作者及职业教育工作者等。工业教育运动后期所倡导的联邦资助职业教育是一个在全国范围内带来非常明显的普遍结果（general effects）的议案，往往会非常容易地吸引"联盟领袖"[④]，从最初的以工促会为平台的不同利益集团到后期的国会提案人史密斯和休斯，可以说都是联邦职业教育立法的联盟领袖。通过将不同利益团体的意见、诉求进行统

---

① 全国农民协进会又被称为"格兰其""保护农业社"，是美国第一个全国性农民组织。

② Hawkins, Layton S., Charles A. Prosser, John C. Wright., *Development of Vocational Education* (Chicago: American Technological Society, 1951), p. 51.

③ Fones-Wolf, E., "The Politics for Vocationalism: Coalitions and Industrial Education in the Progressive Era," *Historian* 46, No. 1, 1983: 39.

④ David E. Price, "Policy Making in Congressional Committees: The Impact of 'Environmental Factors'," *American Political Science Review* 72, 1978: 548-574. "联盟领袖"指的是在国会上确定问题、形成可供选择的方案、发起行动、动员支持、安排妥协（arrange compromises）并努力工作以亲眼看着国会通过特定议案的人。[美] R. 道格拉斯. 阿诺德：《美国国会行动的逻辑》，邓友平译，上海三联书店，2010，第100页。

合，联盟领袖承担着代言人的角色。他们经由自己或在国会中寻找合适的议员在国会中请愿、游说，施加影响，以促使联邦立法满足自己的利益诉求。最后，大量的矛盾冲突、争论、博弈汇聚到国会创制法案的过程中，再由国会议员展开博弈，敲定最后的妥协方案。

这场运动具有共识，却又饱含分歧、争论，如联邦应资助何种形式的工业教育？职业学校与公共学校的关系为何？职业科教师的培训应由师范学校机构还是赠地学院承担？议案应由国会的哪个委员会审议，教育委员会还是农业委员会①？这些问题增加了议案审议通过的难度，使国会不断地对议案进行审议、修改，再审议、再修改。前期职业教育立法的一再受挫、《史密斯-休斯法》创制的步履维艰，均是不同利益集团之间复杂的博弈，最终达成了妥协。

国会作为美国联邦的立法机关，主要由民主党、共和党议员组成，代表着全国不同地区的不同利益团体的两党之间的政治博弈构成了事实上国会立法的博弈。由于在国会立法中采取的多数同意的原则，国会中政党组成将在很大程度上直接影响法律的创制结果。《史密斯-休斯法》的创制并于第 64 届国会通过，得益于民主党在参众两院中均占有优势地位（见下表），而且以参议员佩奇为代表的共和党议员也较为支持职业教育立法，使议案得以有惊无险的通过。

表 10　美国第 64 届国会两院党派人员构成情况②

党派	众议院（人）	参议院（人）
民主党	230	56
共和党	196	40

① U. S. Congress, *Congressional Record*, Vol. 53：1546.

② 相较于第 63 届国会，第 64 届国会的民主党在众议院中的优势是有所下降的。在第 63 届众议院党派构成上，民主党、共和党所占席位分别是 291 个、134 个，民主党占据绝对优势。

续表

党派	众议院（人）	参议院（人）
进步党	6	0
独立人士	1	0
禁酒主义者	1	0
社会主义者	1	0
合计	435	96

民主党（代表南方和农民利益）占优势、威尔逊总统的支持奠定了《史密斯-休斯法》颁布的基础。虽然最终颁布的法案与最早的倡议者的初衷之间存在着一定的差距，如从原本仅仅对工业教育的资助扩大为包括工业教育、农业教育、商业教育和家政教育这4个主要方面在内的“职业教育”，但也正因为这样的灵活变通，以及不断地讨论、妥协，工业教育运动才可以转变为覆盖更大利益团体的职业教育运动，取得联邦立法的成功。南方—北方、农业利益集团—工业利益集团及民主党—共和党之间的利益冲突、博弈也在这个过程中逐渐达到平衡。这也在很大程度上决定了运动的复杂性：一方面，随着工业化进程的不断推进、工业水平的变化，不同利益团体对职业教育发展需求的认识在不断深化、清晰。另一方面，教育对工业化的反映也需要经历一个由浅入深、由表及里的变化过程，而且根据这些认识所采取的行动取得不同利益团体的认同和支持也需要一个过程。因此，在分权和多元化的美国，工业化与教育变迁的过程较其他国家往往更为持久、复杂、曲折，充满了种种不确定的因素。

结语：一场颇具美国特色的教育运动

工业教育运动虽已落下帷幕百年，但其意义是持久的。作为应对

19 世纪与 20 世纪之交工业化挑战的变革运动，工业教育运动是一场极具时代特色和美国特色的教育运动。

首先，工业教育运动是一场具有美国工业时代特征的民主运动。

与以往教育家发动、参与的美国教育变革不同，工业教育运动由教育界外的人士主导、推动。一直以来，职业教育在美国教育传统中处于边缘位置：教育改革者并不关注职业教育；教育权力部门鲜有关于职业教育的经验；学术研究团体也很少研究职业教育问题；社会上少有要求改变职业教育的办学方式。然而，随着工业化带来的社会转型，美国社会在政治、经济、文化、教育等方面均面临着迫切的改革之需。教育作为解决社会问题的世俗信仰，被寄予解决工业生产问题的希望。

在急需找到一条有效的解决工业转型时期教育与时代需求之间的矛盾的道路上，虽然不同利益团体对策不一，但在共同对话的基础上达成了妥协意见。由于时不我待，职业教育家所倡导的具有专门性和所谓效率的工业教育成为联邦资助职业教育发展中的主流。最终颁布的《史密斯-休斯法》表面上贯彻了杜威主张的在公共学校里开展的职业教育，拓展了传统的公共学校的功能，但在许多方面又规定了职业教育的独立性——独立的州职业教育委员会、独立的职业教育资金拨款、独立的职业教育课程，以及对接受法案的学校机构的授课时长的规定等。以工商业人士、普罗泽等职业教育家为代表，以工促会为平台，社会各个领域广泛参与的工业教育运动通过推动联邦资助职业教育立法的形式宣告了运动的胜利，其中生发的从下到上的教育变革方式也对后来的教育改革具有指导性意义。运动的领导者们几乎都是来自中产阶级，虽然在运动中或许存在着对移民和工人的控制，但随着劳工组织参与到这场工业教育运动中来，其声音在运动中得到响应，在法案中得到彰显，它仍反映了这是一条美国民主式的解决问题的路径。

其次，工业教育运动是一场极具美国特色的教育运动，与欧洲老牌的工业国英国、德国在应对工业化挑战时的教育变革方式具有不同的特征。

作为现代文明的开启者，英国是第一个真正意义上的工业化国家，但在应对工业化挑战的过程中，明显要比美国迟缓得多。虽然英国从18世纪工业革命以来在经济上占据垄断地位，但到了19世纪下半叶，尤其是19世纪70年代以后，英国的工业优势明显下降。面对后进的美国、德国等在经济上的赶超，英国逐渐意识到职业教育与经济兴衰之间的紧密联系。1882年，英国成立“皇家委员会”（或称塞缪尔森委员会，Samuelson Commission）以对职业技术教育进行调查、发布技术教育报告，英国议会在此基础上于1889年颁布了第一部职业教育法——《技术教育法》，进而保障了职业教育的实施。随后的几年里又通过了修正案和新的措施。企业、学校等也给予适度的配合，推动职业教育的发展。可以说，国家是作为主导因素干预着英国职业教育的发展方向：成立专门针对职业教育调查、研究的机构，通过发布报告或政府白皮书的形式公布调查研究结果，并且在广泛吸取社会各界意见的基础上进行反复修改、提案，议会对此进行讨论审核。①

类似地，德国亦在19世纪后的几十年不断地探讨职业教育发展问题，以应对工业化挑战。在1876年美国费城博览会上，在美国人欣喜地发现莫斯科帝国技术学校的先进工艺技术模式时，德国人亦在与各国产品的争奇斗艳中发现了其货物虽价廉却粗劣无比。德国日后不断地探索培养工业人才，并且逐渐形成强迫的补习教育模式。可以说，从19世纪70年代德国完成统一后，国家在职业教育的发展过程中扮演着越来越重要的角色。1869年，德国政府颁布了《强迫职业补习教育

---

① 翟海魂：《英国中等职业教育发展研究》，博士学位论文，河北大学，2004。张京：《18—19世纪英国职业技术教育发展问题及对策研究》，硕士学位论文，西南大学，2014。

法》；1872 年颁布的《普通学校法》，要求 18 岁以下已经工作的人尽力接受职业补习教育；1889 年颁布的《工业法典》，以法律条文的形式规定企业学徒培训必须与职业学校教育结合。进入 20 世纪，德国继续加强人们接受补习教育的力度，并且逐渐赋予补习学校更多的专门性特征，以配合工业化和技术发展之需。当然，在这一过程中，工业领域中的不同组织也不断地努力尝试、推进职业教育的开展，如出资办校，创办图书馆、家政学校等。①

比较而言，美国的工业教育运动具有更多的“草根”特色，社会各界的踊跃参与在一定程度上高于被动的联邦政府。当然，这与美国自建国以来形成的独特的分权性教育管理体制不无关系。通过个人领导、不同利益团体共同酝酿—博弈—起草提案—商讨—颁布法案的复杂过程，工业教育运动以其极具美国色彩的、自下而上的形式向世人展示了美国在应对工业化挑战时教育的回应。即便是同样面对工业化的挑战，不同国家教育的变革方式都是不同的，所以在深入掌握本国国情和时代之需的基础上，探查其他国家和地区具有时代性和国别性特色的经验才是更为明智之举；否则，断章取义，恐难以抓到他人经验的本质。

【主要参考文献】

一、中文文献

［美］劳伦斯·阿瑟·克雷明. 学校的变革［M］. 单中惠、马晓斌，译. 济南：山东教育出版社，2009.

二、英文文献

Altenbaugh, Richard J., ed. Historical Dictionary of American Education[M]. New York: Greenwood Press, 1999.

① 孟普庆：《德国职业教育发达史》，南京印书馆，1931，第 8—9 页。

Bennett, Charles A. History of Manual and Industrial Education 1870 to 1917[M]. Peoria, IL: Manual Arts, 1937.

Barlow, Melvin L. The Vocational Age Emerges, 1876-1926 [J]. American Vocational Journal, 1976: 46-58.

Blauch, Lloyd E. Federal Cooperation in Agricultural Extension Work[J]. Vocational Education and Vocational Rehabilitation, 1933: 15.

Blauch, Lloyd E. Federal Cooperation in Agricultural Extension Work, Vocational Education, and Vocational Rehabilitation. U. S. Office of Education of Department of Interior [R]. Washington, D. C.: Government Printing Office Bulletin No. 15, 1933.

Cubberley, Ellwood P. Changing Conceptions of Education [M]. Boston: Houghton Mifflin Company, 1909.

Counts, George S. The Selective Character of American Secondary Education[M]. Chicago: The University of Chicago, 1922.

Dewey, John and Evelyn. Schools of Tomorrow[M]. New York: The Knicker Bocker Press, 1915.

Dewey, John. Some danger in the present movement for Industrial Education [M] // Carbondale. The Middle Works, 1899-1924. Illinois: South Illinois University Press, 1967-1987.

Dewey, John. Splitting up the school system[M]//Carbondale. The Middle Works, 1899-1924. Illinois: South Illinois University Press, 1967-1987.

Dewey, John. The School and Society[M]. Chicago: The University of Chicago Press, 1900.

Fones-Wolf, E. The Politics for Vocationalism: Coalitions and Industrial Education in the Progressive Era[J]. Historian, 1983, 46(1): 39-55.

Hawkins, Layton S. , Charles A. Prosser, John C. Wright. Development of Vocational Education[M]. Chicago: American Technological Society, 1951.

Labaree, David F. How Dewey Lost: the Victory of David Snedden and Social Efficiency in the Reform of American Education[M]//In Daniel Trohler, Thomas Schlag, and Fritz Osterwalder(eds). Pragmatism and Modernities. Boston: Sense Publishers, 2010.

McClure, Arthur F., James Riley Chrisman, Perry Mock. Education for Work: The Historical Evolution of Vocational and Distributive Education in America[M]. New Jersey: Fairleigh Dickinson University Press, 1985.

National Society for the Promotion of the Industrial Education Bulletin No. 1-25[R]. 1907-1917.

Page, Hon. Carroll S. Vocational Education, delivered in the Senate of the United States[M]. Washington: Government Printing Office, 1912.

Paul H. Hanus. Vocational Guidance and Public Education[J]. The School Review, 1911, 19(1): 51.

Prosser, Charles A. Practical Arts and Vocational Guidanc[M]// Marvin Lazerson ed. American Education and Vocationalism: a documentary history, 1870-1970. New York: Teachers College Press, 1974.

Prosser, Charles A. "The Training of the Factory Worker Through Industrial Education," in National Society for the Promotion of the Industrial Education Bulletin No. 15: Proceedings of Fifth Annual Meeting[R]. Cincinnati, Ohio, Mar., 1912: 137-155.

Prosser, Charles A. Why Federal Aid for Vocational Education[M]. New York: Press of C. S. Nathan, 1912.

Report of Commission on the National Aid to Vocational Education, 63th Congress, 2d Session, House of Representatives, Document No.

1004[R]. Washington: Washington Government Printing Office, 1914.

Report of the Proceedings of the Twenty-Seven Annual Convention of the American Federation Labor[R]. 1907.

Snedden, David. "Report of Committee on National Legislation," in National Society for the Promotion of the Industrial Education, Bulletin No. 15: Proceedings of Fifth Annual Meeting [R]. Cincinnati, Ohio, Mar. , 1912: 126-134.

Snedden, David. Vocational Education[J]. New Republic, 1915: 40-42.

U. S. Congress. Congressional Record[Z]. Vol. 51-54, 1914-1917.

Wirth, Arthur G. Philosophical Issues in the Vocational-liberal Studies Controversy(1900-1917): John Dewey vs. the Social Efficiency Philosophers [J]. Studies in Philosophy and Education, 1974(3): 169-182.

第三章　综合中学运动①

19 世纪末 20 世纪初，工业化、城市化进程的不断推进，移民的大量涌入，使刚从内战中恢复过来的美国进入了经济与社会结构转型的关键期。经济与社会结构的转型进而对学校教育提出了新的、更高的要求。为了满足公众在实用性、职业性、学术性等方面的多样化诉求，以全美教育协会为核心的教育改革者和专家对美国公立中学进行了全面的调查研究，最终提出了“综合中学应该作为美国中学的标准类型”的重组建议，希望全美的公立中学能够进行一定程度的“综合化”改革。至此，一种集学术教育、通识教育和职业教育为一体的中学模式在全美推广开来，发展成为一场综合中学运动。

第一节　综合中学运动的兴起

19 世纪末 20 世纪初，美国正在成为世界工业产业的霸主，其制造业总产值 1859—1889 年增长了 622%，1909—1919 年增长了 300%。②在工业产品出口方面，到一战时，美国工业产品的出口几乎占到了美

① 本章撰稿人：吴婵。

② Authur S. Link, *American Epoch—A History of the United States Since the 1890's* (New York: Alfred A. Knopf, 1958), pp. 21-22.

国输出总产品的一半,[1] 尤其是制造业产品，已经超过农产品成为第一大出口商品。伴随工业化而来的是美国城市的发展与人口结构的变化。1860—1910 年，美国城市如雨后春笋般涌现。大城镇发展成了大都市，小城镇变成了大城市，新的城镇在荒无人烟的大地上蓦然建立起来。[2] 1860 年，美国居住在城市或城镇的人口占总人口的比例为 25%，1890 年约为三分之一，到 1910 年几近二分之一,[3] 到 1920 年更是达到了 60%,[4] 超过农村人口。短短的半个世纪，美国城市人口增长了近 7 倍,[5] 这已与 19 世纪初期大农场经济时代的劳动力构成大不相同，多数人记忆中的农场生活已经一去不复返。

事实上，城市规模的扩大及城市人口的迅速增长在很大程度上源于移民的大量涌入。在 1860—1900 年的 40 年里，近 1400 万移民进入美国；在 1900—1915 年的 15 年里，又有新移民 1450 多万人来到美国。[6] 到一战前移民浪潮平息下来时，移民及其子女几乎占据了美国人口总数的四分之一。[7] 此时，美国已不再是大西洋沿岸狭长地带的安逸定居所，而是世界上最大的经济体，或者在某种程度上已成为世界上

---

① ［美］阿瑟·林克，威廉·卡顿：《一九〇〇年以来的美国史》，刘绪贻等译，中国社会科学出版社，1983，第 43 页。

② ［美］理查德·霍夫斯达特：《改革时代——美国的新崛起》，俞敏洪、包凡一译，河北人民出版社，1989，第 145 页。

③ John A. Garraty, *The American Nation Since 1865: A History of the Unites States* (New York: Harper and Row, 1966), p. 115.

④ ［美］阿瑟·林克，威廉·卡顿：《一九〇〇年以来的美国史》，刘绪贻等译，中国社会科学出版社，1983，第 2 页。

⑤ ［美］理查德·霍夫斯达特：《改革时代——美国的新崛起》，俞敏洪、包凡一译，河北人民出版社，1989，第 145 页。

⑥ ［美］阿瑟·林克，威廉·卡顿：《一九〇〇年以来的美国史》，刘绪贻等译，中国社会科学出版社，1983，第 11 页。

⑦ John L. Rury, *Education and Social Change: Contours in the History of American Schooling* (Third Edition) (New York: Routledge 270 Madison Ave, 2009), p. 140.

最强大的国家。①

社会的全面转型必然对美国的学校教育提出新的、更高的要求。新的工业秩序要求学校教授工业社会的知识技能及生存法则，使学生在未来进入工厂时能够读懂机器使用说明书，成为工业生产的熟练、半熟练工人，或者至少可以遵守工厂的各项规定，成为顺从、可靠的“士兵”。城市化要求美国学校为青少年提供文明礼仪、身心健康、道德伦理等预备性知识，使其在步入社会后成为有素养、有道德的合众国公民。更重要的是，美国需要学校教育“驯化”移民，使其接纳和认同美国的历史文化与价值观念，完成所谓的“美国化”。另外，19 世纪末 20 世纪初的黑幕揭发运动激发了公众的民主意识，他们要求在国家、州及地方层面建立民主政治体系，使政府能够在指导原则上更具民主性，能体恤弱势群体，对社会意识也更加敏感。相应地，延伸至各社会机构也要进行适应性变革，教育机构当然被包括在内，正如詹姆斯·罗宾森（James Harvey Robinson）1910 年在全美教育协会年会上所言，“我们有越来越强烈的社会正义感，越来越强的对经济与社会权益的甄别意识，以及对民主的教育的极高热情”。

综上，对劳动力素质与能力的新要求，对美国传统与现实的重新认知，对同化外来移民的坚定信念，以及对社会与政治民主的期待，要求传统的美国中学必须一一做出回应。相比于初等学校，中学作为相当一部分不打算继续升入大学的学生进入社会前的“最后一站”，受到的关注和期待相对较多。尤其是公立中学，它的学生来源更多元化、

---

① John L. Rury, *Education and Social Change : Contours in the History of American Schooling* (Third Edition) (New York: Routledge 270 Madison Ave, 2009), p. 59.

公共性更强，加上这一时期学校数量及入学人数的激增[①]，公众希望更多的孩子能在进入社会前有所收获，以适应全面转型的社会结构和经济结构。而此时古典传统已根深蒂固的公立中学无法对外界的多样化需求做出回应，因而招致了广泛的质疑与批判。

改革者们对美国公立中学的批判首先集中于公立中学长期坚守的心智训练观。在公立中学，不论学生是否继续上大学，都要进行心智训练，以形成一种从心智到行为习惯的品质和清晰全面思考的习惯。到了世纪之交，当更多的公立中学如雨后春笋般建立、入学人数激增时，公立中学作为所有人的中学，在承担教育任务的同时，也在某种程度上附带保育院（nursery）、医院（hospital）及俱乐部（club）的性质。[②] 除了增加校舍扩大规模外，公立中学更要教授社会生存法则，使学生适应瞬息万变的社会。

表 11　1860—1900 年美国公立中学数量增加表

时间（年）	中学数量（所）
1860	40
1870	160
1880	800
1890	2526

① 中学数量的增加源于内战后入学人数的激增，据美国官方数据显示，1880 年公立中学的在校学生为 110000 人；截至 1900 年，这一数量已达到 519251 人；到了 1920 年，中学已招生 2200000 人。参见 The U. S. Department of Commerce, Bureau of the Census, *Historical Statistics of the United States: Colonial Times to 1970, Part 1, Bicentennial edition* (Washington, D. C.: U. S. Government Printing Office, 1975), p. 375; U. S. Department of Education, *The Condition of Education* (Washington, D. C.: National Center for Education Statistics, 1980), p. 56。

② Frank P. Whitney, "The 'American Idea' and the American High School," *The School Review* 19, No. 6, 1911: 410-411.

续表

时间（年）	中学数量（所）
1900	6005

数据来源：Thomas Newman Barry, *Origin and Development of the American Public High School in the Nineteenth Century*, Stanford University, Ed. D., 1961:70.

但是，此时“心智训练、为了知识而知识依旧是中等学校的首要目标”①，中学还没有做好准备接受来自不同文化背景的学生。在进行差异化管理和教授多元价值观时，它常常因缺乏确定的标准而软弱无力，② 它貌似还想继续通过心智训练应对一切。正是在心智训练观完全充斥着公立中学这一点上，各方的不满情绪开始上升。一些改革者认为中学已经与外面的世界完全脱节，指望着人格塑造和心智训练来与工业社会抗衡，其实只是“中世纪的把戏”。人格塑造与心智训练如阳春白雪，只适合聪慧敏锐的孩子，并不适合一般及稍弱的孩子。加利福尼亚州立师范大学的教员特曼（Lewis M. Terman）曾感慨：“我们青少年仅接受唯一的心智训练……而现实的教育却不受重视，这将是灾难性的……”③ 费城一所中学的校长里维斯（William D. Lewis）也抱怨：“（目前的中学）无疑对学科了如指掌，但对学校的学生一无所

① Harold Rugg, “Three Decades of Mental Discipline,” *26th yearbook of the National Society for the Study of Education, The Foundations and Techniques of Curriculum Construction*, 1927:33.

② Frank P. Whitney, “The ‘American Idea’ and the American High School,” *The School Review 19*, No. 6, 1911:410-411.

③ Lewis M. Terman, “Commercialism: The Educator's Bugbear,” *The School Review 17*, No. 3, 1909:194.

知。”① 其言外之意是学校还在固守传统，对学生的个体需求及兴趣却不关心。

如果说公立中学对心智训练的坚守引发了社会的不满，那么大学要对此负责（至少是一部分责任）。长期以来，公立中学过于关注其对大学的责任，将自身定位为大学或学院挑选精英人才的机构，主要关心打算进入大学的小部分学生的需求，忽视了大部分普通学生的发展。长此以往，公立中学的相对独立性逐渐被消解，其独特的价值与地位也随之被稀释。到20世纪初，大部分公立中学事实上已经沦为“大学的附庸”。1910年，纽约市华盛顿伊恩中学校长安德鲁（William McAndrew）对美国50座大城市的中学校长进行了调查，其中93%的校长承认他们的学校受制于大学。② 事实上，在安德鲁调查之前，公众已经在各种场合表达了对大学的抵制和不满。纽约英语教师协会曾公开反对大学控制中学的英语课程。哈佛大学的尼尔森（W. A. Nelson）教授认为，中学之所以存在是为那些不上大学的青少年服务，而非那些要进入大学的人。③ 芝加哥师范学院的威廉·欧文（William B. Owen）曾多次在《学校评论》（*The School Review*）中声讨大学对中学的“控制”，语气一次比一次迫切。在1908年4月的文章中，欧文使用“混乱”（chaos）④ 一词描述中学课程被不同的大学入学标准控制的局面。1909年，他使用了“危机”（crisis）⑤ 一词。到1909年12月，

---

① William. D. Lewis, *Democracy's High School* (Boston: Houghton Mifflin Company, 1914), p. 50.

② William McAndrew, "The High School Itself," *NEA Journal of Proceedings and Addresses*, 1910: 454.

③ W. A. Neilson, "What the College Has a Right to Expect of the High Schools in English," *The School Review 16*, No. 2, 1908: 73-77.

④ William B. Owen, "Editorial Notes," *The School Review 16*, No. 4, 1908: 266.

⑤ William B. Owen, "Editorial Notes," *The School Review 16*, No. 4, 1908: 273.

他再次号召中学逃脱大学的“奴役”和“支配”（domination），实现自治。[①] 与此同时，来自学生家长的控诉也不绝于耳，他们一致要求中学摆脱控制，自由教授实用知识以满足所有学生（尤其是不打算进入大学的多数学生）的需求。

此外，公众对公立中学在管理和教学方面的“低效”也表示不满。19 世纪末 20 世纪初，社会效率运动正在美国社会轰轰烈烈的开展，教育领域的效率问题也被提上议程，结果却发现公立学校中处处存在着浪费与低效。在管理方面，学校董事会的工作常常被描述为“糟糕的事情”“没有科学的节约”“被地方媒体发现在多方面铺张浪费、管理松散”。经济改革家西蒙·帕滕（Simon Patten）曾质疑：“为什么纽约市要把钱花在学校而不是地铁、公园和运动场上呢？它为什么要支持无效率的学校教师而不是有效率的牛奶检查员呢？必须推动可测量效果的改革，不能再叫老式的学校系统机械地生产无用的产品。”[②] 在教学方面，公众则认为中学已经在古典语言、数学、历史等科目的教学上浪费了太多的时间，也浪费了纳税人太多的钱。1912 年，《女性之家杂志》（*Ladies's Home Journal*）曾发文指出，国家为学校投入将近 10 亿美元，每年花费达 4 亿美元，但是回报率极低。文章列举了儿童入学率之低，从中学顺利毕业的学生数量之少，文盲率之高，认为学校教育是“在培养我们的孩子做经院哲学家——教育重点强调的是对文学的追求，对艺术和科学的业余爱好”，“现在运行的美国公立学校体系是一种彻头彻尾的失败”。[③]

事实上，在美国中学入学人数激增的同时，辍学率也在大大提升。

---

① William B. Owen, “Editorial Notes,” *The School Review 16*, No. 4, 1908: 719.

② ［美］雷蒙德·E. 卡拉汉：《教育与效率崇拜——公立学校管理的社会影响因素研究》，马焕灵译，教育科学出版社，2011，第 46—47 页。

③ ［美］雷蒙德·E. 卡拉汉：《教育与效率崇拜——公立学校管理的社会影响因素研究》，马焕灵译，教育科学出版社，2011，第 49 页。

一开始，公众认为经过初等学校的学习，学生可以掌握一些基础的读、写、算知识，为之后进入中学做准备。但是，中学与小学课程的“断裂”导致初、中等教育衔接不畅，许多学生在进入中学后不久就辍学了。据调查，当时全美只有40%—50%的学生接受了完整的初等教育，而能够从中学毕业的学生则少得可怜，只有8%—10%。[①] 调查发现，成千上万的青少年离开学校，游弋于街道、桥下、贫民窟，做着不适宜这个年龄段做的各种事情，最终沦为社会危险分子。抑或有的青少年在工厂里赚钱谋生，但他们做的是最末端的工作，拿的是最低薪，能否维持生计都是个问题。但即便这样，学生父母也认为与其为这些与未来生活毫无关联的古典课程付费，还不如提早离开学校去赚取面包和牛奶。

因而，中学课程成为又一个遭遇抨击的领域。《手工训练杂志》（*Manual Training Magazine*）曾笃定地认为，“将儿童辍学归因于其他方面是于事无补的，儿童选择离开学校是由于他们不喜欢上学，他们讨厌学校的课程，因为这些课程几乎不能为他们的未来提供有价值的引导”[②]。在工业化、城市化程度不断加深、工业教育运动（Industrial Education Movement）已在全美部分地区开展时，中学还在心智训练和大学入学要求的指导下坚守着拉丁语、希腊语、数学、几何等传统课程，认为学生仅需要接受短暂的自由教育就足以应对未知的人生。这种思想正在招致最严厉的批判，相关组织及个人曾陆续提出减少甚至取消古典课程，代之以职业课程的建议。[③] 1908年，全美教

---

① Strayer, George D & Edward L. Thorndike, *Educational Administration: Quantitative Studies* (New York: The Macmillan Company 1913), pp. 12-13.

② Todd, Helen M., "Why Children Work: The Children's Answer," *McClure's Magazine*, XL(1913): 74.; Sol Cohen, "The Industrial Education Movement, 1906-1917," *American Quarterly 20*, No. 1, 1968: 98.

③ 参见 J. G. Schurman, "The Outlook for the Curriculum," *The School Review 1*, No. 2(1893): 68; Wm. H. Smiley., "Secondary Education," *The School Review 4*, No. 7, 1896: 524。

育协会收到了《学校对工业及效率的适应》《我们教育体系最迫切的需求是为那些注定在工业与家政方面有所追求的儿童的职业需求提供充分准备》《中学商业课程：科目及其实践和教育价值》等多份报告①，建议将职业教育纳入中学课程体系，与传统课程融合。

综上，一场由社会转型引发的对美国公立中学的批判最终演变成对公立中学存在合理性的反思。从目标到定位，从功能到课程，从管理到教学，美国公立中学像一只“迷途的羔羊”被淹没在各种社会需求中，亟待寻找存续之道。

第二节　综合中学计划的出台

从根本上看，公立中学遭遇所有批判的症结其实在于，中学到底该如何定位自身，是继续作为大学预备机构教授古典课程，还是与现实接轨，纳入职业、工业、商业教育，满足学生的多样化需求。全美教育协会决定成立专门的委员会就中学与大学的衔接问题进行专项调查。1892 年和 1895 年曾分别成立十人委员会和大学入学要求委员会，但最终的结果并没有令公众满意。由于这两个委员会在调查报告中认为中学还是应该将重点放在古典科目上，为大学培养有潜力的学生，因而许多人认为他们是站在大学一方，意图在中等教育领域继续维系大学的秩序与标准。

与此同时，当时社会就中学的定位问题已基本形成了两种意见：

---

① 这四份报告分别是 Charles S. Howe,“Addresses of Welcome”; Andrew S. Draper,“The Adaptation of the Schools to Industry and Efficiency”; James. F. Mcelroy,“The Most Urgent Need of Our Educational System Is an Adequate Provision for the Vocational Needs of Children Destined for Industrial and Domestic Pursuits”; Irving R. Garbutt,“The High School Commercial Course: Its Subjects, Their Practical and Educational Value,” *NEA Journal of Proceedings and Addresses*, 1908: 52-54, 65-78, 161-165, 876-881。

其一，在公立中学之外另外创办职业学校，教授专门的职业知识和技能，满足社会对工业、商业等方面人才的需求。公立中学则继续以大学预备教育为主，辅之以通识教育，形成一种职业学校与公立中学并行不悖的“双轨制”。其二，将以职业教育为主的专门知识纳入当时的公立中学中，形成一种将职业教育、通识教育与大学预备教育融为一体的综合中学（comprehensive high school）。关于两种路径的优劣高下，以大卫・斯内登（David Snedden）为代表的教育效率派与以约翰・杜威（John Dewey）为代表的教育民主派进行了激烈的辩论，引发了20世纪初美国教育领域的一场社会论争。① 事实上，在20世纪初，全美已经有20多个州提供了某种形式的职业或工业教育，更有一些州开办了单独的职业学校，对第一种路径进行了试验。例如，威斯康星州开办了独立的商业学校，甚至制定了普通中学与职业学校并举

---

① 关于二人论争的具体研究参见吴婵《职业教育与普通中等教育关系之探——以“斯内登与杜威之辩”为例》，《河北师范大学学报（教育科学版）》2017年第3期，第59—66页；路宝利《美国中等职业教育发展的职业主义与民主主义之争："普杜之辩"研究》，博士学位论文，华东师范大学，2014；王海珊《斯内登与杜威的职业教育之争及其影响》，硕士学位论文，陕西师范大学，2009；丁永为《杜威与斯尼登关于职业教育的论争》，《中国职业技术教育》2013年第9期，第64—67页；袁利亚《从斯内登与杜威职业教育观之争谈高职文化素质教育》，《职业技术教育》2014年第16期，第80—84页。国外研究主要有 David Labaree, *How Dewey Lost: The Victory of David Snedden and Social Efficiency in the Reform of American Education* (California: Stanford University, 2008); Arthur Wirth, *Education in the Technological Society: The Vocational-Liberal Studies Controversy in the Early Twentieth Century* (New York: Intext Educational Publishers, 1972); Arthur Wirth, "Philosophical Issues in the Vocational—Liberal Studies Controversy (1900-1917): John Dewey vs. the Social Efficiency Philosophers," *Studies in Philosophy and Education*, Vol. 8, No. 3, 1974: 169-182; Robert Sherman, "Vocational Education and Dewey," *Studies in Philosophy and Education*, 1974: 205-223。

的法案。[①] 俄亥俄州及伊利诺伊州的一些城市也创办了职业学校，而且一切进行得还不错。而关于第二种方案，一些州虽也有尝试，但有待进一步的调查和研究。

1908年，全美教育协会决定成立专门的综合中学委员会，对周边大城市的中学进行调查，探索综合中学的可行性，提出改组已有中学的建议。综合中学委员会通过实地考察、访谈讨论、调查问卷等多种形式对全美50座大城市的公立中学进行了调研，最终向全美教育协会提交了两份调研报告。

第一份报告是由俄亥俄州立大学机械工程系的教授马格鲁德（William T. Magruder）提交的《从大学工程学的视角看综合中学的课程》，重在对综合中学的特征及课程提出建议。在特征方面，马格鲁德认为综合中学应该具有的特征：首先，它应该是美国式的，应该充分考虑本国需求，而非模仿欧洲模式。其次，它应该是民主的，适合每个公民的需求，使最贫困的学生也能从教育中得到他心智能力所需的知识，能力最低的学生也能选择适合他个性的、对未来生活有用的教育。再次，综合中学应该是中等教育层次的，既不包括初级的语法学校，也不应仅仅为高等教育服务，而是为所有适龄青少年服务。最后，综合中学的课程应该包括所有中学教育阶段的基础性课程，以及那些对成为好公民有用的课程。[②] 具体而言，包含以下课程的学校才能称得上是综合中学：英语、美国史（包括政党的历史）、公民教育、商业（金融、商法等）、算数、几何（用于商业、家政、制衣、室内装潢、园艺等）、代数学、伦理与道德、手工训练（男生学习木工等，女生学

---

① Cremin, L. A., *The Transformation of the School: Progressivism in American Education, 1876-1957* (New York: Alfred A. Knopf, Inc. & Random House, Inc., 1961), pp. 50-51.

② Magruder, W. T., "The cosmopolitan high school curriculums from the standpoint of colleges of engineering," *NEA Journal of Proceedings and Addresses*, 1908: 600-601.

习烹饪、缝纫等）及家政等科目。[①] 马格鲁德强调“综合中学的课程应该足够多，为各种心智的学生打开大门，使其在可以滋养内心的课程中得到指导，并且这种课程可以持续 4 年，使其享受这种持久的新鲜”[②]。

由此来看，综合中学应该是那种能够容纳各种资质、能力、兴趣的学生，课程设置多样化，校舍充裕、设备完善的新型中学，马格鲁特对这种新型中学的创办提出了具体要求：它应该位于大城市；它是当地社区品味、资质、商业潜力的象征；极具“民主性”；它应是全美的，而非地区性的学校；作为教育的大本营，它在同一屋檐下满足各类学生的各种需求。

最后，他认为职业教育的确很重要，但它并不是为生活做准备的唯一要素，因而要与普通课程结合，同时出现于综合中学之中。在他看来，二者的割裂会加剧阶级对立和分化，“公立学校教育的一个目标就是在儿童的国度里消除阶级的感觉与意识”[③]。而能够服务于所有人的利益，将工业效率与社会效率进行完美结合，将工程与技工学院、制造商、工人、国家和经济等融为一个整体正是综合中学所追求的理想状态。

综合中学委员会的第二份报告由该委员会主席、芝加哥温德尔·菲利普高中的校长史密斯（Spencer R. Smith）呈递。这份报告旨在汇报委员会调查的 50 座大城市的中学课程情况。报告指出，当时中学的课程安排混乱、次序颠倒，而且时间不统一。除此之外，学生辍学现

---

① Magruder, W. T., "The cosmopolitan high school curriculums from the standpoint of colleges of engineering," *NEA Journal of Proceedings and Addresses*, 1908: 601-603.

② Magruder, W. T., "The cosmopolitan high school curriculums from the standpoint of colleges of engineering," *NEA Journal of Proceedings and Addresses*, 1908: 603.

③ Magruder, W. T., "The cosmopolitan high school curriculums from the standpoint of colleges of engineering," *NEA Journal of Proceedings and Addresses*, 1908: 603.

象频发，特别是在一年级和九年级尤为严重。史密斯认为，公立中学应该首先为96%的学生服务，再为那4%进入大学的学生服务。[①] 因此，公立中学存在着内发的隐患，必须进行彻底的改革。他建议将公立中学改组为综合中学，在综合模式下将课程、教学及时间统一起来，改变混乱无序的状况，切实为不同需求的学生提供多样化服务，使其更长久地待在学校。

从两份报告来看，综合中学委员会对综合中学的期待是很高的，两份报告都提到了综合中学作为民主教育机构的问题。在第一份报告中，马格鲁特试图将综合中学作为教育的大本营，在同一屋檐下满足各类学生的各种需求，进而“在儿童的国度里消除阶级的感觉与意识”。因而，他建议将职业、工程、家政等课程全部纳入综合中学。而在第二份报告中，委员会的意图就更明显了，史密斯特意提到约翰·杜威，说“在杜威那里，我相信不会有隔离和割裂，我们应该有一个更广泛综合的学校”[②]。史密斯认为，来自不同国家、职业、宗教信仰的孩子进入美国学校并最终将成为“美国公民”，一直是美国引以为傲的事情，而那些企图建立独立的农业、工业学校体系的人就是在有意无意地成为美国学校及真正民主的最大敌人。[③]

除了综合中学委员会，这一时期全美教育协会内部其他支持综合中学的改革者们对综合中学的民主性讨论也不绝于耳。美国俄亥俄州扬斯敦市瑞恩学校的校长格里斯沃尔德（Wells L. Griswold）指出，“把上层富人阶级的孩子与下层穷人的孩子放在一起的好处是无法估量

---

① Smith, S. R.,“The cosmopolitan high school curriculum,”*NEA Journal of Proceedings and Addresses*, 1908: 611.

② Smith, S. R.,“The cosmopolitan high school curriculum,”*NEA Journal of Proceedings and Addresses*, 1908: 611.

③ Smith, S. R.,“The cosmopolitan high school curriculum,”*NEA Journal of Proceedings and Addresses*, 1908: 611.

的……在综合中学里，孩子们自由选择适合他们的通识课程或职业课程而不受限制”[①]。圣路易斯麦金利高中的校长莫里森（Gilbert B. Morrison）赞扬圣路易斯综合中学课程的灵活性，认为如果学生的兴趣发生变化，可以在课程上做出适当调整的做法是极好的。而且，学校所有阶段都渗透文化教育与工业教育，学生在同一片屋檐下根据自己的兴趣学习，同伴之间还可以互相交流。[②] 时任九人委员会主席后成为中等教育改造委员会主席的克劳伦斯·金斯利（Clarence Darwin Kingsley）认为，综合中学是建立在邻里之间的学校，节省了许多家庭送孩子到偏远的独立学校上学的费用，[③] 应该得到推广。另外，一些杂志也将这个问题作为话题来讨论，基本思路都是支持将职业教育纳入公立中学，防止独立发展的职业学校缩小教育的范围。总体来看，综合中学的支持者们都认为与独立分裂相比，综合中学是将学校与现实生活、职业联系得最紧密的学校类型，能使所有人在和谐、民主的氛围下得到发展。

综合中学委员会两份报告的出台让公众对综合中学的期待变得更高。1910 年，在哥伦比亚大学哲学系教授杜威、伊利诺伊大学系主任达文波特（Davenport）、爱荷华大学博尔顿（Bolton）教授及其他教育者的支持下，综合中学委员会提出了未来计划完成的八项调查研究任务：一是设备及维护（plant and its maintenance，主要涉及的是各项费用支出）。二是 组织结构（具体调查教师、学生、学生与课程的方方面面）。三是家长与学生的关系对学生与课程的影响。四是医疗检查。五

① Wells L. ,“Griswold. Discussion,” *NEA Journal of Proceedings and Addresses*, 1908:614.

② Gilbert B. Morrison,“Discussion,” *NEA Journal of Proceedings and Addresses*, 1908:616.

③ Arthur Derrin Call,“the Specialized or Vocational vs. the Composite High School,” *NEA Journal of Proceedings and Addresses*, 1912:174-180.

是高中与大学/学院。六是高中的控制力：州、郡、市——标准化。七是自我指导的工作、学习与社会化（培养责任感）。八是学习（科目）的价值。① 从这八项任务来看，综合中学委员会已经对未来公立中学的重组与改造做了精心规划，希望公立中学能够切实做出全面革新，作为真正的新型学校来满足所有学生的需求。

此时，公众对综合中学的期待越来越高，从1912年综合中学委员会对全国中学校长的调查问卷②中就能看出这是大势所趋。在被调查的175位中学校长中，162位校长支持综合中学，11位支持独立的专门化学校，93%的支持率在很大程度上代表了中学自身在这种变革中的立场。

表12 1912年全美大城市中学校长对综合中学意见的调查结果

学校规模（人）	支持综合中学的校长（人）	支持专门化学校的校长（人）
≤250	20	1
250—500	46	1
501—750	27	2
751—1000	25	4

① Spencer R. Smith, "Preliminary Report of the Committee on Cosmopolitan High School," *NEA Journal of Proceedings and Addresses*, 1910: 464-465.

② Spencer R. Smith, "Report of the Committee on Cosmopolitan High School Curriculum. Report on the Preliminary Questionnaire," *NEA Journal of Proceedings and Addresses*, 1912: 701. 该调查报告主要针对的是全国的中学校长，也有一些督学（superintendent）。调查的全部是人口1万的城市，最终在截至期内回收了175份调查问卷。除了调查学校名称、地理位置、学校类型（学术型、技术型、手工训练型、商业型或综合型）、男女生比例等之外，重点调查了校长对3个问题的回答：一是如果可以按照自己的构想自由地组织、开办学校，你将会采取哪种学校组织形式，哪种管理方式，以及哪种学习计划？你的学校需要做出哪些改变来实现这个理想？二是在当时的形势下，哪些困难阻碍了你实现你的这一理想？三是你会支持为公共社区（average community，共同体）服务的学校吗，还是与当地环境无关的学校？你愿意为了促进社会的利益考虑来组织自己的学校吗？

续表

学校规模（人）	支持综合中学的校长（人）	支持专门化学校的校长（人）
1001—1500	18	1
1501—2000	18	—
2001—2500	4	1
>2501	4	1
合计	162	11

数据来源："Report on the Preliminary Questionnaire," *NEA Journal of Proceedings and Addresses*, 1912: 701.

在综合中学委员会考察综合中学可能性，提出改组建议与计划的同时，全美教育协会于1910年成立了中学与大学衔接九人委员会（简称"九人委员会"），致力于解决3个问题：一是考察中学现状及当时应集中解决的主要问题；二是从根本上解决公立中学课程混乱、标准不一的问题；三是要求大学放松对中学的控制，修改入学标准，为中学争取更多自主权。在第一个问题上，九人委员会认为中学应集中考虑增加课程多样性、培养民主社会公民、大学预备课程的局限性等问题。在第二个问题上，九人委员会提出了"单元制"（unit），要求中学课程必须包括11个单元的英语、外语、数学、社会科学、自然科学以教授基础知识与学问，同时要给予中学充分的自主选择权，将4个单元留给诸如技艺、家政、商业及其他学生感兴趣的学习上，要求学校不得为选修课程设限；而且，针对是否继续升入大学，对必修和选修课的选择也有一些规定。在第三个问题上，九人委员会试图在学术教育、通识教育与职业教育之间做出调和，在修订大学入学标准的基础上强调中学的社会功能。总体来看，九人委员会表达了一种越来越强烈的社会需求，即为大学做准备不应成为中学的唯一目标，中学需要更广泛的教育目的和更加自主的选择权利，而这些需要通过课程的重组来实现。由此，委员会宣告了对中等教育的重新定位。在报告出台后的几年里，哈佛大学、芝加哥大学、波士顿大学、密歇根大学、明尼苏达大学、阿姆赫斯特大学、普林斯顿大学、埃尔弗雷德大学已经开始放松对中学的控制，[①] 给予中学一定的课程自主权。

在以上所有工作都进展得差不多时，全美教育协会决定在九人委员会的基础上成立中等教育改造委员会（简称“改造委员会”），从更高层面、更广范围上解决有关中等教育的各种问题。改造委员会于1913年7月成立，下设九人委员会、各学科委员会[②]、复审委员会（Reviewing Committee）等在内的各小组委员会。复审委员会负责审议各委员会的报告，并且在此基础上起草关于中等教育的基本原则的报告。改造委员会主席兼复审委员会主席的金斯利代表委员会起草报告，最终于1918年美国内政部教育署第35期公告中刊发了这一报告——《中等教育的基本原则》。[③] 与之前所有报告不同，《中等教育的基本原则》旨在为美国中等教育的全面改革与重构提供意见和建议，更具纲领性、原则性和指导性。

在这份纲领性文件中，改造委员会对长期以来困扰美国中等教育

---

① 据相关研究，从《九人委员会报告》颁布之后的1912年起，许多大学都放松了入学要求，更多地接纳中学相关科目作为入学标准。如1912—1918年，哈佛大学增加2门中学科目作为入学要求，波士顿大学增加14门，阿姆赫斯特大学增加4门，达特茅斯学院增加3门。参见 Black, M. A., “Changes in Entrance Requirements of New England College,” *Educational Administration and Supervision* 76, 1919.

② 各学科小组委员会包括英语、数学、古典语言、现代语言、社会学（social studies）、自然科学、技工、家政学、农业、商业、音乐、数学、艺术学科，主要负责对中学各门课程的调查研究，之后形成报告，为课程的具体实施提供统一意见和建议。

③ Bureau of Education, “Cardinal Principles of Secondary Education—A Report of the Commission on the Reorganization of Secondary Education, Appointed by the National Education Association,” *United States Bureau of Education Bulletin*, No. 35, 1918. 中译本参见张斌贤、杨帆、吴婵《中等教育的基本原则——美国全美教育协会中等教育改造委员会报告》，《教育学报》2015年第6期，第116—127页。

的各种问题做了一一回应。首先，针对初、中、高等教育的衔接问题，建议改“八四学制”为“六三三学制”，实现中等教育与初等教育更顺畅的沟通，同时建议大学摒弃“高等教育应限于少数人”的观念，接纳所有能够从大学中获益的学生。其次，报告提出了指导中等教育的七项目标（也称中等教育的“七大原则”）：一是健康；二是掌握基本的技能；三是称职的家庭成员；四是职业；五是公民资格；六是合理利用闲暇；七是道德品格。再次，报告重新界定了中等教育的功能：一是专门化功能，主要关注不同群体的天赋、能力和抱负所反映的不同需要，要求中学设立更广泛的学科和更分化的课程，保证组织管理与内容方法的灵活性；二是统一化功能，主要关注美国民主所需的共同知识、理想和兴趣，要求设置具有实际生活价值的学科，同时通过有效的组织管理及共同活动的参与，使学生达到与社会融合的目的。在两种功能定位下，报告提出了固定课程（constants）、可变课程（curriculum variables）与自由选修课程（free electives）的设计问题。而以上专门化与统一化功能的互补“与最符合民主社会需要的中学类型有直接关系”，《中等教育的基本原则》继而提出了现代美国中学的标准，即“在一个统一的机构中涵盖所有课程的综合中学，应该成为美国中学的标准类型”。报告还建议初中、高中及传统的四年制中学都应是综合型的，因为综合中学在职业教育的有效性、统一化、职业之外的目标、便利性、适应地方需求、有效组织课程等方面比其他类型的学校更具优势。至此，综合中学在一份被称为“20 世纪美国中等教育宪法”① 的报告中得到认可，综合中学计划至此形成。②

第三节 综合中学运动在全美的推广与实施

《中等教育的基本原则》的出台即刻成为教育领域的一件大事。自从美国教育总署发布后，130000份副本传遍了全美各类教育机构，关于《中等教育的基本原则》的评论也多起来。早在其正式出台前一年，金斯利就曾向全国中学校长协会做过一份陈述，主题就是关于指导中等教育进行重组的基本原则。这份陈述的基本框架与1918年的《中等教育的基本原则》大致相同，金斯利在陈述中表达了对这份报告的期待：“中等教育改造委员会希望这份报告的名称‘中等教育的基本原则’能够被认可。同时，改造委员会更希望这份报告能够在经过严肃

① 张斌贤，杨帆，吴婵：《中等教育的基本原则——美国全美教育协会中等教育改造委员会报告》，《教育学报》2015年第6期，第116—127页。

② 事实上，全美教育协会之下的中等教育改造委员会从1913—1922年先后发布了包括1918年《中等教育的基本原则》在内的16份有关中等教育的报告，内容主要涉及中等教育的改组、中学课程的设置、教育内容的选择、教学方法的筛选及中学校舍的建设等各个方面。这16份报告分别为Preliminary Statements by the Chairmen of Committee (1913, No. 41); The Teaching of Community Civics (1915, No. 23); The Social Studies in Secondary Education (1916, No. 28); Reorganization of English in Secondary Education (1917, No. 2); Music in Secondary Schools (1917, No. 49); Physical Education in Secondary Schools (1917, No. 50); Moral Values in Secondary Education (1917, No. 51); Vocational Guidance in Secondary Education (1918, No. 19); Cardinal Principle of Secondary Education (1918, No. 35); Business Education in Secondary Schools (1919, No. 55); The Problem of Mathematics in Secondary Education (1920, No. 1); Reorganization of Science in Secondary Schools (1920, No. 26); Agriculture in Secondary Schools (1920, No. 35); Part time Education of Various Types (1921, No. 5); Reorganization of Home Economics in Secondary Schools (1922, No. 5); High School Buildings and Grounds (1922, No. 23)。

的研究与考量后得到管理者与教师的称赞与推荐。”①

1919 年，《学校与社会》杂志社编辑卡特尔（J. Mckeen Cattell）认为《中等教育的基本原则》的出台是世界上其他国家所不能比拟的。② 同年 4 月，弗吉尼亚州的督学杜克也认为《中等教育的基本原则》为中等教育的重组提供了建设性意见，“那些致力于为中等教育寻找新方向的人将会在这份报告中发现指导性原则，这些原则既不是激进理论家反传统的奇思妙想，也不是过了年纪的实践者因循守旧的教条……负责中等教育的教育者无论如何都无法忽视中等教育改造委员会的这份经过仔细考究的出色报告。”③ 7 月，《学校与社会》杂志再次发文赞扬《中等教育的基本原则》对教育改革实践的助益：“大多数人，无论是教育人士还是教育的门外汉，都认为这七项目标是追求民主的民族最应该关注的。……如果民主思想要在布尔什维克主义及其他所有形式的革命中盛行，就必须首先通过教育体系向青少年渗透《中等教育的基本原则》，以完成对青少年身体的、心理的、经济的、政治的、美学的、道德的控制。这些伟大的想法都被包含在七项目标之中。”④

1920 年，俄亥俄州中学的一位教师克利夫兰德（Cleveland）称这份报告是对中等教育目标的一份“极好的阐释”。同年 4 月，新英格兰大学与中学协会对《中等教育的基本原则》的精神表示赞许，其下属

---

① Clarence D. Kingsley, “Certain Features in the Report on Cardinal Principles of Secondary Education,” *First Yearbook of National Association of Secondary School Principals*, 1917:9.

② J. Mckeen Cattell, “The Reorganization of Secondary Education,” *The school and Society*, Vol. Ⅸ, Mar. 15, 1919:323.

③ S. P. Duke, “Cardinal Principles of Secondary Education,” *Educational Administration and Supervision*, Vol. Ⅳ, Apr., 1919:207, 209.

④ F. R. Willard, “The Objectives of Education as a Basis for Curriculum-Making in High Schools,” *The school and Society*, Vol. Ⅹ, July 5, 1919:9-10.

的中学标准委员会（committee on Standards for secondary Schools）草拟了一份报告支持“教育的社会功能”这一观点，并且在报告中引用了《中等教育的基本原则》中的一句话：“公立中学尤其应该与它所服务的社区保持密切的联系。”[①]

1921 年，在全美教育协会的年会上，欧文向中等教育部致辞：“中等教育改造委员会在中学招生方面走在前列。它坚持认为中学应该为所有适龄学生提供合适的指导，使其能够从中学得到比小学更多的益处。这一理念彻底抛弃了那种认为抽象的标准比学生的真实需求更重要的观点。”[②]

1922 年，全美教育协会的初等教育修订委员会也称赞了中等教育改造委员会提出的七项目标。该委员会主席麦克南特（Margaret S. McNaught）向初等教育部汇报说：这些有效的目标针对的不仅仅是中等教育，而是整个美国教育。1932 年 5 月，卡尔文·戴维斯（Calvin O. Davis）评价《中等教育的基本原则》“对学校的教育思想与实践产生了深远的影响”。同年 9 月，泰勒（V. T. Thayer）在其为中等教育改造委员写的一篇评论中特别提到了《中等教育的基本原则》，赞美之情溢于言表。[③] 1938 年，全美教育协会教育政策委员会提到《中等教育的基本原则》时，认为它是“这个国家最具影响力的教育文件”[④]。穆勒在其著作中也提到《中等教育的基本原则》“是代表我们教育理想最

---

① Committee on Standards for Secondary Schools,“Standards for Secondary Schools, a committee report,”*The School and Society*, Vol. Ⅻ, Dec. 18, 1920: 620.

② William B, Owen. ,“Report of the Commission on Reorganization of Secondary Education,”*NEA Journal of Proceedings and Addresses*, 1921: 163.

③ V. T. Thayer,“The Report of the Commission on the Reorganization of Secondary Education,”*Clearing House*, Vol. Ⅶ, 1932: 49-55.

④ Educational Policies Commission, *The Purpose of Education in American Democracy* (Washington, D. C. : National Education Association of the United States, 1938), p. 34.

重要的陈述之一”①。

事实上，在《中等教育的基本原则》出台之前，一些学校已经在课程或结构上开始了综合化改组。待到其出台，综合中学作为美国中学标准范式更在全美被推广开来，形成一场全美范围内的综合中学运动。在这一运动中，对大学入学要求的改进、对中等教育七大目标的施行、对公立中学课程的重组等往往同时进行，因而综合中学运动远非一种学校类型或名称的变化那么简单，在更大程度上，它就是一场针对中等教育课程、目标和大学入学标准进行全面改组与改造的运动。

在大学入学标准的变革中，从综合中学委员会成立，或者更早的十人委员会及大学入学要求委员会②成立时，要求大学放松对中学的“管控”的努力就已经开始。米莱尔·布莱克（Millare A. Black）在对新英格兰地区大学 1912—1918 年入学标准的对比研究中发现，该地区的中学在 1918 年的课程选择比 1912 年之前更自由灵活，大学将更多的中学科目纳入自己的入学要求或标准中，给予中学更多的课程选择和组织权利。③ 从表 13 可以看出，虽然大学入学要求的改进幅度较小，进程也比较缓慢，但多数大学还是增加了中学科目作为大学预备教育的数量，给予了中学更多的自主权。

---

① James Mulhern, *A History of Education* (New York: Ronald Press Company, 1945), p. 497.

② 在综合中学成立之前，全美教育协会曾先后成立十人委员会（1892 年）和大学入学要求委员会（1895 年），以解决中高衔接问题。但是，公众认为这两个委员会主要由大学一方主导，所发布的报告也主要倾向于大学利益，要求中学为大学入学要求服务，继续教授古典学科。因而，全美教育协会于 1910 年成立九人委员会，接替前两个委员会的工作，处理中高衔接问题。

③ Black, M. A., "Changes in Entrance Requirements of New England College," *Educational Administration and Supervision*, Vol. V, 1919: 73-78.

表 13　1912—1918 年新英格兰地区大学/学院入学要求科目数量的变化

大学/学院	1912 年（门）	1918 年（门）	变化（门）
阿姆赫斯特学院	28	32	+4
贝兹学院（Bates College）	25	29	+4
鲍登学院（Bowdoin College）	24	25	+1
波士顿大学	26	40	+14
布朗大学	$26^{1/2}$	35	$+8^{1/2}$
科尔比学院（Colby College）	26	$27^{1/2}$	$+1^{1/2}$
达特茅斯学院	31	34	+3
哈佛大学	29	31	+2
马萨诸塞州农业学院（Mass. Agricultural College）	34	35	+1
麻省理工学院	28	24	−4
明德学院（Middlebury College）	$29^{1/2}$	35	$+5^{1/2}$
霍利约克山学院（Mt. Holyoke College）	$23^{1/2}$	28	$+4^{1/2}$
新罕布什尔州立大学	29	$37^{1/2}$	$+8^{1/2}$
拉德克利夫学院	$32^{1/2}$	32	$-1/2$
罗得岛州立大学	$38^{1/2}$	$29^{1/2}$	−9
史密斯学院	34	$39^{1/2}$	$+5^{1/2}$
三一学院	24	26	+2
塔夫茨学院	36	33	−3
缅因大学	$34^{1/2}$	37	$+2^{1/2}$
佛蒙特大学	$49^{1/2}$	42	$-7^{1/2}$
韦尔斯利学院（Wellesley College）	28	27	−1
卫斯理安学院	31	28	−3
威廉姆斯学院	26	$29^{1/2}$	$+3^{1/2}$
耶鲁大学	$24^{1/2}$	$29^{1/2}$	+5

续表

大学/学院	1912 年（门）	1918 年（门）	变化（门）
耶鲁大学谢菲尔德学院	23	$28^{1/2}$	$+5^{1/2}$

数据来源：Black, M. A., "Changes in Entrance Requirements of New England College," *Educational Administration and Supervision*, V(1919): 73-78.

在教育目标的改组方面，《中等教育的基本原则》提出的七项目标为全美中学提供了指导原则。1925 年，在《中等教育的基本原则》发布七年之后，全美中学校长协会做了一项调查，对综合中学课程在全美的实施情况进行评估。结果证明，许多中学以《中等教育的基本原则》中的七项目标作为综合改组的标准。在调查收回的 181 份中学校长问卷中，74.6%的校长认为他们根据综合中学计划为学校的重组做出了不懈努力，75%的校长承认他们学校的课程改革受到了 1918 年《中等教育的基本原则》中七项目标的直接影响。①

1927 年，迈阿密大学教育学教授卡特尔·古德（Carter V. Good）对科罗拉多州、密歇根州、宾夕法尼亚州、弗吉尼亚州、堪萨斯州、明尼苏达州、犹他州、华盛顿特区、路易斯安那州、密苏里州、西弗吉尼亚州、威斯康星州、缅因州、内布拉斯加州、佛蒙特州的部分初级和高级中学学校手册进行研究，发现这 15 个州的中学手册中对学校目标的设计和阐释与《中等教育的基本原则》的七项目标几乎相同。② 同年，全美家长与教师代表大会（National Congress of Parents and Teachers）将《中等

① Davis, C. O., "The Curriculum and the Seven Objectives," *Ninth Yearbook of National Association of Secondary School Principles*, 1925: 112-119.

② Carter V. Good, "The Objective of Secondary Schools in 1926-1927," *Education*, Vol. XLVII, June, 1927: 585-592.

教育的基本原则》中的七项目标作为标准列在协会成员卡片上供成员学习。[①] 加利福尼亚州奥克兰市公立学校将印有七项目标及其释义的家校宣传册派发给每一位学生家长，让家长了解学校的教育目标，并且配合学校达成这些目标。该市家校手册的具体内容如下：

> 教育指导成长。教育始于教给孩子简单的日常生活习惯，随后继续发展这些习惯和态度，进而使其成为可敬的男子和女性所必备的良好品性。美国公立学校的理想就是能够与家庭及社区携手，引导孩子成长为具有以下七种生活方式的人。学校试图为每一位儿童做准备，无论其出身，最终都能够达成以下目标：
>
> 1. 健全的身心。
> 2. 幸福、无私、民主的家庭生活。
> 3. 阅读、写作、思考、学习和行动的能力。
> 4. 谋得好生计所需的知识和技能。
> 5. 将闲暇用在有价值的活动与娱乐上。
> 6. 旨在公益（common good）的有教养的公民。
> 7. 值得信赖与称颂的良好精神品质。
>
> 这一丰富的教育计划已经被全美教育协会和全美家长与教师代表大会所采纳，它使所有儿童从同一起点出发的美国理想成为可能。[②]

由此可见，在《中等教育的基本原则》发布10年之后，中学目标的改组已经在部分州得到实践和推广，它已成为学校及相关教育组织的指导原则。正如1932年波士顿大学的杰西·戴维斯（Jesse B. Davis）

---

① National Education Association of the United States, "How the Schools Educate for Seven-Point Lives," *Journal of the National Education Association*, Vol. XXII, Oct., 1933: 184.

② National Education Association of the United States, "Making Friends for the School," *Journal of the National Education Association*, Vol. XXIII, March, 1934: 88.

教授所言，“与之前发布的所有公报相比，《中等教育的基本原则》对美国中学的重组和改造发挥了更为积极的影响”[①]。

也正在此时，全美教育协会之下的中学校长部决定成立委员会再次对美国中学的基本原则和目标进行研究和解释。在1937年的调研报告中，委员会承认其工作受惠于中等教育改造委员会。在调查中，委员会发现《中等教育的基本原则》不仅促发了美国的初级中学运动(junior high school movement)，而且在制定教育目标方面开了先河，委员会最终提出了自己对于中学目标的界定：

1. 维系和养成健康的身体。
2. 进行有意义的娱乐活动。
3. 形成一套自己的道德和审美标准。
4. 习得阅读、写作等有用的技能。
5. 对他所存在的世界上的个人与社会事物进行全面的了解。
6. 作为被群体接纳的一位受尊敬的成员，能够有意义的生活。

这六大目标事实上与《中等教育的基本原则》中的七项目标依旧类似。同样的事情也发生在美国教育理事会下属的美国青少年委员会(American Youth Commission)中，它们制定的全美青少年教育目标[②]与《中等教育的基本原则》中的七项目标也如出一辙。

另外，有研究者惊奇地发现，在20世纪30年代末40年代初曾被

---

① National Education Association of the United States,"Fundamental Issues,"*Journal of the National Education Association*,Vol. XXIII,May,1934:138.

② Harl R. Douglas,*Secondary Education for Youth in Modern America*(Washington: American Council on Education,1937),p. 127.

广泛使用的一本中等教育教科书《当代中等教育》① 中的大部分观点也与《中等教育的基本原则》相差无几，仅浏览该教材的目录便可发现端倪：

教材目录(部分)

该教材目录几乎就是《中等教育的基本原则》目录和内容的"翻版"，教材作者在书中承认，"《中等教育的基本原则》是自发布和出版以来被最广泛阅读的报告之一"②。事实上，截至 1959 年 2 月，该教材已经被累计刊印了 10 万册，主要被用于大学中类似"中等教育导论""中等教育的原则"等课程的讨论，以及中学教师的培训和学校。所以，可以想象，作为中学教师培训和大学授课教材，这部书事实上是在变相推广《中等教育的基本原则》。由此，我们可以说，1918 年《中

---

① Aubrey A. Douglas, *Modern Secondary Education* (Boston: Houghton Mifflin Company, 1938), pp. ⅹⅰ-ⅹⅲ.

② Aubrey A. Douglas, *Modern Secondary Education* (Boston: Houghton Mifflin Company, 1938), p. 104.

等教育的基本原则》颁布之后，谁也无法跳过这部堪称 20 世纪美国中等教育改革的最伟大“宪法原则”而制定完全不同的另一套原则与体系。

除了大学入学标准的改进和中学目标的重组之外，中学课程的综合化改革也在一些地区得到开展。1928 年，全美教育协会下属的督导部对全美中学校长进行调查和访问，检验中学在过去 5 年（1923—1928 年）的课程改革情况。在对收回的 1228 份问卷进行统计分析时发现，1923—1928 年全美有 689 所中学已经或正在对课程进行综合化改革，占比 56.1%。相比之下，大型中学比小型中学的综合化改革更为积极，尤其是学生数在 500 人及以上的大中型学校，综合化改革的比例更高。人数在 500—1000 人的中学参与积极性为 73.3%，1000 人以上规模的中学积极性更高达约 74%。可见，综合中学运动在大中型学校更受欢迎，学校越大，改组积极性越高。

在已经参加课程改革的学校中，督导部对学校课程改革的情况进行了更加具体的调查，发现商科（commercial studies）、社会科、工业技艺（industrial arts）、物理和生物科学增加比例最高，而拉丁语、古代史、法语、数学等课程的减少比例最高。①

表 14 1923—1928 年全美中学课程综合改组情况调查表

中学规模（人）	全美（所）			新英格兰地区（所）		中部及马里兰州（所）		中北部（所）		南部（所）		西北部各州（所）	
	是	否	改组比例（%）	是	否	是	否	是	否	是	否	是	否
≤100	41	80	46.3	11	13	39	46	138	141	39	51	14	29

① Department of Superintendence, National Education Association, “The Development of the High School Curriculum,” in *Sixth Yearbook*, 1928: 173.

续表

中学规模（人）	全美（所）			新英格兰地区（所）		中部及马里兰州（所）		中北部（所）		南部（所）		西北部各州（所）	
	是	否	改组比例（%）	是	否	是	否	是	否	是	否	是	否
100—250	167	103	61.9	8	6	23	22	86	41	39	19	11	15
251—500	73	46	61.3	10	2	15	10	25	17	16	9	7	8
501—1000	74	27	73.3	6	6	12	6	30	8	15	5	11	2
>1000	65	23	73.9	6	0	12	9	24	7	14	1	9	6
不详	69	60	53.5	5	3	14	11	32	31	13	11	5	4
总计	689	539	56.1	46	30	115	104	335	245	136	96	57	64

数据来源：Department of Superintendence, National Education Association, "The Development of the High School Curriculum," in *Sixth Yearbook*, 1928:173.

注：表中的“是”代表1923—1928年中已经或正在进行课程综合化改组的中学，“否”代表未进行任何改组。

表15 1923—1928年全美中学课程改组新增科目表

新增科目	将该学科加入课程改组计划的学校数量（所）
商科	417
社会科	344
工业技艺	256
物理和生物科学	176
家政学	124
美术（Fine Arts）	109
英语	108

续表

新增科目	将该学科加入课程改组计划的学校数量（所）
咨询、指导、道德与礼仪	100
卫生和体育	91
外语	61
数学	46

数据来源：Department of Superintendence, National Education Association, "The Development of the High School Curriculum," in *Sixth Yearbook*, 1928:173. 该数据是从正在或已经进行综合化改组的 689 所中提取出来的。比如，"417" 指的就是在 689 所进行改组的学校中，有 417 所学校增加了一门或多门商科课程。

在新增科目之下，具体课程的设置也呈现多样化。总体而言，相较于之前，中学将更多的精力用于工业、职业、商业课程及科学课程中的实验和田野调查；更多地采用问题研究和主题调研；几何不再是中学毕业的必修科目；课程更多地根据社区需求而非大学的学术性而设，英语教学更强调对现实生活的有用性，而非大学的入学要求。与过去将中学定位于大学预备机构不同，那些不打算升入大学的学生的需求此时在中学校长心目中的重要性远远高于那小部分打算继续上大学的学生需求。学校课程的重组基本上以城市和社区需要为基础，注重学生的职业需求，满足工业民主社会对商业、工业技艺、社会等学科的需求，同时对中世纪史、古典语言等进行删节。

表 16　1923—1928 年全美（部分）中学课程改组的具体科目设置表

学科	课程
科学	植物学
	动物学
	生理学

续表 1

学科	课程
	自然地理
	科学概论
	物理
	生物
	化学
	地质学
社会科	古代史
	英国史
	中世纪及现代史
	公民学
	社会学
	历史
	经济学
	美国史
	欧洲史
	世界史
古典语言	拉丁语
	希腊语
现代外语	法语
	西班牙语
	外语
	德语
数学科	立体几何
	高等代数
	高等数学

续表 2

学科	课程
	平面几何
	三角函数
	四则运算
商科	簿记
	商业算术
	商业地理
	商法
	商务课程
	速记
	打字
	商务实践
	商业史
	商务函件
	秘书学
工业技艺	农业
	手工训练
	机械作坊
	机械制图
	金属加工
	汽车修理
英语	书法
	公开演讲
	英语语法
	词汇

续表3

学科	课程
家政科	家政
	缝纫

数据来源：Department of Superintendence, National Education Association, "The Development of the High School Curriculum," in *Sixth Yearbook*, 1928:175.

伴随着综合中学运动在各地区的持续实施，教育史家斯图尔特·诺贝尔（Stuart G. Noble）认为，"毫不夸张地说，在过去的30年中，七项基本原则中的教育理念在很大程度上决定了这个国家中等学校的实践。这些原则已经被中学当权者广泛接纳……"①

第四节 综合中学运动的流变与困境

综合中学运动在向一些地区不断渗透的同时，也隐藏着种种隐患与危机。"综合化"本意遭到曲解和僵化处理，综合中学运动被简单地理解为招收不同背景的所有学生，开设无所不包的各类课程，无条件满足学生的各种需求。

在综合中学运动中，职业课程已经不再限于最初的工业与商业教育，它已扩展至包括工业、商业、农事、文秘、建筑、家政等在内的各种与职业相关的广义职业教育，在拓展了职业教育范围的同时却掩盖了职业教育最初的锋芒。因为无所不包，所以很难具体调研与实施，开设的很多职业课程最终因学生人数少或师资不足而被荒废，导致许

① Stuart G. Noble, *A History of American Education* (New York: Rinehart and Company, 1955), p. 413.

多学校最终只能以宽泛的职业指导履行职业教育的职责。从这种层面来讲，综合中学运动最终反而稀释了职业教育作为综合中学一大特质所体现的综合性。

另外，在综合中学运动中，每门课程的重要性是根据其对七项目标的达成所做出的贡献决定的。① 由此，课程的价值不是取决于它本身的内在价值和意义，② 而取决于它对其他外在事物的贡献，这在某种程度上造成了对课程文化意义的消解。过于重视目标的达成而忽略课程内在价值，最终反而消解了目标本身。1918 年之后，各学校竞相将《中等教育的基本原则》中的七项目标拿来作为学校改革的指标或标准，新开设上百种课程，最终造成了课程实施与考核上的诸多困境，进而影响了目标的达成。

在综合中学计划的具体实践中，一些校长和教师将中学的重组片面地理解为课程的增减，并且将课程进行分类，专为不上大学的学生做准备，“在这些校长的心目中，不上大学的学生是最重要的”③，强调满足学生即时的职业需求和生活适应，而不强调学科知识本身，在事实上导致了某种“反智主义”倾向。但是，忽视知识本身的价值显然并非改造委员会的本意。在《中等教育的基本原则》中，委员会明确将掌握基本知识作为目标之一，它只是更强调大学预备教育不应该成为中学的唯一目标而已。上面谈到的这种极端的观念转变事实上是对《中等教育的基本原则》及综合中学运动真实意图的误解。中学的重组绝非课程的重组那么简单，也并不是将之前仅为上大学做准备的定位

---

① Bureau of Education, “Cardinal Principles of Secondary Education—A Report of the Commission on the Reorganization of Secondary Education, Appointed by the National Education Association,” *United States Bureau of Education Bulletin*, No. 35, 1918: 16.

② Edward A. Krug, *The Shaping of the American High School (1880-1920)* (Madison: The University of Wisconsin Press, 1969), p. 389.

③ Edward A. Krug, *The Shaping of the American High School (1880-1920)* (Madison: The University of Wisconsin Press, 1969), p. 389.

完全颠倒过来，为不上大学的学生做准备这么简单，它涉及的是整个中等教育目标的调整及教育观念的更新。这些隐藏在方法与途径背后的思想转变才是促发综合中学运动的根基。

之所以会出现极端的教育实践，需要从综合中学计划自身寻找原因。由于综合中学课程设置过于宽泛，无所不包的课程让教育工作者无从下手，因而只能先从社会最需要的职业课程入手，造成了极端做法。另外，改造委员会可能过于想与古典传统分道扬镳，因而格外强调学术课程之外的商业、职业、社会、公民、家政课程，对古典教育则较少提及，而且最终并没有发表有关古典语言的学科报告，因而引起了公众的误解。而这在某种程度上恰恰展示了综合中学计划因过于重视职业性与通识性而忽略了学术性，进而偏离了"综合性"的本意和初衷。这也可从另一种角度理解——改造委员会对综合中学的设计似乎已经略微超出了"教育的范畴"，更像一种"哲学化的设计"，因为这种试图将不同背景、不同志趣与心性的个人全部统一在同一机构进行民主教育的理想很大程度上是通过"人为的干预"来实现的，而这种人为的"调和"和"干预"正是对真正民主的践踏。要在现实社会中以"专门化与统一化"的名义通过综合中学规避各种教育方案内在的差异性来实现民主理想，事实上是非常困难的。

由于各州的教育、财政情况不同，很多课程难以在所有地区得到同等程度、同等规模地实施，加上公众教育观念的不断变化，一些中学在综合化改革中受到限制。比如，在设有专门化职业中学的一些城市，综合中学就不会开设由联邦经费资助的职业课程，其课程的广泛性就会受到限制；或者一些社区对发展学生毕业后立即有用的专门知识和技能计划缺乏兴趣，也会使综合化运动受阻。另外，在大城市郊区的高收入住宅区，虽然中学进行了综合化改组，但基于家长的期待，多数学生还是希望能够进入大学或学院，因而一些职业技能或活动课程的选修率是很低的，这在某种程度上也阻碍了综合中学计划的施行。① 从全美教育协会下属的督导部对全美中学校长进行的调查中发现，美国中北部、南部和西北部的一些州对综合中学运动表现冷漠，其中有591位校长表示他们并未进行相关的综合化改组，而阻碍他们的因素有很多。其中，最令人诧异的是591位校长中有255位表示他们从未关注过《中等教育的基本原则》的发布。可见，即使综合中学运动在一些州轰轰烈烈地开展着，依然有部分地区并不知晓运动的存在。另外，地方社区的反对、当地大学的抗议、与州课程设计的冲突，以及一些中学校长的拒绝参与等，都在一定程度上阻碍了运动的进展，这也从侧面暗示了综合中学并未像其标榜的那样成为"人民的中学"，受到所有人的青睐。在一个愈来愈多元化的社会，要建立一种满足所有人对美好教育的向往的学校，其路漫漫。

表16　未进行综合化改组的学校调查结果

原因	全美（所）	新英格兰地区（所）	中部各州及马里兰（所）	中北部（所）	南部（所）	西北部（所）
从未关注过《中等教育的基本原则》及发布	255	8	41	128	39	39
当地社区或教育委员会反对综合化改组与变革	80	6	11	45	10	8
当地的大学入学要求使中学变革不被接纳	79	12	16	26	15	10
综合化改革与州的中学课程设计相冲突	65	2	12	23	19	9

① ［美］科南特：《科南特教育论著选》，陈友松主译，人民教育出版社，1988，第38页。

续表

原因	全美（所）	新英格兰地区（所）	中部各州及马里兰（所）	中北部（所）	南部（所）	西北部（所）
难以获得足够的综合化建议和费用	56	3	7	31	13	2
其他多方面原因混杂	47	6	14	10	12	5
校长不赞同改造委员会的调查结果	9	0	2	4	2	1
总计	591	37	103	267	110	74

数据来源：Department of Superintendence, National Education Association, "The Development of the High School Curriculum," in *Sixth Yearbook*, 1928:173.

结语：综合中学运动的历史意义

综合中学运动是特殊时代背景下公立中学试图缓解生存危机、回应各方需求的一份综合性解决方案。不能简单地认为是工业化、城市化及移民化直接导致了综合中学运动的产生，因为这是那个转型时代之下整个社会的处境，所有事物都深受影响，①中等教育当然也不例外。但是，身处转型浪潮中的综合中学计划吸收了那个时代赋予的使命与责任，并且将其融入了自身的内部改革中。在这个过程中，各个组织机构的成立、诸多报告的出台及其引发的社会争论都是那个时代不可逃避的印记。

① Edward A. Krug, *The Shaping of the American High School (1880-1920)* (Madison: The University of Wisconsin Press, 1969), p. 404.

需要意识到的是，综合中学运动得以产生的根源在于对一个根本性问题的回答，即中等教育到底要不要改变与重组目标，以及如何改变与重组。运动的支持者们认识到，如果要在更具多样性、复杂性的社会中寻求中等教育的准确定位，就必须考虑到公众及社会对学校教育的期待。任何中等教育的内部创新都必须得到社会与公众的认可，否则都是短命的。另外，在应对瞬息万变的工业社会的过程中，也可以清晰地看出综合中学委员会及中等教育改造委员会是如何将传统教育与现实社会进行联系的，如何在专门化与统一化功能中融会贯通。它们试图通过在民主社会中以综合化的方式为美国中学树立标准，以使具有不同兴趣、能力的个人在学习及其他活动中变得更加有效之外，也使个人获得更多的共同观念、共同理想及共同的思考、感受与行动方式，以利于社会凝聚力和团结力的形成。在此尝试中，中等教育改造委员会对美国中等教育的设计是自成体系的，它对综合中学的设计更是高瞻远瞩。作为美国中学的标准类型，综合中学的目标、课程、组织管理等各个方面都得到了精心地规划与设计。同时，改造委员会给予中学教师充分的时间与空间去将这一计划贯彻到实践中，以“探索伟大的民主运动的内涵”①。也正是在这点上，综合中学运动具有了时代意义。

首先，综合中学运动使公立中学摆脱了大学的“控制”，获得了自主权利。19 世纪末之前，公立中学多将自己定位为大学预备机构，学校的课程自然也是古典课程一家独大，其他学科只能作为边缘性学科加以学习，各所学校的课程设置不统一且管理混乱。在综合中学运动中，社会学、商业课程、家政课程、职业课程等统统进入分一杯羹，彻底改变了公立中学课程体系的格局，进而中学的职能发生改变，它

---

① Bureau of Education,“Cardinal Principles of Secondary Education—A Report of the Commission on the Reorganization of Secondary Education, Appointed by the National Education Association,”*United States Bureau of Education Bulletin*, No. 35, 1918: 32.

已不再是为社会挑选少数上层精英并加以教育的专门机构，代之以一个为所有人提供教育的大众化场所，即从一个“根据原则精挑细选”的精英教育机构转变为一个“不论差异兼容并包”的大众文化教育机构，其民主性更加凸显、社会敏感度更加提升。与此相应地，大学在逐渐丧失了对中学的控制之后，开始考虑放松入学要求、改进招生政策、放宽生源的地域限制等，为公立中学毕业生提供了更多的机会和可能。

其次，综合中学运动为美国公立中学确立了新的范式——“综合性”中学。这种“综合性”事实上有三方面的含义：其一是公立中学对学生差异的包容性；其二是公立中学对各种课程与活动的融合性；其三是对学生不同归途的统一指导性。而这种包容性、融合性与统一性恰恰是通过“差异性”和“分化”来实现的。综合中学通过开设一整套极具差异性的课程，将不同背景来历的学生集中在同一个场所进行教育。换句话说，差异性是通过使所有学生在同一所学校学习不同的课程来实现的。一些学生可能会选择大学预备课程，一些学生可能会选择职业课程，另一些人可能会选择通识课程等。而还有一些课程是为所有学生集中统一学习提供机会的，如公民课程、体育课程、健康与卫生课程等。公立中学正是通过对差异性逻辑的分解与重构来完成统一性与综合性，从而保存美国公立教育的民主性特征，是教育视域下的“求同存异”与“和而不同”。

而这种看似矛盾实则统一的做法所指向的恰恰就是综合中学运动的第三重意义。该运动一方面满足了工业化与城市化对中等教育提出的专门化、管理科学化、劳动力分工的需求，另一方面回应了职业教育运动对中等学校的各种职业需求；在为不同人生规划的青少年提供步入社会的不同路径与指导意见的同时，它还始终坚守民主社会的统一性与团结性。

然而，综合中学运动的目标远不止于此。改造委员会试图对美国中等教育产生长期的、广泛的影响。在《中等教育的基本原则》中，我们看到委员会对包括美国教育的指导方针、教育目标，初—中—高等教育的划分与衔接，学制的调整及学段划分，中等教育功能的阐释等19世纪末以来困扰美国中等教育发展的基本问题都做了澄清。在这种意义上，《中等教育的基本原则》并非某个人或某个群体的突发奇想，而是把握到社会脉搏的一批敏锐的教育专家探索教育改革新路径的成果，是当时环境下委员会为满足各方需求而制订的“最完美”计划。

1918年之后，综合中学开始作为美国中等学校的标准在全国被推广开来。正如前文所提到的，由于综合计划本身存在的局限及对某些问题缺乏具体指导，导致综合中学运动在具体的推进和实施中遇到了一些问题，其实践结果并没有《中等教育的基本原则》中阐释的那么完美。也正是在这种意义上，有人评价说《中等教育的基本原则》对美国教育理论的影响要远远大于实践。到20世纪50年代，公众意识到教育的钟摆已偏离正式的学科知识太远，一种要求中学回归到语言、数学等基础学科的呼声渐高。此时，詹姆斯·科南特（James B. Conant）对美国综合中学进行了实地调研，发表了具有建设意义的《今日美国中学》①。《今日美国中学》肯定了1918年以来美国综合中学运动的进展和成绩，同时对其缺陷及当时的状况进行了分析和批判。有意思的是，科南特认同“在同一校舍、同一学校的行政管理之下，同时满足三种功能——为所有学生提供民主社会未来公民的良好的通识教育、为大多数希望提升使用技能的学生提供选修计划，以及为那些有资质掌握高深学术知识，尤其是外语和高等数学等科目的学生提

① ［美］科南特：《科南特教育论著选》，陈友松主译，人民教育出版社，1988，第21-147页。

供学术知识的综合中学”模式。[①] 科南特提出学区改组的建议，同时明确指出，除这一举措之外，为了改进美国中学而对综合中学这一基本范型“做根本性的改动并不必要”[②]。

综合中学运动不仅改变了美国中等教育的发展路径，更对20世纪欧美其他国家的中等教育改革产生了广泛影响。20世纪20年代之后，尤其是第二次世界大战结束后，随着教育机会均等、教育民主化理念的日盛，以及战后经济和文化复苏的要求，英国、法国、瑞典、澳大利亚、新西兰、挪威、德国等纷纷进行了教育领域的综合化改革，掀起了一场世界范围内的综合中学运动。尽管基于内外局势与教育传统的差异，不同国家的综合化改革运动称谓不同[③]、方式不一[④]，但不可否认的是，他们深受“综合化”理念的启发，开设了不同的课程，接纳了来自社会不同阶层、背景、出身的适龄青少年，让其在同一屋檐获得民主公正的教育权利。而这种理念恰恰是从美国的综合中学运动中汲取的宝贵经验。

---

① ［美］科南特：《科南特教育论著选》，陈友松主译，人民教育出版社，1988年，第40页。

② ［美］科南特：《科南特教育论著选》，陈友松主译，人民教育出版社，1988年，第61页。

③ 一些国家的教育综合化改革不仅包含中等教育层面，还包含初等教育。例如，瑞典的综合化改革就是九年一贯制的，称“综合学校”；法国的综合改革仅针对初级中学层面，称“统一学校运动”。

④ 不同国家采取的综合化方式不一，一般而言有两种基本的方式：一种是直接建立新的一体化综合中学，在其中设置具有不同倾向的课程供所有学生选择和学习；另一种是对原有的中学进行改组或改造，将各类学校合并，将各种课程兼容在一所学校，或者重新开设具有其他倾向的课程，进而形成一种综合性方案或计划。有些国家只采取一种，有的国家则两种兼具。

【主要参考文献】

一、中文文献

［美］雷蒙德·E. 卡拉汉. 教育与效率崇拜——公立学校管理的社会影响因素研究［M］. 马焕灵，译. 北京：教育科学出版社，2011.

［美］理查德·霍夫斯达特. 改革时代——美国的新崛起［M］. 俞敏洪、包凡一，译. 石家庄：河北人民出版社，1989.

二、英文文献

Arthur Wirth. Education in the Technological Society: The Vocational-Liberal Studies Controversy in the Early Twentieth Century[M]. New York: Intext Educational Publishers, 1972.

Aubrey A. Douglas. Modern Secondary Education [M]. Boston: Houghton Mifflin Company, 1938.

Authur S. Link. American Epoch—A History of the United States Since the 1890's[M]. New York: Alfred A. Knopf, 1958.

Black, M. A. Changes in Entrance Requirements of New England College[J]. Educational Administration and Supervision, 1919: 73-78.

Bureau of Education. Cardinal Principles of Secondary Education—A Report of the Commission on the Reorganization of Secondary Education [R]//the National Education Association. United States Bureau of Education Bulletin, 1918: 35.

Cremin, L. A. The Transformation of the School: Progressivism in American Education(1876-1957)[M]. New York: Alfred A. Knopf, Inc. & Random House, Inc. , 1961.

Edward A. Krug. The Shaping of the American High School(1880-1920)[M]. Wisconsin: The University of Wisconsin Press, 1969.

Harl R. Douglas. Secondary Education for Youth in Modern America [M]. Washington: American Council on Education, 1937.

James B. Conant. The Comprehensive High School Today[M]. New York: Teachers College Press, 2004.

John A. Garraty. The American Nation Since 1865: A History of the Unites States[M]. New York: Harper and Row publisher, 1966.

John L. Rury. Education and Social Change: Contours in the History of American Schooling (Third Edition) [M]. New York: Routledge 270 Madison Ave, 2009.

Department of Superintendence, National Education Association. The Development of the High School Curriculum[Z]. Sixth Yearbook, 1928.

第四章　教育科学化运动[1]

教育科学研究始于 1880—1890 年，这是美国教育系统急速扩张的时期。19 世纪末，科学运动遍及工商业领域，这些变化促使人们对政府和学校的运作提出质疑。尤其是心理学的研究对旧教育的基础提出挑战，开始将智力测量、学习过程分析等方法应用于教育研究。课程、教学与学习方法、学校经验和社会生活的关系、课程对不同阶层儿童社会和经济生活的适应性、教师培训等方面的教育科学研究不断涌现，教育研究和学校教育以不断提高效率满足社会发展要求。[2]

第一节　心理学与教育科学：教育科学研究的渊源

教育科学的发展深受各种因素的影响，最早采用科学原理进行教育研究和实践的是心理学家。在有意识地推动教育科学实践之前，在大学还没有设置教育学院之前，心理学家就已经开始采用科学方法研究教育问题。19 世纪末，弗兰西斯·高尔顿（Francis Galton）、威廉·詹姆斯（William James）、詹姆斯·卡特尔（James McKeen Cattell）、斯坦利·霍尔（G. Stanley Hall）等一些心理学家都曾尝试将科学方法应用于教学，但当时他们的努力在学校管理者和教师中间的

---

① 本章撰稿人：康绍芳。

② Isaac L. Kandel, eds., *Twenty-Five Years of American Education: Collected Essays* (New York: The Macmillan Company, 1924), p. 23.

影响非常有限。20世纪初，心理学理论和方法开始被广泛深入地运用于教育研究和学校改革，心理学对教育科学的影响渐趋显著，心理学家、教育家查尔斯·贾德（Charles H. Judd）甚至认为20世纪上半期对美国教育思想和实践影响最为深刻的就是心理科学。①

首先尝试对教育进行科学研究的是心理学家霍尔及其追随者，他们创立并推动儿童研究运动，搜集了大量有关儿童的数据材料。1890—1900年，由于儿童研究运动的影响，一批教育家如查尔斯·艾略特、威廉·哈珀（William R. Harper）、弗兰西斯·帕克（Francis W. Parker）、约翰·杜威、威廉·哈里斯（William T. Harris）等公开批评传统教育方法的问题和不足，呼吁革新教育研究理论和方法。

1883年，霍尔开始关注儿童研究和教育问题，于1883年发表《儿童心智的内容》，教育界、社会慈善和宗教界都将霍尔视为所谓的“儿童研究”运动的先驱和领导者。但在科学意义上，儿童研究运动所搜集的数据并没有获得专业心理学家的认可。霍尔的学术倾向代表了儿童研究运动的精神气质，他虽然是美国第一位拿到心理学博士的学者，但他算不上严格意义上的科学家。心理学家桑代克（Edward L. Thorndike）就认为，霍尔更像一位文学家，而不是科学家。桑代克指出，霍尔对哲学、心理学、教育学和宗教等领域都有涉猎，但他的研究都没有使用实验研究，也没有定量分析。桑代克认为霍尔的儿童研究汲取了卢梭的部分教育思想，倾向于艺术而非科学。霍尔是诗人式心理学家（Poet-Psychologist），在心理学研究中，霍尔的人文主义倾向导致他走向神秘主义和浪漫主义。② 心理学家贾德认为，霍尔及其追随者的研究方法和结果难以令人信服，不足以作为教育改革的基础。

---

① Charles H. Judd, *Educational Psychology* (Boston: Houghton Mifflin, 1939), Preface.

② Edward L. Thorndike, "Biographical Memoir of Granville Stanley Hall, 1846-1924," in *Biographical Memoirs*, by National Academy of Sciences, Vol. Ⅻ, 1925: 132-141.

尽管儿童研究运动间接推动了教育科学的发展，但运动本身并不能被称为教育科学研究。①

1890年前后，心理学作为教育科学的理论基础已经开始备受关注，同时也引起了巨大争议，如在1895年4月马萨诸塞学校校长俱乐部（Massachusetts Schoolmaster's Club）研讨会中，心理学家雨果·闵斯特伯格（Hugo Münsterberg）向参会的威廉·哈里斯和霍尔提出了生理学、实验心理学及儿童研究等议题。闵斯特伯格围绕教育问题的两派——理想主义和唯物主义的争论做了详细的阐述。理想主义观点认为生理学和实验心理学的方法可以直接成为学校教师的教学方法；唯物主义则将儿童客体化，忽略儿童的自由意志。闵斯特伯格对当时儿童研究的上述成果保持质疑，认为在赫尔巴特、霍尔等的哲学思想基础上有必要进一步清晰界定一些概念，如儿童研究、儿童心理学、实验心理学、生理心理学、教育心理学、教育、教学（instruction）、学校教学（school teaching）等。与此同时，也非常有必要厘清这些概念之间的相关关系，其中儿童和心理学是两个逻辑上相互独立的概念。心理学是描述和解释认知现象的科学，而儿童当时还没有学术意义上的界定，姑且将其界定为从婴儿到25岁这段快乐时光。② 闵斯特伯格提出，所谓的儿童研究事实上是一个综合体，其中涉及历史学、经济学、伦理学乃至生理学等，但毫无疑问，它不是心理学。他认为对个体儿童的研究远优于统计研究，对于儿童特定阶段的研究，观察法要远比实验调查法重要。儿童研究并不局限于心理学研究，教师在教学中不应仅仅局限于心理学研究。教师应从综合宽泛意义上研究儿童，将儿童视为具有自由意志的个体，而不仅仅是心理学—物理学意义上

① Charles H. Judd, *Problems of Education in the United States* (New York: McGraw-Hill Book Company, 1933), p. 178.

② Hugo Münsterberg, "Psychology and Education," *Educational Review 16*, Sept., 1898: 105-132.

的客体。从这个角度说，研究人类的认知活动并不是一个专门的科学，它涉及历史学和文学，涉及逻辑学、伦理学、哲学，乃至诗学和宗教。① 因此，心理学仅是教育科学基础之一，没有必要将教育科学局限于心理学的分支，心理学中的实验法、观察法、统计法等对心智的研究只是教育的工具之一。但以桑代克为首的心理学家认为虽有大量教育“科学”（“science” of education）文献，但“科学”的内容主要是以前人提出的教育原则为主，几乎没有涉及实证方法。② 桑代克尖锐地指出教育领域很多看似“专业”的研究（professional research）都肤浅且缺乏严谨性，这类研究本质上是假冒的科学主义（pseudo-scientism）。③ 桑代克试图打破当时课程和教材中流行的“教育学原理”（principles of education）传统，因而反对哲学而倾向于实证归纳分析，他对带有演绎推理性质的裴斯泰洛齐主义、福禄贝尔主义和赫尔巴特主义都持质疑态度，进而指出赫尔巴特主义心理学和霍尔式的儿童心理学都不具备作为教育科学理论基础的条件。他认为赫尔巴特主义弱于经验实证，儿童研究欠缺客观立场。④

从历史的角度看，桑代克和贾德是将实验、科学、统计等概念引入教育研究和实践的先驱性人物。1890 年，教育研究机构尚未出现，心理学实验室也屈指可数。到了 20 世纪 40 年代，大学、学院、学校系统纷纷设置教育研究机构，教育科学研究机构不断涌现，成千上万的教育工作者能够有意识地将科学方法运用于教育研究和实践，其中得

---

① Hugo Münsterberg, “Psychology and Education,” *Educational Review 16*, Sept., 1898: 105-132.

② Geraldine Joncich, *The Sane Positivist: A Biography of Edward L. Thorndike* (Middletown, Connecticut: Wesleyan University Press, 1968), p. 157.

③ Geraldine Joncich, *The Sane Positivist: A Biography of Edward L. Thorndike* (Middletown, Connecticut: Wesleyan University Press, 1968), p. 558.

④ Geraldine Joncich, *The Sane Positivist: A Biography of Edward L. Thorndike* (Middletown, Connecticut: Wesleyan University Press, 1968), pp. 164-165.

益于教育测量与学校调查促成的教育科学化运动。毫不夸张地说，20世纪上半期美国教育运动的趋势之一就是科学化。乔治·康茨也谈道：从民众的实际观念看，美国教育最大的成果就是教育科学化运动，而美国人在教育领域运用科学方法方面极具信心。① 这场教育科学化运动的核心思想和理念就是桑代克所倡导的实验量化研究模式，以实证统计分析为主的教育心理学显著地影响了20世纪教育科学的发展。20世纪初期，"教育科学"深受心理学影响，专业教育学家开始积极运用心理学的统计方法研究学校管理和课程，教育学开始逐渐成为大学的系科。其中，桑代克所在的教师学院和贾德所在的芝加哥大学成为教育科学化运动的主要机构。另外，巴格莱（William C. Bagley）和维普（Guy M. Whipple）师承心理学家爱德华·铁钦纳（Edward B. Titchener），也在伊利诺伊大学推动教育科学发展。1910年后，新一代教育专业学者陆续出现，如芝加哥大学的弗兰克·弗里曼（Frank N. Freeman）、教师学院的亚瑟·盖茨（Arthur Gates）等。他们继承量化实证取向的教育科学研究传统，进一步将科学观念推广渗透到教育研究及其实践的各个领域。② 20世纪初至30年代，有关教育的研究文献大量涌现，教育逐步迈向科学化，最终教育心理学的影响力遍及美国教育理论和实践的各个领域。③

---

① George S. Counts, *The American Road to Culture: A Social Interpretation of Education in the United States*(New York: The John Day Company, 1930), p. 169.

② Harold Rugg, *Foundations for American Education* (Yonkers-on-Hudson, New York: World Book Company, 1947), p. 33.

③ Norman Woelfel, *Molders of the American Mind: a Critical Review of the Social Attitudes of Seventeen Leaders in American Education* (New York: Columbia University Press, 1933), p. 45.

第二节　组织化教育研究的介入与教育科学化运动

1890年前后，大学开始出现教育系，教育学向专门的研究领域转型，教育研究者们开发教育类课程，编写教育类教材，培养后学，身体力行地开展教育测量和学校调研。除此之外，这些学者在给校董事会和校级管理人员担任顾问的过程中，还创办了新的学术刊物和专业组织，并且开始进入全国性教育机构、政府部门和慈善基金会参与管理咨询工作。“如同医生和工程师所做的那样，从事创业的教育学家们在一个原本地方化而又没有规范化的公共领域中成功地建立了新的秩序和标准。”[①] 在大学和公立学校双重影响下，教育科学研究出现聚集效应，少数几所大学成为教育科学研究的核心阵地。

一、教育学系（学院）与教育科学化

1873年，爱荷华大学设立哲学与教育学教授席位，这是美国历史上第一个教学论教授席位；1878年，该席位升格为师范教育学院（College of Normal Instruction），并且被授予教育学学士学位；1890年，该学院更名为教育学系（Department of Pedagogy）；1907年，升格为教育学院（School of Education）。1879年，密歇根大学设立科学与人文教学系（Department of Science and Art of Teaching），是美国历史上第二个大学教育学系。1881年，威斯康星大学成立教育学系。1884年，北卡罗来纳大学、密苏里大学、霍普金斯大学成立教育学系。1886年，印第安纳大学成立教育系；1887年成立教师学院。1891年，

① ［美］埃伦·康德利夫·拉格曼：《一门捉摸不定的科学：困扰不断的教育研究的历史》，花海燕等译，教育科学出版社，2006，第20—21页。

芝加哥大学和斯坦福大学也纷纷成立教育学系。1890 年后，大学教育系的数量开始迅速增加，从 1891 年的 11 所增加到 1893 年的 83 所，1894 年达到 174 所，1898 年 220 所，1899 年 244 所，1902 年 247 所，1919 年前后增长到 500 所左右。[①]（见图 1）

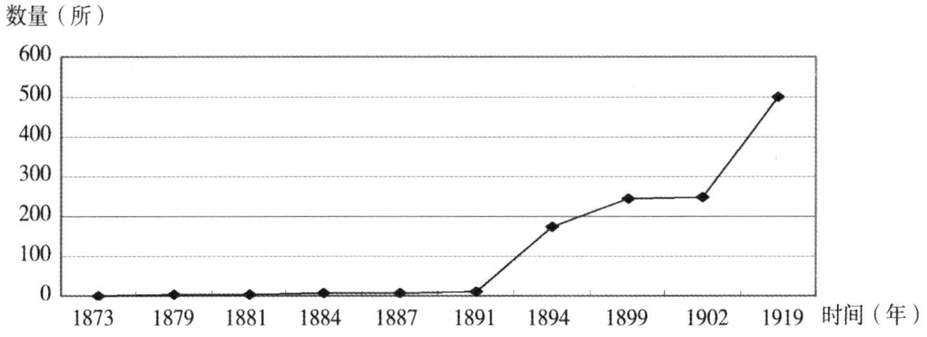

图 1　美国大学教育系数量变化情况（1873—1920 年）

在教育专业化和学术职业化的推动下，教育科学研究很快在美国全国逐渐增加的学院和大学中迅速传播开来。从教育类课程的数量、类型及博士论文选题中可以窥见其中的变化趋势。

大学中有关教育的课程数量也逐渐增多，1915 年，600 所美国大学中有 300 所开设教育课程。[②] 例如，芝加哥地区大学中的教育类课程：1900 年有 45 门，1910 年有 134 门，1920 年 217 门，1930 年达到

① Ellwood P. Cubberley, *Public Education in the United States : A Study and Interpretation of American Educational History* (Boston: Houghton Mifflin Company, 1934), p. 691.

② Geraldine J. Clifford, and James W Guthrie, *Ed School : A Brief for Professional Education* (Chicago: University of Chicago Press, 1990), p. 63.

432门。①

大学中教育类课程数量增加的同时，课程门类和性质也逐渐发生变化。1900年之前，大学中的教育学课程主要以教育史和教育哲学为主，以传授教学和学校管理方法为目的。例如，威斯康星大学1884—1885年三门教育课程是"教育艺术"（Educational Praxis）、"教学理论"（the Theory of Teaching）、"美国教育理论与实践史"（The History of Educational Theories and Practices in America）；哈佛大学的汉纳斯在1891年开设的教育类课程有"教学和教育理论的历史"（The History of Teaching and of Educational Theory）、"教学理论"（Theory of Teaching）、"教学艺术"（the Art of Teaching）。②

1905年后，大学教育系出现了明显的变化，许多人开始将教育学视为一门学术专业，新的教育学原理、测量技术、调查方法开始取代原来的课程体系。例如，1904年，桑代克在《认知理论与社会测量》一书中，尝试将统计方法系统化以供教育家应用。1905年，克伯莱、乔治·斯特雷耶（George Strayer）等教育家先后出版学校财政、教师资格认可等方面的著作③，其中有关学校财务、预算、管理及教师地位等方面的调查工作为1910年后城市学校管理和教材标准化等的科学研究做了铺垫。1910年后，以桑代克、贾德、柯蒂斯（Stuart A.

① Hornell Hart, "Changing Social Attitudes and Interests," in *Recent Social Trends in the United States: Report of the President's Research Committee on Social Trends*, Vol. Ⅰ (New York: McGraw-Hill Book Co., 1933), p. 339.

② Paul Hanus, *Adventuring in Education* (Cambridge, Massachusetts: Harvard University Press, 1937), pp. 124-125.

③ 具体详见 George D. Strayer, *City School Expenses*, 1905; E. G. Elliott, *Some Fiscal Aspects of Public Education in American Cities*, 1905; Ellwood P. Cubberley, School Funds and their Apportionment, 1906; Ellwood P. Cubberley, The Certification of Teachers, in *Fifth Yearbook of the National Society for the Scientific Study of Education*, Part Ⅱ, 1906; F. H. Swift, *History of Permanent Common School Funds in the United States*, 1910。

Curtis）等一批心理学测量技术为先导，兴起了学校调查运动。该运动一方面试图收集有关学校督导与管理的大量重要数据，另一方面希图展现标准化量表作为测量工具的重要性。另外，在教育哲学领域，以杜威为代表的一批哲学家、教育家试图用实用主义哲学和机能主义心理学重新阐释教育科学的内涵。1909 年，杜威出版《我们怎样思维》（*How We Think*），1916 年出版《民主与教育》（*Democracy and Education*）。1924 年，詹姆斯・奇普曼（James C. Chapman）与康茨出版《教育学原理》。这三本著作成为新教育哲学的代表作。1900—1920 年，教育史课程也出现了明显的变化，这一时期出现的教育史著作为美国教育科学研究奠定了坚实的基础。①

总的来看，1900 年之前，美国大学教育类课程主要以教育史和教育理论为主。1910 年后，大学中教育类课程数量及学时占比都出现了明显的变化。首先，教育史和教育理论类的课程呈现逐渐减少的趋势，而包括教育督导与管理在内的教育实践类课程呈增加趋势。其次，教育心理学类课程出现明显的增加势头。大学教育系课程的这种设置及其特征也折射出美国教育研究风格的变化趋势。1890 年之前的美国知名教育家的研究风格是集体的、合作的，并且着眼于传播教育实际信息，巴纳德、伊顿、哈里斯似乎都满足于传播教育方面的事实信息，认为这本身就能实现学校管理，课程改革者则致力于普及源自欧洲的新教育观念。到了 19 世纪末，美国教育家开始就有关学校变革的各种观点展开争论，在此基础上出现的系统分析与测量成为教育研究的新

---

① 这一时期出版的教育史著作有 Ellwood P. Cubberley, *Syllabus of Lectures on the History of Education*（1902,1904）; E. G. Dexter, *History of Education in the United States*（1904）; Paul Monroe, *History of Education*（1905）; F. P. Graves, *History of Education*, Vols. 3（1909-1913）; C. Parker, *History of Modern Elementary Education*（1912）; F. P. Graves, *Student's History of Education*（1915）; Ellwood P. Cubberley, *Public Education in the United States*（1919）; Ellwood P. Cubberley, *History of Education*（1920）; Ellwood P. Cubberley, *Readings in the History of Education*（1920）。

模式。在这个过程中，新聘任的教育学教授开始积极撰写教育教科书，发现教育原理和理论，发明各种教育方法来“科学地”研究教育。1890—1920年，教育研究逐渐成为建立在行为主义心理学和定量测量技术与思想的基础上的学术研究领域。1895—1938年可以被看作这种经验主义研究模式的全盛时期。① 这一时期，哥伦比亚大学和芝加哥大学承担了培养美国知名教育家的主要任务。这一批教育家获得博士学位后，在美国教育学科知识生产与学术传承中发挥着极其关键的作用。他们几乎主导了20世纪初期美国的教育学科建设工作。从1918—1927年美国教育领域博士学位论文院校分布情况看，早期哥伦比亚大学和芝加哥大学教育学术研究传统形成了明显的优势累积效应。20世纪初，大批学生涌入哥伦比亚大学、芝加哥大学接受教育学术训练。

从哥伦比亚大学教师学院和芝加哥大学教育学院教育学术研究取向的变化走势看，1910年前后是美国教育学术研究的分水岭，无论在课程设置还是在博士论文选题与研究方法上，新的教育研究范式正在逐步确立，这种以测量、统计、调查为核心的教育学术研究传统以教师学院和芝加哥大学为先导开始向各类教育研究机构渗透。

1910年之前，哥伦比亚大学教师学院的大部分课程主要是由拉塞尔（James E. Russell）、孟禄、弗兰克·麦克莫雷（Frank M. McMurry）教授。拉塞尔和孟禄的课程以引入欧洲现代教育思想为主。1910年后，教师学院课程结构发生了明显的变化。1910年之前，在教师学院课程中，教育理论、教育心理学和学校教学法之间的学分占比差异并不是很大，但到了1920年前后，教育心理学与测量类的课程学分超过其他

---

① Office of Education, *Educational Research and Development in the United States* (Washington, D. C: the Bureau of Research, Office of Education for the Orgnization for the Economic Cooperation and Development, 1969), pp. 46-55.

各类课程，成为教师学院最强势的课程门类。① 芝加哥大学教育学院课程设置远远少于哥伦比亚大学教师学院，但也表现了一些相似的趋势，如1910年后教育心理学与测量类的课程逐渐增多，教育历史与哲学（原理）类课程受到冲击，课程数量相对减少。

从教师学院教育类博士论文的研究取向看，实证与历史类研究是教师学院教育学术研究的主导趋势，哲学思辨的研究方法在博士生学术研究中被采用的概率非常小。因此，教师学院确立的教育学术研究风格基本以实证主义为取向。在芝加哥大学，1900—1909年的论文选题及研究取向深受杜威的影响，但1911年后，论文主题发生了明显的转向，选题的关键词集中于“测试”与“标准化”等更加具体的实证研究领域。

表17 1905—1930年哥伦比亚大学教师学院教育类博士论文研究方法阶段变化情况②

单位：篇

研究方法	1905—1909年	1910—1914年	1915—1919年	1920—1924年	1925—1929年	1930年	合计
哲学思辨	6	5	0	3	7	0	21
历史-法律文本分析法	17	17	8	13	44	2	101
问卷	4	6	5	11	101	28	155
统计	10	20	25	49	196	41	341

① Teachers College of Columbia University, *Teachers College Bulletin*, *School of Education Announcement*(New York: Teachers College, Columbia University, 1902-1922). 除了上述课程外，还有比较教育、教育社会学、教学督导、幼儿教学法、师范学校教学法等课程，本书主要对1902年最初设置的5个系部——教育历史与哲学、教育心理学、教育管理学、初等教育、中等教育等类别的课程学分进行统计（暑期课程除外）。另外，在课程列表中，有部分课程以课时形式出现，在此不计入。

② Carter V. Good, “Fields and Types of Research in Education, 1918-1931,” *The Journal of Educational Research* 24, No. 1, Jun., 1931: 42.

续表

研究方法	1905—1909 年	1910—1914 年	1915—1919 年	1920—1924 年	1925—1929 年	1930 年	合计
实验	1	3	4	14	36	8	66
个案	0	0	0	4	3	2	9
学校调查	0	1	2	0	14	0	17
分析式（Analysis）	1	1	4	7	30	13	56
论文总数①	23	31	29	57	213	44	397

表 18　1900—1930 年芝加哥大学教育类博士论文研究方法阶段变化趋势②

单位：篇

研究方法	1900—1905 年	1906—1910 年	1911—1915 年	1916—1920 年	1921—1925 年	1926—1930 年	合计
哲学思辨	3	2	0	1	0	0	6
历史-法律基础法	0	0	2	5	5	3	15
统计法	0	0	2	6	16	17	41
实验法	0	1	1	3	7	16	28
个案法	0	0	1	3	7	5	16
其他	2	1	0	1	7	3	14
论文总数	5	4	6	17	41	37	110

① 因一篇论文可能会使用不只一种研究方法，故有时论文总数会少于研究方法统计频次总数，下同。

② 1900—1921 年论文资料来源于 University of Chicago, "Register of Doctor of Philosophy of the University of Chicago, 1893-1921," in *Bulletin of information* (Chicago: University of Chicago, 1922)。另外，1922—1930 年论文资料来源于 Robert Throop and Lloyd Gordon Ward, *Doctoral Dissertations in Pedagogy and Education Granted by the University of Chicago 1900-1935* (St. Catharines, ON: The Mead Project, 2006)。

二、教育专门研究机构与教育科学化

随着教育学系和教育学院的出现，教育研究署（educational research bureaus）在大学中逐渐获得合法地位。

印第安纳州布鲁明顿（Bloomington）学校系统督学史密斯（H. L. Smith）曾强烈建议每一所大学都应设置教育研究署这样的机构，以帮助城市学校进行调查和数据分析并提供解决方案。在此建议下，1914年秋，印第安纳大学组建了教育研究署，作为与城市学校系统进行合作研究的平台。在此之前，印第安纳大学心理学实验室就与该州许多督学合作进行过相关测试和调查。[①] 在哥伦比亚大学，规模和影响力最大的组织是教育研究院（the Institute of Educational Research）。该院于1921年2月10日由教师学院董事会创立。1922年，全美教育研究协会创立研究部，多个国家级教育研究机构纷纷涌现，如全美大学教育学教师学会（National Society of College Teachers of Education）、教育研究协会（Educational Research Association）、全美教育研究学会（National Society for the Study of Education）等。

1910年后，城市学校系统和州教育部纷纷成立教育研究署（bureau of educational research）。1912年，巴尔的摩首先创立教育研究署。随后，其他规模较大的城市也纷纷设立以搜集数据和统计分析为主要职能的教育研究机构。各州教育部也先后设立教育研究署，为州督学教育决策提供数据参考。截至1927年，全美的教育署（educational bureau）数量达到上百所，这一机构将城市学校系统、州

---

① Harold B. Chapman, *Organized Research in Education : with Special Reference to the Bureau of Educational Research* (Columbus, Ohio: The Ohio State University Press, 1927), p. 24.

立大学、教师培训机构和州教育部门的工作连接在一起。①

教育署及类似机构是学校系统、教师培训机构、大学或州教育部的下设机构，其性质类似于企业中的经理人角色，是专门的公司团体组织（special corporation）。其宗旨是提供学校调查和咨询参考，组织或管理其他部门的调查活动，或者兼具前两项职能。截至 1926 年 6 月，符合这一标准的教育研究署数量一共有 117 所。其中，部分研究署在职能上介于研究机构和考试管理机构之间，排除这些机构，全美教育署的数量在 105 所左右。② 据 1932 年《教育名录》（*Educational Directory*）统计显示，这类专门的研究机构和部门多达 182 个。③

综合来看，教育研究署主要分布于城市学校系统、大学教育学院、教师培训机构、州教育部。典型的城市学校系统研究署创办于 1920 年，一般配备 4 名工作人员，即主任、助理、普通文员、心理学家，向学校督学负责。典型的大学下设研究署确立于 1922 年，主要由 5 人组成，即兼职主任、全职助理主任、普通助理、助理统计员、文员-速记员，向教育学院院长负责。典型的教师培训机构研究署确立于 1920 年，主要由 3 人组成，其中 1 人为常任秘书，该研究署向培训机构校长负责。在很多城市，研究署的主任就是学校督学助理。④

---

① Harold B. Chapman, *Organized Research in Education : with Special Reference to the Bureau of Educational Research* (Columbus, Ohio: The Ohio State University Press, 1927), pp. 1-2.

② Harold B. Chapman, *Organized Research in Education : with Special Reference to the Bureau of Educational Research* (Columbus, Ohio: The Ohio State University Press, 1927), pp. 19-20.

③ Charles H. Judd, "Education," in *Recent Social Trends in the United States : Report of the President's Research Committee on Social Trends*, Vol. Ⅰ (New York: McGraw-Hill Book Co., 1933), p. 389.

④ Harold B. Chapman, *Organized Research in Education : with Special Reference to the Bureau of Educational Research* (Columbus, Ohio: The Ohio State University Press, 1927), pp. 210-213.

各种教育研究机构早期主要致力于学校调查和测试。城市学校系统教育研究署的核心职能是采用标准化测试提高学校效率。1926年，哈罗德·奇普曼（Harold B. Chapman）分析了58个城市教育研究署的工作内容和职责。他列出的41项工作内容显示，管理者主要依赖统计数据进行学校组织和管理。①

表19 城市学校系统58所教育署的职能统计②

职能	频率		排名
	研究署数量（所）	所占比例（%）	
成就测试	58	100	1
智力测试	54	93	2
学生分类	50	86	3
课程问题实验研究	47	81	4
调查	44	76	5.5
专项调查	44	76	5.5
设计记录和报告模板	43	74	7
教师测试技术培训	38	66	8
设计测试	35	60	9
专项课程的组织与督导	34	58	10

大学、教师培训机构和州教育部下设的教育研究署在核心职能方

① Harold B. Chapman, *Organized Research in Education : with Special Reference to the Bureau of Educational Research* (Columbus, Ohio: The Ohio State University Press, 1927), p. 173.

② Harold B. Chapman, *Organized Research in Education : with Special Reference to the Bureau of Educational Research* (Columbus, Ohio: The Ohio State University Press, 1927), p. 173.

面与城市学校系统相似，主要以标准化测试为主。在教育测试与测量表中，《桑代克-麦考尔阅读量表》（*Thorndike-McCall Reading Scale*）被各个研究署采用的频率最高，有17所研究机构使用该量表测试小学生阅读成绩。[①]

第三节　教育测量与学校调查运动的有效推进

教育测量和学校调查运动有效地推进了教育科学化进程，19世纪末20世纪初以约瑟夫·赖斯（Joseph M. Rice）和桑代克为代表倡导的教育测量运动为之后大规模出现的学校调查运动提供了技术基础，教育测量运动中开发的统计工具得以在学校调查中完善和补充。教育管理越来越趋向于咨询专家，研究者开始有意识地采用科学方法获取清晰、客观的教育结果，测试、测量和分析研究有力地促进了教育科学研究的发展。[②]

一、教育测量运动

19世纪末20世纪初，测量统计方法在工业社会的发展中备受重视；同时，实验心理学所使用的量化实证方法对教育研究产生了重要影响；在此基础上，教育领域的测量运动也发展起来。心理和教育领域的测量受到两类科学资源的影响，一是普通心理学，二是统计学。

---

① Harold B. Chapman, *Organized Research in Education: with Special Reference to the Bureau of Educational Research* (Columbus, Ohio: The Ohio State University Press, 1927), p. 185.

② Charles H. Judd, "Education," in *Recent Social Trends in the United States: Report of the President's Research Committee on Social Trends*, Vol. Ⅰ (New York: McGraw-Hill Book Co., 1933), p. 327.

普通心理学自 19 世纪中期起开始开发认知测量方法，数学家与生物学家和社会学家合作对统计学技术的发展做出了巨大贡献，调查统计方法对学校实践产生了深刻影响。[①]

在教育测量运动中，调查统计方法得以广泛传播，约瑟夫·赖斯和桑代克对测量理论和技术的发展做出了重要贡献。虽然在教育科学化运动中桑代克及其追随者开发了教育研究工具，但从历史渊源看，赖斯是教育测量运动的发起者和先驱。赖斯是首位采用测量技术评估教育结果的教育工作者之一。1900 年之前，赖斯曾对上千名学生进行测试。自 1897 年开始，赖斯分别就学生在拼写、算术等方面的能力进行了调查测试。他对儿童拼写能力的实证研究被视为首次使用有效统计技术进行教育研究的范例，这一尝试被视为美国教育测量的开端。赖斯的调查对学校教育改革产生了深刻影响，更为重要的是他的调查方法刺激了对教育问题进行科学研究兴趣的增长。“教育研究”这一术语虽然早在赖斯之前就已被使用，但不得不承认，经由赖斯在《论坛》（*Forum*）杂志所发表的系列文章才被广泛推广。[②] 赖斯认为将初等教育建立在科学基础之上，必须首先确立科学合理的教学目标。[③] 赖斯指出，19 世纪末 20 世纪初的教育意见层出不穷，但没有事实依据支撑这些意见，教育学（science of pedagogy）仍以个人意见为基础。[④]

赖斯采用定量比较方法开展的拼写成绩测量成为教育科学研究的分水岭。此后，测试运动（test movement）和测量运动（measurement movement）迅速兴起。测试运动深受法国心理学家阿尔弗雷德·比奈

① Charles H. Judd, *Educational Psychology* (Boston: Houghton Mifflin, 1939), p. 520.

② Charles H. Judd, *Educational Psychology* (Boston: Houghton Mifflin, 1939), p. 525.

③ Joseph M. Rice, "The Futility of the Spelling Grind," *Forum*, Vol. XXIII, Apr., 1897: 163-164.

④ Joseph M. Rice, *Scientific Management in Education* (New York: Publishers Printing Company, 1913), p. 1.

(Alfred Binet)的影响，比奈的心理测试主要用来甄别个体差异和发展阶段。1905年，比奈与托马斯·西蒙(Thomas Simon)合作开发了一系列测试量表，并且经过修订完善，于1908年出版《比奈-西蒙智力量表》。这一量表被欧洲广泛应用，美国心理学家路易斯·特曼翻译并修订该量表后，使其在美国得到推广。①

比奈和西蒙完善测试量表的同时，美国心理学家桑代克则集中开发了针对认知和社会现象的统计测量工具。如果说赖斯是教育测量的发明者，那么桑代克则可以被称为教育测量之父。② 虽然测量测试运动由赖斯在19世纪90年代发起，但桑代克及他的学生才是测量运动更具代表性的领导者。桑代克通过一系列系统的理论研究，将统计方法运用于教育测量，③ 并且将其推广到学校管理和教学实践中，这是桑代克对教育测量做出的最大贡献。威廉·迈克卡尔(William A. McCall)将桑代克所做的研究视为教育测量运动的第二个阶段。这一阶段桑代克尝试系统设计教育测量量表，如《桑代克-福勒顿定理量表》(*Thorndike-Fullerton Theorem*)的推广和应用，威廉·迈克卡尔将其视为科学教育测量的开端。④

教育测量运动中的大量研究很大程度上都要归功于桑代克所做的贡献。1904年，桑代克出版的《认知与社会测量理论导论》和1908年发布的《比奈-西蒙智力量表》为学校测量与调查提供了技术基础。一

① Charles H. Judd, *Problems of Education in the United States* (New York: McGraw-Hill Book Company, 1933), p. 180.

② William A. McCall, *Measurement: A Revision of How to Measure in Education* (New York: the Macmillan Company, 1939), pp. 23-24.

③ 在教育测量运动早期，采用统计的方法研究人类的身心特点非常盛行。桑代克认为科学的测量技术最终能实现对人类心智的量化研究。他承认在实际操作中测量人类心智的复杂性和困难，但这并不是由于人类心智不可测量，而是测量技术本身的局限。

④ William A. McCall, *Measurement: A Revision of How to Measure in Education* (New York: the Macmillan Company, 1939), p. 23.

般来看，这些技术成果刺激了教育测量运动，使这场运动于1915年达到高潮。20世纪初，《比奈-西蒙智力量表》被广泛推广。1900—1920年出现了大量标准化测试测量工具，大部分测量工具都受到桑代克思想的影响，桑代克及其学生研发了一系列成绩测试量表。1908年，桑代克指导其学生克里夫·斯通（Cliff W. Stone）完成出版《算术中的推理测试》（*Reasoning Tests in Arithmetic*），其中的测试量表成为桑代克式教育测量范式确立的过渡性文献。斯通设计的算术测试量表也被视为在教育测量中第一个科学化、结构化的测量工具。[①] 1909年，李奥纳多·艾尔斯（Leonard P. Ayres）出版了引起社会广泛关注的《学校后进生：城市中小学发展滞后与淘汰研究》（*Laggards in Our Schools：A Study of Retardation and Elimination in City School Systems*）。他运用图表统计数据的方法对学校中的后进生现象及其成因等进行了系统分析，这一尝试向教师和学校管理者展示了科学研究的巨大价值。

这一时期也是桑代克设计智力测试量表实施教育测量的黄金时期。他在英语写作、绘画和书写等领域设计了一系列标准化的测试工具。桑代克在教育研究中所做的最大贡献之一是编制了首个科学的、结构化的测量学生学业成就的量表，即1910年出版的《手写能力测试量表》（*Handwriting Scale*）。除此而外，桑代克陆续设计了其他量表[②]并迅

---

① Marion R. Trabue, *Measuring Results in Education*（New York：American Book Company，1924），p. 73.

② 如1911年《英语书写能力测试量表》（A Scale for Measuring the Merit of English Writing），1913年《绘画能力测试量表》（A Scale for General Merit of Children's Drawings），1914年《视觉词汇测试量表》（Scale for Visual Vocabulary）、《句式段落阅读理解能力测试量表》（Scale for Measuring the Understanding of Sentences and Paragraphs）、《阅读能力测试量表》（Scale for Measuring Ability in Reading），1915年《希尔格斯-桑代克作文测试量表》（The Thorndike Extension of the Hillegas Composition Scale），1923年《桑代克-迈克卡尔测试量表》（The Thorndike-McCall Reading Tests）等。

速被推广。与此同时，桑代克在教育测量领域指导和培养了一批优秀的学生。威廉·迈克卡尔在 1926 年纪念桑代克的文章中说道：“20 年来教育测量领域出现的 30 项主要成果中，其中的 28 项都是由桑代克及他的学生完成的。”①

桑代克在踏足教育领域之前，坚信对教学进行有效研究的前提是基于对教学结果所做的标准化测量，在 20 世纪初并没有客观的工具测量教学结果或学生学习过程。测试测量运动自桑代克后迅速向全美普及，1910 年纽约市学校调查首次采用客观性测试，随后成立教育研究署，其他各州也纷纷成立教育研究署，积极推广标准化测试。截至 1918 年，沃尔特·孟禄（Walter S. Monroe）在全美教育研究学会年鉴中指出，在全美中小学使用的标准化测试量表多达 100 个。② 测验的开发和使用被乔治·斯特雷耶（George D. Strayer，1876—1962 年）领导的全美教育协会教育理事会学校和学校系统测试和标准效率委员会③进一步推广。

教育测量运动和测试量表的完善极大地推动了教育管理学的发展。1900—1910 年，在学生分类、成绩评估、学习能力诊断等方面，学校管理者尚不能进行客观科学的测量。1910 年后，客观化、标准化测试逐渐成为学校管理者考核诊断学生的主要手段。这些数据信息不仅为

---

① William A. McCall, "Technical Contributions to Educational Measurement," *Teachers College Record* XXVII, No. 6, Feb., 1926: 564-568.

② Lawrence A. Cremin, *The Transformation of the School: Progressivism in American Education*, 1876-1957 (New York: Alfred A. Knopf, 1960), pp. 186-187.

③ 英文全称：Committee on Test and Standards of Efficiency in Schools and School Systems of the National Council of the National Education Association。

管理者和教师提供参考，也为教育科学研究积累事实数据。① 1914 年，全美教育协会督学部以压倒性投票通过考试与标准委员会（Committee of Tests and Standards）的报告，推广使用客观化、标准化测量工具。② 1915 年，全美教育协会督学部召开会议专门就“标准化”“测量”“测试”存在的利弊进行公开讨论。10 年后，贾德在全美教育协会会议中认为这次大讨论无疑是美国教育史上的一场革命，测量与测试自此最终征服了各种保守批评成为胜利者，开始遍布美国每一所进步学校。③

二、学校调查运动

尽管保守主义者反对教育测量运动，但教育测量运动发展迅速并促成了学校调查运动的兴起。事实上，在“学校调查”这一术语出现之前，美国教育史上已经有一些关于学校体系的系统研究。贺拉斯·曼和亨利·巴纳德就曾在新英格兰地区调查撰写了大量学校评估报告。

19 世纪 90 年代，约瑟夫·赖斯主编的《论坛》杂志在学校调查中极为活跃。1897 年，赖斯发表了第一份学校调查报告，被视为美国教育史上第一份学校普查报告。赖斯的文章主要对学生拼写测试进行比较研究。在文章中，赖斯并没有使用“调查”（survey）一词，但他在

---

① William C. Reavis, "Contributions of Research to Educational Administration," in *The Scientific Movement in Education: Thirty-Seventh Yearbook of the National Society for the Study of Education, Part II*, ed. Guy M. Whipple (Bloomington, Illinois: Public School Publishing Company, 1938), p. 27.

② William C. Reavis, "Contributions of Research to Educational Administration," in *The Scientific Movement in Education: Thirty-Seventh Yearbook of the National Society for the Study of Education, Part II*, ed. Guy M. Whipple (Bloomington, Illinois: Public School Publishing Company, 1938), p. 28.

③ Walter S. Monroe, Max D. Engelhart, *The Scientific Study of Educational Problems* (New York: Macmillan, 1936), p. 457.

文章中使用量化研究方法成为学校调查的核心特点。事实上，学校调查是当时社会调查运动的一部分，政治科学家和社会学家也在采用定量方法对市政机构、社会民生等实施大规模的调查研究。1907 年，匹兹堡的城市调查开始采用“社会调查”（social survey）这一术语，该术语实际上是借用工程学家使用的土地调查（land survey）概念，这一概念迅速被推广到各个领域。①

学校调查运动正式开始于 1910 年，在此之前，它是由政府官员或对教育感兴趣的业余调查者完成。1910—1911 年，学校调查中开始出现新的元素，外部专家逐渐成为学校调查的主力。其中具有代表性的学校调查主要包括 1910 年爱达荷州博伊西（Boise）城市学校督学查尔斯·米克（Charles S. Meek）邀请印第安纳波利斯城市学校督学凯文·坎德尔（Calvin N. Kendall）对博伊西城市学校进行调查。随后，坎德尔在当地报纸上发表了题为“爱达荷政客”（*Idaho Statesman*）的报告，这份调查报告被视为学校调查运动的开端。紧接着，1911 年，哈佛大学保罗·汉纳斯（Paul Hanus）对新泽西州蒙特克莱尔（Montclair）城市学校的调查、耶鲁大学厄内斯特·摩尔（Ernest C. Moore）对新泽西州东奥兰治（East Orange）城市学校的调查都是学校调查运动的早期典范。

1911—1913 年汉纳斯主持的纽约城市学校调查耗资 95139 美元，报告发表后迅速引起了全美关注，并且为学校调查运动赢得了声誉。自此，全美掀起学校调查的热潮。1914 年的全美教育研究学会年鉴曾围绕外部专家是否应介入学校调查引起了激烈的争论，甚至有人强烈

① Charles H. Judd, "Contributions of School Surveys," in *The Scientific Movement in Education: Thirty-Seventh Yearbook of the National Society for the Study of Education, Part II*, ed. Guy M. Whipple (Bloomington, Illinois: Public School Publishing Company, 1938), p. 11.

反对外部专家介入学校调查，认为学校调查应由政府官员负责。[①] 虽有质疑声，但外部专家主持学校调查是当时的社会潮流。而科学调查成为教学方法、课程组织和学校管理改革的基础。[②]

1916 年后，学校调查成为学校管理的常规手段，学校系统开始创办专门的研究部实施调查测量。[③] 1915—1916 年，李奥纳多・艾尔斯主持克里夫兰学校调查是学校调查运动的巅峰。在克里夫兰学校调查中出现了新的趋势，一是调查逐渐向专门化转型，二是学校系统开始出现专门的调查研究机构，学校管理者向专家转型。[④] 据霍利斯・卡斯维尔（Hollis Caswell）统计，1910—1919 年由专家对城市学校系统开展的调查达到 67 项，1920—1927 年达到 114 项。[⑤] 与此同时，大学教育研究部门成为城市学校调查的主要机构，如图 2[⑥] 所示：

---

① Henry L. Smith., Charles H. Judd., S. Chester Parker, " Plans for Organizing School Surveys with a Summary of Typical School Surveys," in *The Thirteenth Yearbook of the National Society for the Study of Education, Part Ⅱ* (Chicago, Illinois: The University of Chicago Press, 1914), pp. 18-20.

② Charles H. Judd, "Education," in *Recent Social Trends in the United States: Report of the President's Research Committee on Social Trends*, Vol. Ⅰ (New York: McGraw-Hill Book Co., 1933), p. 381.

③ Charles H. Judd, *Problems of Education in the United States* (New York: McGraw-Hill Book Company, 1933), p. 185.

④ Charles H. Judd, "Contributions of School Surveys," in *The Scientific Movement in Education: Thirty-Seventh Yearbook of the National Society for the Study of Education, Part Ⅱ*, ed. Guy M. Whipple (Bloomington, Illinois: Public School Publishing Company, 1938), pp. 14-15.

⑤ Hollis L. Caswell, *City School Surveys: An Interpretation and Appraisal* (Manhattan: Teachers College, Columbia University, 1929), pp. 26-27.

⑥ Hollis L. Caswell, *City School Surveys: An Interpretation and Appraisal* (Manhattan: Teachers College, Columbia University, 1929), p. 32.

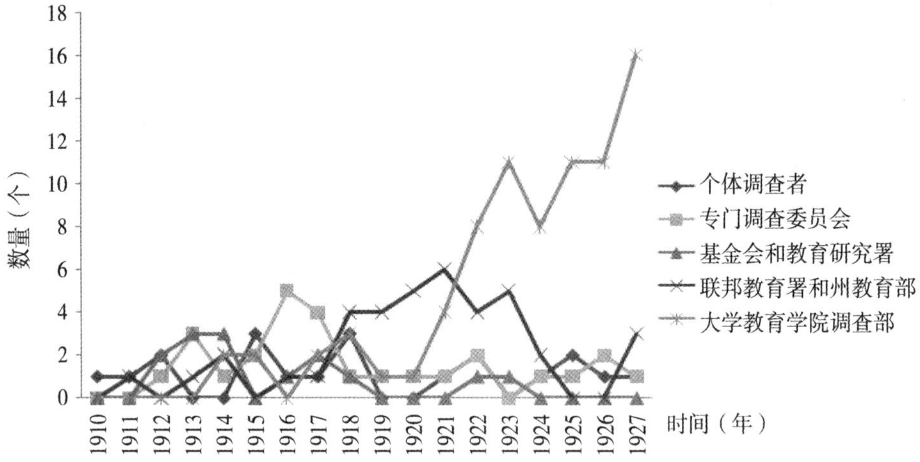

图2　主持学校调查的部门机构变化情况

数据来源：Hollis L. Caswell, *City School Surveys: An Interpretation and Appraisal* (Manhattan: Teachers College, Columbia University, 1929), p. 32.

大学通过学校调查积极推广教育科学研究，哥伦比亚大学教师学院是推动教育科学研究的先驱性机构，并且成为推动教育科学研究的核心院校。1920 年后，学校调查项目逐渐成为大学教育学院的常规职能，其中斯特雷耶在教师学院主管的田野研究部（Division of Field Studies）在学校调查中发挥了关键作用。1921 年，田野研究部成立，斯特雷耶担任研究部主任，英格哈特担任副主任。田野研究部对全美学校的调查产生了非常关键的影响，斯特雷耶组织实施的城市学校调查项目数量位列全美之首。除此而外，他们组织的调查项目也对其他学校的调查产生了重要影响。1928 年公开发布的 12 项学校调查中的 11 项都是由受训于田野研究部的学者完成的，1927 年的 18 项学校调查中也有 12 项出自田野研究部。①

① Hollis L. Caswell, *City School Surveys: An Interpretation and Appraisal* (New York: Teachers College, Columbia University, 1929), p. 39.

在参与学校改革中，大学专家通过学校调查对学校组织结构、董事会工作、管理、财政、人事、入学机会、课程、校舍、健康与体育教育等方面都产生了直接和间接的影响。赫里斯·卡斯维尔 1928 年对 50 个城市学校系统的调查问卷结果显示，以大学专家和督学为主导的学校调查在某种程度上直接引发了城市学校系统的组织变革（详见图 3）。①

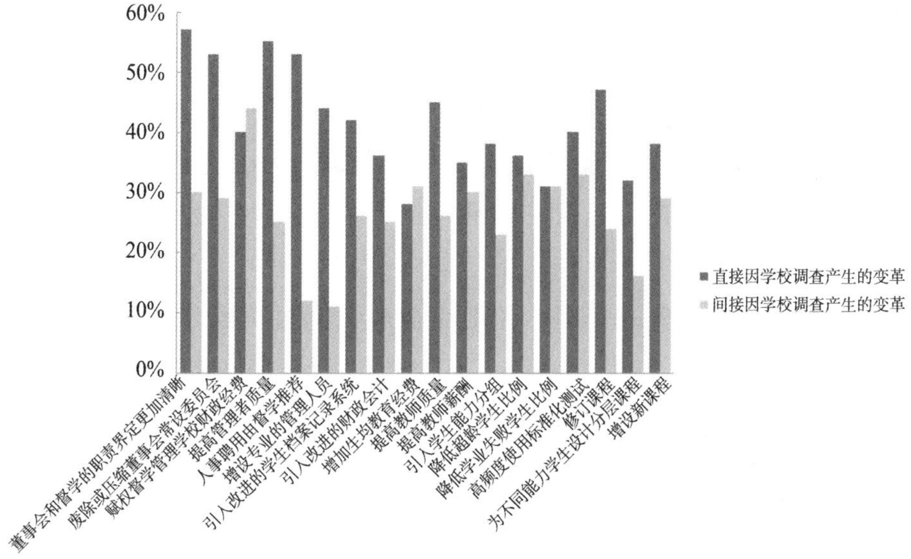

图 3　学校调查对城市学校系统直接和间接的影响程度

数据来源：Caswell, Hollis L., *City School Surveys: An Interpretation and Appraisal* (Manhattan: Teachers College, Columbia University, 1929), pp. 62-72.

学校调查运动开展 20 多年后，1937 年，沃尔特·伊尔斯（Walter C. Eells）对 50 个学校调查项目跟踪调查得出结论：在 50 项调查研究提出的 4974 项政策建议中，70%的政策建议得到全部或部分付诸实践，

---

① Hollis L. Caswell, *City School Surveys: An Interpretation and Appraisal* (New York: Teachers College, Columbia University, 1929), pp. 62-72.

56%的全部或部分建议在三年内转化成教育改革，45%的政策建议得到全部付诸实践，37%的政策建议在三年内被全部应用到改革实践中。[①]

从某种程度上说，学校调查运动与教育科学研究将教育理论与学校改革实践整合交织在一起。一方面，学校调查运动显著地推动了教育科学研究的发展，在调查研究中科学方法得到大范围运用，大量学校调查项目成为教育管理的手段。杰西·希尔斯（Jesse B. Sears）甚至认为，学校调查研究是现代学校管理唯一理性的方式。[②] 学校调查运动不仅为学校管理者提供了大量数据信息和建议，还使教育科学专业的学生得以在调查过程中获得了技术上的训练。另一方面，学校调查的迅速发展归功于教育科学研究过程中不断开发完善的测量技术。毫无疑问，桑代克及其追随者推崇的定量实证教育研究取向在学校调查运动中发挥了至关重要的作用，深刻地影响了美国学校改革的进程。《认知与社会测量理论导论》出版 20 年后，多达 50 个城市学校系统和很多州教育部受其影响设立研究署专门进行定量研究以服务于学校政策制定，这些教育研究署进行了上百万份测试及学校统计数据整理搜集。[③] 截至 1927 年，全美教育署数量达到上百所，这一机构将城市学校系统、州立大学、教师培训机构和州教育部门的工作连接在一起。[④]（详见本章第二节）

---

① Walter C. Eells, *Surveys of American Higher Education* (New York: Carnegie Foundation for the Advancement of Teaching, 1937), p. 181.

② Jesse B. Sears, *The School Survey: a Textbook on the Use of School Surveying in the Administration of Public Schools* (Boston: Houghton Mifflin Company, 1925), p. 426.

③ Geraldine Joncich, *The Sane Positivist: A Biography of Edward L. Thorndike* (Middletown, Connecticut: Wesleyan University Press, 1968), p. 557.

④ Harold B. Chapman, *Organized Research in Education: with Special Reference to the Bureau of Educational Research* (Columbus, Ohio: The Ohio State University Press, 1927), pp. 1-2.

与此同时，教育科学研究的发展为学校董事会和督学的关系赋予了新的内涵，以往学校政策与决策在相当程度上依赖于个人的经验判断，在教育科学的引导下，学校决策逐渐转向依靠事实和科学证据，研究者对教育问题的实证研究为公共学校管理注入了新的活力。在此基础上，大学、学校董事会、督学之间形成了新的权力秩序，学校董事会和督学往往会征询大学教授的意见，而大学通常会采用学校调查的方式为学校提供一系列建议，如在管理、课程、人事等方面的政策改革。学校调查成为科学主义教育研究取向实现其改革公立学校的主要技术手段，经由学校调查，大学教授与督学联合在一起将科学、量化实证方法引入学校管理中。① 大学教育教授以咨询专家的身份参加学校调查项目，个人收入也不断增加。1921 年之前，大学教育教授的咨询薪酬是平均每天 40 美元，1921 年后增加到每天 50 美元，而贾德的咨询薪酬竟达每天 100 美元，1920 年威廉·格里校外咨询的收入达到 2000 美元。② 可以说，学校调查运动在大学教育系和学校管理者之间建立了一座桥梁，它使教育教授的专家咨询服务常规化，使他们有机会参与城市公立学校的管理工作。

第四节 教育科学研究取向及其论争

自 19 世纪 80 年代以来，以科学的态度研究教育的兴趣不断增长，但同时也有学者对教育能否被称为科学表示怀疑。随着教育科学化运动的发展，教育是一门怎样的科学更成为争议的焦点，关于自然科学与教育科学之间区别的讨论被教育科学应该在科学体系中获得合法地

---

① David B. Tyack, "Pilgrim's Progress: Toward a Social History of the School Superintendency, 1860-1960," *History of Education Quarterly* 16, No. 3, 1976: 257-300.

② Woodie Thomas White, *The Study of Education at the University of Chicago, 1892-1958* (Chicago: University of Chicago, 1977), pp. 200-201.

位的讨论所替代。在美国教育学术职业化初期，杜威、桑代克、贾德等教育学界精英围绕教育研究范式形成了不同的学术立场，以杜威为代表的实验主义取向认为教育科学是理性解决问题的方法，它可以也应该被各层次的实践者运用。在教育研究取向上，杜威更倾向于合作式而非狭隘的专业主义取向的教育研究模式。以桑代克、贾德为代表的科学主义取向则将教育科学视为客观知识的宝库，这些知识是专家在实验室和人为控制的研究项目中生产出来的。实验主义取向与科学主义取向就教育研究的路径与方法展开了长期而激烈的争论。

一、桑代克主导的科学主义教育研究取向

为了使教育与大学其他学科具有同等的科学性地位，科学主义取向的教育家们十分强调实证、定量研究，他们目睹了黑格尔、裴斯泰洛奇、赫尔巴特和福禄贝尔等追随者的论争，认为哲学导致分歧，深信科学能够改变这种局面。桑代克、贾德等科学主义取向的研究方法强调依赖专业化知识，并且努力促进教育研究成为一门专业科学。第一次世界大战后，哥伦比亚大学教师学院的主任拉塞尔、芝加哥大学的贾德、斯坦福大学的克伯莱传承桑代克科学主义的价值取向，坚持引入科学方法解决教育问题，最终促成了美国初等教育和中等教育的转型。他们的努力最终将科学方法引入教育研究和实践中。关于这一点，本章第三节已经详细阐述。

以桑代克、贾德为代表的科学主义取向教育家们认为，城市学校管理进步的关键取决于“科学方法的应用”及“学校管理人员的专业训练”。他们在杂志上抨击 19 世纪城市学校中旧的课程结构、死记硬背的教学方法，以及对教师培训的不足，认为这种体制是僵化的、不科学的、低效和无人性的。他们想要建立一种适应新的社会和经济境况的更加复杂的、分化的组织，即专家应当设计和管理学校体制，他们

试图将城市教育的控制权转交给法团治理模式下的集权化教育委员会和专家督学。在这个体制内部，他们集中关注的是结构的分化和社会功效，以及社会控制这些目标的实现。因此，他们主要关注的是有组织的行为和学校与外部控制的联结，关注的是整体的目标而非学生的个人发展。①

后世的历史学家和哲学家都偏爱于分析和批评杜威的进步主义教育思想，很少有人关注桑代克的教育思想及其影响。事实上，桑代克在哥伦比亚大学教师学院构建了美国教育学科的课程、教学论、组织结构，并且为大学教育研究的基本目标和方法打下了根基。宽泛地讲，是桑代克而不是杜威的人性及社会概念贯穿弥漫于美国教育研究的文献之中，桑代克的教育研究路向在美国教育思想和实践中将会继续制造“实证论取向的文化”。② 但也有批评家认为桑代克的教育研究是建立在大量还没有确证的心理学和认识论假设基础上的。桑代克及其追随者通过模仿自然科学的定量化技术，忽视了学习情境的复杂性，以及人类经验中的创造性和非理性因素。教育史家艾伦·拉格曼（Ellen C. Lagemann）认为“美国早期教育家们对教育领域形成了一种非常悲伤的狭窄化观念，如果有人说 20 世纪影响教育学术的最强大的社会力量把这个领域推向令人遗憾的方向，即逃离与政策和实践的紧密接触，转向过分的定量化与科学主义，我相信这不会是不准确的”③。

---

① ［美］戴维·B. 泰亚克：《一种最佳体制：美国城市教育史》，赵立玮译，上海人民出版社，2010，第 205 页。

② Stephen Tomlinson, “Edward Lee Thorndike and John Dewey on the Science of Education,” *Oxford Review of Education* 23, No. 3, Sep., 1997: 365-383.

③ ［美］埃伦·康德利夫·拉格曼：《一门捉摸不定的科学：困扰不断的教育研究的历史》，花海燕等译，教育科学出版社，2006，英文版序言，第 7—8 页。

二、杜威主导的实验主义教育研究取向

以杜威为代表的实验主义教育研究取向强调建构哲学式教育理论研究模式，这种理论模式的价值在于辅助教育研究者摆脱传统、习俗惯例及个人偏见等观念的束缚，以更加自由、开放的状态从事教育研究工作。杜威认为教育依然处于经验主义向科学转型的阶段。一方面，在其经验主义形态中，决定教育的主要因素是传统的模仿与复制。在这种情况下，判定教师是否成就卓越主要依据这些因素：课堂秩序、学生正确背诵布置的作业、考试合格、学生升级率等。在大多数情况下，各学区使用这些标准判定教师的胜任能力。这种评判教师的观念被渗透到师范学校或师范学院中。① 另一方面，在学校教育中，人们倾向于将统计和实验室研究结果直接用来指导学校管理和教学，教师倾向于将实验室研究结果直接运用于教学实践，那些缓慢而循序渐进、独立生长的理论却无法获得发展空间，这种空间是真正科学形成的必要条件。②

在杜威看来，嫁接测量与实验的技术不足以成就教育科学，教育科学不能简单照搬自然科学的实验与测量技术。杜威一再强调，科学发现是用于教育科学的资源，它需要以教育家的思想为介质，辅助教育以更加理智的方式发挥其功能，只有在这种情况下，教育科学的启蒙、明辨与进步才可能实现。杜威认为，以当时心理学和社会学发展

---

① John Dewey, "The Sources of a Science of Education," in *The Later Works of John Dewey*, 1925-1953, Vol. 5, ed. Jo Ann Boydston (Carbondale and Edwardsville: Southern Illinois University Press, 1984), p. 7.

② John Dewey, "The Sources of a Science of Education," in *The Later Works of John Dewey*, 1925-1953, Vol. 5, ed. Jo Ann Boydston (Carbondale and Edwardsville: Southern Illinois University Press, 1984), p. 8.

的程度，它们还无法提供解决教育问题的具体方法。而教育哲学则为教育科学的综合应用价值提供研究假设，在这种程度上可认为教育哲学是教育科学的一种资源。“假设”与“调查工作”同等重要，教育哲学所提供的正是假设，而非终极的规范或真理，这些假设在具体观察中不断被检测和修正。缺乏哲学上一般化的观点和价值判断，测量与调查在一定程度上是片面无效的。杜威认为，更具一般性的“假设”尤其适用于教育科学这种新科学形成的早期阶段。

不同于心理学家桑代克、贾德，杜威希望通过教育研究改革学校教育，而不仅仅是通过测试、测量来组织学校教育。杜威认为大学的教育系首先应将学生培养成教育领域的专家，如教育学教授、督学、师范学校督查等；其次，教育系应设立专门的实验学校，以实践和检测新的教育理论。为实现这些目标，杜威在芝加哥大学积极扩充教师规模，增设课程（如教育心理学、教育哲学、教育方法论、教育理论变迁、初等教育、教育逻辑方法、课程史等）。其中，教育哲学和教育心理学课程增加最快，教育哲学类课程从 1893 年的 14 门增加到 1899 年的 35 门；同一时期，教育心理学类课程从 2 门增加到 12 门。[①]

一方面，在杜威看来，大学不同学科的学者、中小学教师、学校督导、家长等都应是教育研究的合作参与者，教育研究的推行要深刻依赖大学其他学科的发展。因此，他希望将教育学术职业化建立在自由和多学科合作的基础上。他认为教育研究应是大学和民众日常生活间的桥梁，它可在大学相关研究工作与社会需求之间建立联系，在大学专门知识与各层次学校教育间建立联系，大学教育学系的设置可最大限度地避免知识过度专门化。1902 年，杜威曾写道：“我坚信教育理论和方法的确立需要以心理学原理为前提，对教育问题的科学探讨需

---

① Woodie T. White, *The Study of Education at the University of Chicago, 1892-1958*(Chicago: University of Chicago, 1977), p. 36.

要熟悉现代智力发展研究的方法和结论，对教育目的的理解则需要借助伦理学的价值和观念，熟知人类思想史可开阔我们对教育的理解。因此，教育理论课程应与哲学、生物学、心理学、神经学、社会科学等建立紧密联系。”① 教育学的目的是在大学中通过不同学科的融合构建教育研究的理论基础。另一方面，杜威认为人的心智是社会适应的产物，所有人类的经验本质上是社会性的。杜威试图澄清科学推理的过程，并且将其传授给儿童。他认为科学是解决问题的系统方法，是将充满困惑的情境转变成统一的、令人满意的完整情境的过程。因此，能否解决问题成为教育科学知识的基本标准，杜威认为只有那些从事指导教育活动的人才可能真正生产教育科学知识。② 在教育科学研究理论体系中，杜威的核心概念是“探究”（inquiry），他认为并不存在预先需要被认知的存在，教育科学始于混沌、不确定的情境式问题，通过探究最终得以规范化，“探究”正是知识形成的中介。③ 因此，杜威认为教育系还应建立实验学校，实验学校提供的经验环境对教育知识生产及教育理论检验是非常必要的。杜威在哥伦比亚大学曾向他的同事提到智力测量的技术让他想起了童年时期在佛蒙特称量猪的方法，这也从侧面反映了杜威对教育测量的质疑。他主张认识世界和变革社会需要采用科学方法，但他也批评那些试图用数学和物理学等自然科

---

① The University of Chicago, *Annual Register*, *July*, *1901-July*, *1902 with Announcements for 1902-1903*, *Part Ⅲ* (Chicago: The University of Chicago Press, 1902), pp. 188-189.

② John Dewey, "The Sources of a Science of Education," in *The Later Works of John Dewey*, 1925-1953, Vol. 5, ed. Jo Ann Boydston (Carbondale and Edwardsville: Southern Illinois University Press, 1984), p. 16.

③ Jay Williams, "Dewey and the Idea of a Science of Education," *The School Review*, *Dewey Centennial Issue* 67, No. 2, 1959: 186-194.

学的概念和方法构建教育科学内容的教育家。[①]

杜威的追随者拉格（Harold O. Rugg）也指出，教育的最终目标是生活，社会分析与测量的过程仅为教育提供了所需的知识和技术，并不能主导教育目标的最终取向。从根本上说，教育目标的规定需要依赖人类的价值判断。[②] 杜威非常强调教育科学研究过程中技术的合理运用，他所理解的科学象征着探究问题之系统方法，面对系列事实时，科学能够辅助人们更好地理解它们，并且以更加明智的方式掌控事实，以减少处理事实材料时出现的随意或模式化倾向。[③] 所以，在教育中将科学置于合理位置是一项基础工作，同时应清醒意识到科学方法的限度。

杜威认识到现代生活中不可避免的"效率"概念和方法正在向教育渗透，标准化已成为教育研究不争的事实。一方面，他承认科学主义在教育研究中的价值，认为学校有类似于工厂运作的一面，学习行为在最初阶段都会带有某种机械属性。[④]另一方面，他指出，"将标准化方法引入教学和管理的危险并不在技术工具本身，而在于使用这些工具的人……毫无疑问，目前正在推行的标准化的许多方法并不值得过

---

① Norman Woelfel, *Molders of the American Mind : a Critical Review of the Social Attitudes of Seventeen Leaders in American Education* (New York: Columbia University Press, 1933), pp. 119-127.

② Harold O. Rugg, "Curriculum-Making and the Scientific Study of Education Since 1910," *Curriculum Theory Network* 4, No. 4, 1975: 295-308.

③ John Dewey, "The Sources of a Science of Education," in *The Later Works of John Dewey*, 1925-1953, Vol. 5, ed. Jo Ann Boydston (Carbondale and Edwardsville: Southern Illinois University Press, 1984), pp. 3-4.

④ John Dewey, "Current Tendencies in Education," in *The Middle Works of John Dewey*, 1899-1924, Vol. 10, ed. Jo Ann Boydston (Carbondale and Edwardsville: Southern Illinois University Press, 1984), p. 118.

度关注……我认为，在当前教育发展趋势中，应创办实验学校”[①]。实验学校对教育的最大贡献即实验理念本身，实验方法的理念作为一种精神应成为解决社会问题的路径。事实上，实验是人为控制情境下富有开创性的科学研究方法。实验是基于某种理念，是坚持某种理念直至其成熟的方法，实验态度以详细的分析代替宏大的论断，以具体的探究代替捉摸不定的信念，以具体的事实代替含糊的观念。[②]

杜威生活的时代正是将科学应用于工业和社会各领域的时期，他担心可能会产生一种新形式的技术专制主义，即将自然科学的决定论概念运用于社会政策的制定，在效率的名义下，牺牲个人和社会生活的质量。杜威反对理论与实践的二元论，认为应重建哲学以指导人类妥善利用科学改善自身生活。但在知识专门化和学科分化的时代，杜威推崇的融合各学科的教育科学理想遇到重重困难，社会科学和生物科学的专门化及科学实验的应用刺激了教育心理学与教师和课堂的分离。

三、教育科学化的主流

20 世纪初，杜威和桑代克的思想成为主导美国教育研究及实践的两大流派，他们提出的经典概念至今依然是教育哲学和教育心理学领

---

① John Dewey, “Current Tendencies in Education,” in *The Middle Works of John Dewey*, 1899-1924, Vol. 10, ed. Jo A. Boydston(Carbondale and Edwardsville: Southern Illinois University Press, 1984), p. 119.

② John Dewey, “Current Tendencies in Education,” in *The Middle Works of John Dewey*, 1899-1924, Vol. 10, ed. Jo A. Boydston(Carbondale and Edwardsville: Southern Illinois University Press, 1984), p. 122.

域的核心概念。[①] 但在当时的教育科学化运动中，在学术争论和博弈中，科学主义研究取向逐渐成为美国教育学术研究的主导思维模式，并且为美国大学教育学院和教育研究提供了基本的工作和组织模式。当今美国学校实践和量化的教育研究传统事实上就是根植于19世纪末20世纪初以桑代克、贾德为代表的科学主义研究取向。而在众多的“杜威式教育”的事例中，真正名副其实的屈指可数。杜威在教育史中的地位，与其说是一位改革家，不如说他是一位被左派和右派既歌颂又批判的文化偶像。可以肯定地说，他的教育学观点没有为此后的教育研究建立一套可用的模式。[②] 所谓的桑代克的“成功”和杜威的“失败”是影响早期教育学术形成的重大事件。随着岁月的流逝，这种影响日趋明显，它对建立美国全国公立学校的教育理论的科学产生了重大影响。[③] 20世纪初，一方面，美国学校的创建者要面对工业化、城市化和多元文化的挑战；另一方面，行为主义心理学、认知测量、科学管理等逐渐崛起，它们假设自然科学的方法可以被用来研究人类行为，教育研究被视为能够帮助公民有效适应工业社会的一门应用科学，如我们所熟悉的行为目标管理、训练、智力测试、成绩量表、按智力分班、职业培训等都是这一教育心理学理论的直接遗产。

杜威式的实验主义教育研究取向及其学术部落更像田园型研究模式，他们在学术部落建构上要相对松散，研究主题及其方法的选择也比较广泛；而科学主义的教育研究取向则更像都市型研究模式，这种

---

① Jonas F. Soltis, "Dewey and Thorndike: The Persistence of Paradigms in Educational Scholarship," *Canadian Journal of Education/Revue canadienne de l'éducation 13*, No. 1, Winter, 1988: 39-40.

② ［美］埃伦·康德利夫·拉格曼：《一门捉摸不定的科学：困扰不断的教育研究的历史》，花海燕等译，教育科学出版社，2006，第42页。

③ ［美］埃伦·康德利夫·拉格曼：《一门捉摸不定的科学：困扰不断的教育研究的历史》，花海燕等译，教育科学出版社，2006，第22页。

研究模式下的学术部落结构趋于科学化，注重学术资源的控制与竞争，研究主题与方法更加具体和具有操作性。[①]

趋向保守观点的教育家巴格莱认为，教育学术职业化的过程确立了机械心理学和机能主义哲学在教育理论中的地位，但两者都存在缺陷。巴格莱指出，行为主义取向的学校测试促使学校去迎合天才儿童，而实验学校所做的工作从根本上看并不是实验式的。巴格莱强烈反对智力测量和考试，将倡导这些的人称为教育中的决定论者。他认为决定论者忽略了环境因素在推进社会进步中的可能性。[②] 同时，巴格莱也批评进步主义教育，认为当社会需要确立坚定理想的时候，进步主义却强调社会松绑。[③]

在教育学术职业化初期的科学主义取向与实验主义取向论争的过程中，科学主义研究传统牢牢地确立了在教育学术研究中的话语权，成为规制美国教育研究整体取向的主导力量。桑代克、贾德及其门生所追求的科学主义取向的教育学术研究在20世纪初期确有泛滥极端之嫌，但这种努力对教育学科制度化和学术职业化本身是不可或缺的。在教育学术职业化条件下，对于教育学术研究来说，统计数字与测量是非常重要的，统计数字不仅仅是为了解释教育中的问题，还是为了发现需要解释的教育问题。不管调查与测量的方法本身存在哪些弱点，

---

① 田园型与都市型研究模式的概念取自这本书：［英］托尼·比彻，保罗·特罗勒尔：《学术部落及其领地：知识探索与学科文化》，唐跃勤等译，北京大学出版社，2008，第112页。

② William C. Bagley, *Determinism in Education* (New York: Warwick & York, Inc., 1926). 亦可参见 William C. Bagley, "Educational Determinism," "Democray and The I. Q.," *The Yearbook of National Society of College Teachers of Education*, No. 8 (Chicago: The University of Chicago Press, 1922), pp. 26-37。

③ Norman Woelfel, *Molders of the American Mind: a Critical Review of the Social Attitudes of Seventeen Leaders in American Education* (New York: Columbia University Press, 1933), pp. 60-64.

它都确实改变了教育研究的思维方式，即从学术和理论的角度向科学转变。学校及学校系统逐渐成为大批教育研究机构的实验站，经验式的试错法也逐渐被科学方法控制的实验研究所取代。

结语：教育科学化运动与教育研究者身份的转型

回顾教育科学化运动的历史，20 世纪前 30 年是美国教育科学研究最为耀眼的时期。这一时期，大学学者和学校管理者对教育科学研究的热情都极为高涨，学校系统与教育研究者之间形成了友善的合作关系，大学教育研究者通过教育科学研究参与学校改革，城市学校督学在职业化过程中积极推动教育研究，教育研究所推崇的测量、统计、调查数据成为学校管理者理性决策的依据。1910 年后，教育研究机构逐渐遍及城市学校系统和大学。这一时期，教育研究者和学校督学对教育科学研究极为乐观，普遍相信所有重要的教育问题都可以经由研究者的介入迅速得到解决。

20 世纪初是教育科学化运动最为辉煌的时期，以桑代克为代表的科学主义教育研究取向成为主导美国教育研究路向的主流范式。科学主义教育研究采用定量统计方法，在城市学校管理、智力测试、学校调查等领域进行了一系列实证调查研究，并且通过教育学术共同体的代际传递累积了大量教育知识。这些研究成果对 20 世纪美国城市学校系统的标准化和结构化影响至深，1910 年前后，量化实证式的教育科学研究模式通过对学校督学职业化训练确立了教育学术共同体在学校改革领域的优势累积效应。教育学术共同体在实践领域的优势累积效应促使教育知识在扩散中形成了一种精英控制模式。这种知识扩散模式不仅主导了美国 20 世纪城市学校系统的改革与重组，还直接影响了教育研究者介入学校改革的方式。在教育科学化运动中，教育研究者的身份被赋予了新的内涵，大学教育学教授和督学共同转型成为技术专家。在崇尚科学和效率的时代背景下，教育科学研究者积极推崇应用研究，不再将自己视为哲学家，而是问题解决者。[①] 学校管理者不再关注教育背后的哲学意义，而是以事实数据搜集者和问题解决者的身份介入学校改革。

一直以来，科学主义教育研究介入学校改革实践的方式和手段备受争议，进步主义教育家批评"技术专家"与教师和学生缺乏平等对话，忽视儿童个性差异。事实上，从学校改革与教育组织变迁的历史看，以桑代克为代表的科学主义研究传统所提出的理论事实上更直接地促成了进步主义教育运动目标的实现，如教材编写、儿童心理诊断、儿童心智差异等都与进步主义教育家所倡导的观点不谋而合。如果从历史的角度看教育科学化运动，1910 年以来确立的科学主义教育研究传统代表了一种进步倾向，1900 年前后采用科学方法研究教育的学者普遍将科学视作挖掘客观事实，他们希望依靠教育事实进行教育改革。自 20 世纪初以来，教育系统内外对科学主义教育研究传统与地方督学形成的精英联盟质疑虽多，但科学主义教育研究与督学所推崇的价值和标准得以在实践中成功推广。[②] 许多教育科学研究成果直接引起了学校系统的变革，其中一些研究成果对学校改革产生了非常深远的影响。在大多数进步主义城市学校系统中，学校管理者不再基于个人意见或臆断，而是广泛运用科学方法诊断教师和学生遇到的问题，学校政策和改革实践开始建立在扎实的科学调查和咨询基础上。[③] 20 世纪上半期，科学主义取向的教育研究者基于科学实证方法对关涉教育科学的问题进行了详细分

---

① David Tyack, Elisabeth Hansot, *Manager of Virtue : Public School leadership in America ,1820-1980*(New York:Basic Books Inc. ,Publishers,1982),p. 113.

② David Tyack, Elisabeth Hansot, *Manager of Virtue : Public School leadership in America ,1820-1980*(New York:Basic Books Inc. ,Publishers,1982),p. 114.

③ George D. Strayer,"Progress in City School Administration During the Past Twenty-five Years,"in Eurich, A. C. , *The Changing Educational World ,1905-1930*(Minneapolis: The University of Minnesota Press,1931),p. 159.

类,城市学校督学、校长和教师们最关注的现实问题得到系统研究和解释。这些研究成果对传统教育实践提出了质疑和挑战,并且将研究问题从个人意见、猜测推断中分离出来,这在很大程度上结束了扶手椅式教育研究的思维与实践模式,也为教育研究者介入学校改革奠定了知识基础。

【主要参考文献】

一、中文文献

[美]埃伦·康德利夫·拉格曼. 一门捉摸不定的科学:困扰不断的教育研究的历史[M]. 花海燕,等译. 北京:教育科学出版社,2006.

[美]戴维·B. 泰亚克. 一种最佳体制:美国城市教育史[M]. 赵立玮,译. 上海:上海人民出版社,2010.

[英]托尼·比彻,保罗·特罗勒尔. 学术部落及其领地:知识探索与学科文化[M]. 唐跃勤,等译. 北京:北京大学出版社,2008.

二、英文文献

American Council on Education. Report of the Committee on Graduate Instruction[M]. Washington, D. C., 1934.

Bagley, William C. Determinism in Education[M]. New York: Warwick & York, Inc., 1926.

Caswell, Hollis L. City School Surveys: An Interpretation and Appraisal[M]. New York: Teachers College, Columbia University, 1929.

Chapman, Harold B. Organized Research in Education: with Special Reference to the Bureau of Educational Research[M]. Columbus, Ohio: The Ohio State University Press, 1927.

Charles H. Judd. Problems of Education in the United States[M]. New York: McGraw-Hill Book Company, 1933.

Clifford, Geraldine J., James W Guthrie. Ed School: A Brief for

Professional Education[M]. Chicago:University of Chicago Press,1990.

Counts, George S. The American Road to Culture: A Social Interpretation of Education in the United States[M]. New York: The John Day Company,1930.

Cremin,Lawrence A. The Transformation of the School:Progressivism in American Education, 1876-1957[M]. New York: Alfred A. Knopf, 1960.

Cubberley,Ellwood P. Public Education in the United States: A Study and Interpretation of American Educational History[M]. Boston: Houghton Mifflin Company,1934.

Dewey,John. Current Tendencies in Education[C]//Jo A. Boydston (ed). The Middle Works of John Dewey,1899-1924(Vol. 10). Carbondale and Edwardsville:Southern Illinois University Press,1984.

Dewey,John. The Sources of a Science of Education[C]//Jo Ann Boydston(ed). The Later Works of John Dewey, 1925-1953(Vol. 5). Carbondale and Edwardsville:Southern Illinois University Press,1984.

Eells,Walter C. Surveys of American Higher Education[M]. New York:Carnegie Foundation for the Advancement of Teaching,1937.

Good,Carter V. Fields and Types of Research in Education,1918-1931[J]. The Journal of Educational Research,1931,24(1):33-43.

Hanus, Paul. Adventuring in Education [M]. Cambridge, Massachusetts:Harvard University Press,1937.

Hart,Hornell. Changing Social Attitudes and Interests[C]//Recent Social Trends in the United States:Report of the President's Research Committee on Social Trends. New York:McGraw-Hill Book Co. ,1933.

Joncich. Geraldine The Sane Positivist:A Biography of Edward L. Thorndike[M]. Middletown, Connecticut: Wesleyan University Press,

1968.

Judd, Charles H. Contributions of School Surveys[C]//Guy M. Whipple(ed.). The Scientific Movement in Education: Thirty-Seventh Yearbook of the National Society for the Study of Education, Part Ⅱ. Bloomington, Illinois: Public School Publishing Company, 1938.

Judd, Charles H. Education[C]//Recent Social Trends in the United States: Report of the President's Research Committee on Social Trends. New York: McGraw-Hill Book Co., Vol. Ⅰ, 1933.

Judd, Charles H. Educational Psychology[M]. Boston: Houghton Mifflin, 1939.

Kandel, Isaac L., ed. Twenty-Five Years of American Education: Collected Essays[M]. New York: The Macmillan Company, 1924.

McCall, William A. Measurement: A Revision of How to Measure in Education[M]. New York: the Macmillan Company, 1939.

McCall, William A. Technical Contributions to Educational Measurement [J]. Teachers College Record, 1926(6): 564-568.

Monroe, Walter S., Max D. Engelhart. The Scientific Study of Educational Problems[M]. New York: Macmillan, 1936.

Münsterberg, Hugo. Psychology and Education [J]. Educational Review, 1898(16): 105-132.

Office of Education. Educational Research and Development in the United States [M]. Bureau of Research, Office of Education for the Orgnization for the Economic Cooperation and Development, 1969.

Reavis, William C. Contributions of Research to Educational Administration[C]//Guy M. Whipple(ed.). The Scientific Movement in Education. Thirty-Seventh Yearbook of the National Society for the Study of Education, Part Ⅱ. Bloomington, Illinois: Public School Publishing

Company,1938.

Rice, Joseph M. Scientific Management in Education [M]. New York: Publishers Printing Company, 1913.

Rice, Joseph M. The Futility of the Spelling Grind[J]. Forum, 1897: 163-172.

Royce, Josiah. Is There a Science of Education? [J]. Educational Review, 1(1): 15-59.

Rugg, Harold O. Curriculum-Making and the Scientific Study of Education Since 1910[J]. Curriculum Theory Network, 1975, 4(4): 295-308.

Rugg, Harold O. Foundations for American Education[M]. Yonkers-on-Hudson, New York: World Book Company, 1947.

Scates, Douglas E. Judd and the Scientific Study of Education[J]. The School Review, 1967, 75(1): 2-28.

Sears, Jesse B. The School Survey: a Textbook on the Use of School Surveying in the Administration of Public Schools[M]. Boston: Houghton Mifflin Company, 1925.

Smith, Henry L., Charles H. Judd., S. Chester Parker. Plans for Organizing School Surveys with a Summary of Typical School Surveys [C]//The Thirteenth Yearbook of the National Society for the Study of Education, Part Ⅱ. Chicago, Illinois: The University of Chicago Press. 1914.

Soltis, Jonas F. Dewey and Thorndike: The Persistence of Paradigms in Educational Scholarship [J]. Canadian Journal of Education/Revue canadienne de l'éducation, 1988, 13(1): 39-40.

Teachers College of Columbia University. Teachers College Bulletin, School of Education Announcement[M]. New York: Teachers College,

Columbia University,1902-1922.

The University of Chicago. Annual Register, July, 1901-July, 1902 with Announcements for 1902-1903. PartⅢ[M]. Chicago:The University of Chicago Press,1902.

Thorndike, Edward L. Biographical Memoir of Granville Stanley Hall,1846-1924[J]. Biographical Memoirs, National Academy of Sciences, 1925:12.

Tomlinson, Stephen. Edward Lee Thorndike and John Dewey on the Science of Education[J]. Oxford Review of Education, 1997, 23(3): 365-383.

Trabue, Marion R. Measuring Results in Education[M]. New York, American Book Company,1924.

Tyack, David B. Pilgrim's Progress: Toward a Social History of the School Superintendency, 1860-1960[J]. History of Education Quarterly, 1976,16(3):257-300.

White, Woodie T. The Study of Education at the University of Chicago, 1892-1958[D]. Chicago: University of Chicago,1977.

Williams, Jay. Dewey and the Idea of a Science of Education[J]. The School Review, Dewey Centennial Issue,1959,67(2):186-194.

Woelfel, Norman. Molders of the American Mind: a Critical Review of the Social Attitudes of Seventeen Leaders in American Education [M]. New York: Columbia University Press,1933.

第五章　进步主义教育运动[①]

在20世纪美国教育史上，先后出现过大量旨在推动教育改革的社会运动，它们在不同时期、教育的不同方面、不同程度上推动了美国教育的革新与发展。而在众多教育运动中，进步主义教育运动[②]无疑是影响最为广泛深远的。不仅如此，在进步主义教育运动兴盛时期，其重要代表人物如杜威、约翰逊（Maritta Johnson）、克伯屈（William Kilpatrick）、帕克赫斯特（Helen Parkhurst）等人相继出国讲学，他们的著作被译成多国文字出版，进步主义教育运动所倡导的教育原则因此而被广泛传播到中国、日本等世界多个国家，从而成为一场国际性的教育革新运动。另一方面，由于进步主义教育运动所秉持的思想原则来源多样、基础繁杂、内涵丰富，其中包含着多种看似相同、实则各异甚至相互冲突的思想原理、理论主张和实践方案，所以它成了争议最大的教育历史现象。一个多世纪以来，在与该运动有关的几乎所有重要问题上，不同的学者是仁者见仁、智者见智，众说纷纭、莫衷

---

① 本章撰稿人：张斌贤。

② 国内教育学界通常将英文 the progressive education 译作“进步教育”，将英文 the progressive education movement 译作“进步教育运动”。在中文语境中，“进步”一词具有明显的褒义或肯定性倾向，通常与“落后”“保守”等相对。因此，将 the progressive education，the progressive education movement 分别译作“进步教育”和“进步教育运动”，容易产生歧义。本书采用美国史研究中一般的译法，将 progressivism 译作“进步主义”，将 the progressive education 译作“进步主义教育”，将 the progressive education movement 译作“进步主义教育运动”，以求客观表述。

一是。[①]

一般而言，所谓进步主义教育运动，是指 19 世纪末、20 世纪前期在美国出现的一场旨在推进美国学校教育全面改革的社会运动。进步主义教育运动以帕克、杜威等人的教育理论为基础，反对传统学校教育的各种弊端，主张教育活动应以关注儿童为出发点，以促进儿童各种能力的自由发展为目的，并且以此推动学校和教育的全面改革。

第一节　进步主义教育运动的先驱

在进步主义教育运动成型之前，它所倡导的教育原则已经作为一种教育思潮而存在，在一些学校得到最初的实践并产生了较为广泛的影响。[②]

19 世纪末、20 世纪初，高速的工业化带动了城市化进程的加速推进，在短短的几十年内，美国从一个乡村-农业社会迅速转变成为一个城市-工业社会，教育存在的社会基础发生了前所未有的剧烈变化，深受欧洲传统和清教主义影响的教育体制面临着严峻的挑战。在这种背景下，从 19 世纪后期开始，受达尔文进化论及卢梭、裴斯泰洛齐、赫尔巴特、福禄贝尔等欧洲教育家思想的影响，美国各地相继出现了一系列探索教育革新的实验和思想。

---

① 张斌贤：《“世纪难题”：什么是进步主义教育》，《教育研究》2020 年第 1 期，第 61—74 页。

② 对进步主义教育作为一种思潮和一个运动之间关系的分析可参见张斌贤著《超越“克雷明定义”：重新理解进步主义教育的出发点》，《清华大学教育研究》2018 年第 4 期，第 17—28 页。

一、帕克的探索

日后被杜威誉为“进步主义教育之父”的帕克是较早开始探索新教育的先驱。1780—1875 年，在担任马萨诸塞州昆西市公立学校督学期间，基于“儿童必须是教育经验的中心”这一指导思想，帕克对学校原有的教材、课程和教学方法进行了大刀阔斧的改革。在各科教学中，取消了原有的教学方式，采用更加符合学生特点的教学方法。例如，在语文教学中，放弃了沿袭已久的从背字母表开始，然后学习单词、句子的方法，改从学习简单的词汇或句子开始。又如，在算术教学中，改变过去从规则和公式开始学习的方法，采用通过实物学习的方法。在教学内容的组织上，抛弃了原有的教科书，代之以杂志、报纸和师生自己设计的材料。在课程上，在原有的科目之外，加强了地理、绘画、体育、手工等科目的教学。在教学组织上，采用小组的形式。在教学方法上，强调以学生的兴趣为基础，运用活动、旅行和观察等方法。帕克在昆西学校实行的教育和教学改革很快便引起美国教育界的广泛关注，被誉为“昆西方法”（Quincy Method）或“昆西制度”（Quincy System）。

此后，帕克担任库克县师范学校校长，致力于以新的思想和方法培养教师的工作，并且创办了实习学校。这所学校以后被认为是第一所真正意义上的进步主义学校①。在实习学校，帕克的主要改革举措：一是着力发展儿童的想象力和自我表现能力，增设绘画、音乐、戏剧等艺术科目；二是增设体育和自然研究；三是在阅读、写作的教学中，用学生自编的活页教材代替教科书；四是在教学方法上，从单纯强调

① Harold Rugg, *Foundations for American Education* (New York: World Book Co., 1947), p. 536.

直观发展到直观与实验并重；五是采用“晨会”的教育组织形式，以加强儿童之间的交流，促进社会意识的发展。

二、杜威的实验

正当帕克积极拓展自己事业的同时，1896 年，杜威在芝加哥创办“大学初等学校”（University Elementary School），1902 年更名为“芝加哥大学实验学校”（Chicago University Laboratory School），通常称作“杜威学校”（Dewey School）。1895 年，杜威撰写了《大学附属小学的组织计划》，对学校的宗旨、组织、教材和教学方法做了全面的规划。杜威指出，实验学校的基本特征在于它是一个实验的场所（如同物理、化学实验室一样），而实验的目的则是检验一些以哲学和心理学为依据提出的假设：一是如何使儿童的家庭生活与学校教育更密切地联系起来；二是如何使儿童在学校中学到的知识与他的经验相互联系；三是如何激发儿童学习知识和技能的动机、兴趣；四是如何使教材和儿童的活动相联系；五是如何处理发展个性与社会合作的关系；等等①。

从这些假设出发，“杜威学校”在学校的组织、课程设置、教学方法等方面进行了全面的实验。基于对儿童发展阶段特性的认识，“杜威学校”的学生按年龄被分为 3 个阶段、11 个班级。学校为每个阶段、每个班级安排了不同的活动环境、课程和教学方法，以适应不同年龄儿童的兴趣和需要。以杜威关于儿童心理学的理论为基础，“杜威学校”课程被确定为三类：一是与当时事务或职业相关的课程，包括木工、金工、缝纫、烹饪等科目；二是与社会生活背景相关的课程，包

① ［美］约翰·杜威：《大学附属学校的课题和方法》，参见凯瑟琳·坎普·梅休等著《杜威学校》，王承绪等译，华东师范大学出版社，1991，第 18—38 页。

括历史、地理等科目；三是与智力活动相关的课程，包括阅读、书写、算术等科目。

根据杜威的理解，教育和教学的方法在本质上就是如何提供、处理和组织教材[①]。实验学校所采用的最为基本的方法便是活动，而活动的具体表现形式则是作业。所谓“作业”，是指“复演社会生活中进行的某种工作或与之平行的活动方式”[②]。例如，儿童用亚麻、棉花和羊毛等原料经过纺织最后制作衣服这个作业便“复演”了纺织工业的发展史。在杜威看来，作业具有多方面的优越性。首先，“它使学校有可能与生活联系，成为儿童生长的地方；在那里，儿童通过直接生活进行学习，……这样的学校有可能成为一个小型的社会、一个雏形的社会”。其次，作业使“经验的智力方面和实践方面之间保持平衡”，并且为感官训练提供理想的机会。再次，作业激发了儿童的“完全健康的、永久的、真正具有教育意义的”兴趣。[③]

从19世纪末到第一次世界大战结束前，一些新学校相继在美国各地陆续建立，其中包括库克（Flora J. Cooke）的“弗朗西斯·W. 帕克学校”（Francis W. Parker School，1901年，芝加哥）、梅里亚姆（J. Meriam）的“密苏里大学初等学校”（University of Missouri Elementary School，1904年，密苏里州）、约翰逊的“有机教育学校”（School of Organic Education，1907年，亚拉巴马州）、史密斯（E. R. Smith）的“公园学校”（Park School，1912年，马里兰州）、普拉特（C. Pratt）的“城乡学校”（City and Country School，1913年，纽约市）、诺姆伯

---

① 参见美国约翰·杜威著《我的教育信条》，出自《学校与社会·明日之学校》，赵祥麟等译，人民教育出版社，2004，第12页。

② ［美］约翰·杜威：《学校与社会》，出自《学校与社会·明日之学校》，赵祥麟等译，人民教育出版社，2004，第95页。

③ ［美］约翰·杜威：《学校与社会·明日之学校》，赵祥麟等译，人民教育出版社，2004，第34、96—98页。

格（M. Naumberg）的“华尔登学校”（Walden School，1915 年，纽约市）、霍恩（E. Horn）的“爱荷华大学初等学校”（University of Iowa Elementary School，1915 年，爱荷华州）、泰勒（K. Taylor）的“背阴山学校”（Shady Hill School，1915 年，马萨诸塞州）、弗莱克斯纳（A. Flexner）的“师范学院林肯学校”（Lincoln School of Teacher College，1917 年，纽约市）等。

早在 1915 年，杜威就曾对这些新学校的共同特征进行分析，指出这些新学校（或被称作“进步主义学校”）的共同特征的主要表现：一是“都致力于抛弃那种只适合于小部分人和专门阶级的课程，而朝向一种将真正地代表一个民主社会的需要和条件的课程”；二是都强调学生健康的重要性，认为身体发展是智力发展的基础；三是都注重儿童活动的教育意义；四是强调兴趣的作用；五是对教育与民主关系的进一步认识；等等[①]。

这些学校无论是在所秉持的教育理念方面，还是在课程设置、教学方式、学校环境及师生关系等方面，都迥异于当时的美国学校，因此很快引起了对当时教育不满的许多家长和社会各界人士的关注，“进步主义教育”迅速成为一个流行词，成为“更好的教育”的代名词。

第二节　进步主义教育运动的演变

以 1919 年 4 月进步主义教育协会（the Progressive Education Association）的成立为标志，进步主义教育从一种思潮转变为一项运动。这是因为进步主义教育协会不仅是进步主义教育思想原则的代言人，而且正是由于协会的成立，赋予进步主义教育思想原则以“物质”

① 参见美国约翰·杜威著《明日之学校》，出自《学校与社会·明日之学校》，赵祥麟等译，人民教育出版社，2004，第 359—373 页。

的形式，使公众意识到它的存在。因此，进步主义教育的事业与协会的命运息息相关。① 在某种程度上，协会的历史就是进步主义教育运动的演变史，至少在一个非常重要的侧面反映了运动的兴衰。

进步主义教育运动的历史可以被划分为3个主要阶段。1919—1929年为第一个阶段，这是运动的兴盛阶段。进步主义教育协会的成立及协会所开展的一系列工作，吸引了更多的教师、学生家长和热心教育事业的社会人士的广泛参与，进步主义教育的理念被传播到一个更广阔的天地。从1930年前后到20世纪40年代初，这是运动的冲突阶段。在这个阶段，由于协会领导层的更替，也由于不同成员思想观念产生了分歧，一方面造成了协会组织的分裂，另一方面则使运动处于动荡之中。从20世纪40年代初直到1955年进步主义教育协会解散、1957年《进步主义教育》杂志停刊，这是运动逐渐走向沉寂、消亡的阶段。

一、兴盛阶段

1919年4月4日，校长、教师、家长和关心教育改革的社会人士，共100多人，在华盛顿特区公共图书馆大厅举行集会，宣告进步主义教育协会的成立。协会最初的名称为“进步主义教育促进会”（the Association of the Advancement of Progressive Education）。在1920年的年会上，协会名称被简化为进步主义教育协会（the Association of the Progressive Education）。

之所以用“进步主义”或“进步主义教育”为协会命名，是因为这两个词汇在当时已经被广泛用于各种书籍、杂志、报纸和公众集会

① ［美］劳伦斯·阿瑟·克雷明：《学校的变革》，单中惠、马晓斌译，山东教育出版社，2009，第217页。

中，用它们来表示美国正在出现的“新教育”将更易于被公众所接受[①]。协会的创始人之一柯布（Stanwood Cobb）说：“进步主义教育协会建立在这样一种认识的基础之上，全国成千上万的父母和教师对现行的教育模式不满，他们期待着某种更好的教育。”[②] 他指出，“‘进步’这个词被用于一种专门的和特定的教育模式；两年前，它在华盛顿被一批人首先用于建立‘进步主义教育协会’——这是一个把运用某种新方法的教育工作者和对进步主义教育感兴趣的社会人士集合在一起的协会”。

（一）早期活动

协会成立后，协会的核心成员决定利用柯布祖父与哈佛大学前校长埃利奥特（Charles Eliot）的个人关系，邀请埃利奥特出任会长[③]。由于年龄和健康原因，埃利奥特只同意出任名誉会长，并且未在协会工作上发挥多少实际的作用，但鉴于埃利奥特在当时美国教育界的崇高地位，他的“加盟”对新生的进步主义教育协会无疑是一个巨大的鼓舞和激励。1926 年埃利奥特去世后，杜威应邀担任名誉会长，一直到他 1953 年去世。

协会最初的组织目标是推动一切教育革新，为各地正在开展的不同教育实验探索搭建一个信息交流的平台，“尝试为正在全国不同地区进行的分散的和不一致的教育改革提供一个中心”[④]。协会 1920 年制定的章程确定了协会的目标：一是宣传进步主义教育的原则；二是通过

---

① S. Cobb, "Concerning Ourselves: The Romance of Beginning," *Progressive Education*, January-February-March, 1929: 66.

② S. Cobb, "Concerning Ourselves: The Romance of Beginning," *Progressive Education*, January-February-March, 1929: 66.

③ P. A. Graham, *Progressive Education from Arcady to Academe: A History of the Progressive Education Association, 1919-1955* (New York: Teachers College Press, 1967), p. 22.

④ S. Cobb, "Concerning Ourselves: The Romance of Beginning," *Progressive Education*, January-February-March, 1929: 66.

教育公众，引导公共教育走向进步主义；三是为外部人士和教师提供服务。[①]

在进步主义教育协会创建早期，具体负责协会工作的主要是执行委员会（Executive Board）。从1920年起，协会开始设立会长一职。第一任会长为时任莫雷纳公园学校（Moraine Park School）校长的摩根（Arthur Ernest Morgan）。此时，柯布和同为协会创始人之一的爱丽丝夫人（Ms. Milan V. Ayres）先后作为志愿者承担了协会的秘书工作。1926年秋天，由于得到足够的资助，协会有能力聘请专职的执行秘书管理协会的日常活动。斯奈德（Morton Snyder）是第一个担任此职的人，他的继任者是多利（J. Milton Dorey）。

1924年，在孔利夫人（Queene Ferry Coonley，1874—1958年）的资助下，协会创办了会刊《进步主义教育——最新教育趋势评论》，组成了由孔利夫人、莫斯（Lucia Morse）和柯布组成的出版委员会，负责会刊的筹划和出版等工作。在哈特曼（Gertrude Hartman）、弗罗利切、舒梅克（Ann Shumaker）、福斯特（Frances Foster）、克拉普（Elsie Clapp）和海姆斯（James L. Hymes，Jr.）等前后几任主编的努力下，《进步主义教育》逐渐成为协会的舆论阵地，对扩大协会的全国性影响力发挥了重要作用。进步主义教育协会之所以在较短的时间内成为一个具有全国性影响的组织，《进步主义教育》杂志发挥了独特的作用。

协会成立后，先后以各种方式开展活动，其中最重要的活动形式是年会。1920—1929年，协会先后在华盛顿、代顿、巴尔的摩、芝加哥、费城、波士顿、克里夫兰和纽约等地召开了8次年会（1924年未举行）。在这段时期，年会是协会发挥交流平台作用最有效的途径。正

---

① P. A. Graham, *Progressive Education from Arcady to Academe: A History of the Progressive Education Association, 1919-1955* (New York: Teachers College Press, 1967), pp. 27-28.

如柯布所说，通过年会，“我们相聚在一起，带来了我们的兴趣和问题，相互了解并形成一种友爱和热情，这对于新的教育运动是至关重要的”①。协会开展的另一项重要活动是从 1929 年开始举办“暑期学院”（Summer Institute）。第一期“暑期学院”在宾夕法尼亚州立学院开办，培训 145 名学员。与年会不同，“暑期学院”的主要目的是在中小学教师中普及、传播进步主义的教育原理和新的教育方法、手段。通过以上活动，进步主义教育协会的影响不断扩大，一个重要标志是会员人数的增加。1919—1929 年，会员人数从最初的 85 人增加到 6469 人。协会的年度预算达到 3.5 万美元。

在短短不到的 10 年间，由于协会成员所付出的巨大努力，协会建立了组织架构，创办了会刊，得到了埃利奥特和杜威的道义支持，吸引了哥伦比亚大学师范学院等大学专业教育学者的参与，开展了一系列具有实际成效的活动，从一个名不见经传的小团体逐渐成为一个全国性的组织。因此，农伯格（Margaret Naumburg）在评论进步主义教育协会 1928 年会时说：“在今天的美国，任何有悖于‘进步主义教育’的东西都已经完全过时了。没有人再愿意被人说成保守主义者。所以，在进步主义教育协会第八次年会上，你可以发现来自公立和私立学校的形形色色的激进主义、进步主义和温和的保守主义的教育工作者……”②

（二）进步主义教育原则

这段时期，协会开展的又一项至关重要的工作是起草并公布“进步主义教育原则”（简称“七项原则”）。在一定意义上，协会影响的持续扩大与“七项原则”的传播有着直接的关联。但在另一方面，“七项原则”及其所包含的意义也是引起协会内部意见分歧并最终导致分

---

① S. Cobb, “Concerning Ourselves: The Romance of Beginning,” *Progressive Education*, January-February-March, 1929: 70.

② ［美］劳伦斯·阿瑟·克雷明：《学校的变革》，单中惠、马晓斌译，山东教育出版社，2009，第 224 页。

裂的关键原因。

“七项原则”是由时任公园学校校长的史密斯（Eugene Randolph Smith）领导的一个委员会负责起草的。“七项原则”的主要内容[①]：

1. 自然发展的自由

学生的行为应当由他自己根据社会的需要而不是由专横的规则加以控制；应当为创造性和自我表现提供充分的机会，并且伴随着充满为每一个学生自由使用的有趣材料的环境。

2. 兴趣：一切作业的动机

兴趣应当通过以下途径加以满足和发展：一是与世界及其运动的直接和间接的接触，以及由此获得的经验的运用；二是已有知识的运用和不同科目的相互联系；三是成就感。

3. 教师是指导者，而不是监工

教师应当坚信进步主义教育的目的和一般原则，应当为主动性和独创性的发展提供条件，这是非常重要的。进步主义教师将鼓励所有感官的运用和学生观察力与判断力的训练，将大部分时间用于教导学生如何运用各种来源（包括生活活动和书籍）的知识而不只是聆听背诵，并且教导学生如何获得有关知识的推论，如何有说服力地和逻辑地表达已经得出的结论。理想的教学条件要求班级应当是小型的，尤其是在小学。

4. 学生发展的科学研究

学校档案不应仅限于教师给学生评定的、用来表明学生在科目学习中所取得的成绩的分数，而应包括关于身体的、智力的、道德的和社会的特征的客观和主观的报告。这些特征既影响学生的学校生活和成年以后的生活，又受到学校和家庭的影响。这样的档案应当用作对

---

① The Principles of the Progressive Education Association. Sol Cohen, edi. , *Educational in the United States : A Documentary History*, Vol. 4(New York: Random House, 1972), pp. 2423-2425.

待每一个学生的指南，并且促使教师关注学生发展的一切重要方面，而不只是讲授教材。

5. 对影响儿童身体发展的一切因素给予更大的注意

进步主义教育首先需要考虑的一件事是学生的健康。活动的充分空间、良好的照明和通信条件、清洁和空气流通的校舍、户外场地的易于接近和大量利用，都是必要的。应当充分利用操场。教师应与家庭合作，密切注意每一个学生的身体条件。健康是童年时期的首要目标。

6. 学校与家庭合作，以满足儿童生活的需要

学校应与家庭一起尽可能地提供儿童的自然兴趣和活动所需要的一切条件，特别是在小学期间。这些条件只能产生于父母与教师的明智合作。

7. 进步主义学校是教育运动的领导

进步主义学校应当成为教育运动的领导者，它应当是一个实验室。在那里，有价值的新思想受到鼓励；在那里，传统不再支配一切，而过去的精华与今日的发现相互影响，其结果是教育知识总量的大量增加。

尽管诸多学者认为“七项原则”具有明显的“儿童中心”论倾向[①]，但就当时的情势而言，这些原则其实是高度开放和具有很大包容性的，其中既有帕克（Francis Parker）、霍尔和杜威等人的思想因素，也有约翰逊、柯布等人的思想因素，甚至还包括一些进步主义教育家所反对的具有科学主义倾向的主张（如强调对学生发展的科学研究）。“七项原则”的巨大开放性和包容性实际上反映了3个方面的问题。首先，因为协会的组织定位和目标是推进一切教育革新的努力，是各种

① 拉格曾认为“七项原则”中的每一条都与儿童的生活相关，但没有与文化、社会、人的决定性、社会环境和问题相关。H. Rugg, *Foundations for American Education* (New York: World Book Company, 1947), p. 563.

新教育实验的交流平台，所以协会的思想倾向注定不能是单一的，而是多元的；注定不能以某一种教育原理为主导，而是多种教育理论并存，因而是平衡的。其次，在早期，协会的领导人与核心成员其实既没有系统的教育理论，也不存在一致的教育思想，只有共同的追求。正如格拉汉姆所说，进步主义教育协会领导人的共识仅仅在于他们都反对传统教育。① 再次，进步主义教育本身就不存在着一种统一的教育原理或一致的思想主张。进步主义教育与其说是一种教育哲学，不如说是一种由诸多来源不同、基础各异的思想和实验所构成的教育改革的总体趋势或倾向。或者如普拉特（Richard Pratte）所说，进步主义教育运动并不是一个运动，而是许多个运动的统称②。这同样决定了以“进步主义教育”命名的协会难以拥有一种一致的思想主张，而只能选择那些被当作进步主义教育的理论或主张并加以综合，“七项原则”实际上就是这种综合的产物。

在协会初创时期，这种思想原则的多元决定了协会的巨大开放性，从而保证了协会的吸引力和影响力。进步主义教育协会的会员之所以能在较短的时间内快速增加，除了各种活动所产生的影响及第一任执行秘书斯奈德的出色工作等因素外，协会所倡导的原则应当是一个重要的因素。这是因为在20世纪20年代，“进步主义教育”被美国公众赋予无限美好的想象，被当作一切理想教育的代名词。③

随着协会影响的扩大，无论是进步主义教育协会本身还是外界的

---

① P. A. Graham, *Progressive Education from Arcady to Academe : A History of the Progressive Education Association , 1919-1955* (New York: Teachers College Press, 1967), p. 26.

② Pratte, R. , *The Public School Movement : A Critical Study* (New York: McKay, 1973), pp. 70-71.

③ P. A. Graham, *Progressive Education from Arcady to Academe : A History of the Progressive Education Association , 1919-1955* (New York: Teachers College Press, 1967), p. 145.

同情者和支持者，对协会的期望都在不断增大。仅仅作为一个信息交流的平台，并且主要关注那些具有进步主义教育倾向的小型私立学校，显然既不能满足公众的期望，也难以适应协会发展的要求。而要在进步主义教育运动中能够发挥更大的作用，协会本身必须发生相应的改变，至少首先要减少乃至消除内部的意见分歧，从不同观点中寻找共同点，以确立进步主义教育的基本原则。早在1923年，哥伦比亚大学师范学院幼儿园与小学一年级教育系主任希尔（Patty Smith Hill）就建议进步主义教育协会的领导层努力调和不同意见之间的分歧，从对方的观点中汲取教益。① 1926年，协会的第一任执行秘书斯奈德向执行委员会建议，协会在继续保留"七项原则"的同时，更为明确地接受教育中的科学运动，并且将注意力转向公共教育。执行委员会接受了后一项建议，但未采纳前者。

1927年，斯奈德完成《什么是进步主义教育?》一文，将其作为协会文件向公众散发。在这份文件中，斯奈德全面分析了进步主义教育运动兴起的原因、目标和性质，努力发掘进步主义教育在一种总体趋势中存在的内在统一性。斯奈德指出，进步主义教育运动是"人类事务中伟大的自由趋势的一部分，它与公共福利、工业关系、社会状况、国际事务领域中的其他运动是密切相连的"②。他进一步指出，由于产生于相同的背景，进步主义教育家因而具有共同的精神；他们都关注把学校的人为状态减小到最低限度，从而使儿童和青少年获得自然发展的机会；他们把学校看作一种冒险而不单纯是一种训练；他们把理智的经验（intellectual experience）当作一种创造的思维，而不仅是学习他人已经思考过的东西；他们认为学校、家庭和世界是一种氛围和

① P. S. Hill, "Liberalizing Movements in Elementary Education During the Last Generation," *Progressive Education Association*, *Bulletin*, No. 16, 1923: 11, 16.

② M. Snyder, "What is the Progressive Education?" NEA, *Proceedings and Addresses*, *Washington*, *D. C.*, 1927: 235.

关系，而不是机构。斯奈德的结论是，进步主义教育“是科学理想主义的同盟，是一种关于儿童和青年新观念的表现。……它不是一个计划，而是一种精神，一种对年轻人的天性和他们更为充实与完美的发展的良好条件的正确评价”①。

这种对确定“同一性”的追求在 1928 年达到了高潮。在 1928 年的年会上，作为协会名誉会长，杜威发表了题为“进步主义教育与教育科学”的演讲。在演讲中，杜威概括了进步主义教育实验所具有的共同特征：对于个性和自由的尊重，对天性和经验的信任，重视活动，关注社会联系，等等。② 他进一步指出，对于进步主义教育而言，仅仅这些贡献是远远不够的，这是因为这些共性“容易受到多种多样的含糊不清的解释”。杜威强调，进步主义学校应当发挥更具建设性的组织的作用。只有这样，才能产生一整套连贯的教育原理，才能真正对教育科学或教育哲学做出贡献。

在杜威发表演讲后，进步主义教育协会选举产生了一个由莫斯（Lucia Burton Morse）担任主席的委员会，负责修订“七项原则”。该委员会虽然逐字逐句修改了“七项原则”，但其主要内容没有变化，它的主要工作成果是新增了 3 条原则，它们与经修改的“七项原则”一起，构成了进步主义教育协会的“十项原则”。至此，原有的“七项原则”废止。新增的 3 项原则：一是社会发展与纪律。通过融入学校社区，发展儿童的群体意识（group consciousness）。纪律应当是自我控制而非外在的强制，品格的发展应当是社会经验与对所有潜存于自然、生活、行为之中的精神力量和资源认知的结果。男女学生组成的团体和教师构成了品格与发展的正常的生活情境。二是优美的环境。学校应当提供简朴、自然和优美的环境。三是课程。课程应当基于儿童与

---

① M. Snyder, "What is the Progressive Education?" NEA, *Proceedings and Addresses*, *Washington*, *D. C.*, 1927: 235.

② 赵祥麟，王承绪：《杜威教育论著选》，华东师范大学出版社，1981，第 262—263 页。

青年的本性和需要，知识的获得应尽可能地通过运用科学的方法——直接的观察、调查、实验和独立的探索。学校应当不断扩大儿童的眼界，引导他们不仅了解国家的观念，而且能认识人类的相互依存和国际的善意。①

与“七项原则”相比，“十项原则”有两个方面的明显变化。一是大幅减少了“进步主义教育”一词的使用。在“七项原则”中，这个词汇出现了 6 次，而“十项原则”仅使用了 1 次，而且只出现在标题中。这个变化是意味深长的，既反映了进步主义教育这个概念在当时已不再像以前那样盛行，同时也预示着进步主义教育协会的某种转变。二是“十项原则”，特别是新增的 3 项原则更多地反映了杜威的思想，同时也吸收了库克关于社会群体和社会化的主张。② 从 20 世纪 30 年代协会组织的变化看，这次的原则的修订意义深远。一方面，从这次修订中可以看到，或许因为杜威的影响，协会开始自觉地协调内部的立场，以使协会的基本原则更为明确和系统。另一方面，这个阶段立场协调的重点实际上是淡化激进的“儿童中心”倾向，并且通过吸收杜威和库克的思想，使协会的原则变得更加平衡。从“七项原则”到“十项原则”，以及 1930 年“十项原则”的废止，既是“儿童中心”倾向逐渐被淡化的过程，同时也是不同观念冲突和竞争的开始，是日后“儿童中心”论与社会改造主义话语竞争的“预演”。

---

① P. A. Graham, *Progressive Education from Arcady to Academe : A History of the Progressive Education Association , 1919-1955* (New York: Teachers College Press, 1967), p. 51.

② P. A. Graham, *Progressive Education from Arcady to Academe : A History of the Progressive Education Association , 1919-1955* (New York: Teachers College Press, 1967), p. 51.

二、冲突阶段

在进步主义教育运动的历史上，20 世纪 30 年代是一个充满矛盾的发展阶段。一方面，随着进步主义教育协会开展的活动日益多样、参与人数逐步增加、社会影响不断扩大，作为全国性组织的地位进一步确定，并且开始成为美国教育界的“权势集团”。① 另一方面，从 20 世纪 30 年代初开始，由于对进步主义教育原则产生的分歧，协会内部出现争论，并且因观点之争引发冲突，为日后的分裂和衰落埋下了“伏笔”。

（一）运动的进展

在这个阶段，进步主义教育协会所取得的成就之一是会员人数的不断增加，1930 年会员人数为 7400 人，1932 年为 7617 人，1936 年为 8600 人，1937 年为 8500 人，1938 年达到会员人数的峰值 10440 人。

除原有的年会和暑期学院等活动之外，进步主义教育协会在这个阶段所开展的主要工作：一是与美国国内其他组织和机构建立联系、开展合作。其中主要包括 1930—1931 年，与无线电公司“Wor”广播电台合作，开办关于进步主义教育的广播讲座（每周一次，共 29 周），主讲人包括克伯屈、普拉特（Caroling Pratt）等。1930 年后，与纽约教育实验研究协会合作研究中学英语教学。尤为重要的是，从 1933 年起，在卡内基公司（Carnegie Corporation）和普通教育委员会（General Education Board）的资助下，开展了著名的“八年研究”（1933—1941 年）。这既表明进步主义教育协会及其由它代表的教育革新运动已经逐步赢得了广泛的社会影响，又为协会的发展创造了必要

① P. A. Graham, *Progressive Education From Arcady to Academe: A History of the Progressive Education Association, 1919-1955* (New York: Teachers College Press, 1967), p. 58.

的条件。正是由于来自卡内基基金会和普通教育协会等机构的财政资助，才使 30 年代进步主义教育协会进行较大规模的实验成为可能。但是，从另一个角度看，这种联系又包含着种种不利的因素。正如克雷明所分析的那样，外界的财政支持使进步主义教育协会逐渐职业化，并且使协会从根本上依赖外界，而当这种支持削弱乃至终止时，协会也就难以生存。① 协会以后所发生的事实也正是如此。二是与新教育联谊会的联系。进步主义教育协会与新教育联谊会的联系始于 1924 年。这一年，哈特曼和约翰逊作为进步主义教育协会的代表，出席了在英国爱丁堡召开的新教育联谊会年会。但随后，两个组织之间的正式联系暂时中断。1929 年夏，包括部分进步主义教育协会会员在内的 200 多名美国教师参加了在丹麦埃尔西诺举行的新教育联谊会年会。回国后，这些会员感到西欧“新教育运动”与进步主义教育运动的理想、目的是一致的，进步主义教育协会应参与“新教育运动”，与其保持更密切的合作。1930 年，新教育联谊会会长恩索（Beatrice Ensor）访美，与进步主义教育协会会长福勒（Burton Fowler）共同发表了公开信，宣布进步主义教育协会加入新教育联谊会。三是开展多方面的研究工作。进入 20 世纪 30 年代，进步主义教育运动的一个突出变化是 20 年代分散的、小型的教育实验逐步被较大规模的和相对统一的研究所代替。为了适应这种变化，从 30 年代初开始，进步主义教育协会先后成立了各种委员会，规划和执行各项研究工作。其中包括教育资源委员会、教育自由协会、中学课程委员会、人际关系委员会、农村学校委员会、家庭与学校关系委员会、实验学校委员会、成人教育委员会、师范教育委员会、学校与学院关系委员会、广播教育委员会等。

由于上述各个方面工作的积极进展，进入 20 世纪 30 年代，进步主

---

① ［美］劳伦斯·阿瑟·克雷明：《学校的变革》，单中惠、马晓斌译，山东教育出版社，2009，第 231—232 页。

义教育运动先后完成了3个重要的转变。首先，从对私立学校教育实验的关注转向对公立学校教育改革的重视。从20年代后期开始，进步主义教育协会逐渐开始关注公共教育领域，这既是进一步扩大进步主义教育运动影响的需要，也出于接受外部财政资助的现实考虑。① 这样的努力在30年代很快产生了成效。在1932年2月召开的第十二届年会上，时任会长的福勒自豪地指出，作为现代教育的自由力量，进步主义教育已经进入了发展的第二个阶段，即它不再局限于私立学校，而走向美国所有类型的学校（尤其是公立学校）。② 1938年10月31日出版的《时代》周刊在封面上刊登了进步主义教育协会会长雷德弗（Frederick Redefer）的照片，并且以“进步主义者的进步”等字样题图。在这本杂志的封面上还刊印了雷德弗的一段话：“我们不再是一个造反集团。……20年前，进步主义教育主要是一种私立学校的事务。现在，在纽约、芝加哥、洛杉矶、克里夫兰、底特律、圣弗朗西斯科和其他地方，它基本上是公立学校事务的大本营。”

对于进步主义教育协会所代表的进步主义教育运动而言，这种转变显然是非常重要的，它标志着进步主义教育对美国教育改革的影响日益扩大。但在另一方面，伴随着这种转变的是1932年后协会权力结构发生了“戏剧性”的变化。1932年后，担任协会会长的主要是公立学校系统的督学或教育学者，创立协会的私立学校校长和教师基本上退出了协会的核心层。值得注意的是，由于协会权力结构的变化与康茨发表引起激烈争议的《进步主义教育敢于进步吗?》的演讲、进步主义教育协会内部的观念冲突公开化几乎发生在同一时期，所以很容易

① P. A. Graham, *Progressive Education From Arcady to Academe: A History of the Progressive Education Association, 1919-1955* (New York: Teachers College Press, 1967), pp. 52-56.

② Burton P. Fowler, "Progressive Education Enters a Second Phase," *Progressive Education 9*, No. 1, Jan., 1932: 3.

使人“联想”到二者之间的关系。克雷明与格拉汉姆都曾明确地分析了这种关系。[①] 但从进步主义教育协会本身的发展过程看，不宜过分夸大这种关系，因为随着协会本身的变化，这种权力结构的变化是早晚要发生的，观念冲突无非加快了这个变化进程。

其次，进步主义教育协会从创建之初的社会团体转变成一个专业团体。从 20 世纪 20 年代后期开始，随着协会影响的不断扩大，柯布等人最初确定的“信息交流中心”的组织定位实际上已经失去了实际意义，协会事实上已经开始自觉不自觉地扮演进步主义教育的喉舌和进步主义教育运动中心的角色。另一方面，要使协会真正有效地扮演这样的角色，客观上又要求协会所开展的各项工作不能仅仅停留在宣传和鼓动上，而应具有更大的专业性、科学性。只有这样，才能切实推动美国学校教育的革新并取得实际成效。哥伦比亚大学师范学院等高校教育学者的加盟，既适应了事业发展对专业化的要求，同时又推进了协会工作的专门化，推动了协会向专业团体的转变。在整个 20 世纪 30 年代，真正反映进步主义教育协会工作方向、业绩和社会影响的正是协会成立的各个专门委员会，如中学课程委员会、人际关系委员会等，尤其是学校与学院关系委员会及其主导的“八年研究”。

从各个方面看，“八年研究”都是进步主义教育协会事业达到顶峰的标志。“八年研究”所取得的巨大成功，本来可能为进步主义教育协会带来更广泛的支持，因而获得进一步发展的动力，但事实恰恰相反，正是在“八年研究”结束的 1941 年，协会迅速陷入衰落的边缘。从外部因素看，由于第二次世界大战的爆发和美国的全面参战，美国社会关心的焦点从国内问题转向国际问题，“八年研究”所产生的结果难以得到应有的重视。从内部原因看，这项实验是以“学校与学院关系委

---

① ［美］劳伦斯·阿瑟·克雷明：《学校的变革》，单中惠、马晓斌译，山东教育出版社，2009，第 232—237 页。

员会”（the Committee of the Relation of School and College）为主导进行的，其主要成员如艾金（Wilford M. Aikin，委员会主席）、艾加德（Walter Agard）、布利文（Bruce Bliven）、利思（Robert D. Leigh）、沃尔特（Raymond Walters）、拉格、华生（Goodwin Watson）、吉尔斯（H. H. Giles）和钱伯林（Dean Chamberlin）大多来自哥伦比亚大学师范学院、俄亥俄州立大学、加州大学伯克利分校、伊利诺伊州立大学。显而易见的是，“八年研究”的成就是理性与专业化的产物，而非情感与群众性的结果。

最后，协会基本原则的转变。与前两个转变所采取的温和的与渐进的方式不同，这第三个转变是以异乎寻常的激烈的方式实现的，所以其结果也与前两个转变大相径庭。

在进步主义教育协会的历史上，1930 年是一个具有特殊意义的年份。这一年，新近颁布的“十项原则”被废止。同年，被誉为进步主义教育协会之父的柯布辞职。他在离任演讲中首先总结了协会在过去一年的工作，分析了进步主义教育运动的状况和此后的努力方向。他指出，尽管取得了一系列重大的成就，但是“我看不到任何迹象表明我们作为一个协会的目的已经实现，我们的工作已经完成；恰恰相反，只有当这个伟大国家的所有儿童和青年都达到更高的境界，只有当我们所有学校和学院的所有学生都分享我们称之为进步主义的高标准的教育，……我们才能说我们的工作完成了”①。但在另一方面，柯布说：“目前，在理论上还没有差异，很幸运地，也不存在见解的冲突。”② 接替柯布担任会长的福勒则在其就职演讲中进一步重申了进步主义教育的基本原则：“一切教育工作都应以儿童为中心，而不是以他们所学的

① S. Cobb,“Ritiring President Message,”*Progressive Education* 7, No. 2, May, 1930: 157.

② S. Cobb,“Ritiring President Message,”*Progressive Education* 7, No. 2, May, 1930: 158.

课程为中心；对于新教育思想的科学态度，是我们取得进步的最好保证。”① 他指出，进步主义教育协会应当继续努力地开展工作，因为迄今为止，只有很小一部分学校和学生已经实现进步主义的教育理想。在谈到协会此后的工作时，福勒主要列举了大力扩大《进步主义教育》杂志的影响、增加会员、承担新的研究和调查、建立新的培训师资的途径、扩大与新教育联谊会的联系等。

（二）内部冲突

在进步主义教育协会前后两任会长所表现的乐观与自信后面，实际上隐含了许多非常重要的东西。这既包括他们对事实上已经出现在协会内部的思想分歧视而不见，也包括他们对“大萧条”及其对美国教育产生的全面和深刻的影响的漠视。这种漠视注定要付出高昂的代价。

1932年，在巴尔的摩召开的进步主义教育协会第十二届年会上，康茨发表了题为“进步主义教育敢于进步吗?”的演讲，从而引发了以后10年中进步主义教育协会的思想观念的激烈争论。康茨指出，进步主义教育运动所取得的成就确实是值得夸耀的：它使人们把注意力集中到儿童，认识到兴趣的重要性和活动的教育价值，并且维护作为一个自由个体的儿童应有的权利，等等。但他认为，“迄今为止，进步主义教育运动所做的一切还远远不够”。康茨指出，进步主义教育运动的一个严重缺陷是，“它产生了一种关于教育意义的过于狭隘的概念”，即只看到教育对于促进个人发展的作用，而忽略了教育与社会的关联。用康茨的话说，它“没有形成一种社会福利的理论”，因而缺乏明确的方向和目标。康茨说：“进步主义”的“进步”这个概念，意味着向前运动，而如果缺乏明确规定的目的，这种向前运动是没有任何意义的。

① Burton P. Fowler, “President Message,” *Progressive Education* 7, No. 2, May, 1930: 159.

针对进步主义教育运动所确定的个性发展的教育目的，康茨指出，离开某种关于良好社会性质的概念，便不会有良好的个人；同样，缺乏这种概念，也不会有良好的概念。他进一步指出，由于进步主义教育运动缺乏明确的社会目标，因而支持了极端个人主义，而这种个人主义又只是有利于中上阶层的。“进步主义教育要真正是进步的，它就必须从这个阶层的影响中解放出来，勇敢和果断地面对一切社会问题，逐步应付严酷的生活现实，与社会建立一种有机的联系，发展一种现实的和可以理解的福利理论，形成一种关于人类命运的富于挑战和咄咄逼人的观点……简言之，进步主义教育不能在儿童的兴趣中建立它的纲领，不能把它的希望寄托在一所儿童中心学校。”①

不论人们对康茨的演说持何种立场，它引起的震动都是实实在在的。雷德弗日后回忆说：“康茨的演说结束后，整个会场一片寂静，这种寂静比鼓掌更有说服力。学校敢于建立一个新的社会秩序吗？很多人知道有些事是必须做的，很多人也愿意去尝试。在旅馆的房间和挤满了人的走廊里，教师们一直谈到第二天早晨。……与进步主义教育协会年会上的任何一次演说相比，这个演说更能触动教育工作者的思想。由于激动，人们忘记了原定第二天的讨论会。甚至理事会②也召开了一个专门会议来讨论这个挑战。”③

从各个方面看，康茨的演说都是对进步主义教育和进步主义教育协会的严峻挑战。首先，对大多数进步主义教育家来说，康茨的思想过于激进了，它与进步主义教育家一贯坚持的思想原则之间的距离实在太大了，以至于很难被接受。在一些人的心目中，康茨的见解甚至

---

① Counts，G. S.，“Dare the School Build a New Social Order?”*Progressive Education 9*，No. 4，Apr.，1932：259.

② 1931年3月，进步主义教育协会的执行委员会改为理事会。

③ Frederick L. Redefer，“Resolutions，Reactions and Reminiscences，”*Progressive Education 26*，No. 126，Oct.，1948：188.

被认为具有某种社会主义的或马克思主义的倾向。其次，正当进步主义教育运动及作为运动中心的进步主义教育协会的各项事业如日中天之际，却遭遇了意料不到的严厉指责。更让人意料不到的是，康茨的指责不仅直指进步主义教育协会的信条，而且竟然引起了一些同道的赞同和支持。

为了回应康茨提出的挑战，1932—1938 年，进步主义教育协会先后成立了若干委员会，重新制定协会的原则。最初成立的是“社会和经济问题委员会”，成员有柯蒂（Merle Curti）、盖布斯（John Gambs）、胡克（Sidney Hook）、纽伦（Jesse Newlon）、贝蒂、伊斯顿（Charles Easton）、华生、雷德弗，主席为康茨。委员会的任务是“为进步主义教育协会的成员提供改革教育的思想和行动方式”。委员会的报告因华虚朋（Carleton Washburne）等人的反对未获得通过，后以“告全国教师”为题发表。

在很大程度上，社会和经济问题委员会的报告反映了康茨的思想。报告重新制定了进步主义教育的原则，指出“新教育的目标是培养儿童们献身公共福利事业，反对暴虐特权，热爱人类各种族间的平等友爱的精神，敏捷地适应充满险阻的社会生活”①。为了实现这些目标，进步主义教育必须彻底抛弃自由放任主义，“教师不能回避积极指导的责任，应该坚定地为新的社会而工作”。进步主义教育协会则“必须拥有物质资源、法律人才及训练有素的活跃于出版界、法院和国会的知识分子。以这种方式为全国的教育事业服务，应当是进步主义教育协会的重要目标之一”②。1938 年，进步主义教育协会又成立了“教育哲学委员会”，其任务是对协会已经发表过的原则做进一步的阐释。委员

① ［美］劳伦斯·阿瑟·克雷明：《学校的变革》，单中惠、马晓斌译，山东教育出版社，2009，第 236 页。

② ［美］劳伦斯·阿瑟·克雷明：《学校的变革》，单中惠、马晓斌译，山东教育出版社，2009，第 237 页。

会在布里姆（Orvolle Brim）和艾伯蒂（Harold Alberty）的先后领导下，于1940年完成了题为“进步主义教育的哲学与挑战”的报告。与其他委员会的报告不同的是，教育哲学委员会的报告在很大程度上反映了杜威的思想。报告的基本出发点是，既避免极端的儿童中心论，又避免激进的社会改造主义。报告指出，任何适宜的教育哲学既需要对人类本性有清晰的认识，又需要对经济萧条时期的工业危机有现实的理解。由此，报告强调“文化的基本价值”，主张“学校应当努力成为民主的范例”。报告的结论是，“对人类本性、自然力量和人类实验的深入研究使我们确信，生长是对个人的最高奖赏。它发展了人的智力，使人对其所属的文化正在努力创造的有价值的事业有一个承担责任的良好愿望”[①]。但是，与社会和经济问题委员会的报告一样，教育哲学委员会的报告也未被进步主义教育协会所认可。

一系列委员会的设立和一系列报告的被否决，表明进步主义教育协会陷入了空前的矛盾之中。一方面，它必须坚持它曾公开发表的原则，正是这些原则使它不同于其他教育团体，也正是这些原则维系着会员之间的关系。另一方面，社会形势又促使它修改这些原则。因为只有这样，它和它所代表的运动才有可能在社会动荡中继续生存下去。在理想和现实的巨大矛盾之间，进步主义教育协会始终未能找到妥善的解决方法。

值得注意的是，从20世纪30年代开始，由于协会成员的不断扩充，以及协会所承担的事务逐渐增多，原有的以执行委员会和咨询委员会决策、执行的工作机制显然已经难以适应新的形势。在这种情况下，各种委员会应运而生。粗略统计，从20世纪30年代初到1955年

---

① ［美］劳伦斯·阿瑟·克雷明：《学校的变革》，单中惠、马晓斌译，山东教育出版社，2009，第239页。

解体，进步主义教育协会先后成立的各种委员会达40多个。[①]

在这些委员会中，存续的时间长短不一，有的仅一年，如教育艺术委员会（Committee on Arts in Education，1940年）、全国教育规划委员会（National Educational Planning Commission，1943年）；有的存续时间稍长一些，如社会与经济问题委员会（Committee on Social and Economic Problems，1932—1933年）、家长参与委员会（Committee on Parent Participation，1941—1942年）；有的长达5年以上，如乡村进步主义学校委员会（Committee on Progressive Rural School）、人类关系委员会（Commission on Human Relations，1935—1942年）等；个别委员会甚至超过10年，如以赫尔菲希为主席的教育自由委员会（Commission on Educational Freedom）。另一方面，由于多种复杂的原因，不同委员会的工作结果存在很大差距。有的委员会几乎未能有效运转，因而很难产生具体的工作成果；有的委员会则出版了数量可观的研究报告，如科利尔（Alice V. Keliher）任主席的人类关系委员会，在其存续的7年多时间里，先后出版了科利尔的《生活与生长》（1938年）、朗格（Walter C. Langer）的《心理学与人类生存》（1943年）、罗森布莱特（Louise M. Rosenblatt）的《文学即探究》（1938年）、斯滕（Berhard J. Stern）的《家庭的过去与现在》（1938年）、泰勒（Katharine W. Taylor）的《青少年需要父母吗?》（1938年）、文希（W. Robert Wunsch）与阿尔伯斯（Edna Albers）主编的《血浓于水》（1939年）等，又如泰勒任主席的中学课程委员会（Commission on the Secondary School Curriculum，1933—1940年）除以委员会名义先后出版《普通教育中的语言》（1940年）、《普通教育中的数学》（1940年）、《普通教育中的科学》（1938年）、《普通教育中的

① Patricia A. Graham, *Progressive Education From Arcady to Academe*, Appendix B, pp. 168-172.

社会科》(1940年)、《普通教育中的视觉艺术》(1940年)之外，还以作者个人名义先后出版康拉德(Lawrence Henry Conrad)的《创造性写作教学》(1937年)、泰勒等人的《改造中等教育》(1939年)、雷诺(Elbert Lenrow)的《散文化小说阅读指南》(1940年)、米克(Lois H. Meek)的《男女儿童的个人—社会发展》(1940年)、扎克里(Caroline B. Zachry)的《教育与青少年行为》(1940年)等多种著作。

不同委员会之间不仅在工作成果方面存在明显差距，更为重要的差距在于这些成果所产生的实际影响。尽管进步主义教育协会先后设立了多个委员会，但真正对当时或以后美国教育发挥一定程度影响的委员会及其工作成果并不多见。其中，人类关系委员会、中学课程委员会，尤其是艾金任主席的学校与学院关系委员会(Commission on the Relation of School and College，1930—1942年)及其工作应当被认为是一种特例。

(三)社会改造主义的兴起

在整个20世纪30年代，对进步主义教育协会的命运产生致命影响的是社会改造主义的兴起。早在1927年，哥伦比亚大学师范学院就形成了一个以克伯屈为召集人的讨论小组，主要成员包括康茨、蔡尔兹(John L. Childs)、劳普(Robert B. Raup)、纽伦、布鲁纳(Edmund S. Brunner)、克拉克(Harold F. Clark)、考特尔(Donald P. Cottrell)等人。他们自称“社会改造主义者”(the Social Reconstructionists)。1927—1934年，这个讨论小组定期开会讨论美国文化、社会等方面的问题。到1932年，这个讨论小组“已经成为一个具有凝聚力的团体”[①]。正是以这个团体为核心，1935年成立了“约翰·杜威教育和文化研究学会”(the John Dewey Society for the Study of Education and

① Rugg, H., *Foundations for American Education* (New York: World Book Company, 1947), p. 579.

the Culture，简称“杜威学会”），成员共60人，分别来自12所大学，其中的27人组成协会的执行委员会，除上面提到的几人外，还包括杜威、埃利奥特（Harrison Eliot）、汉纳（Paul R. Hanna）、哈珀（Heber Harper）、约翰逊（Alvin Johnson）、林德曼（E. C. Lindeman）、米克等人。

杜威学会最有影响的工作是创办《社会边疆》（*The Social Frontier*）杂志。在1934年10月的创刊号上，《社会边疆》刊登了一份声明，集中阐明了杂志的编辑意图和宗旨。它指出，《社会边疆》的创办旨在为那些“相信教育在美国社会的改造中具有重要的甚至是关键作用”的教师提供一个表达思想的场所。杂志的基本指导思想是认为“经济中的个人主义时代行将终结，一个以社会生活的密切联系、集体计划和管理为标志的时代已经开始。不管是福是祸，本刊都把它当作不可逆转的历史过程的结果而加以接受。本刊力图积极地迎接新时代，并且尽量明智地致力于实现丰富和改进人类生活的一切可能性”①。“《社会边疆》承认，它反对狭隘的教育观念……相反，在教育的兴趣范围内，它包括所有那些对人的形成的影响和作用，以便把个人——无论老幼引导到团体的生活和文化中去。人们认为，教育是文化进化过程的一个方面，所以与其形成一种有限的、专门的职业主义，倒不如在促进绝大多数人……的幸福和利益的过程中，专心考虑教育的广泛作用。”②

社会改造主义者不仅精心创制了一套理论，而且致力于把这种理论运用到教育实践中。从20世纪30年代开始，进步主义教育协会乃至整个美国教育中出现的一系列革新实验，都与社会改造主义者有一定的联系。杜威学会参与了“八年研究”的大量工作，其成员如艾金、

① William H. Kilpatrick, edi., *The Educational Frontier* (New York: Arno Press, 1933), pp. 4-5.

② William H. Kilpatrick, edi., *The Educational Frontier* (New York: Arno Press, 1933), pp. 4-5.

拉格、华生等都是学校与学院关系委员会的重要成员。“八年研究”的指导思想也受到社会改造主义的影响（在某种意义上，“八年研究”可以说是社会改造主义的成功，而不是进步主义教育原理的胜利。这也就不难理解为什么“八年研究”非但没有改变进步主义教育协会的命运，反而加速了它的衰败）。此外，从 30 年代后期开始的“青年问题”研究及“生活适应运动”也与社会改造主义相关。

社会改造主义的成型进一步激化了与进步主义教育家的矛盾，杜威学会的建立和《社会边疆》的创办则使这种矛盾进一步物化和固化，从而使任何调和成为不可能，其结果是直接造成进步主义教育协会组织的分裂。到 30 年代末 40 年代初，进步主义教育协会实际上已是日薄西山。

正当进步主义者与社会改造主义者间的论争日益加剧，以赫钦斯（Robert Hutchins）、阿德勒（Mortimer J. Adler）和巴格莱（William Bagley）为代表的保守主义者对进步主义教育的批评不断升级之际，杜威先后发表了《新学校有多少自由?》《为什么有进步主义学校?》《教育与社会变动》《教育中的理性》《民主对教育的挑战》《教育和社会秩序》《教育与当前的社会问题》《需要一种教育哲学》等文，一方面，有力回击了保守主义对进步主义教育的指责，极力为进步主义教育辩护，并且于 1936—1937 年与赫钦斯在《社会边疆》杂志上展开了激烈的论战；另一方面，对进步主义教育进行了全面的反思。

杜威指出，人们对进步主义学校的种种责难主要源于他们已经习惯了传统学校的一切。因此，当传统学校出了问题，人们便认为错在儿童或家庭；而当进步主义学校出了问题，则认为错在学校。杜威认为，这样的评判是非常不公平的。针对人们对进步主义学校缺少秩序和纪律的批评，杜威指出，进步主义教育追求的本来就不是这样一种秩序，它所追求的是一种存在于教室里所有人（他们都致力于共同的作业）中的秩序。杜威进一步认为，判断秩序和纪律的标准不是教室如何安静、所用的工具和材料如何统一，而是个人和团体所从事的作业的质量和数量。针对人们对进步主义学校具有一种“高度的个人主义哲学”的指责，杜威认为这是对进步主义教育的误解。他说：“正是现代学校（即进步主义学校）形成了一种严格的社会意义的目的。正是它们正在试图制定某种使个性解放的民主信仰与个人对团体福利的责任达到和谐的方法。”[①] 杜威进一步指出，进步主义学校努力发现的是儿童的道德的、理智的力量，在这方面虽然它们有时失败了，虽然它们有时犯了错误，但必须记住，它们的方法正在发展之中，它们是新的。此外，杜威还驳斥了那种认为进步主义教育的方法只适合儿童、不适合青少年的观点。

杜威指出，进步主义学校最初是由那些对当时的学校或传统学校极为不满的父母们发起的，它们表达了一种使教育更加自由和丰富的强烈愿望。进步主义学校的起源条件孕育了一种潜在的局限，这就是热情的成分大于理性的成分。由于这个原因，进步主义学校虽然拥有一些共同的信念（如坚信自由、审美欣赏和艺术表现，重视个人发展的机会，强调通过活动进行学习），但缺乏一种可用来确定训练或教学的程序、选择教学的材料和决定教学重点的方法，缺乏一种明确的和系统的教育哲学。由于这样的原因，在进步主义学校的实践中往往展现了很大的片面性，儿童中心的观念便是其中之一。杜威认为，教育应以儿童为起点和归宿，这是毫无疑问的。但是，儿童并不是孤立的，他生活在自然和人的世界中，他的成长受到各种因素的制约。另一方面，儿童的经验虽然是宝贵的教育资源，但是儿童的经验是不完全的，它们必须深入到客观和人的世界中。在经验尚未相对成熟之前，儿童的冲动是盲目的。不对这些冲动进行指导、引导，便意味着允许他们

① John Dewey, Joseph Ratne, eds., *Education Today* (New York: G. P. Putnam's Sons, 1940), p. 277.

盲目的活动，而指导和引导则意味着通过客观的材料使本能和冲动得以实现。这种材料必须按照一种使经验获得有序和建设性发展的方式加以提供，并且经过审慎的选择和组织①。

杜威进一步指出，真正的儿童中心或自我中心（self-centered）并不是以个人的情感和冲动为中心，也不意味着屈从个人自私自利的愿望和野心。这样的中心是一种放荡并将最终导致一切“中心”的毁灭，而在一部分进步主义学校中，由于对成人灌输的近乎病态的恐惧，所以所谓的“儿童中心”往往导致了对儿童的放纵。杜威强调，进步主义学校要想不断发展，实现自己的目标，就“必须通过对适用于能力和理解的有序发展的条件和方法的不断研究，形成更加庞大、广泛和适用的材料”②。

杜威的用心可谓良苦。但在 20 世纪 30 年代这样的激进年代，这种思想的折中并不能消弭进步主义者和社会改造主义者之间严重的思想裂痕，尤其是当这两种思想都具有极其强烈的否定性倾向，尤其是当思想的冲突与权力或利益掺杂在一起的时候。

三、沉寂阶段

尽管直到 1955 年进步主义教育协会才宣告解散，但事实上，从 20 世纪 40 年代初开始，协会内部出现的种种现象似乎就已经预兆了它的最终命运。所以，令人诧异的不是协会最终会走向解散，而是它在短暂的辉煌后迅即陷入危机，并且从此走上漫长、充满痛苦的解体之路。

自 1919 年成立以来，进步主义教育协会的活动经费主要有两个来

---

① J. A. Boydston, eds., *The Collected Works of John Dewey: The Later Works, 1925-1953*, Vol. 5(Carbondale: Southern Illinois University Press, 1984), p. 321.

② J. A. Boydston, eds., *The Collected Works of John Dewey: The Later Works, 1925-1953*, Vol. 5(Carbondale: Southern Illinois University Press, 1984), p. 321.

源：会员的会费和个人及团体的资助。从 20 世纪 40 年代初开始，由于会员人数的锐减，协会的影响力逐渐萎缩。因为协会的影响仅限于少数会员，它也就难以获得外界的经费支持。这种局面导致的直接结果是协会的财务状况日益恶化。1946 年 8 月 28 日，进步主义教育协会被审计部门宣告破产。而糟糕的财务状况又进一步限制协会所开展的活动，从 20 世纪 40 年代初开始，包括年会和暑期学院在内的进步主义教育协会原有的一些重要的经常性工作逐渐中断了。各专门委员会也因完成了预定的任务而自然解散。除了《进步主义教育》杂志继续刊行和理事会不定期召开小型会议外，进步主义教育协会事实上已经只剩下一个空壳。

在这种状况下，一种悲观失望的情绪弥漫在协会内部，甚至它的领导机构——理事会也对协会的前景产生了怀疑。克雷明指出，从 20 世纪 40 年代初开始，诸如"进步主义教育协会是否已经完成了它开始想要完成的任务?""进步主义教育协会是否必须作为一个独立的组织继续存在?"等令人沮丧的问题支配了理事会会议①。1943 年 10 月召开的理事会对协会的前途问题形成了 3 种不同的意见：一种意见认为进步主义教育协会应当解散，以新的、更强有力的组织取而代之；另一种意见则主张继续保留协会，但改变协会的某些主张并为它赋予新的活力；再一种意见强调为了抵制对进步主义教育的批评，应当努力使协会继续存在下去，并且与一个更为强大的组织建立更为密切的关系。经会员通讯投票表决，第三种意见被采纳，同时吸取了第二种意见。1944 年春，进步主义教育协会正式更名为"美国教育联谊会"(American Education Fellowship)，成为西欧新教育联谊会（New Education Fellowship）的美国分会。

---

① ［美］劳伦斯·阿瑟·克雷明：《学校的变革》，单中惠、马晓斌译，山东教育出版社，2009，第 240 页。

协会更名后，在公开发表的原则声明中，阐明了美国教育联谊会的目的："首先，对良好的教育做出界定；然后，激发家长、教师、学生和公民的兴趣，并且引导他们为所有的儿童和青年受到这种良好的教育而斗争。"所谓"良好的教育"，"是一个学习和生活的过程，通过这个过程，使孩子们非常关心世界的发展，成为具有相当理解力的公民。在这个世界里，自由的人能够且将一起生活和工作，如果需要的话，还将为共同的利益而斗争"①。声明指出，良好的教育只能在良好的社会中发展起来，所以美国教育联谊会将不仅进行教育改革，还将促进更为广泛的社会改革，使"适当的健康服务、娱乐活动和良好的住房、有保证的就业机会和废除宗教与种族偏见的民主风尚"成为现实。

美国教育联谊会的目的显然在一定程度上吸取了社会改造主义的主张，因而与进步主义教育协会的原则有明显不同。这表明经过20世纪30年代初至40年代初长达10年的迷惘之后，进步主义教育协会终于重新确定了自己的方向。但这毕竟为时已晚，当协会本身已经失去了昔日的巨大影响力时，又怎么能企求它的声明发生实际的作用呢?

在进步主义教育协会36年的历史中，更名是一个具有明显象征意义的重要事件，正如当初它以进步主义教育为协会命名一样，之所以更名为美国教育联谊会，也不是偶然的，事实说明，到20世纪40年代初，进步主义教育协会自身已经无力再以自己的行动和言论回击对它的各种批评，已经难以凭借自己的力量发展自身。由于协会工作的专业化，它失去了公众的支持；接着，由于内部的分裂，它又失去了专业人员的支持，只得依赖远在大西洋彼岸的新教育联谊会。而对一个"土生土长"的群众性组织来说，当它的衰落已是大势所趋时，这种依

① American Education Fellowship, "Objectives and Program of American education Fellowship," *Progressive Education 22*, No. 1, Oct., 1944: 9.

赖是不会产生任何实际效果的。1953 年，美国教育联谊会又恢复原名，多少说明了这一点。

进步主义教育协会在其存在的最后 10 余年中，从事的主要工作一是为协会更名，再一个就是不断修改它的原则声明。1944 年的声明在 1948 年被修正，到 1953 年又取消了 1948 年的声明，并且重新制定了一个新的原则声明。除了上述两个方面的工作之外，1944—1955 年，进步主义教育协会几乎没有留下任何实际行动的记录。正如克雷明所说，"进步主义教育协会从 1944 年开始到 1955 年解散的历史，最多是对过去所有事情的注解。这是一个关于声明和修改声明的悲哀故事，既没有什么措施，也没有多少成员，只有苦恼"①。1955 年，当协会最后一任会长赫尔费希宣布解散进步主义教育协会时，协会事实上已经不存在了，或者说只存在于一份会员名单上。在协会解散后，由于俄亥俄大学的资助，《进步主义教育》杂志继续刊行。1957 年，因资助取消，杂志停刊。

第三节　进步主义教育运动解体之"谜"

进步主义教育协会的解散，以及以此为标志的进步主义教育运动终结之所以成为一个"谜"，并不在于协会解体的本身，而在于它为什么是在进步主义教育运动进入全盛时期后如此迅速的解体。

对于进步主义教育及进步主义教育协会的衰落与解体之谜的破解，其实早在 20 世纪 30 年代后期就已经开始。杜威的《经验与教育》（1938 年）、博德（Boyd Bode）的《进步主义教育在十字路口》（1938 年）、拉格的《美国教育基础》（1947 年）是早期具有代表性的工作。

---

① ［美］劳伦斯·阿瑟·克雷明：《学校的变革》，单中惠、马晓斌译，山东教育出版社，2009，第 241 页。

从 20 世纪 50 年代起，伍德林（Paul Woodring）、爱德华兹和里奇（Newton Edwards and Herman G. Richey）、卢卡斯（Christopher J. Lucas）、克雷明和格拉汉姆等人都曾探讨进步主义教育运动衰落的原因。在这些探讨中，自然也会涉及对协会解体原因的分析。例如，伍德林认为，“他们（进步主义者）固守自己的原则，直到它们成了陈词滥调；由于进步主义的追随者纵容自己的极端主义，所以在公众的心目中，它逐渐被等同于恣意妄为”①。克雷明认为，进步主义教育运动衰落的原因是多方面的：一是进步主义教育运动内部的分裂、冲突。二是进步主义教育运动内在的否定主义倾向。进步主义教育运动在反对什么上很清楚，在赞成什么上却始终不那么明确。简言之，在破坏旧的教育体制和观念上，进步主义教育家有很多作为，而在建设新的学校制度和观念方面，他们少有建树。三是进步主义者所建议的做法在时间和能力上对教师提出了过高的要求。四是进步主义教育运动的成功反而使它自身受到损害。这就是说，进步主义教育家在取得了最初的成功之后，逐渐变得故步自封，未能不断发展他们的思想和计划。五是保守主义者的攻击。六是缺乏公众的支持。七是进步主义教育运动不能与美国社会的不断变化保持同步。② 这些分析有的也适用于对进步主义教育协会解体原因的分析。

从全面的观点看，导致进步主义教育协会解体的原因是十分复杂的，其中既有社会组织一般性运动规律的作用，又有进步主义教育协会所特有的问题；既有进步主义教育运动内在的原因，也有美国社会变迁所造成的外在作用因素。正是在一系列因素的交互作用下，才形成了一场轰轰烈烈的教育革新运动在达到全盛后即以令人惊奇的速度衰落、解体这样一种历史现象。

---

① P. Woodring, *A Fourth of a Nation*(New York: McGraw-Hill Co., 1957), p. 16.

② ［美］劳伦斯·阿瑟·克雷明：《学校的变革》，单中惠、马晓斌译，山东教育出版社，2009，第 307—310 页。

如果仅仅从进步主义教育协会自身的原因分析，那么是什么造成了协会的迅速解体呢？20 世纪 50 年代，柯布在接受克雷明的访问时，从当事人的角度谈到了进步主义教育协会内部所发生的不为人知的“内幕”。他说：“在第一个 10 年，协会是一个热情洋溢、协作良好的工作组织，但是接下来情况就不同了……‘他们’从我们手中夺走了它。”[①] 科布所说的“他们”，主要就是哥伦比亚大学师范学院的教育学者，而“我们”则是创建协会的私立学校校长和教师们。把协会的衰落和解体归结为不同群体之间的权力之争，既是柯布的见解，事实上也是克雷明和卡拉汉姆的观点。

从进步主义教育协会的发起人和早期领导人的背景可以看到，在创建时期，协会是一个由热心教育改革的教育实际工作者和社会人士组成的社团组织，而非专业团体。进步主义教育协会早期的核心成员多为私立学校的校长或教师，如协会的第一任会长摩根是莫雷恩公园学校校长，第二任会长史密斯为比弗乡村日校（Beaver Country Day School）的教师、后任帕克学校校长，第三任会长弗罗利切曾任费城栎木路乡村日校校长（Oak Lane Country Day School），第四任会长柯布时任美国海军学院教授、后任切维·蔡斯日校（Chevy Chase Country Day School）校长。其他主要成员如安妮·乔治（Anne George）为华盛顿蒙特梭利学校（Washington Montessori School）校长，约翰逊为有机学校（Organic School）创始人，斯奈德则先后任教于纽瓦克中学（Newark Academy）、巴尔的摩公园学校和斯卡巴勒学校（the Scarborough School），福勒时任塔山学校（the Tower Hill School）校长，等等。相同的背景既产生了共同的追求，也造成了协会早期核心成员思想倾向的一致性。在很大程度上，他们都是“儿童中心”论的

① ［美］劳伦斯·阿瑟·克雷明：《学校的变革》，单中惠、马晓斌译，山东教育出版社，2009，第 225—226 页。

坚定信奉者。之所以说1919—1929年是协会的观念“和谐期”，主要是因为在这个时期“儿童中心”论是协会的基本原则和价值追求。

从1922年巴尔的摩年会和1923年芝加哥年会开始，来自哥伦比亚大学师范学院等高校从事教育专业研究的教师逐渐参与进步主义教育协会的活动。从1926年前后开始，克伯屈、拉格（Harold Rugg）、华虚朋、比第（W. W. Beatty）和赖恩（W. Carson Ryan）等先后成为进步主义教育协会执行委员会和咨询委员会的成员，发挥着日益重要的作用。尽管教育学者很少实际担任协会的领导人，但其在协会中地位的不断上升是不争的事实。从20世纪20年代后期开始，协会为解决棘手的经费问题，大力谋求外界的支持。在这个过程中，拉格等人发挥了积极的作用。正是因为他们的努力，才陆续获得了卡内基公司和普通教育委员会的资助，“八年研究”等一系列重要项目才得以实施。

客观地分析，教育学者的加盟既是进步主义教育协会发展的结果，又是协会进一步发展的原因。一方面，正是因为协会的社会影响的不断扩大，才吸引了教育学者的参与。与此同时，教育学者的加盟也适应了进步主义教育运动发展的内在要求，即从运动最初的社会动员阶段向合法化、制度化阶段的转变①，从一种对传统教育的反叛和改革美国教育的激情向一种建设和创造的自觉努力、一种实现新的教育信念的周密计划和行动方案的转变。作为一场社会运动，进步主义教育要想继续生存和不断发展，必须要实现这样的转变。在这个转变过程中，发生变化的不仅是运动的运行方向和节奏，自然还包含了作为运动象征的组织本身。就此而言，进步主义教育协会的领导权被“夺走”是势所必然。但在事实上，协会领导权的转移并没有直接导致协会的衰落。20世纪30年代无疑是进步主义教育协会的黄金时期，其会员人

① ［美］伊恩·罗伯逊：《社会学》（下册），黄育馥译，商务印书馆，1991，第788—789页。

数、社会影响、与外部的联系等，都远胜于第一个 10 年。因此，协会内部权力结构的变化并非导致协会衰落和解体的主要原因或直接原因。另一方面，要成功地实现上述转变，一个关键的因素是思想原则的变化。进步主义教育运动是由来自不同源头的溪流汇合而成的，多元化、差异性是它得以发展的原动力。事实上，进步主义教育协会早期的领导人除了职业特征相近之外，最大的共同点仅仅在于他们都反对传统教育。随着运动本身的进展，进步主义教育协会必须要寻求一种一致性或统一性，或者如杜威所说的“一种明确和系统的教育哲学”。教育学者的加盟至少为这种教育哲学的获得提供了可能性。随之而来的问题是，这是一种什么教育哲学？正是在这个问题上，进步主义教育协会内部发生了持续和激烈的冲突，并且由话语的竞争引发了组织的竞争，从而直接导致协会的分裂和最终解体。借用柯布的表达方式，“他们”夺走的其实不是协会的领导权，而是话语权。

进一步的问题是，为什么话语和话语权的竞争和冲突最终会导致协会的衰落和解体呢？

早在 20 世纪 30 年代后期，杜威就已经发现在进步主义教育运动中存在的一个根本问题就是“非此即彼”（Either-ors）的极端思维方式。在《经验与教育》中，杜威试图“探讨现实种种矛盾的起因，然后比较代表各个论争派别的实际和思想，不偏向于任何一方，提出一种更深刻的、更全面的实施计划”①。

杜威指出，进步主义教育运动在其发展过程中所表现的一个基本局限是习惯于用“非此即彼”的思维方式认识问题、阐明自己的主张。因此，进步主义教育运动始终面临着一种危险，“即当它抛弃它将取而代之的一些目标和方法时，它可能只是消极地而不是积极地、建设性

---

① ［美］约翰·杜威：《经验与教育》，出自《我们怎样思维·经验与教育》，姜文闵译，人民教育出版社，1991，第 246 页。

地提出它的原则。因此，在实践中，它是从被它抛弃的东西里获取解决问题的启示，而不是建设性发展自己的哲学，从而寻求解决问题的答案"①。也就是说，由于"非此即彼"的思想方式，进步主义教育运动未能从运动早期阶段所具有的"对抗的、偏离的和革新的"特征中摆脱出来，它仍是一个"破坏者"或传统的"反叛者"，而不是建设者。

杜威的分析虽然主要针对进步主义教育，但这又何尝不是社会改造主义自身存在的问题呢？早在20世纪40年代后期，拉格在回顾19世纪末20世纪初以来美国教育的发展趋势时，提到了美国教育界正式出现的4种运动：以学科为中心的公共教育运动，以学科为中心、以永恒主义和要素主义为代表的自由教育运动，以儿童为中心的进步主义教育运动，以社会为中心的社会教育运动。拉格指出，进步主义教育运动始于1896年"杜威学校"的创办，到20世纪20年代末基本结束，而以社会改造主义为代表的社会教育运动则盛行于20世纪30—40年代②。在这里，拉格实际上是把进步主义与社会改造主义完全对立起来，当作前后交替的两个运动。

奈勒（George Kneller）指出，社会改造主义本质上是进步主义的派生物或进步主义的一个派别。③ 首先，包括拉格、康茨、克伯屈在内的社会改造主义者，原先大多是进步主义教育运动中很有影响的教育家，其思想倾向在20世纪30年代的变化并不是全面的和根本的，而是有一定界限的。也就是说，由于社会改造主义者与进步主义的种种联

---

① ［美］约翰·杜威：《经验与教育》，出自《我们怎样思维·经验与教育》，姜文闵译，人民教育出版社，1991，第246页。

② Rugg, H., *Foundations for American Education* (New York: World Book Co., 1947), p. 515.

③ ［美］泰勒：《教育哲学导论》，引自陈友松主编《当代西方教育哲学》，教育科学出版社，1982，第92页。

系，即使他们改变了称谓，也难以真正与进步主义彻底决裂。其次，社会改造主义与进步主义在思想渊源上具有一种“同源”关系，它们是同一棵树上结出来的两个“果子”。这棵“大树”不是别的，正是杜威的教育哲学。如果说在20世纪20年代克伯屈、拉格等人积极发展了杜威思想中注重个人发展的一面，那么在20世纪30年代，他们则充分挖掘了杜威思想中强调社会发展的另一面。再次，从历史的观点看，进步主义与社会改造主义代表了进步主义教育运动的两个发展阶段，二者是相互联系的。简言之，以儿童中心为导向的进步主义反映了进步主义教育运动在20世纪30年代以前的发展趋势，以社会中心为特征的社会改造主义则代表了运动在20世纪30年代以后的演变趋势。换个角度，进步主义与社会改造主义分别是进步主义教育运动的两个重要侧面，是运动的“两翼”。最后，社会改造主义与进步主义联系的更为基本的方面在于，虽然二者的“中心”看似不同，但在本质上是一致的。社会改造主义对社会改造、社会观念、社会目的等的强调并不是一种目的，而是一种手段。那么，社会改造主义者则把目的与手段做了区分。从这个意义上讲，社会改造主义与进步主义在基本价值观上是一脉相承的。①

如果说进步主义教育是以激进的方式反对过去的一切教育，那么社会改造主义则是以同样激进的方式反对进步主义教育。由于“非此即彼”的偏激的思维方式，无论是进步主义还是社会改造主义，都忽略了从对立面汲取对己有利的因素，不能对自己的思想原则进行批判性的检验，从而再一次陷入独断主义的泥沼。正如杜威所说的那样，“任何以一种‘主义’为思想和行动依据的运动，都会陷入被其他‘主

---

① ［美］罗伯特·梅逊：《西方当代教育理论》，陆有铨译，文化教育出版社，1984，第106页。

义’所控制的运动的对立面”①。进步主义与社会改造主义内在的否定性倾向和偏激的思维方式是导致二者剧烈冲突的根本原因，而正是这种话语权的冲突和竞争造成了进步主义教育协会的分裂和解体。

结语：进步主义教育运动的历史遗产

如同在其他问题上一样，对进步主义教育运动历史贡献的评价也存在着两种截然不同的观点。一种观点认为，进步主义教育运动的影响只限于少数几所大学的师范学院或教育学院及其实验学校，所以它对美国教育的实际影响是极为有限的②；或者认为进步主义教育运动虽然在理论上取得了胜利，但从来没有得到付诸实践的机会，因而对教育实际作用甚微③。与此相对立的见解则认为，进步主义教育运动对20世纪美国教育的改革与发展产生了全面的、深刻的革命性影响。进步主义教育运动在美国现代文明史上构建了决定性的篇章。④

从客观而论，尽管进步主义教育运动最后以解体告终，但是通过长期的不懈努力，它为20世纪美国教育确实留下了一笔可观的遗产，这是多数学者所认同的观点。至于这些遗产究竟包括哪些，同样是见

---

① ［美］约翰·杜威：《我们怎样思维·经验与教育》，姜文闵译，人民教育出版社，1991，第246页。

② Ryland W. Crany and Louis A. Prtrone, *Foundations of Modern Education* (New York: Knopf, 1971), p. 15.

③ Samuel Bowles and Herbet Gintis, *Schooling in Capitalist America: Educational Reform and the Contradictions of Economic Life* (New York: Basic Books, 1976), p. 66.

④ ［美］劳伦斯·阿瑟·克雷明：《学校的变革》，单中惠、马晓斌译，山东教育出版社，2009，第3页。James K. Squire, eds., *A New Look at Progressive Education* (Washington: Association for Supervision and Curriculum Development, 1972), pp. 374-383.

仁见智。① 因此，似无必要将这些遗产"清单"一一列举。②

简言之，进步主义教育运动对 20 世纪世界教育的主要贡献其实并不在于教育教学内容、方式、方法、组织或技术的革新，而在于提出了一系列符合现代社会发展根本趋势的新的教育原则或观念。

其一，反对将教育看作为未来生活做准备的传统观念，强调教育是实际生活过程的组成部分。

其二，反对单纯从成人社会的需要出发，主张将儿童多方面能力的主动自由发展作为教育的重心。

其三，反对强制和严厉的惩罚，注重形成互助的、热情的和人道的课堂气氛。反对竞争，主张建立促进合作、共享的组织模式。

其四，反对被动、机械地学习，主张积极地、主动地学习，并且应通过解决问题进行。

其五，强调教师的作用是鼓励和引导，而不是监督。教师的作用在于为儿童提供丰富的教学材料和情境，以便他们探索、操作和运用。

其六，课程应适应每个儿童的成熟水平，并且根据儿童的兴趣、创造力、自我表现和人格发展实现个性化教学。

从上述原则可以看到，进步主义教育运动区别于 19 世纪末 20 世纪初美国教育界各种教育革新努力的根本之处在于，依据对城市-工业文明本质的深刻认识，确立了以人（儿童和青少年）和人的改善为出发点、以人的解放和社会进步为目的的教育改革策略。进步主义教育家

---

① ［美］劳伦斯·阿瑟·克雷明：《学校的变革》，单中惠、马晓斌译，山东教育出版社，2009，第 271—272 页。Ryland W. Crany and Louis A. Prtrone, *Foundations of Modern Education* (New York: Knopf, 1971), pp. 17-18; John D. Pulliam, *History of Education in America*. Third Edition (Columbus, Ohio: Charles E. Merrill Publishing Company, 1982), pp. 179-181.

② 关于这些"遗产"的部分"清单"可参见张斌贤著《教育与社会变革》，中国社会科学文献出版社，2012，第 336—338 页。

们意识到，工业化和城市化在给人类带来巨大福利的同时，也造成了种种恶果：机器对人的奴役，标准化所导致的个性的丧失，城市生活所产生的人与人和人与自然的隔绝，等等。他们深刻地认识到，工业化和城市化不仅创造了崭新的生产方式和生活方式，而且产生了建立一种全新的社会制度、政治模式、价值体系的深刻需要。他们同样清醒地认识到，社会的改造与人性的改良是相互制约的：人的改造是社会改革的基础，社会改造是人性改良的必要条件；社会改造以人的最大程度的解放为目的，而人的解放又是为着社会的进步。正是由于认识到社会改革与人的改造之间的相互关系，进步主义教育家一方面强调教育改革应与社会改革相协调，成为社会改革的有机组成部分，另一方面则始终坚持以人和人的解放为核心的教育改革哲学。巴茨（K. Freeman Butts）认为，这种哲学在杜威的一段话中得到了最好的概括："自我活动的至高无上、一切力量的和谐发展、品格优先于知识、把真实的事物放在符号之前的必要性、具体先于抽象、遵循自然的顺序而不是人类习俗的顺序的必要性……"①

由于确立了以人（儿童、学习者）为核心的指导思想，因而必然引起对教育制度中一切与此有关的方面的整体变革。而正是这种整体的教育变革，才是19世纪末20世纪初美国社会真正需要的。也正是由于倡导并不断地在理论和实践两方面推动这种变革，才使进步主义教育运动获得了广泛的支持和强大的生命力。

从这个意义上讲，进步主义教育运动对美国教育的贡献首先在于它强有力地促进了美国教育从农业时代向工业化时代、从近代向现代的巨大转变，对美国教育的转型发挥了积极的作用。就此而言，进步主义教育运动构成了现代美国教育的重要开端。

---

① R. Freeman Butts, *Public Education in the United States* (New York: Holt, Rinehart and Winston, 1978), p. 201.

进步主义教育运动不仅为20世纪美国教育的发展“设定”了起点，而且直接制约着这种发展的方向和格局。由于进步主义教育运动提出或涉及了一系列教育中带有根本性的问题，所以尽管运动本身解体了，但美国教育的发展始终难以回避这些问题（尽管形式不同），并且不得不对这些问题做出自己的解答。而当人们进行这种解答时，不管他们是否意识到，他们事实上都是在沿着进步主义教育家们为他们规定的道路行进。第二次世界大战后，美国教育的“钟摆”不管向哪个方向摆动，都没有摆脱进步主义的影响。

进步主义教育运动对20世纪美国教育发展的另一个方面的重大贡献在于，它对形成美国学校教育的基本特征产生了深远的影响。在当代美国教育中，进步主义教育家们曾经大力倡导的重视儿童的需要和个性差异、强调为儿童提供更多的活动空间、鼓励探究和创造性的发展、对儿童权利的尊重等，都已成为普遍存在的现实[①]。这种普遍性实际上反映了20世纪美国学校不同于19世纪美国学校的显著特征。在一定意义上可以讲，进步主义教育运动从根本上改变了美国学校和教室的氛围。尽管进步主义教育所主张的儿童中心论遭到了指责，但他们所反对的权威主义已不可能再统治美国学校了。

除了以上三个方面的基本贡献之外，进步主义教育运动在促进美国教育理论研究的发展和教育理论研究的“美国化”方面也发挥了重要的作用。在杜威、博德、克伯屈等人之前，美国虽然在教育制度方面已逐渐摸索出了适合本国国情的做法（如公立学校的创立、教育管理的地方分权、以税收维持学校、教育立法），但在教育理论方面则主要受西欧的影响。即使是在进步主义教育运动的早期，西欧教育家的思想依然是主要的理论依据。只是由于研究美国教育的特殊形势和特

① James K. Squire, ed., *A New Look at Progressive Education* (Washington: Association for Supervision and Curriculum Development, 1972), p. 375.

殊问题，加之受19世纪末20世纪前期美国哲学、心理学发展的推动，才逐渐形成了以杜威教育哲学为代表的“美国化”的教育理论体系。美国也由教育理论的输入国变成输出国。

简言之，进步主义教育运动不仅构成了20世纪美国教育史的一个重要阶段，而且成为贯穿于这部历史的一条基本线索。可以想象，一部没有进步主义教育运动的20世纪美国教育史将会是另一番完全不同的景象。

【主要参考文献】

一、中文参考文献

［美］S. 鲍尔斯，H. 金蒂斯. 美国：经济生活与教育改革［M］. 王佩雄，等译. 上海：上海教育出版社，1990.

陈友松. 当代西方教育哲学［M］. 北京：教育科学出版社，1982.

［美］约翰·杜威. 学校与社会·明日之学校［M］. 赵祥麟，等译. 北京：人民教育出版社，1994.

［美］约翰·杜威. 民主主义与教育［M］. 王承绪，译. 北京：人民教育出版社，1990.

［美］约翰·杜威. 我们怎样思维·经验与教育［M］. 姜文闵，译. 北京：人民教育出版社，1991.

［美］约翰·杜威. 人的问题［M］. 傅统先，等译. 上海：上海人民出版社，1965.

［美］H. S. 康马杰. 美国精神［M］. 南木，等译. 北京：光明日报出版社，1988.

［美］劳伦斯·阿瑟·克雷明. 学校的变革［M］. 单中惠、马晓斌，译. 济南：山东教育出版社，2009.

李剑鸣. 大转折的年代［M］. 天津：天津教育出版社，1992.

［美］凯瑟琳·坎普·梅休等. 杜威学校［M］. 王承绪、赵祥麟，

等译. 上海：华东师范大学出版社，1991.

［美］罗伯特·梅逊. 西方当代教育理论［M］. 陆有铨，译. 北京：文化教育出版社，1984.

赵祥麟，王承绪. 杜威教育论著选［M］. 上海：华东师范大学出版社，1981.

二、英文参考文献

Wilford M. Aikin. The Story of the Eight-Year Study[M]. New York: Harper, 1942.

Boyd H. Bode. Progressive Education at the Crossroads[M]. New York: Newson Co., 1938.

John S. Brubacher. Modern philosophies of Education[M]. New York: McGraw-Hill Book Co., 1939.

R. Freeman Butts. Public Education in the United States[M]. New York: Holt, Rinehart and Winston, 1978.

John L. Childs. Education and Morals[M]. New York: Appleton-Century- Crofts, 1950.

S. Cobb. The New Leaven[M]. New York: John day Co., 1928.

George S. Counts. Dare the School Build a New Social Order? [M]. New York: Harper and Row, 1932.

Theodore R. Crane. The Dimensions of American Education[M]. Massachusetts: Addison-Wesley Co., 1974.

Lawrence A. Cremin. The Transformation of the School[M]. New York: Knopf, 1961.

Ellwood P. Cubberley. Readings in Public Education in the United States[M]. Boston: Houghton Mifflin, 1934.

Merle Curti. Social Ideas of American Educators[M]. New York: Charles Scribner, 1935.

Frederick Eby. The Development of Modern Education[M]. New York:Prentice- Hall,Inc. ,1952.

Newton Edwards, Herman G. Richey. The School in the American Social Order[M]. Boston: Houghton Mifflin Co. ,1963.

Patricia A. Graham. Progressive Education[M]. New York: Teachers College Press, Columbia University, 1967.

Christopher J. Lucas. Foundation of Education[M]. New Jersey: Prentice-Hall, Inc. ,1984.

William H. Kilpatrick. Philosophy of Education[M]. New York: The Macmillan Co. ,1951.

Francis W. Parker. Talks on pedagogics[M]. New York: E. L. Kellogg, 1894.

Robert E. Potter. The Stream of American Education[M]. New York:American Book Co. ,1967.

S. Alexander Rippa. Education in a Free Society[M]. New York: Longman, 1984.

Harold Rugg. Foundations for American Education[M]. New York: World Book Co. ,1947.

James K. Squire, ed. A New Look at Progressive Education[M]. Washington: Association for Supervision and Curriculum Development, 1972.

David B. Tyack. Turning Points in American Educational History [M]. New York:John Wiley and Sons, 1967.

Paul Woodring. A Fourth of a Nation[M]. New York:McGraw-Hill Co. ,1937.

第六章　初级学院运动[①]

19世纪末，美国在研究型大学和赠地学院创立发展过程中，二者的协调与碰撞产生了独具特色的初级学院。从历史渊源看，初级学院的理念起源萌芽于大学。在办学实践中，初级学院摇摆于中等教育和高等教育之间；在专业组织中，初级学院被视为高等教育系统的组成单元；在法律地位上，以加州为代表，公立初级学院被纳入中等教育范畴作为美国公共教育系统的一部分；在组织管理上，初级学院组织形式复杂，大部分公立初级学院与高中合校共同管理；在办学职能上，第二次世界大战前大部分公私立初级学院主要以大学转学预备教育为主。因办学主体和管理方式的复杂性，初级学院在美国高等教育系统中的地位和属性一直备受争议。长期从事初级学院研究的学者沃尔特·伊尔斯认为初级学院是美国教育中的实验性机构，是一种过渡性机构。[②] 科尔曼·格里菲斯（Coleman R. Griffith）也认为初级学院是连接中等学校与大学和学院的桥梁，是高中毕业生步入社会生活、进入专业学院或大学的过渡性机构。[③] 初级学院的学生则倾向于将初级学

---

① 本章撰稿人：康绍芳。

② Walter C. Eells, *The Junior College* (Boston: Houghton Mifflin, 1931), pp. 185-209.

③ Coleman R. Griffith, *The Junior College in Illinois* (Urbana: University of Illinois Press, 1945), p. 159.

院视为一种混合型机构，一半是中等教育机构，另一半是高等教育机构。[①] 无论初级学院属于高等教育的开端还是中等教育的延伸，从高等教育结构上来说，初级学院的建立都使美国赖此形成了由大学、学院及初级学院构成的三级高等教育机构，确立了由副学士、学士、硕士和博士构成的完整的四级学位制度，进一步完善了美国现代高等教育制度。[②]

第一节 初级学院的起源与发展

初级学院的源头可以追溯到 19 世纪，但对第一所初级学院的创办时间，学术界争议颇多。第一所初级学院的确立时间目前难以确定，其课程、教师、组织管理等早期的历史大部分都无法考证。[③] 但大部分学者认为现代意义上的初级学院起源于 19 世纪末，大学、师范学校、高中和小型学院四种类型的教育机构共同塑造了初级学院的早期历史。

一、初级学院的起源

从历史起源看，私立初级学院的产生早于公立初级学院，弗雷德里克·惠特尼（Frederick L. Whitney）认为 1835 年伊利诺伊州戈弗雷的蒙蒂塞洛中等学校（Monticello Seminary at Godfrey）是美国历史上第一所私立初级学院，同时指出第一所现代意义上的私立初级学院产生于 19 世纪末。[④] 芝加哥大学教授莱纳德·库斯（Leonard V. Koos）

---

① Henry G. Badger, "Junior College Salary Schedules," *Bulletin of the American Association of University Professors (1915-1955)*, Vol. 34, No. 4, Winter, 1948: 770-777.

② 王保星：《南北战争至 20 世纪初美国高等教育的发展与变革》，博士学位论文，北京师范大学，1998。

③ Thomas Diener, *Growth of an American Invention: A Documentary History of the Junior and Community College Movement* (Westport: Greenwood Press, 1986), p. 6.

④ Frederick L. Whitney, *The Junior College in America* (Greeley: Colorado State Teachers College, 1928), p. 11.

对此表示怀疑，认为与初级学院运动相关的第一所学院应是1896年在芝加哥创建的路易斯学院（Lewis Institute）。[①] 库斯认为路易斯学院是美国历史上第一所私立初级学院，这所学院之后转型为四年制学院，并入伊利诺伊技术学院（Illinois Institute of Technology）。[②] 也有许多学者将1898年在德克萨斯州创办的迪凯特浸礼会学院（Decatur Baptist College）视为美国第一所初级学院。[③] 目前，美国学界对第一所公立初级学院争议较少，普遍认为第一所公立初级学院是由1901年伊利诺伊州乔利埃特城镇高中（Joliet Township High School）扩建而成的乔利埃特初级学院（Joliet Junior College）。

从发展历史看，初级学院的理念最早产生于大学内部，初级学院是美国学院向大学转型过程中的副产品。大学对初级学院运动的发展起到了重要作用，在加利福尼亚州、伊利诺伊州、密苏里州、明尼苏达州和德克萨斯州尤为显著，这几个州也是初级学院发展最为迅速的地区。自19世纪中期开始，一批接受德国大学训练的大学领导者借鉴欧洲教育模式，普遍认为美国学院的前两年教育在性质上属于中等教育层次。密歇根大学校长亨利·塔潘（Henry P. Tappan）、明尼苏达大学校长威廉·福韦尔（William Watts Folwell）、芝加哥大学校长威廉·哈珀、斯坦福大学校长大卫·乔丹（David Starr Jordan）、加州大学伯克利分校教育学院院长阿历克斯·朗齐（Alexis F. Lange）等都是推动初级学院发展的先驱人物。密歇根大学校长亨利·塔潘早在1852年的就职演说中就曾建议将大学中学部的工作向高中转移。1869年，

---

① Leonard V. Koos, " A Quarter-Century with The Junior College," *The Journal of Higher Education* 9, No. 1, Jan., 1938: 1-6.

② Leonard V. Koos, "Rise of the People's College," *The School Review* 55, No. 3, March, 1947: 138-149.

③ Roger Yarrington, ed., *Junior Colleges: 50 States/50 Years* (Washington, D. C.: American Association of Junior Colleges, One Dupont Circle, N. W., 1969), p. 139.

明尼苏达大学校长威廉·福韦尔在就职演说中也曾建议中学应承担大学一年级和二年级的教育工作。19世纪80年代初期，宾夕法尼亚大学教授爱德蒙德·詹姆斯（Edmund J. James）也曾提出类似的建议。①19世纪80年代早期，爱德蒙德·詹姆斯（1904—1920年担任伊利诺伊大学校长）尝试劝说宾夕法尼亚大学推行类似的方案，但未获成功。1905年，伊利诺伊大学校长爱德蒙德·詹姆斯在就职演说中再次提道："虽然中等教育为大学进行专业教育做准备，但我认为大学不应该参与中等学校的工作。中等学校、高中和学院应承担更多预备性教育职能，为大学培养适合的人才。"②

1883年，密歇根大学将大学高年级（三、四年级）和低年级（一、二年级）做出区分，要求高年级学生主修和辅修专业课程，并且提交一份论文才能毕业。但几年后，由于管理上的问题，密歇根大学取消了这一方案。③ 1896年，密苏里大学校长理查德·杰西（Richard Henry Jesse）在中北部学院与中等学校协会的一次会议中直言不讳地指出美国学院的前两年教育本质上属于中等教育范畴，并且积极呼吁重组高等教育。④

1892年，芝加哥大学校长哈珀将初级学院的理念变为实践，将芝加哥大学的低年级部分正式从大学中分离出来，哈珀也因此被称为"初级学院之父"。哈珀认为大学一年级和二年级的学习仅仅是私立中等学校或高中的延伸，是对中等教育教学内容和方法的拓展，大学的教学方法到了大学二年级末才正式开始。1892年，芝加哥大学校长威

---

① Floyd M. McDowell, *The Junior College* (Washington: Government Printing Office, 1919), p. 10.

② Coleman R. Griffith, *The Junior College in Illinois* (Urbana: University of Illinois Press, 1945), p. 157.

③ Walter C. Eells, *The Junior College* (Boston: Houghton Mifflin, 1931), pp. 45-46.

④ Ray L. Wilbur, "The Junior College in California," *Bulletin of the American Association of University Professors (1915-1955)*, *Vol.* 14, *No.* 5, *May*, 1928: 362-365.

廉·哈珀首次明确提出把四年制学院分为基础学院（Academic College）[①] 和大学学院（University College）两部分，前者包含大学的一、二年级，后者包括大学的三、四年级。1896 年，哈珀又将大学分为初级学院（Junior College）和高级学院（Senior College），这是美国教育历史上首次出现“初级学院”这一术语。[②] 芝加哥大学将刚入学的新生视为高中生，为他们专门开设中学课程，直到大学二年级结束后才开始真正的大学学习。1903 年，哈珀在校长年度报告中分析了初级学院的哲学基础及其办学优势，指出初级学院有助于学生方便快捷地在大学二年级结束学业；许多没有机会接受高等教育的学生可以获得至少两年的大学学习机会；专业学院可以提高入学标准，将基础性的学业预备训练委托给初级学院；许多高中得以延伸课程内容，提高教育水平；许多小型四年制学院转型集中从事大学前两年的教育工作。[③] 哈珀将大学初级学院和高级学院区分开来并将其制度化的做法，为初级学院在大学中得以迅速发展打下了制度基础。哈珀的做法也得到继任校长哈里·贾德森（Harry P. Judson）的支持，他在 1911—1912 年年度报告中指出，大学教育中 20%—30%的内容在本质上属于高中教育范畴。换句话说，一名合格的大学生应该至少接受 5 年的高中教

---

① 毛澹然将其翻译为“学术学院”。参见毛澹然著《美国社区学院的起源》，《外国教育资料》1984 年第 1 期，第 36—40 页。王英杰、王保星将其翻译为“基础学院”。参见王英杰著《美国发展社区学院的历史经验及发展中国专科教育之我见》，《外国教育研究》1992 年第 1 期，第 18—24 页；王保星著《美国初级学院运动的兴起及其教育民主化意义》，《河北大学学报（哲学社会科学版）》1999 年第 4 期，第 34—37 页。本书统一采用“基础学院”这一译法。

② Walter C. Eells, *The Junior College* (Boston: Houghton Mifflin, 1931), p. 47.

③ William R. Harper., “President's Annual Report, University of Chicago, July, 1902,” *Decennial Publications of the University of Chicago* 2, 1903: xciv.

育。[1] 芝加哥大学初级学院的模式很快被其他大学所推广，但当时大多数大学依然采用大学低年级部（lower division）和高年级部（upper division）这一术语。

是否授予初级学院毕业生学位曾在芝加哥大学引起了巨大的争议，哈珀认为授予初级学院毕业生学位可能会造成学位贬值。哈珀借鉴英国的做法，在初级学院这一层次设立副学士学位制度，解决初级学院毕业生学位争议问题。副学士学位最早出现于英国，1865 年设在英格兰的达勒姆大学授权向在该校新建立的物理学院学习两年结业的学生授予“物理科学副学士学位”。但该校事实上迟至 1873 年才首次颁发副学士学位，学位名称被更改为更广义的“副理科学士”。此后这一学位逐渐被推广到其他院校。到 1927 年，英国高等学校共颁发了 13 种副学士学位，但由于英国高等学校的保守倾向，这一新产生的学位未能延续下去。[2] 经过激烈争论，芝加哥大学最终达成妥协方案，1900 年向初级学院毕业生授予文科副学士学位（Associate in Arts），这一举措迅速被其他初级学院所效仿。芝加哥大学授予初级学院毕业生“副学士学位”（Associate Degree）这一做法，从学位体制上将初级学院正式纳入高等教育范畴。[3] 1899/1900 学年至 1919/1920 学年，芝加哥大学共向 4462 名学生颁发了副学士学位。

芝加哥大学校长哈珀在美国东部倡导发展初级学院的同时，加利福尼亚大学伯克利分校教育学院院长阿历克西斯·朗齐在西部地区也积极推动着初级学院运动的发展。初级学院的思想和早期实践都不在

---

① Floyd M. McDowell, *The Junior College* (Washington: Government Printing Office, 1919), p. 18.

② 王英杰：《美国发展社区学院的历史经验及发展中国专科教育之我见》，《外国教育研究》1992 年第 1 期，第 18—24 页。

③ 王保星：《美国初级学院运动的兴起及其教育民主化意义》，《河北大学学报（哲学社会科学版）》，1999 年第 4 期，第 34—37 页。

加利福尼亚，一些杰出的教育界精英对加州初级学院的发展做出了杰出贡献，而朗齐是其中最具代表性的人物，他因此也被视为“加州初级学院理念之父”（Father of the California Junior College Idea）[①]。朗齐在密歇根大学攻读本科时，密歇根大学曾尝试将大学的高年级部和低年级部分离，却没有成功，而朗齐将这种理念带到了加州大学。1892年，加利福尼亚大学创立普通文化学院（College of General Culture），将大学的前两年作为高中的延伸阶段。[②] 1903年，朗齐在加州大学确立高年级入学初级证书制度，将大学的初级部和高级部区分开来，并且向大二学生授予毕业证书（Certificate），授予其他毕业生结业“文凭”（Diplomas）。[③] 此外，朗齐积极促成加州地区重组中等教育和高等教育，推动开设高中后两年的延伸拓展教育，将其纳入加州公共教育系统之中。[④] 在朗齐的努力下，加州大学的改革理念使六年制高中制度在伯克利地区变成现实。

1917年，朗齐在芝加哥大学的演讲中针对初级学院的发展前景提出了几个经典的问题：美国的大学是否应该砍掉部分阶段的教育，如果是，应该从哪里入手？美国的四年制高中和私立中等学校是否应该扩张延伸学制，如果可以，延伸几年？美国的一些学院是否应该从四年制变为两年制，如果可以，由谁来决定？[⑤] 针对这些问题，朗齐不无自豪地谈道：“自1892年根据两种组织理念加州大学逐渐实现重组，一种理念是从理论和实践方面考量，真正的大学教育始于学院教育的第

---

① W. J. Cooper,“The Junior-College Movement in California,”*The School Review 36*, No. 6, June, 1928: 409-422.

② Arthur A. Gray,“The Junior College”(PhD diss., University of California, 1915): 6.

③ Walter C. Eells, *The Junior College* (Boston: Houghton Mifflin, 1931), p. 362.

④ Arthur A. Gray,“The Junior College in California,”*The School Review 23*, No. 7, Sept., 1915: 465-473.

⑤ Alexis F. Lange,“The Junior College as an Integral Part of the Public-School System,”*The School Review 25*, No. 7, Sept., 1917: 465-479.

三年；第二种理念是从历史和事实角度看，学院教育的前两年属于中等教育的一部分。在这一趋势影响下，加州大学通过施行初级证书制度将大学和中等教育正式区别开来。”①

大卫·乔丹在斯坦福大学也积极推动初级学院的发展，并且将“初级学院”这一术语普及加州地区。早在1907年乔丹就曾提议董事会将初级学院从大学中分离出去，将初级学院教育作为升入大学的前提和基础，直到1927年董事会才最终采纳实施这一提议。② 1928年后，斯坦福大学逐年限制低年级部学生人数，逐步将其转向初级学院。③

除大学之外，师范学校、公立高中和小型四年制学院对初级学院的产生与发展也发挥了重要作用。19世纪末，一大批师范学校转型成为学院，也有一批师范学校开始承担学院教育的职能。1897年，密歇根州立法机构最早授权州教育董事会将位于伊普西兰蒂市（Ypsilanti）的一所师范学校转型为密歇根州立师范学院（Michigan State Normal College）。1903年，密歇根州立师范学院开始颁发文科学士学位（Degree of Bachelor of Arts）和教育学学士学位（Degree of Bachelor of Pedagogy）。1903年，蒙塔纳州一所州立师范学校更名为蒙塔纳州立师范学院（Montana State Normal College）。同年，芝加哥师范学院开始采纳学院标准招生，并且将学制年限延长至三年。此后，很多师范学校更名为学院或大学，如1907年成立的伊利诺伊州立师范大学（Illinois State Normal University）、1909年成立的科罗拉多州立教师学院（Colorado State Teachers College）和爱荷华州立教师学院（Iowa

---

① Alexis F. Lange, "The Junior College as an Integral Part of the Public-School System," *The School Review 25*, No. 7, Sept., 1917: 465-479.

② E. E. Lewis, "The Junior College and the Reorganization of Secondary Education," *Educational Research Bulletin 7*, No. 4, Feb., 1928: 72-75, 83.

③ Ray L. Wilbur, "The Junior College in California," *Bulletin of the American Association of University Professors (1915-1955)*, Vol. 14, No. 5, May, 1928: 362-365.

State Teachers College)。这些转型后的师范学院大部分以两年学院教育为主。[①] 同时，一些州立大学授权师范学校承担高中后两年的学院教育工作。师范学校的这一发展趋势为初级学院的产生奠定了基础，如1911年威斯康星州立法机构批准师范学校可以提供两年的学院课程。[②]

另外，南北战争后，尤其是1890年之后，美国公立中学运动的蓬勃开展也为初级学院运动的兴起提供了动力。詹姆斯·安吉尔（James R. Angell）在中北部学院与中等学校协会会议中谈道："在我看来，将初级学院单纯视为大学发起的运动是极大的错误，更深层次的原因是美国民众对公共教育乃至高等教育的兴趣和需求的持续增长。"[③]

1890年，美国中等教育迅猛发展。1890年，全美14—17岁的少年进中学的还不到7%；可是到了1920年，这一比例已超过30%。[④] 1900—1920年，中等学校注册学生人数出现了惊人的增长速度。1920—1940年，中等学校保持持续增长势头，注册学生增加了185%；同一时期，高等教育注册学生增加了149.7%。[⑤] 中等教育入学人数的急剧增长也进一步刺激着民众对高等教育的需求。

大批高中毕业生的教育需求促使美国改革中等教育学制系统。19世纪末，美国高中学制主要以四年制为主，而同一时期的法国、英国和德国等欧洲国家中等教育学制长达6—9年。相比较而言，美国中学

---

① Arthur A. Gray, "The Junior College" (PhD diss., University of California, 1915): 57-58.

② Floyd M. McDowell, *The Junior College* (Washington: Government Printing Office, 1919), p. 22.

③ James R. Angell, "The Junior College Movement in High Schools," *School Review* 23, May, 1915: 289-302.

④ ［美］丹尼尔·布尔斯廷：《美国人——民主历程》，中国对外翻译出版公司译，生活·读书·新知三联书店，1993，第566页。

⑤ Coleman R. Griffith, *The Junior College in Illinois* (Urbana: University of Illinois Press, 1945), p. 87.

学制与大学之间的衔接是不够充分和完整的。1887 年，乔治·莱德（George T. Ladd）就提出应重组中等教育系统，认为高中教育应延伸到学院教育的二年级①。1897 年，皮尔斯也积极倡议高中开设 1—2 年学院教育，这种做法不仅有助于高中改革，还有利于社区和大学的发展。② 朗齐指出，在加州，大量高中毕业生的教育需求促使高中扩张延伸教育年限，这些高中毕业生虽然不可能进入大学，但起码应该向其提供完整的高中普通教育或职业教育。③

密歇根州是最早在高中阶段提供学院教育的地区。在 19 世纪 90 年代初期，密歇根大学就鼓励条件较好的高中为毕业生提供高级课程，在这一举措的鼓励下，萨吉诺东部高中（Saginaw East Side High School）率先向高中毕业生开设大一年级的课程，主要包括拉丁文、几何、代数、作文、英语、历史等课程。1897 年萨吉诺东部高中在接受一年高中延伸教育后，在密歇根大学学习三年即顺利毕业。④

芝加哥大学校长哈珀在改革重组大学内部结构的同时，也积极推动美国高中改革，他强烈建议那些设施条件较好的高中应该继续延伸两年的课程，提供大学前两年的教育。1901 年，美国历史上第一所公立初级学院乔利埃特初级学院就是在芝加哥大学鼓励下创办而成。1901 年，乔利埃特市督学斯坦利·布朗（J. Stanley Brown）与哈珀共

---

① 根据沃尔特·伊尔斯（Walter C. Eells）所做的文献梳理，第一篇研究初级学院的文献即 1887 年乔治·莱德发表在《斯克里布纳杂志》（*Scribner's Magazine*）上的《美国大学的发展》（*The Development of the American University*）一文。George T. Ladd, "The Development of the American University," *Scribner's Magazine* 2, Sept., 1887: 346-360.

② E. C. Pierce, "How Far Should the High School Do College Work," *School Review* 5, 1897: 117-121.

③ Floyd M. McDowell, *The Junior College* (Washington: Government Printing Office, 1919), p. 25.

④ Arthur A. Gray, "The Junior College" (PhD diss., University of California, 1915): 79.

同合作创建了乔利埃特学校系统，乔利埃特所在地区将学制延伸到14年级，毕业生入读芝加哥大学后直接进入高年级学习。乔利埃特初级学院成立后，与芝加哥大学和伊利诺伊大学合作，多达30%的毕业生转入这两所大学。①

1903年，哈珀在芝加哥大学附属学校第六届年会中再次提出改革方案，呼吁拓展延伸中等学校课程，将大学前两年的课程包含在内。基于哈珀提出的方案，会议专门成立了由7名教育家组成的委员会投票表决。1905年1月，委员会5票通过哈珀延伸高中的方案，公立初级学院自此逐渐向其他地区渗透。② 20世纪初，各州纷纷颁布法案授权高中开设两年学院课程。1907年，加州最早通过立法批准高中提供1—2年的延伸教育，并且逐渐成为公立初级学院运动的领头羊。

最后，一些小型四年制学院对初级学院的发展也产生了重要影响，大部分私立初级学院的前身就是这些小型学院。南北战争前，美国的高等教育主要以小型学院为主。1850年之前，一所学院注册学生人数一般都不会超过400人。直到1902年，依然有64.4%的学院与大学注册学生人数低于400人，52%的学院与大学注册学生人数低于300人。③ 纽约州法院曾规定一所标准的学院应该至少有6名全职教授、四年制的文理学院课程，入学招生标准至少是四年制高中毕业生或同等的预备中学和文法学校毕业生。卡内基基金会提出一所标准的学院的年度固定捐赠基金不应低于20万美元。④ 根据这一标准，很多小型学

① Thomas L. Hardin, "The University of Illinois and the Community Junior College Movement, 1901-1965," *Illinois Historical Journal 79*, No. 2, Summer, 1986: 82-98.

② Arthur A. Gray, "The Junior College" (PhD diss., University of California, 1915): 4-5.

③ Floyd M. McDowell, *The Junior College* (Washington: Government Printing Office, 1919), pp. 28-29.

④ Arthur A. Gray, "The Junior College" (PhD diss., University of California, 1915): 31-32.

院在经费、师资、设备等方面都无法达到学院标准。

1910—1911 年，美国教育专员（the United States Commissioner of Education）费兰德·克拉克斯顿（Philander P. Claxton）在年度报告中指出，281 所学院年度经费收入低于 5 万美元，其中的 39 所低于 1 万美元。在全美所有学院中，187 所没有固定捐赠基金收入，这些院校大部分处于严重的财政赤字状态，难以支撑四年制的学院教育。① 克拉克斯顿在 1912 年年度报告中再次提道："那些经费和设备欠缺的小型学院应该停止高年级的教学工作，至少有 200—300 所小型学院应转型为初级学院，集中精力进行大学前两年的教育工作。"②

1914 年，根据卡内基基金会的调查，美国近 1000 所院校自称学院或大学，其课程教学标准参差不齐，既涉及四年学院教育，也涉及高中低年级的教育。尤其是在西部和南部地区，许多小型学院缺乏统一的办学标准。③ 以爱达荷州南部为例，这一地区在刚刚成立 6 年的社区筹建一所教派学院。事实上，爱达荷州已经有一所州立大学、一所技术学院、两所教派学院、两所州立师范学校。爱达荷州的人口数量尚不及旧金山市的人口，这所教派学院 100 英里（约合 160.93 千米）范围内的小型高中不超过 20 所，毕业生有资格升入学院的人数不超过 300 人，而且其中有五分之一的学生可能不会入学。④ 据弗洛伊德·麦克道尔（Floyd M. McDowell）的调查结果显示，在美国南部地区，自称学院或大学的机构达到 380 所，仅有 30 所获得南部学院与中学协会

---

① Arthur A. Gray, "The Junior College" (PhD diss., University of California, 1915): 35.

② Arthur A. Gray, "The Junior College" (PhD diss., University of California, 1915): 43.

③ Floyd M. McDowell, *The Junior College* (Washington: Government Printing Office, 1919), p. 30.

④ Arthur A. Gray, "The Junior College" (PhD diss., University of California, 1915): 38.

(Southern Association of College and Secondary Schools)认证，有35—40所仅达到最低办学标准；在剩下的310所院校中，50—60所院校在改善设备、课程和管理水平的基础上可以提供两年的学院教育。① 克拉克斯顿在美国初级学院协会成立会议中指出，在1915—1916年教育署公布的577所学院与大学中，508所公布了收入信息，307所院校收入低于1万美元。这些院校应转型为初级学院，专注于进行两年或三年的学院教育。②

哈珀在芝加哥大学创办初级学院过程中促成了一些薄弱的四年制学院转型为两年制初级学院。据哈珀估测，从资金、师资、设施等方面看，至少有20%—25%的学院难以达标，称不上真正的学院，另有近200所条件较差的学院可以调整转变为两年制初级学院。③ 在哈珀的努力下，许多在师资、经费、硬件设施等方面薄弱的小型学院成为芝加哥大学的附属学院，专门负责芝加哥大学初级学院的教学工作。密苏里州的斯蒂文斯学院（Stephens College）采纳哈珀的建议成功转型为一所全美著名的初级学院。④

截至20世纪20年代，小型四年制学院数量逐年减少。据美国教育署调查数据显示，1900—1901学年注册入学人数150人左右的有203所四年制学院；1924—1926年有37%的学院不复存在，49%的学院作

---

① Floyd M. McDowell, *The Junior College* (Washington: Government Printing Office, 1919), p. 31.

② Philander P. Claxton, "The Better Organization of Higher Education in the United States," in *The National Conference of Junior College, 1920, Department of the Interior, Bureau of Education Bulletin No. 19*, ed. George F. Zook (Washington, D. C.: U. S. Government Printing Office, 1922), pp. 21-27.

③ Thomas Diener, *Growth of an American Invention: A Documentary History of the Junior and Community College Movement* (Westport: Greenwood Press, 1986), pp. 54-55.

④ George B. Vaughan, *The Community College in America: A Short History* (Washington, D. C.: American Association of Community and Junior Colleges, 1985), pp. 3-5.

为四年制学院幸存下来，14%—28%的学院转变为两年制的初级学院。[①] 面对高等教育学生人数不断增加的形势，一批四年制学院转型为初级学院可以有效缓解大学的压力，解决高等教育面临的供需矛盾，并且使处于生存竞争劣势的四年制学院获得了新的发展空间。

二、初级学院的类型与发展历史

大学、师范学校、高中和小型学院四种类型的教育机构共同塑造了美国初级学院的早期历史。从历史渊源看，初级学院大致上可以被分为四类：第一类是四年制学院和大学下设两年制初级学院或附属分校，芝加哥大学、加利福尼亚大学及华盛顿大学均通过此种方式创办了初级学院。第二类是师范学校获得州教育董事会批准提供两年制的学院教育工作而成为初级学院，这类学院主要分布在中西部地区，如亚利桑那、印第安纳、密执安、明尼苏达、北达科他、内布拉斯加、俄克拉荷马、犹他、西弗吉尼亚及威斯康星等州，均对师范学校升格为初级学院的做法予以认可。第三类是公立高中在学制上向上延伸涵盖学院前两年的教育工作而成为公立初级学院。第四类是小型四年制学院转型为私立初级学院，这类学院主要集中在德克萨斯、密苏里、弗吉尼亚南部地区及东部地区。

私立初级学院的产生早于公立初级学院，据弗雷德里克·惠特尼的调查统计显示，62%的私立初级学院创办于1922年之前，只有38%的私立初级学院创办于20世纪20年代。[②] 与私立初级学院相比，1920年之前公立初级学院发展缓慢，1920年后发展迅速。据统计，82%的

---

① Walter C. Eells, *The Junior College* (Boston: Houghton Mifflin, 1931), pp. 62-63.

② Frederick L. Whitney, *The Junior College in America* (Greeley: Colorado State Teachers College, 1928), p. 11.

公立初级学院创建于 1920—1927 年。①

据克莱门特（John Addison Clement）和史密斯（Vivian Thomas Smith）的调查统计，截至 1932 年，公立初级学院主要被分为三类：地方（local）、州立（state）和州立大学分支（branch of university）②。其中，70%左右的公立初级学院都是由地方创办的。③

总的来看，1920 年后初级学院的发展呈现迅速增加的势头。1921—1928 年，初级学院总数增加了 100%，公立初级学院增加了 180%，私立初级学院增加了 75%。④ 莱纳德·库斯所做的一项纵向比较研究结果显示，1922—1927 年，各类初级学院及注册学生人数增长迅速，尤其是地方和学区公立初级学院的增长幅度达到 128%。⑤

与此同时，不同类型初级学院的发展呈现鲜明的地理分布特征。库斯的研究发现，20 世纪 20 年代初期初级学院主要分布在中西部、南部和西部地区。私立初级学院主要集中在南部各州，公立初级学院集中在中西部和西部地区。一半左右的私立初级学院集中在南部，三分之一集中在中西部，西部地区有 11%，东部地区只有 7%。同时，私立

① Frederick L. Whitney, *The Junior College in America* (Greeley: Colorado State Teachers College, 1928), p. 10.

② 5 所州立大学分支主要是爱达荷大学分支（branch of University of Idaho，1927 年）、北蒙塔纳学院（North Montana School，1929 年）、俄克拉荷马州立大学预备学院和初级学院（University Preparation School and Junior College，1920 年、1923 年）、田纳西大学初级学院（University of Tennessee Junior College，1927 年），威斯康星大学分部（University of Wisconsin Extension Division，1908 年）。

③ John A. Clement, Vivian T. Smith, *Public Junior College Legislation in the United States* (Urbana: University of Illinois Press, 1932), pp. 14-18.

④ Frederick L. Whitney, *The Junior College in America* (Greeley: Colorado State Teachers College, 1928), p. 9.

⑤ Walter C. Eells, *The Junior College* (Boston: Houghton Mifflin, 1931), p. 69.

初级学院数量明显多于公立初级学院。[①]

1928 年，惠特尼的研究显示，截至 1928 年，美国各州共有 374 所初级学院，主要集中在中西部地区。其中，德克萨斯州和加利福尼亚州初级学院的数量最多。在公私立初级学院方面，公立初级学院约占 39%，私立初级学院约占 61%。加利福尼亚州和爱荷华州公立初级学院最多，分别是 31 所和 19 所，其次是德克萨斯 17 所。德克萨斯私立初级学院居多，达到 25 所。[②]

1939 年，卡尔·希什尔（Carl E. Seashore）的调查显示，截至 1939 年，初级学院总数达到 575 所，包括公立初级学院 258 所、私立初级学院 317 所；注册学生总数为 196710 人，包括公立初级学院的注册人数 140545 人、私立初级学院 56165 人；教师人数为 12567 人，包括公立初级学院教师 6549 人、私立初级学院教师 6018 人。[③]

初级学院在以加利福尼亚州和德克萨斯州为代表的中西部、南部、西部地区表现持续增长的势头。与此同时，公立初级学院发展迅速，成为中西部、南部和西部各州初级学院发展的主导力量。

1945 年，科尔曼·格里菲斯对初级学院在各州的发展状况再次进行了调查统计，结果显示截至 1945 年初级学院增加到 584 所。初级学院主要集中在美国的中西部、南部、西部。这一时期东部地区初级学院数量有所增加，其中马萨诸塞、宾夕法尼亚、纽约等地区初级学院的增加尤为显著。中西部、南部、西部公立初级学院居多，东部地区

---

① Leonard V. Koos, "Recent Growth of The Junior College," *The School Review 36*, No. 4, April, 1928: 256-266.

② Frederick L. Whitney, *The Junior College in America* (Greeley: Colorado State Teachers College, 1928), p. 8.

③ Carl E. Seashore, *The Junior College Movement* (New York: H. Holt and Company, 1940), p. 50.

私立初级学院居多。[①] 公立初级学院开始迅速超越私立初级学院成为美国中西部、南部、西部地区初级学院的主要类型。

据格里菲斯统计，截至 1945 年，初级学院注册学生总数达到 325151 人。加利福尼亚州、德克萨斯州和伊利诺伊州初级学院发展规模最大、注册学生人数最多。加州初级学院注册学生总数达到 169095 人，德克萨斯州初级学院注册学生总数为 20418 人，伊利诺伊州为 13750 人。这三个州初级学院注册学生人数占美国全国总数的 62％。[②]

初级学院在各州迅速发展的过程中，黑人初级学院发展却相对缓慢。截至 1930 年，在超过 30 所黑人初级学院中，有数据可考的仅有 15 所。其中，德克萨斯 7 所，北卡莱罗那 3 所，西弗吉尼亚 2 所，亚拉巴马、佛罗里达、肯塔基各 1 所。在这 15 所黑人初级学院中，10 所是私立的，5 所是公立的。10 所私立黑人初级学院都是教派学院，包括卫理公会 4 所、浸理会 2 所、公理会 2 所、长老会 1 所、圣公会 1 所。[③]

在南部地区，如密西西比、南卡莱罗纳、佐治亚等黑人人口占比较高的地区，初级学院发展极为缓慢，密西西比州的黑人人口约占 50％，但仅有 1 所黑人初级学院。[④]

总的来看，初级学院虽然萌芽于东部地区，但在实践发展中在中西部、西部、南部地区得到繁荣发展。从公私立初级学院发展的历史看，20 世纪 30 年代之前，私立初级学院在南部地区发展较快，三分之

---

① Coleman R. Griffith, *The Junior College in Illinois* (Urbana: University of Illinois Press, 1945), p. 15.

② Coleman R. Griffith, *The Junior College in Illinois* (Urbana: University of Illinois Press, 1945), p. 17.

③ Walter C. Eells, *The Junior College* (Boston: Houghton Mifflin, 1931), p. 37.

④ Nick A. Ford, "The Negro Junior College," *The Journal of Negro Education* 5, No. 4, Oct., 1936: 591-594.

二的初级学院都是私立院校，一半以上的学生注册于私立初级学院。自20世纪30年代开始，公立初级学院开始迅速增加，其注册学生人数在10年间增加了176%，同一时期的私立初级学院仅增加了52%。①1940年前后，公立初级学院逐渐取代私立初级学院，超过五分之三的初级学院属于公立性质，超过三分之二的学生注册于公立初级学院。②但也有学者认为，直到20世纪40年代末，公立初级学院才真正取代私立初级学院。据亚瑟·科恩（Arthur M. Cohen）的统计，1947—1948年，公立初级学院数量逐渐超越私立初级学院，成为初级学院的主要类型。③

第二节　初级学院的组织与管理

初级学院在起源与发展历史中形成了不同组织类型，因此在组织与管理方式上呈现比较多元复杂的形态。那些早期在大学内部产生的初级学院，主要由大学或学院董事会负责管理，州立师范学院型的初级学院主要由州教育董事会和州立大学合作管理，在公立高中基础上延伸而成的公立初级学院在组织与管理上最为复杂。20世纪10年代前后，各州纷纷通过初级学院法，明确初级学院在美国教育系统中的法律地位，并且将初级学院的组织与管理形式逐渐规范化。

---

① Walter C. Eells, "Implications of *The Junior College Movement*," *The High School Journal 22*, No. 4, April, 1939: 137-144.

② B. Lamar. Johnson, "Junior-College Trends," *The School Review 52*, No. 10, Dec., 1944: 606-610.

③ Arthur M. Cohen., Brawer, Florence B., *The American Community College* (San Francisco: Jossey-Bass Publishers, 1996), p. 15.

一、初级学院的法律地位

加利福尼亚州是最早在法律上授权确立初级学院的地区。1907年，加州立法机关通过《卡米内特法案》（*Caminetti Act*），授权批准加州市、郡地区任何高中学区董事会都可以在传统四年制高中基础上延伸增加两年的教育[①]。1910年，弗莱斯诺高中（Fresno High School）根据该议案延伸教育年限。到1914年底，有10所高中延伸教育年限转型成为初级学院。[②] 1910年加州第一所公立初级学院弗莱斯诺初级学院创办时有20名学生和3名教师，课程主要以农业和教育学为主。[③] 1917年，德克萨斯州、密歇根州和堪萨斯州分别颁布创办初级学院的法规。[④] 随后，其他各州也纷纷通过普通立法或专门立法的形式确定初级学院的法律地位。

各州颁布的法律对初级学院授权、组织管理、财政资助等方面的规定差别较大，加利福尼亚州关于初级学院的法律规定最为系统全面，涉及授权、学院类型界定、组织与控制等6个项目，大部分州的法律主要涉及初级学院授权、组织与控制、财政等3个方面的规定。12个州规定初级学院的创办应获得法律授权，其中的6个州是由地方授权、4

---

① 立法机关规定加州地区任何高中学区董事会（high-school board）或任何郡高中理事会（trustees of county high school）可以向高中毕业生开设相当于大学前两年教育的高中后课程，高中学区董事会或任何郡高中理事会开设的课程可以向那些非本学区或非本郡的学生收取学费。

② University of California, Berkeley, *The Junior College in California: a Circular Prepared by the Committee on Courses of Instruction of the University of California* (Berkeley: University of California Press, 1915), p. 1.

③ Arthur A. Gray, *The Junior College* (PhD diss., University of California, 1915): 6.

④ 1911年，威斯康星州通过法案授权师范学校创办初级学院，但该法直到1922年才付诸实施。

个州是由州授权，4 个州是以特许状的形式授权。[1] 加利福尼亚州规定创办初级学院应将其作为中等学校系统的组成部分，同时还需要通过地方 500 名选民和绝大多数高中董事会的投票表决。在堪萨斯、爱荷华、明尼苏达州首先需要地方选民投票表决，然后教育董事会才能获得授权创办初级学院。但在密歇根州，教育董事会可以未经选民投票表决在任何学区创办初级学院。[2]

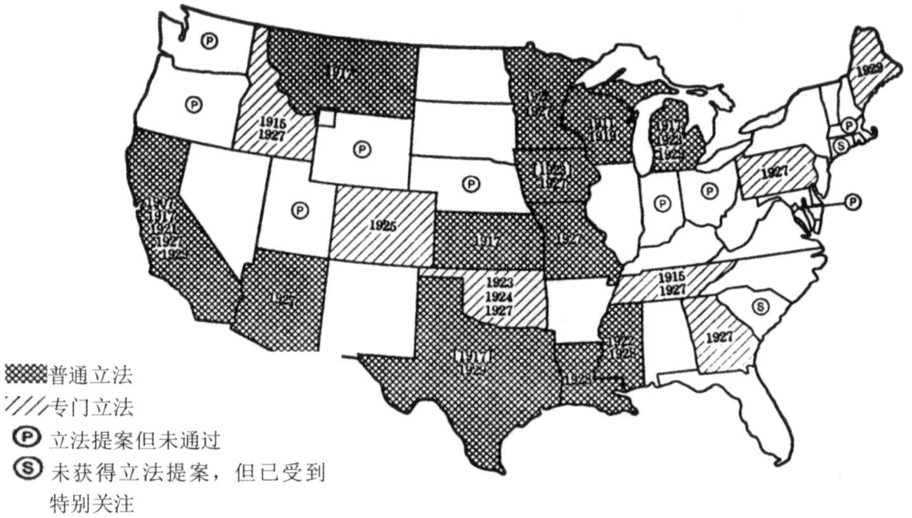

图 4　美国初级学院在各州的法律地位

数据来源：Walter C. Eells, *The Junior College* (Boston: Houghton Mifflin, 1931), p. 39.

在初级学院的组织与控制模式方面，密歇根州的法律规定学区人

---

① Frederick L. Whitney, *The Junior College in America* (Greeley: Colorado State Teachers College, 1928), p. 48.

② E. Q. Brothers, "Legal Status of the Publicly Supported Junior College," *The School Review 38*, No. 10, Dec., 1930: 737-749.

口达到 25000 人才能创办初级学院，明尼苏达州规定创办初级学院学区人口不能低于 50000 人，加利福尼亚州规定学区高中在读学生达到 400 人才能创建初级学院，同时规定初级学院学生出勤率低于 75%则必须停办。在密苏里和爱荷华州初级学院的管理、经营及课程都是由州公共学校督学来负责。在南部地区，如田纳西州，主要由大学董事会负责管理、经营、控制田纳西初级学院。在加利福尼亚州和密歇根州，初级学院的所有课程须获得州教育董事会的许可才能生效。① 加州在法律上将初级学院视为中等教育，州教育董事会制定初级学院最低办学标准，并且根据标准每年评估初级学院是否达标，初级学院课程主要由初级学院学区董事会制定，但必须得到州教育董事会批准才能实施。②

在学位制度规定方面，1900 年，芝加哥大学就已开始授予初级学院毕业生文科副学士学位。虽然芝加哥大学 1918 年取消了这一学位，但仍然有很多初级学院仿效这一举措。截至 1944 年，有 40%的初级学院授予副学士学位，三分之二的初级学院学生被授予副学士学位或头衔（title）。自 1932 年副学士学位在加州得到法律上的认可后，加州教育董事会批准初级学院授予毕业生文科副学士头衔（title of associate in arts）。1942 年，加州教育董事会批准同意将该头衔改为学位（degree）。伊利诺伊州公共教育部（State Department of Public Instruction）没有提及初级学院学位，州法律也没有授权或禁止授予副学士学位，1940 年一所公立初级学院和 8 所私立初级学院开始授予毕

① Frederick L. Whitney, *The Junior College in America* (Greeley: Colorado State Teachers College, 1928), p. 50.

② Coleman R. Griffith, *The Junior College in Illinois* (Urbana: University of Illinois Press, 1945), p. 223.

业生文科副学士学位或头衔。[①]

相比较而言，美国中西部、西部、南部地区初级学院的立法相对成熟，在此主要以加利福尼亚州、德克萨斯州和伊利诺伊州为例具体分析初级学院的立法过程。

（一）加州初级学院的立法及规定

1907 年，《卡米内特法案》授权高中董事会或理事会开设相当于大学前两年的延伸课程，但该法案只是批准认可，并没有提供实践指导和财政资助。1917 年，加州通过《巴拉德法案》（*Ballard Act*），对高中学区创办初级学院做了详细规定，指出初级学院由州政府和郡资助，高中学区统筹管理。1921 年，加州再次通过法案重组初级学院，批准建立独立于高中的初级学院学区。学区主要被分为三种类型：第一类是毗邻一所高中学区的独立初级学院；第二类是两所以上高中学区组成的独立初级学院；第三类是包含郡所有高中学区的独立初级学院。[②]法案规定一个独立的初级学院学区的评估资产应不低于 1000 万美元，州政府每年向每所初级学院提供 2000 美元及生均经费 100 美元的资助。1929 年，加州通过新的法案，规定组建新的初级学院学区，其评估资产应不低于 2500 万美元，或者所在学区高中在读生超过 1000 人。因该法案过于苛刻呆板，1931 年被废除。1931 年及 1933 年，初级学院立法修正案规定组建初级学院学区应通过投票表决的方式，学区范围应涵盖一个或多个毗邻高中学区的所有地区，州教育董事会确定初级学院学区最低标准及经费资助方式。[③] 至此，加州形成了两种初级学院学

---

① Coleman R. Griffith, *The Junior College in Illinois* (Urbana: University of Illinois Press, 1945), p. 219.

② Coleman R. Griffith, *The Junior College in Illinois* (Urbana: University of Illinois Press, 1945), p. 177.

③ Coleman R. Griffith, *The Junior College in Illinois* (Urbana: University of Illinois Press, 1945), p. 178.

区，一类由高中学区直接管理的初级学院学区，另一类是独立的初级学院学区。

1937 年，加州初级学院法案修订后规定高中学区创办初级学院，评估资产不得低于 500 万美元。初级学院课程需由州教育董事会批准，要求初级学院课程应符合 13—14 年级的学生，可以包含转入大学做准备的预备性课程，也包含农业、商业、家政、工业等职业类课程以服务社区。①

总的来看，加州关于初级学院的法律规定较为系统，涉及授权、学院类型界定、组织与控制等各个方面，并且在法律上授权认可独立初级学院的地位。另外，加州也较早在法律上鼓励初级学院开设职业类课程，推动初级学院在办学职能方面走向多元化。

（二）德克萨斯州初级学院的法律规定

德克萨斯州是南部地区发展初级学院的典范，1900 年之前，仅有 2—3 所初级学院，1917 年达到 15 所，1932 年迅速增加到 45 所，20 世纪 40 年代随着社区学院的增长，初级学院的数量有所减少，1944 年初级学院减少到 37 所。② 许多学者将 1898 年德克萨斯州创办的迪凯特浸礼会学院视为美国第一所初级学院。事实上，早在 1896 年坐落于德克萨斯州布雷汉姆（Brenham）的卫理公会教派学院——布林学院（Blinn College）就已开始在工商管理专业提供两年制的学院教育。1900 年之前，还有另外两所教派学院开设两年制的学院课程，分别是克莱顿学院（Clarendon College，1898 年）和威瑟福特学院

① Coleman R. Griffith, *The Junior College in Illinois* (Urbana: University of Illinois Press, 1945), p. 179.

② Clyde C. Colvert, *The Junior Colleges of Texas: Community Colleges for the People* (Austin: The University of Texas Press, 1945), p. 2.

(Weatherford College，1869 年)。这两所学院后来转型为公立初级学院。[①] 1920 年，德克萨斯州第一所地方公立初级学院创办于埃尔帕索(El Paso)，但很快停办。1922 年，威奇托福尔斯独立学区（Wichita Falls Independent School District）创办哈丁学院（Hardin College），这所学院被视为德克萨斯州第一所真正意义上的公立初级学院。[②]

1917 年，德克萨斯州首次颁布有关初级学院的法律，规定任何学区可通过所在地区选民投票创办初级学院。独立的初级学院学区评估资产必须达到 1200 万美元或同等价值的固定基金收入；同时，所在学区高中在读生应不少于 400 人。联合初级学院学区评估资产必须达到 950 万美元。[③] 法律进一步规定成立初级学院学区首先需要所在学区 5%的选民向州教育董事会提交申请，州教育董事会批准通过后，学区选民进行投票表决。郡初级学院学区通过投票选举董事会，市或独立学区初级学院则由所在市董事会统一管理。

与加州相比而言，德克萨斯州初级学院立法要相对保守，学校准则（School Code）进一步规定初级学院应涵盖大学前两年的学院教育，在办学形式上既可以单独设立，也可以在高中基础上延伸两年。在课程设置上，初级学院课程必须提交并获得州教育部批准。德克萨斯州初级学院的课程趋向于模仿高等教育的课程，这在某种程度上抑制了职业课程和半专业课程的发展。在资助方式上，德克萨斯州政府对初级学院资助较少，因此初级学院的办学经费主要依赖地方税收和学费。直到 1941 年，德克萨斯州才向初级学院全日制学生提供生均 50 美元的

---

① Roger Yarrington, ed., *Junior Colleges: 50 States/50 Years* (Washington, D. C.: American Association of Junior Colleges, One Dupont Circle, N. W., 1969), p. 139.

② Roger Yarrington, ed., *Junior Colleges: 50 States/50 Years* (Washington, D. C.: American Association of Junior Colleges, One Dupont Circle, N. W., 1969), p. 140.

③ Coleman R. Griffith, *The Junior College in Illinois* (Urbana: University of Illinois Press, 1945), p. 183.

资助。[①]

（三）伊利诺伊州初级学院的立法及规定

虽然第一所公立初级学院出现在伊利诺伊州，但直到 1931 年，伊利诺伊州才颁布第一部初级学院法，规定居民人口在 2.5 万—20 万人的任何四年制高中学区教育董事会经公共教育督学（Superintendent of Public Instruction）建议许可后，可以创办一所初级学院，作为公共学校系统的一部分，在四年制高中教育基础上提供两年学院教育。居民人口在 10000—25000 人的任何学区教育董事会可经由公共教育督学许可和学区选民投票授权建立初级学院。[②]

与此同时，1931 年，伊利诺伊州初级学院法律批准芝加哥市教育董事会创办一所初级学院，在四年制高中教育基础上提供两年学院教育。法案规定初级学院是芝加哥市公共学校系统的一部分。芝加哥市之外的 5 所初级学院[③]直到 1937 年才获得伊利诺伊州法律的认可。

从各州初级学院立法历史看，大部分州的立法都批准授权在高中基础上延伸拓展筹建初级学院，从而使初级学院逐步获得了明确的法律地位。在此基础上，公立初级学院也逐渐成为美国公共教育系统中不可或缺的一部分。[④]

---

① Coleman R. Griffith, *The Junior College in Illinois* (Urbana: University of Illinois Press, 1945), pp. 180-181.

② Coleman R. Griffith, *The Junior College in Illinois* (Urbana: University of Illinois Press, 1945), p. 185.

③ 5 所初级学院分别是乔利埃特初级学院（1901 年）、拉萨里·秘鲁·奥格尔斯比初级学院（La Salle-Peru-Oglesby Junior College，1924 年）、里昂城镇初级学院（Lyons Township Junior College，1929 年）、莫顿初级学院（Morton Junior College，1924 年）、桑顿初级学院（Thornton Junior College，1927 年）。

④ Frederick L. Whitney, "Recent Legislation Affecting The Junior College," *The School Review 39*, No. 10, Dec., 1931: 775-781.

二、初级学院标准与认证

（一）初级学院的名称与概念界定

初级学院尤其是私立初级学院名称比较复杂，如中等学校（Seminary）、学院（Institute）、学校（School）、专科学校（Academy）、大学（University）等都是私立初级学院使用过的名称。[①]各州法律授权创办初级学院所使用的名称也异常繁杂，如初级学院（Junior College）、初级学院课程（Junior College Course）、地区初级学院（District Junior College）[②]、公立初级学院（Public Junior College）、高中延伸部（High School Extension）、初级学院部（Junior Collegiate Department，Department of Junior College Work）、高中两年制学院课程（Two-year College Courses in High School）等。[③]

从初级学院复杂的名称中可以发现，全美各州对初级学院属性的界定差别较大，初级学院在中等教育和高等教育之间摇摆不定。但在一些专业性组织中，初级学院倾向于被视为高等教育的组成部分，如美国教育理事会标准委员会（Committee on Standards of the American Council of Education）发布的初级学院认证原则与标准中指出初级学院是高等教育机构，它提供的两年制教育在前提、范围、内容等方面等同于大学前两年的教育。[④]

在初级学院标准与认证原则确立过程中，美国初级学院协会

① Walter C. Eells, *The Junior College* (Boston: Houghton Mifflin, 1931), p. 160.

② 加利福尼亚州初级学院名称。

③ Walter C. Eells, *The Junior College* (Boston: Houghton Mifflin, 1931), pp. 550-551.

④ Leonard V. Koos, *The Junior College* (Vols. 2) (Minneapolis: University of Minnesota Press, 1924), pp. 660-661.

（American Association of Junior College）发挥了重要作用[①]。1920 年 6 月，美国教育署专员费兰德·克拉克斯顿召集初级学院代表在圣路易斯召开会议。在乔治·祖克（George F. Zook）的组织协调下，全美 34 名初级学院代表参加会议。此次会议由密苏里州斯蒂芬斯学院校长詹姆斯·伍德（James M. Wood）担任主席、密苏里州威廉·伍兹学院（William Woods College）的玛莎·里德（Martha M. Reid）担任秘书。大卫·麦肯兹（David MacKenzie）在初级学院协会筹建会议中说道："我认为限制初级学院是错误的，捍卫美国民主理想需借助于教育，但唯有惠及大众的教育才有可能在真正意义上捍卫民主。在一些社区中很多有才智之人因传统的招生政策无法获得接受高等教育的机会，初级学院应该提供大量的课程满足这些人的需求。"[②] 祖克也认为学院前两年的教育在性质上等同于高中阶段的教育水平，初级学院的产生不仅深刻影响着中等教育，还对四年制文理学院的未来发展发挥关键作用。[③]

圣路易斯会议决定组织成立全国性的初级学院协会，底特律初级学院院长大卫·麦肯兹当选为协会首任主席，玛莎·里德担任协会秘书。莱纳德·库斯、多克·坎贝尔（Doak S. Campbell）、沃尔特·伊

---

① 另外，还有其他一些专业组织对初级学院标准与认证规范化起到了重要作用，如西北部中学与高中协会（The Northwest Association of Secondary and High Schools）、中部与马里兰学院与预备中学协会（The Association of College and Preparatory Schools of the Middle States and Maryland）、新英格兰学院与中学协会（The New England Association of Colleges and Secondary Schools）、中北部学院与中学协会（The North Central Association of Colleges and Secondary Schools）、南部学院与中学协会（The Association of Colleges and Secondary Schools of Southern States）。

② David Mackenzie,"Problems of The Junior College,"*the United States Bureau of Education ,Bulletin No. 19*(Washington:Government Printing Office,1922):28-35.

③ George F. Zook,"The Junior College,"*The School Review 30*,No. 8,Oct. ,1922:574-583.

尔斯等都是初级学院运动早期的支持者。美国初级学院协会成立后，将初级学院界定为提供一种严格的学院水平教学的两年制学院。学院的课程涵盖大学的前两年教育，在课程结构和范围上与四年制大学充分衔接和对应。初级学院亦可以基于社区的社会、宗教和职业需要开设不同的课程。① 1929 年，初级学院第 10 次年会对初级学院做出了修订，认为初级学院具有多种不同的组织形式。首先，初级学院是两年制的学院教育，是对中等学校教育的补充和完善。其次，初级学院是一种标准的两年制学院教育，它作为一个独立的单元，将高中教育与学院教育融合衔接在一起。初级学院课程的目的是满足不断增长的学生需求，最大限度地挖掘其潜能，发展其社会适应能力。②

从初级学院协会对初级学院的界定可以发现，初级学院被视为一种既不同于中等教育也不同于高等教育的独立单元。1928 年惠特尼对全美 24 个州专业机构所做的一项调查显示，将近 30%的专业机构将初级学院界定为仅提供两年学院教育的机构。另外，惠特尼通过对全国性和地区性专业组织的调查发现，这些专业组织也倾向于将初级学院视为高等教育机构。③

（二）初级学院标准与认证

自 20 世纪初各专业协会在年鉴或年会论文中开始谈及初级学院，20 世纪 20 年代前后各个专业协会开始陆续颁布初级学院标准。

1903 年，尤里斯·撒切丝（Julius Sachs）在中北部年会讨论中首次提及初级学院，对中等学校延伸两年承担学院教育这一现象表示担忧。到了 1906 年，卡门（G. N. Carman）则在年会讨论中提出了中等

---

① Walter C. Eells, *The Junior College* (Boston: Houghton Mifflin, 1931), pp. 161-162.

② Walter C. Eells, *The Junior College* (Boston: Houghton Mifflin, 1931), pp. 167-168.

③ Frederick L. Whitney, *The Junior College in America* (Greeley: Colorado State Teachers College, 1928), pp. 61-62.

学校承担两年学院教育的可行性问题。[①] 中北部学院与中学协会在 1917 年和 1924 年提出的初级学院标准认为，一所标准的初级学院是其课程涵盖学院前两年教育的机构。初级学院是对四年制高中（accredited four-year high school）教育的延伸和补充。初级学院的组织管理应建立在学院基础上，以此将初级学院与高中区别开来。[②] 中北部学院与中学协会在会议讨论中将初级学院视为中等教育的补充，兼具转学预备教育和终结性教育职能。在初级学院标准中，中北部学院与中学协会倾向于将初级学院建立在学院而非高中基础上。[③] 该协会同时规定一所初级学院的年度经费收入不应低于 2 万美元，其中不低于 6000 美元的收入来源于稳定收入，如政府资助和固定基金捐赠等。[④]

南部学院与中学协会的发展要保守一些，直到 1913 年年会讨论中，伊丽莎白·考顿（Elizabeth A. Colton）才首次提及初级学院。南部学院与中学协会在 1914 年和 1923 年提出的初级学院标准认为学院教育是初级学院的本质特征，但初级学院无权授予学位。该协会同时规定初级学院年度经费收入不低于 2 万美元，其中的 1 万美元必须是稳定收入。[⑤]

在初级学院标准出台颁布过程中，大批初级学院陆续获得了各类专业机构的认证。初级学院的认证机构主要包括美国初级学院协会、

---

① Doak S. Campbell, *A Critical Study of the Stated Purposes of The Junior College* (Nashville, Tenn: George Peabody College for Teachers, 1930), pp. 40-41.

② Doak S. Campbell, *A Critical Study of the Stated Purposes of The Junior College* (Nashville, Tenn: George Peabody College for Teachers, 1930), p. 93.

③ Doak S. Campbell, *A Critical Study of the Stated Purposes of The Junior College* (Nashville, Tenn: George Peabody College for Teachers, 1930), p. 47.

④ Doak S. Campbell, *A Critical Study of the Stated Purposes of The Junior College* (Nashville, Tenn: George Peabody College for Teachers, 1930), p. 94.

⑤ Doak S. Campbell, *A Critical Study of the Stated Purposes of The Junior College* (Nashville, Tenn: George Peabody College for Teachers, 1930), pp. 95-97.

各州教育部、州立大学和州立学院协会等专业组织。① 在1930年初级学院名录中的429所院校中，83%的初级学院获得了国家、区域或地方认证机构的认可。其中，89%的公立初级学院获得认证，79%的私立初级学院获得认证。②

各州教育部和州立大学在认证初级学院标准中占据重要地位，有相当一部分州初级学院标准由州教育部或州公共教育部负责认证，如特拉华、佐治亚、伊利诺伊、密西西比、密苏里、蒙塔纳等州。有些州的教育部将初级学院标准认证主要委托给州教育董事会，如阿肯萨斯、堪萨斯、路易斯安纳、马里兰、弗吉尼亚等州都是由州教育董事会认证初级学院标准。也有一些州立大学与州教育董事会共同认证初级学院标准，如密歇根、明尼苏达、俄克拉荷马等州。③

初级学院认证标准中除了对其院校属性做出界定外，还涉及初级学院招生标准、学位证书标准及教师资格认证标准等。在学生入学要求方面，美国教育理事会（American Council on Education）的认证标准规定初级学院学生入学必须满足的要求：必须修完由专业机构认证的中等学校四年课程或同等学力水平的课程；中学主修课程应与初级学院入学修习课程相关。④ 在学位证书标准方面，各州公私立初级学院授予毕业生学位或证书标准差别较大，南部学院与中学协会甚至认为初级学院无权授予学位。但在各州初级学院实践中，文科副学士学位、文凭、初级学院证书、教学许可证（License of Instruction）等都成为学生毕业的凭证。1927—1928年，惠特尼通过对382所初级学院的研究发现，不到三分之一的初级学院授予毕业生学位、证书或文凭，

---

① Walter C. Eells, *The Junior College* (Boston: Houghton Mifflin, 1931), p. 175.

② Walter C. Eells, *The Junior College* (Boston: Houghton Mifflin, 1931), p. 34.

③ Frederick L. Whitney, "Present Standards for Junior Colleges," *The School Review 36*, No. 8, Oct., 1928: 593-603.

④ Walter C. Eells, *The Junior College* (Boston: Houghton Mifflin, 1931), p. 259.

47%的初级学院未授予毕业生任何学位或证书。①

在教师学历要求方面，所有专业协会都认为初级学院教师职业资格必须是本科学历，大部分教师应该有一年研究生学习的经历。伊尔斯1930年通过对弗洛伊德·麦克道尔和库斯的调查进行比较，结果显示初级学院教师中平均有50%左右是本科学历，硕士学历背景的教师占37%左右。② 全美初级学院教师拥有博士学位的比例平均为3.4%，拥有博士学位的初级学院教师主要集中在东部各州，新英格兰地区和大西洋中部各州（Middle Atlantic States）③ 拥有博士学位的初级学院教师占18.6%，中西部地区占3.2%，西部地区占4.2%，南部地区占1.2%。④

各州全职教师与兼职教师占比差别较大。在德克萨斯州，初级学院全职教师占比仅为48%。在加利福尼亚州，1921—1922学年，8所初级学院中仅有9%的全职教师。到了1927—1928学年，全职教师的占比增加到87%，加利福尼亚州16个学区全职教师的占比也达到86%。⑤

总的来看，初级学院教师资格标准中要求教师应有专业教育训练背景，有成功的教学经验，与科研相比，对教学更感兴趣。对此，美国初级学院协会首任主席说道："在我所有的教育经历中最首要的问题不是筹集资金，而是寻找真正的教师。……遴选教师的第一个标准是

① Frederick L. Whitney, *The Junior College in America* (Greeley: Colorado State Teachers College, 1928), p. 153.

② Walter C. Eells, *The Junior College* (Boston: Houghton Mifflin, 1931), p. 401.

③ 新英格兰地区和大西洋中部各州是指东部地区的纽约州、宾夕法尼亚州、新泽西州、特拉华州和马里兰州。

④ Walter C. Eells, *The Junior College* (Boston: Houghton Mifflin, 1931), p. 402.

⑤ Walter C. Eells, *The Junior College* (Boston: Houghton Mifflin, 1931), p. 395.

他对所教学科感兴趣，第二个标准是他对教学生感兴趣。”[①] 为了确保教学效率和质量，全美教育理事会对初级学院教师的教学工作量也做出了明确规定，要求教师一周教学工作量不能超过 15 小时。

在教师薪酬标准方面，初级学院教师的薪酬因初级学院性质和地区分布的差异而略有差别。库斯对初级学院 1921—1922 年度教师薪酬的调查显示，公立初级学院教师薪酬明显高于私立初级学院。[②] 维茨（E. L. Whitsitt）对初级学院 1927—1928 年度教师薪酬调查结果显示，西部和东部地区教师薪酬较高，南部地区教师薪酬最低。[③] 以加利福尼亚州和德克萨斯州为例，1929 年德克萨斯公立初级学院教师平均薪酬仅为 1997 美元，加利福尼亚州高达 2754 美元，其中男性教师为 2810 美元、女性教师为 2673 美元。[④]

初级学院教师的薪酬也受到注册学生人数及教师学历背景的影响，亨利·柏杰（Henry G. Badger）对初级学院全职教师 1946—1947 年度薪酬调查显示，注册学生人数 5000 人左右的小型城市公立初级学院全职教师最高薪酬达到 3700 美元，注册学生人数 2500 人的私立初级学院全职教师最高薪酬为 2950 美元。相对而言，私立初级学院教师薪酬依然低于公立初级学院。[⑤]

---

① David Mackenzie,"Problems of The Junior College,"in *the United States Bureau of Education ,Bulletin No. 19*(Washington:Government Printing Office,1922),p. 28-35.

② Leonard V. Koos,*The Junior College*(Vols. 2)(Minneapolis: University of Minnesota Press,1924),pp. 189-213;Leonard V. Koos,*The Junior College Movement*(Boston:Ginn and Company,1925),pp. 64-83.

③ E. L. Whitsitt,"Salaries and Tenure in Junior Colleges,"in *Proceedings of the Ninth Annual Meeting of the American Association of Junior College*(Fort Worth,Texas,1928):89-92.

④ Walter C. Eells,*The Junior College*(Boston:Houghton Mifflin,1931),p. 419.

⑤ Henry G. Badger," Junior College Salary Schedules,"in *Bulletin of the American Association of University Professors (1915-1955)*,Vol. 34,No. 4,Winter,1948:770-777.

三、初级学院组织管理与经费资助模式

（一）初级学院组织与管理类型

初级学院的理念虽有欧洲渊源，但在组织形式上是地道的美国式教育机构。从组织形式上看，初级学院尤其是公立初级学院在组织类型上比较多元复杂。高等教育学界有不同的划分方式，库斯认为公立初级学院的组织类型主要有 6 种：学院与大学的初级部（junior divisions）或低年级部；学院与大学的分支；独立的州立初级学院；独立于中等学校的地方初级学院；附设于高中但管理上不同程度独立于学院和高中的地方初级学院；作为高中一部分的初级学院。大学与学院的初级部或低年级部这类初级学院发展较早，芝加哥大学和加州大学是最早设置初级部或低年级部的院校。随后，明尼苏达大学、华盛顿大学、内布拉斯加大学和斯坦福大学纷纷组建初级部。截至 1922 年，近百所美国大学与学院及州立大学都设有初级部或低年级部。学院与大学的分支和独立的州立初级学院这两类初级学院发展较为缓慢。独立于中等学校的地方初级学院相较于附设于高中的初级学院数量较少，全美中等教育调查显示，只有四分之一至五分之一的初级学院校舍独立于高中。[①] 地方初级学院大部分附设于高中，并且在不同程度上与高中合在一起管理。

库斯通过对 167 所初级学院的调查显示，其中 60%的地方公立初级学院与高中进行协作式（associate）管理。[②] 希什尔则认为公立初级学院主要有两类：独立型和联合型（integrated）。独立型初级学院一般

---

① Leonard V. Koos, "Desirable Types of Junior-College Organization," *The School Review 44*, No. 5, May, 1936: 372-382.

② Leonard V. Koos, "The Junior College and District Organization," *The School Review 54*, No. 7, Sept., 1946: 389-400.

都有单独的校舍、教师和管理人员。一些只有1所高中的小城市，初级学院除了拥有独立的校舍和教师队伍外，或多或少都会与当地高中融合在一起管理。另外，在一些小型城镇，初级学院除了拥有单独的教师队伍外，基本会与当地高中共享一所校舍。① 惠特尼对25个州145所初级学院的统计显示，近一半的公立初级学院是由城市学区管理，独立管理的初级学院只占10%，在管理模式上，公立初级学院基本被纳入中等教育的范畴。② 而私立初级学院在组织管理上大部分受教派势力控制，据统计，将近70%的私立初级学院是由教会③管理控制。④

加利福尼亚州是公立初级学院发展最为发达的地区，20世纪20年代是加州公立初级学院发展的黄金时代，大批公立初级学院都集中创办于这一时期。20世纪20—30年代，加州地区初级学院大部分附设于地方高中，部分附属于州立大学，仅有少数独立的初级学院学区。

在加州学区和地方创办的初级学院都被视为州公立学校系统的组成部分。从数量分布看，在加州，地方管理的初级学院占59%，学区控制管理的初级学院占41%。⑤ 在学区创办管理的初级学院中，洛杉矶城市学院（Los Angeles City College，1929年）和帕萨迪纳初级学院（Pasadena Junior College，1924年）规模最大。在地方创办管理的初级学院中，圣地亚哥职业初级学院（San Diego Vocational Junior College，

---

① Carl E. Seashore, *The Junior College Movement* (New York: H. Holt and Company, 1940), p. 78.

② Frederick L. Whitney, *The Junior College in America* (Greeley: Colorado State Teachers College, 1928), p. 17.

③ 包括19种不同的教派。

④ Frederick L. Whitney, *The Junior College in America* (Greeley: Colorado State Teachers College, 1928), p. 19.

⑤ Coleman R. Griffith, *The Junior College in Illinois* (Urbana: University of Illinois Press, 1945), p. 171.

1939年）规模最大。[①]

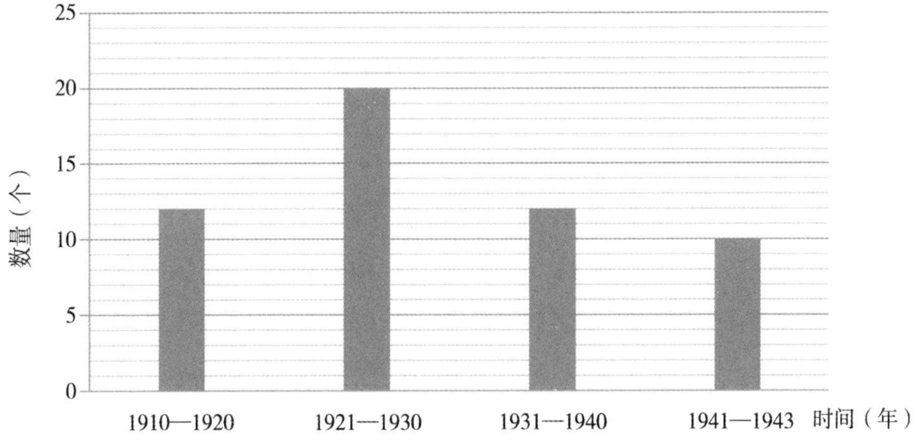

图5 加利福尼亚州公立初级学院创办情况

数据来源：Coleman R. Griffith, *The Junior College in Illinois* (Urbana: University of Illinois Press, 1945), p. 171.

（二）初级学院管理与控制机构

公立初级学院的管理机构主要以州、学区、地方董事会为主，地方和学区初级学院董事会由地方选举，州立初级学院董事会则由州长或州教育董事会（State Board of Education）任命。私立初级学院主要由私人董事会或教会管理控制。[②] 私立初级学院董事会直接问责初级学院校长（president），公立初级学院则不同，董事会并不直接问责初级学院院长（dean），而是要与城市督学和高中校长交涉。在一些小城市，城市督学实际上同时也是初级学院的管理者，这些公立初级学院的院

① Coleman R. Griffith, *The Junior College in Illinois* (Urbana: University of Illinois Press, 1945), p. 171.

② Doak S. Campbell, *A Critical Study of the Stated Purposes of The Junior College* (Nashville, Tenn: George Peabody College for Teachers, 1930), p. 6.

长权力有限，基本上是城市督学的助手。①

1928 年布拉泽斯（E. Q. Brothers）对 88 所公立初级学院的一项调查显示，初级学院的实际管理权力主要由高中校长和城市督学控制，初级学院院长的权力非常有限。② 库斯对不同学区初级学院管理者的调查结果显示，城市学区和高中学区初级学院的实际管理者主要是督学和高中校长，初级学院学区只有 56.8%是由初级学院董事会管理，将近 22%的初级学院依然是由督学管理和控制。③

由于初级学院管理机构与管理者背景的差异，初级学院管理者的官方头衔名称较多，如大学校长、院长、中学校长（Principal）、督学（Superintendent）、主任（Director）、助理校长（Assistant-president）、首脑（Head）等。伊尔斯基于格林（R. E. Green）④ 对 139 所公立初级学院的调查结果归纳分析出公立初级学院的管理者头衔分布情况，61%的初级学院管理者被称为院长，15%的管理者被称为校长，也有相当一部分中学校长和督学担任公立初级学院的管理者。⑤

1933 年坎贝尔对 259 所初级学院管理者官方头衔的调查结果显示，大部分私立初级学院倾向于采用大学管理模式，将大学校长作为初级学院管理者的官方头衔，公立初级学院的管理者主要以院长、中学校长和督学为主。⑥

---

① Walter C. Eells, *The Junior College* (Boston: Houghton Mifflin, 1931), pp. 355-356.

② E. Q. Brothers, "Present-Day Practices and Tendencies in the Administration and Organization of Public Junior Colleges," *The School Review 36*, No. 9, Nov., 1928: 665-674.

③ Leonard V. Koos, "The Junior College and District Organization," *The School Review 54*, No. 7, Sept., 1946: 389-400.

④ R. E. Green, "Administrative Dean of the Public Junior College," *School Executives' Magazine 49*, Nov., 1929: 122-124.

⑤ Walter C. Eells, *The Junior College* (Boston: Houghton Mifflin, 1931), p. 369.

⑥ Doak S. Campbell, "The Junior College Administrative Head," *Peabody Journal of Education 11*, No. 2, Sept., 1933: 53-57.

库斯 1944 年基于档案文件目录表，对 168 所地方公立初级学院管理者官方头衔称谓再次进行了调查，结果发现初级学院管理者官方头衔名称依然较为复杂，大学校长、院长、助理院长、主任、督学、中学校长等称谓出现在不同组织类型的公立初级学院官方文件中。独立型和协作式初级学院实际管理者官方头衔逐渐向大学校长和院长集中。①

从教育背景和工作经历看，初级学院大部分的管理者拥有硕士学位，具备丰富的管理和培训经历。坎贝尔 1933 年所做的调查显示，57％的初级学院管理者获得了文科硕士学位。② 伊尔斯基于格林的调查数据指出，55％的初级学院院长高中毕业后有 5—6 年的培训经历，20％的院长有 7 年以上的培训经历；75％的人有硕士学位，7％的人有博士学位，18％的人有学士学位。③ 只有 14％的初级学院院长本科主修教育专业，23％的人本科辅修教育专业；但有 96％的初级学院院长在研究生学习阶段都转向教育专业。所有的初级学院院长都有 2—35 年的教学经历，其中有一半的人的教学经历长达 13—24 年。43％的人有乡村学校教学经历，18％的人曾在初级高中教学，78％的人在高中教学，72％的人曾在高等院校教学。95 名院长中有一半曾担任城市督学之职。④

校长、院长、督学、主任等作为初级学院的实际管理者，因初级学院组织类型的差异，所承担的职责也有所不同。坎贝尔所做的调查研究认为，初级学院管理者主要承担常规性管理与监督、经营管理、

① Leonard V. Koos, "Junior-College Administrators and Their Scope of Function," *The School Review 52*, No. 3, March, 1944: 143-150.

② Doak S. Campbell, "The Junior College Administrative Head," *Peabody Journal of Education 11*, No. 2, Sept., 1933: 53-57.

③ Walter C. Eells, *The Junior College* (Boston: Houghton Mifflin, 1931), p. 369.

④ Walter C. Eells, *The Junior College* (Boston: Houghton Mifflin, 1931), p. 370.

课程和教学安排、教师管理等职责。① 1944 年，库斯对 51 所地方公立初级学院调查发现，初级学院管理者的职责会基于学院组织类型的差异而有所不同。在协作式初级学院中，近三分之二的初级学院管理者不承担对高中的管理职责。②

另外，因初级学院的性质和办学规模的差异，初级学院管理者的薪酬也各有不同。据伊尔斯估测，截至 1930 年，公立初级学院院长薪酬为 1800—9000 美元，平均薪酬为 3600 美元。③ 格林对 72 所公立初级学院的研究发现初级学院院长的薪酬也会根据学院注册学生规模发生变化。④

1929 年，威廉·弗里德（William J. Freed）对 55 所私立初级学院进行了调查研究，发现私立初级学院管理者薪酬内部差别和地区差别较大，校长的平均薪酬为 4451 美元左右，院长的平均薪酬只有 2760 美元。其中，私立非教派初级学院管理者薪酬明显高于教派学院。在教派初级学院中，北部地区教派学院管理者薪酬要高于南部地区。⑤ 1933 年，坎贝尔通过对 1928—1932 年公私立初级学院的调查显示，公立初级学院管理者的平均薪酬普遍高于私立初级学院。⑥

（三）初级学院的经费

---

① Doak S. Campbell,"The Junior College Administrative Head," *Peabody Journal of Education 11*, No. 2, Sept., 1933: 53-57.

② Leonard V. Koos,"Junior-College Administrators and Their Scope of Function," *The School Review 52*, No. 3, March, 1944: 143-150.

③ Walter C. Eells, *The Junior College* (Boston: Houghton Mifflin, 1931), pp. 370-371.

④ Walter C. Eells, *The Junior College* (Boston: Houghton Mifflin, 1931), p. 371.

⑤ William J. Freed, *A Study of the Salaries and Teaching Loads in the Denominational Four-year Colleges and Private Junior Colleges in the United States* (Tacoma, Washington: "Pioneer" Inc. 1929), p. 23.

⑥ Doak S. Campbell,"The Junior College Administrative Head," *Peabody Journal of Education 11*, No. 2, Sept., 1933: 53-57.

麦克道尔对初级学院早期的经费来源进行了调查研究，结果显示公立初级学院财政经费主要来源于税收、州政府资助和学费；私立初级学院财政经费来源渠道比较多元，主要有学费、固定基金捐赠、教会资助、私人捐赠与资助等，其中学费和固定基金捐赠是最主要的经费来源。①

1931年，伊尔斯对初级学院的调查结果显示，公立初级学院经费收入渠道有所拓展，除了地方税收、州政府资助和学费外，增加了郡或学区缴纳学费、私人捐赠和债券等经费来源渠道。私立初级学院除原有的经费来源渠道外，州和地方政府也开始向私立初级学院提供财政资助。②

学费是公私立初级学院重要的经费来源，但总体上公立初级学院学生学费普遍低于私立初级学院。公立初级学院学生平均缴纳学费在100美元左右，最高200美元。③ 其中，加利福尼亚、堪萨斯、北卡莱罗纳和亚利桑那州公立初级学院免费入学，无须缴纳学费。私立初级学院学生缴纳学费平均为230美元左右，最高达到700美元。其中，教派初级学院学费最低，平均在111美元左右。④

另外，初级学院经费主要来源渠道地区差异非常显著，如加州初级学院经费主要来源于地方学区税收，德克萨斯州则主要来源于学费。⑤ 在加利福尼亚州，初级学院被视为公共教育系统的一部分，在高中基金拨款中，要求各郡学校督学将初级学院学生平均出勤率作为统计高中平均出勤率的一部分，并且基于学生平均出勤率拨付教育经费。

---

① Floyd M. McDowell, *The Junior College* (Washington: Government Printing Office, 1919), pp. 48-49.

② Walter C. Eells, *The Junior College* (Boston: Houghton Mifflin, 1931), p. 523.

③ Walter C. Eells, *The Junior College* (Boston: Houghton Mifflin, 1931), p. 524.

④ Walter C. Eells, *The Junior College* (Boston: Houghton Mifflin, 1931), p. 530.

⑤ Walter C. Eells, *The Junior College* (Boston: Houghton Mifflin, 1931), p. 532.

州政府在初级学院资助中的角色和作用各州也有较大差异，截至1930年，除了加州和密西西比州，大部分州没有向初级学院提供资助，加州初级学院经费收入中有将近20%的资金来源于州政府。① 州政府是否应资助初级学院，资助额度应占初级学院经费的多少？这一问题在高等教育理论和实践中有不同的意见，其中比较典型的方案见下表：

表 20　州政府资助初级学院情况

资助方式	资助比例（%）	不同方案与做法
州政府资助	100	州立初级学院
州政府资助	75	乔治·祖克的方案
州政府资助	50	高等教育理论界
州政府资助	40	加州初级学院法律②
州政府资助	33	弗雷德里克·埃比（Frederick Eby）的方案③
州政府资助	20	加州实际资助额度
无资助	0	大部分州政府的实际做法

数据来源：Walter C. Eells, *The Junior College* (Boston: Houghton Mifflin, 1931), pp. 538-539.

20世纪40年代后，州政府对地方初级学院资助比例开始明显增加，地方政府资助比例则随之有所减少。至此，公立初级学院在经费

① Walter C. Eells, *The Junior College* (Boston: Houghton Mifflin, 1931), pp. 532-540.

② 1921年加州法律规定初级学院生均教育经费支出达到250美元时，州政府向每名在读学生提供100美元的资助。

③ 弗雷德里克·埃比长期在德克萨斯州从事两年制学院研究，培养了大批初级学院管理者，因此被称为德克萨斯州初级学院运动之父。埃比建议德克萨斯州初级学院经费由州政府、地方学区和家长各承担33%。

来源上逐渐形成了由地方政府和州政府共同资助的经费来源模式。[①]

综上所述，20 世纪 20 年代前后，美国各州纷纷出台有关初级学院的法律，使初级学院逐渐获得了明确的法律地位。因初级学院复杂的起源背景，各州法律对初级学院名称的界定差别较大，大部分地区将公立初级学院视为公共教育系统的组成部分，初级学院因此被纳入中等教育范畴。在专业组织中，初级学院被视为高等教育的组成单元，大部分初级学院的标准界定都有类似的措辞：初级学院提供的课程应相当于大学和学院前两年的教育。在组织管理与经费资助模式上，初级学院因其办学主体、管理方式和经费来源的复杂性也很难界定其属性。但从发展趋势看，初级学院已逐渐成为美国公共教育系统的组成部分。

第三节 初级学院的职能变迁

初级学院是高等教育与中等教育重组过程中的产物。从历史起源看，初级学院最初主要以转学预备教育为主。从学院类型看，高中延伸而成的公立初级学院同时也承担普通教育的职能，部分私立初级学院和师范类初级学院某种程度上主要以职业培训为主。因此，初级学院在发展过程中所承担的办学职能是非常复杂而多元的。弗兰克·托马斯（Frank W. Thomas）将初级学院的职能划分为 4 种：普及职能（popularizing function）、转学预备职能（preparatory function）、终结性职能（terminal function）、咨询指导职能（guidance function）。[②] 托马斯的观点获得学界普遍认可，初级学院被广泛认可的主要是普通教

---

① Arthur M. Cohen. , Brawer, Florence B. , *The American Community College* (San Francisco: Jossey-Bass Publishers, 1996), p. 140.

② Coleman R. Griffith, *The Junior College in Illinois* (Urbana: University of Illinois Press, 1945), pp. 160-161.

育、转学预备教育、终结性教育、咨询指导这4种主要职能。从办学职能变迁的角度看，初级学院的发展大致可以被分为两个阶段：一是转学教育阶段（1850—1920年），这一时期初级学院是提供两年制学院教育的独立机构。二是终结性教育和半职业教育阶段（1920—1945年），这一阶段初级学院处于终结性普通教育和半职业教育迅速发展时期。[①]乔治·沃恩（George B. Vaughan）则认为1930年之前初级学院的职能以转学教育为主，初级学院协会在20世纪30年代积极推动初级学院办学职能和课程结构向终结性职业教育转型。[②] 事实上，从初级学院办学目的、课程设置和学生专业选择与教育流动等方面看，二战前初级学院在办学取向上基本以转学预备教育为主。

一、初级学院办学目的

初级学院的办学目的受到许多具体而复杂因素的影响，初级学院研究代表人物麦克道尔、库斯、坎贝尔对此进行了非常细致的研究。

麦克道尔通过对75所初级学院的问卷调查发现，在公立初级学院中，父母的需求和学校的地理位置是影响初级学院创办的重要因素，但在私立初级学院不是重要影响因素。宗教动机是私立初级学院创办的首要因素，但在公立初级学院，宗教动机产生的影响微乎其微。[③]

1925年，库斯基于对两类文献资源的梳理分析，对初级学院创建的原因进行了非常细致的研究。首先，库斯对22份已出版的文章和演

---

① William C. Larimer, "The Genesis of The Junior College Movement," *Peabody Journal of Education 54*, No. 3, April, 1977: 220-224.

② George B. Vaughan, *The Community College in America: A Short History* (Washington, D. C.: American Association of Community and Junior Colleges, 1985), p. 1.

③ Floyd M. McDowell, *The Junior College* (Washington: Government Printing Office, 1919), pp. 28-35.

说进行统计分析；其次，他对 56 所初级学院[①]年度目录或公报中的声明进行统计分析。其研究发现，在初级学院创办的特殊动因中，提供两年制学院教育服务这一因素占比最高，通过两年制学院教育，初级学院希望能够进行大学预备教育和职业培训，推动高等教育大众化进程。从办学目的看，22%的公立初级学院旨在进行大学预备教育，私立初级学院的占比则是 31%。[②]

1930 年，坎贝尔对 343 所初级学院院长和校长的调查问卷显示，在 783 项办学声明（statements in catalogue）中，58.7%的初级学院声明办学目的是为转学做准备，15.5%的初级学院的办学目的是提供终结性和职业教育，13.6%的初级学院将增进教育机会均等、促进教育民主作为办学目的，11.8%的初级学院将普及高等教育作为办学目的。[③] 坎贝尔归纳整合 783 项办学声明最终总结得出了初级学院的 35 项办学目的，其中频率最高的是转学预备教育、为学生提供个别服务、节省时间和经费等 11 项。[④] 坎贝尔的研究结果显示，初级学院在办学职能定位方面，主要是以学院和大学预备教育为主，以转学教育为目的。

另外，坎贝尔基于教育类文献[⑤]中对初级学院办学目的的研究结果显示，将转学预备教育作为初级学院目的的教育类文献占 39.3%，终结

---

① 在 56 所初级学院中，23 所为公立初级学院，33 所为私立初级学院。

② Leonard V. Koos, *The Junior College Movement* (Boston: Ginn and Company, 1925), p. 21.

③ Doak S. Campbell, *A Critical Study of the Stated Purposes of The Junior College* (Nashville, Tenn: George Peabody College for Teachers, 1930), p. 18.

④ Doak S. Campbell, *A Critical Study of the Stated Purposes of The Junior College* (Nashville, Tenn: George Peabody College for Teachers, 1930), p. 17.

⑤ 在教育类文献作者中，学院和大学教育学教授占 27.8%，其他学科教授占 14.9%，社区学院院长或校长占 15.7%，大学校长占 11.4%，城市督学占 4%，联邦和州教育官员占 7.4%，其他占 18.2%。

性和职业教育占 33%，增进教育民主进程占 14.7%，普及高等教育占 12.8%。①

综合麦克道尔、库斯、坎贝尔的调查研究结果可以判断，初级学院在创办过程中通过个性化和低成本的教育服务形式，将大学转学预备教育作为主要的办学目的。

二、初级学院的课程

根据初级学院的办学目的和职能，坎贝尔将初级学院课程分为三类：转学预备课程、专业预备（pre-professional）课程和终结性课程。预备课程主要是为转入四年制文理学院做准备。专业预备课程是为转入大学专业学院或独立的专业学院做准备。终结性课程主要是为那些无意于继续学业的初级学院学生提供的课程，它既包含普通文化课程，也包含职业课程。② 20 世纪 20 年代之前，初级学院所设课程内容绝大部分与四年制学院前两年的课程内容相似，以便于初级学院的毕业生顺利转入大学三、四年级学习。相比而言，私立初级学院较公立初级学院更为重视古典课程的学习，职业类课程仅占 9%（如果不计师范类课程，职业类课程仅占 4.5%）；而公立初级学院则向学生提供类型多样、范围广泛的职业及终结性课程，其中职业类课程占 17%。此外，有 60%的私立初级学院开设师范教育课程，公立初级学院开设师范教育课程的比例则为 16%。③

---

① Doak S. Campbell, *A Critical Study of the Stated Purposes of The Junior College* (Nashville, Tenn: George Peabody College for Teachers, 1930), p. 31.

② Doak S. Campbell, *A Critical Study of the Stated Purposes of The Junior College* (Nashville, Tenn: George Peabody College for Teachers, 1930), pp. 10-11.

③ Floyd M. McDowell, *The Junior College* (Washington: Government Printing Office, 1919), pp. 100-101.

20 世纪 20—30 年代是初级学院的迅速发展时期，其课程设置主要还是以学术性转学课程为主。库斯对 1921—1922 年 58 所公私立初级学院课程的调查结果显示，初级学院课程主要以学术性课程为主，职业性课程占比偏低。①

1930 年，坎贝尔对 343 所初级学院所做的调查研究显示，在州立、公立、私立及教派初级学院所开设的课程中，转学预备课程约占 59%。这一时期职业类课程占比有所增加，达到总课程的 30%左右。坎贝尔的研究结果显示，初级学院的主要职能以转学预备教育为主，三分之二的初级学院开设的职业类课程主要是以教师培训类课程为主。② 事实上，一半左右的初级学院毕业生无法转学进入学院和大学，初级学院终结性教育职能在实践中的发展较为缓慢。坎贝尔认为初级学院课程类型不应仅仅以转学教育为目的，还应满足所在社区公民、社会、宗教和职业等方面的需求。③

伊尔斯 1931 年所做的研究指出，大多数私立初级学院很少开设终结性职业课程，相对而言，公立初级学院开设终结性职业课程比较普遍。在中北部协会的 15 所公立初级学院开设的 166 门课程中，86%都是职业类课程，只有 8%或 14%的课程可以划为终结性课程。④ 伊尔斯基于三项⑤研究数据对公私立初级学院学术性课程与非学术性课程学时分布比例进行了比较研究，结果发现无论是公立初级学院还是私立初

① Leonard V. Koos, *The Junior-College Movement* (Boston: Ginn and Company, 1925), p. 33.

② Doak S. Campbell, *A Critical Study of the Stated Purposes of The Junior College* (Nashville, Tenn: George Peabody College for Teachers, 1930), p. 80.

③ Doak S. Campbell, *A Critical Study of the Stated Purposes of The Junior College* (Nashville, Tenn: George Peabody College for Teachers, 1930), p. 10.

④ Walter C. Eells, *The Junior College* (Boston: Houghton Mifflin, 1931), p. 292.

⑤ 库斯（Leonard V. Koos）1921 年、惠特尼 1928 年和伊尔斯（Hollings W. Eells）1930 年的研究对比数据。

级学院，学术性课程学时都占据主导地位，非学术性课程学时增加并不显著。[①]

另外，1931年伊尔斯对279所初级学院学术性课程与非学术性课程学时的调查结果显示，公私立初级学院中主导性课程仍然是学术性课程。但也存在一些典型的院校差异，在州立初级学院，学术性课程与非学术性课程占比相当；在非学术性课程学时分布中，州立初级学院课程占50%，地方和学区初级学院课程占26%，教会初级学院课程占27%，其他私立初级学院课程占33%。[②] 从学生注册选修课程分布情况看，伊尔斯对加利福尼亚州19所公立初级学院调查显示，80%的学生注册选修学术性课程，只有20%的学生选修非学术性课程。德克萨斯16所城市初级学院的调查结果也显示，77%的学生选修学术性课程，仅有23%的学生选修非学术性课程。[③]

在学术性课程中，初级学院主要以开设英语、现代语言、古典语言、社会科学、自然科学类课程为主。[④] 在非学术性课程中，所开设课程主要以商业、农业、音乐、工程、家政类课程为主。[⑤]

西亚特在对19所公立初级学院课程的研究中发现，虽然非学术性课程学时数（average hours）明显少于学术性课程，但非学术性课程学时数的增长率明显高于学术性课程。1920—1930年，学术性课程学时数增长了58%，但非学术性课程学时数增长了157%。[⑥]

格里菲斯认为对于75%—80%的学生来说，初级学院是终结性教育机构，大学和学院提供学术性和专业性课程，初级学院的学术性课

---

① Walter C. Eells, *The Junior College*(Boston: Houghton Mifflin, 1931), p. 485.

② Walter C. Eells, *The Junior College*(Boston: Houghton Mifflin, 1931), p. 490.

③ Walter C. Eells, *The Junior College*(Boston: Houghton Mifflin, 1931), pp. 497-498.

④ Walter C. Eells, *The Junior College*(Boston: Houghton Mifflin, 1931), pp. 491-493.

⑤ Walter C. Eells, *The Junior College*(Boston: Houghton Mifflin, 1931), pp. 493-494.

⑥ L. R. Hiatt, "Curricular Changes in Junior Colleges," *Junior College Journal*, Vol. Ⅰ, Oct., 1930: 6-11.

程是一种重复。一方面，学生对学术性课程兴趣不足；另一方面，劳动力市场对半专业人才或中等水平职业人才需求巨大。[①] 1934—1935 年对密西西比州 900 名公立初级学院大二学生的调查显示，60%的人打算进入大学继续学业，但仅有三分之一的初级学院毕业生能够进入大学。总的来看，75%—80%的学生无法进入大学，仅有 34%的学生注册终结性职业课程。1936—1937 年，美国教育局发表的一项调查显示，所抽样的 14 所大学中有高达 52.1%的学生在大学二年级末就已离开学校结束学业，所以非常有必要为这类学生开设终结性教育课程。[②] 加州大学教育学院院长朗齐也认为开设终结性职业课程是初级学院最伟大的创举之一。初级学院应与大学合作，但并不意味着初级学院只是转学预备教育机构。[③] 莱纳德（R. J. Leonard）认为大学应致力于高水平的专业教育（professional education），这是大学的永恒目标，没有任何其他机构能够代替大学的这一职能。初级学院应专注于职业教育（occupational education），初级学院的工作应始终集中在中等水平的职业教育领域。[④]

围绕初级学院的办学职能与课程定位，库斯对专业和半专业的概念做出了明确界定，认为专业（Profession）是指在正规认证的高中毕业后，继续接受不少于 4 年的学院教育并获得相应学位；半专业（Semi-profession）是指在高中学历或同等学力的前提下，继续接受两年的教育。而半专业或中等水平的职业则是初级学院毕业生就业的主

① Coleman R. Griffith, *The Junior College in Illinois* (Urbana: University of Illinois Press, 1945), p. 162.

② Coleman R. Griffith, *The Junior College in Illinois* (Urbana: University of Illinois Press, 1945), p. 163.

③ Thomas Diener, *Growth of an American Invention: A Documentary History of the Junior and Community College Movement* (Westport: Greenwood Press, 1986), p. 71.

④ R. J. Leonard, "Professional Education in Junior Colleges," *Teachers College Record* 26, May, 1925: 724-733.

要领域。[①] 库斯通过对商业、工程业、农业学院院长或系主任的问卷调查归纳列出了3个领域中的半专业职业种类。[②] 1925年，莱纳德在初级学院协会的演讲中具体列出了属于初级学院教育水平的职业种类，主要有配药制药业、验光业、护士、广告业、零售业、会计、秘书、交通部门、公共服务、工程业、农业、包工头等。[③]

1928年，贝内特通过调查研究整理出28种半职业门类及市场所需要的就业人口数据，指出劳动力市场每年对这28种半专业职业就业人员的需求达19万人，初级学院需要每年招收47.1万注册学生才能满足这一需求。每年有将近20万青年人在上述28种职业领域就业，但在这些就业人口中在初级学院接受职业培训的学生非常少。[④]

三、初级学院学生教育经历与职业流动

（一）学生毕业率与转学率

1928年，惠特尼对公私立初级学院1926—1927学年度注册学生所做的跟踪调查研究结果显示，私立初级学院学生毕业率明显高于公立初级学院，公立初级学院学生毕业率仅为24%，私立初级学院达到39%。[⑤]

---

① Leonard V. Koos, *The Junior College* (Vols. 2) (Minneapolis: University of Minnesota Press, 1924), p. 153.

② Leonard V. Koos, *The Junior College* (Vols. 2) (Minneapolis: University of Minnesota Press, 1924), pp. 156-162.

③ Walter C. Eells, *The Junior College* (Boston: Houghton Mifflin, 1931), p. 284.

④ Walter C. Eells, *The Junior College* (Boston: Houghton Mifflin, 1931), p. 288.; G. V. Bennett, *Vocational Education of Junior College Grade* (Baltimore: University Research Monographs, 1928), p. 35.

⑤ Frederick L. Whitney, *The Junior College in America* (Greeley: Colorado State Teachers College, 1928), pp. 23-25.

1929 年，伊尔斯和布兰德（R. Romayne Brand）针对加州地区初级学院的调查显示，90.4%的学生希望毕业后转入大学继续学业。[①] 同一时期，坎贝尔的研究结果显示，1928 年初级学院毕业生转入学院和大学的比例为 57.8%，其中 23 所教派初级学院毕业生转学率为 50%，7 所州立大学初级学院毕业生转学率为 55%，24 所公立初级学院毕业生转学率为 67.5%，20 所私立初级学院毕业生转学率为 63%。[②]

汉娜 1930 年所做的一项纵向调查研究结果显示，私立初级学院学生毕业率普遍高于公立初级学院，但转学率低于公立初级学院。仅招收男性学生的初级学院转学率是女性初级学院的 2 倍。在 1287 名转学学生中，54%进入大学，14%进入小型四年制学院，11%进入神学院，5%左右的学生进入教师学院。[③]

1931 年，伊尔斯对加利福尼亚地区初级学院所做的纵向调查研究显示，初级学院虽然存在学生流失现象，但二年级注册学生的占比表现连年增长的趋势。[④] 同年，伊尔斯对加利福尼亚地区超过 9000 名初级学院学生的调查结果显示，80%的学生打算转入大学学习，其中大一年级有 79%、大二年级有 82%的学生有继续接受高等教育的意愿。其中，三分之一以上的学生都选择加利福尼亚州内大学作为转学院校。事实上，初级学院实现转学的学生比例在 55%左右。[⑤]

（二）转学学生学业成就

初级学院转入大学的学生虽然仅有 55%左右，这些学生进入大学

---

① Walter C. Eells. ,R. Romayne Brand,"Student Opinion in Junior Colleges in California," *The School Review 38*, No. 3, March, 1930: 176-190.

② Doak S. Campbell, *A Critical Study of the Stated Purposes of The Junior College* (Nashville, Tenn: George Peabody College for Teachers, 1930), p. 26.

③ Joseph V. Hanna, "Student-Retention in Junior Colleges," *The Journal of Educational Research 22*, No. 1, June, 1930: 1-8.

④ Walter C. Eells, *The Junior College* (Boston: Houghton Mifflin, 1931), p. 232.

⑤ Walter C. Eells, *The Junior College* (Boston: Houghton Mifflin, 1931), pp. 250-253.

后学业成就虽与大学学生有所差距，但也呈现逐渐缩小的趋势。伊尔斯对转入斯坦福大学的初级学院学生进行了专门的调查研究，1923—1926 年初级学院学生平均毕业率达到 84.9%，并且与斯坦福大学学生的差距呈现逐年缩小的趋势。①

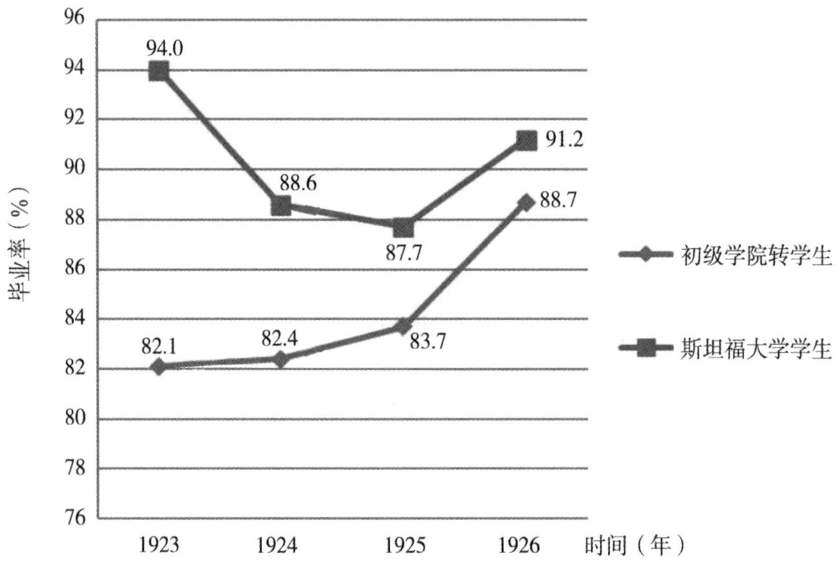

图 6 初级学院学生转入斯坦福大学的学业成就

数据来源：Walter C. Eells, *The Junior College* (Boston: Houghton Mifflin, 1931), p. 260. 亦可参见 Walter C. Eells, "Records of Junior-College Transfers in the University," *The School Review*, Vol. 37, No. 3, March, 1929: 187-197.

斯坦福大学每年会授予学业成绩排名前 15% 的本科学生荣誉毕业生奖励（graduation honors），其中向排名前 5% 的毕业生授予卓越成就荣誉（great distinction），后 10% 的毕业生授予富有成就荣誉（with

---

① Walter C. Eells, *The Junior College* (Boston: Houghton Mifflin, 1931), p. 260.

distinction)。1923—1926 学年，在初级学院转学生中，23.6%获得荣誉毕业生奖。3 个学年间，初级学院转学生获得荣誉毕业生的比例连续增长，1923—1924 学年度荣誉毕业生的比例是 12.5%，1924—1925 学年度达到 21.4%，到了 1925—1926 学年度增长到 30%。①

（三）学生毕业后的职业流动

库斯通过对 19 所初级学院年度大事表（annual catalogue）或校友注册表（alumni register）等进行统计②，结果显示初级学院学生毕业后 1 年，60.5%的学生选择从事教育工作。10 年后从事教育工作的毕业生降低到 24.4%，毕业生职业陆续向其他领域扩散。其中，家政领域主要以女性为主，毕业 1 年后从事家政行业的女性占 5.3%，10 年后增长到 55.9%。毕业 1 年后继续进修学业的毕业生约有 20%，10 年后骤降到 0.7%。③

从毕业生职业流向趋势看，男性主要从教育领域通过继续进修向其他职业流动，女性则是从教育领域向家政领域流动。教育行业基本是初级学院毕业生流动的跳板或过渡性职业。毕业生从事教育领域的工作主要以担任高中教师为主，另外也包括校长、督学、学院与大学教师等职业。毕业 10 年后依然从事教育行业的毕业生表现明显的性别差异，男性主要以担任校长、督学、学院与大学教师为主，而女性依然以高中教师为主。

---

① Walter C. Eells, *The Junior College* (Boston: Houghton Mifflin, 1931), p. 261.

② 毕业生总共有 1215 人，其中 72 名男性和 137 名女性未说明职业状况，有 18 人已去世。

③ Leonard V. Koos, *The Junior College* (Vols. 2) (Minneapolis: University of Minnesota Press, 1924), p. 287.

结语：初级学院的历史地位与角色

初级学院在美国高等教育系统中的地位一直备受争议，伊尔斯将初级学院视为美国教育中的实验性机构，是一种过渡性机构。格里菲斯认为初级学院是连接中等学校与大学和学院的桥梁，是高中毕业生步入社会、进入专业学院或大学的过渡性机构。初级学院的学生则倾向于将初级学院视为一种集中等教育和高等教育双重身份的混合型机构。1960 年，在《多纳霍高等教育法》（*Donahoe Higher Education Act*）中，初级学院被视为既是中等教育的一部分，也是公立高等教育的组成部分。芝加哥大学教育学院院长查尔斯・贾德认为初级学院具有双重功能，一方面对学生进行最后一个阶段的普通教育（general education），同时也有职责培养学生批判、独立思考问题的能力，使其具备进一步深造的潜力。① 博比特（John F. Bobbitt）认为初级学院处于普通教育系统的顶端，它应该在学校教育系统中成为普通教育的典范，引导小学、初中和高中进行合理有效的普通教育。②

1931 年春，加州立法机关授权州长对加州高等教育系统进行调查研究，卡内基教学促进基金会（Carnegie Foundation for the Advancement of Teaching）具体开展了这项调查。基金会成立由塞缪尔・卡彭（Samuel P. Capen）、查尔斯・贾德、乔治・祖克、科夫曼（L. D. Coffman）等 7 人组成的委员会，对加州高等教育系统展开深入调查，并且于 1932 年 6 月向州长提交了一份总结报告。报告内容主要包含 3 个方面，其中的两个方面都涉及加州初级学院的发展与规划。委员会报告建议在法律上将初级学院继续视为中等教育的组成部分，向

---

① Walter C. Eells, *The Junior College* (Boston: Houghton Mifflin, 1931), p. 475.

② Walter C. Eells, *The Junior College* (Boston: Houghton Mifflin, 1931), pp. 475-476.

初级学院毕业生授予文科副学士学位意味着中等教育正式结束；同时建议加州教育董事会（Board of Education）重组中等学校系统，将初级学院纳入中等教育范畴。[①] 布拉泽通过对 88 所初级学院[②]的问卷调查发现，大部分公立学校系统通过施行 6332 学制将初级学院纳入公共教育系统之中。[③]

尽管初级学院逐渐被各州视为中等教育的一部分[④]，但教育理论界普遍认为初级学院是一种不同于高中的独特单元，从逻辑上看，属于高等教育范畴。基于这种理念，加州建立了独立的初级学院学区。1943 年，独立的初级学院学区达到 23 个。一般而言，这类初级学院在办学规模上大于高中学区初级学院，逐渐成为加州成人教育中心。[⑤] 初级学院作为介于中等教育与高等教育的过渡性机构，通过多元化的办学模式提升了美国民众接受高等教育的机会，极大地推动了美国高等教育民主化进程[⑥]。[⑦] 伴随着初级学院的发展，那些低社会经济地位的适龄青年接受高等教育的机会明显增加。库斯 1941 年对中西部、西部、

---

① Carl E. Seashore, *The Junior College Movement* (New York: H. Holt and Company, 1940), pp. 20-22.

② 88 所初级学院分布在 15 个州，其中加利福尼亚州 25 所、德克萨斯州 12 所、爱荷华州 10 所、堪萨斯州 9 所、明尼苏达州 7 所、密歇根州 6 所、密苏里州 5 所、伊利诺伊州 4 所、俄克拉荷马州 3 所、华盛顿州 2 所，亚利桑那州、佐治亚州、路易斯安那州、马萨诸塞州、内布拉斯加州各 1 所。

③ E. Q. Brothers, "Present-Day Practices and Tendencies in the Administration and Organization of Public Junior Colleges," *The School Review 36*, No. 9, Nov. , 1928: 665-674.

④ 在高中学区创办的初级学院在管理、设施、教师、课程等方面已逐渐与高中融合在一起。

⑤ Coleman R. Griffith, *The Junior College in Illinois* (Urbana: University of Illinois Press, 1945), p. 184.

⑥ 1875 年全美教育协会在明尼波里斯（Minneapolis）的会议中首次将初级学院称为人民的学院（The People's College）。

⑦ Leland L. Medsker, *The Junior College: Progress and Prospect* (New York: McGraw-Hill Book Company, 1960), pp. 20-21.

南部地区 12 个州 61 所高中 1 万多名毕业生的调查研究结果显示，高中所在地区若有开办初级学院，毕业生接受高等教育的机会明显增加，尤其是对低社会经济地位的毕业生而言，初级学院大大增加了他们接受学院教育的机会。① 另外，与其他类型的高等教育机构比较而言，地方公立初级学院成为招收大量低社会经济地位学生的主要机构。

初级学院低学费或免学费的招生政策吸引了众多社会经济地位较低的学生群体，免费初级学院对低收入家庭子女继续学业起到了非常显著的作用。从学生的角度看，选择进入初级学院首先也会考虑到教育费用问题。1926 年，维尔梅耶尔对 1924—1925 学年 8 所公立初级学院 469 名学生的调查问卷结果显示，学生入读初级学院的主要原因是节省教育费用，有近 32％的学生反馈认为进入初级学院是为了节省教育费用。② 1929 年，加州大学的一项针对 3058 名学生的调查问卷结果显示，学生选择初级学院的主要原因是节约教育费用和转学预备教育。③

综上所述，美国最早出现的初级学院并不是独立的机构，而是四年制大学的一个组成部分。南北战争后，经过反复的辩论和实践，最终在 19 世纪末形成了现代意义上的两年制初级学院，大学、师范学校、公立高中和小型四年制学院等共同塑造了初级学院的早期历史，并且在此基础上形成了大学初级学院、私立初级学院、师范类初级学院和公立初级学院这四种类型的初级学院。初级学院的理念和实践起源于东部地区，在中西部、西部、南部地区得到繁荣发展。由于初级学院组织种类繁多，在组织与管理方式上呈现比较多元复杂的形态。那些

---

① Leonard V. Koos, "How to Democratize the Junior-College Level," *The School Review 52*, No. 5, May, 1944: 271-284.

② J. Fletcher. Wellemeyer, "The Junior College as Viewed by Its Students," *The School Review 34*, No. 10, Dec. , 1926: 760-767.

③ Walter C. Eells, R. Romayne Brand, "Student Opinion in Junior Colleges in California," *The School Review 38*, No. 3, March, 1930: 176-190.

早期在大学内部产生的初级学院，主要由大学或学院董事会负责管理。州立师范学院型的初级学院主要由州教育董事会和州立大学合作管理。公立高中基础上延伸而成的公立初级学院在组织与管理上最为复杂，20 世纪 10 年代前后各州纷纷通过初级学院法，明确初级学院在美国教育系统中的法律地位和资助方式，并且将初级学院的组织与管理形式逐渐规范化。因初级学院复杂的起源背景，各州法律中对初级学院名称的界定差别较大，大部分地区将公立初级学院视为公共教育系统的组成部分，初级学院因此被纳入中等教育范畴。在专业组织中，初级学院被视为高等教育的组成单元，大部分初级学院的标准界定都有类似的措辞：初级学院提供的课程应相当于大学和学院前两年的教育。在组织管理与经费资助模式上，初级学院因其办学主体、管理方式和经费来源的复杂性也很难界定其属性。但从公私立初级学院的发展趋势看，初级学院已逐渐成为美国公共教育系统的组成部分。尽管初级学院在各州被视为中等教育系统的一部分，但教育理论界普遍认为初级学院是一种不同于高中的独特单元，从逻辑上看，属于高等教育范畴。初级学院作为介于中等教育与高等教育的过渡性机构，通过多元化的办学模式增加了美国民众接受高等教育的机会，初级学院也成为美国高等教育民主化进程中的重要机构。

【主要参考文献】

一、中文参考文献

毛澹然. 美国社区学院的起源 [J]. 外国教育资料，1984 (1)：36-40.

王英杰. 美国发展社区学院的历史经验及发展中国专科教育之我见 [J]. 外国教育研究，1992 (1)：18-24.

王保星. 美国初级学院运动的兴起及其教育民主化意义 [J]. 河北大学学报 (哲学社会科学版)，1999 (4)：34-37.

王保星．南北战争至20世纪初美国高等教育的发展与变革［D］．北京：北京师范大学，1998.

［美］丹尼尔·布尔斯廷．美国人：民主历程［M］．中国对外翻译出版公司，译．北京：美国驻华大使馆新闻文化处，1988.

二、英文参考文献

Angell,James R. The Junior College Movement in High Schools [J]. School Review,1915,23:289-302.

Badger,Henry G. Junior College Salary Schedules[J]. Bulletin of the American Association of University Professors(1915-1955),1948,34(4):770-777.

Bennett,G. V. Vocational Education of Junior College Grade[M]. Baltimore:University Research Monographs,1928:6.

Brothers,E. Q. Legal Status of the Publicly Supported Junior College [J]. The School Review,1930,38(10):737-749.

Brothers, E. Q. Present-Day Practices and Tendencies in the Administration and Organization of Public Junior Colleges[J]. The School Review,1928,36(9):665-674.

Campbell,Doak S. A Critical Study of the Stated Purposes of The Junior College[M]. Nashville,Tenn:George Peabody College for Teachers, 1930.

Campbell,Doak S. The Junior College Administrative Head[J]. Peabody Journal of Education,Vol. 11,No. 2,Sept. ,1933:53-57.

Claxton,Philander P. The Better Organization of Higher Education in the United States[J]//George F. Zook,ed. The National Conference of Junior College, 1920, Department of the Interior, Bureau of Education Bulletin No. 19. Washington, D. C. : U. S. Government Printing Office, 1922:21-27.

Clement,John A. ,Smith,Vivian T. Public Junior College Legislation in the United States[M]//Bureau of Educational Research Bulletin No. 61. Urbana:University of Illinois Press,1932:14-18.

Cohen,Arthur M. ,Brawer,Florence B. The American Community College[M]. San Francisco:Jossey-Bass Publishers,1996.

Colvert,Clyde C. The Junior Colleges of Texas:Community Colleges for the People[M]. Austin:The University of Texas Press,1945.

Cooper,W. J. The Junior-College Movement in California[J]. The School Review,1928,36(6):409-422.

Diener,Thomas. Growth of an American Invention:A Documentary History of the Junior and Community College Movement[M]. Westport:Greenwood Press,1986.

Eells,Walter C. Implications of The Junior College Movement[J]. The High School Journal,1939,22(4):137-144.

Eells,Walter C. Records of Junior-College Transfers in the University [J]. The School Review,1929,37(3):187-197.

Eells,Walter C. The Junior College[M]. Boston:Houghton Mifflin,1931.

Eells, Walter C. , R. Romayne Brand. Student Opinion in Junior Colleges in California[J]. The School Review,1930,38(3):176-190.

Ford,Nick A. The Negro Junior College[J]. The Journal of Negro Education,1936,5(4):591-594.

Freed,William J. A Study of the Salaries and Teaching Loads in the Denominational Four-year Colleges and Private Junior Colleges in the United States[M]. Tacoma,Washington:"Pioneer"Inc. ,1929.

Gray,Arthur A. The Junior College in California[J]. The School Review,1915,23(7):465-473.

第七章　生活适应运动[①]

生活适应运动（Life-adjustment Education）是第二次世界大战之后在美国出现的旨在中等教育领域进一步实践进步主义教育理念的教育改革运动，其中的课程改革是其核心环节。1945年6月《普洛瑟倡议》（*Prosser Resolution*）的提出标志着生活适应运动的兴起，1954年"为青年提供生活适应教育"第二届委员会（the Second Commission of Life Adjustment Education for Youth）的解散标志着生活适应运动的终结。"社会效率"是其奉行的核心价值理念；查尔斯·普罗瑟与约翰·斯图贝克（John Studebaker）是其主要倡导者；《为每一位青年提供生活适应之教育》（*Life Adjustment Education for Every Youth*，1948年）是生活适应运动最重要的改革檄文，"生活适应运动"因此而得名；"生活适应大会"（Life Adjustment Conference）及其两届委员会是生活适应运动所依托的组织机构；"伊利诺伊中等学校课程计划"（Illinois Secondary School Curriculum Program，简称ISSCP）与巴特克里中学的"基本生活"计划（"Basic Living" at Battle Creek High School，Battle Creek，Michigan）是生活适应运动中最为著名的两项

① 本章撰稿人：陈露茜，钱露。

改革措施。①

生活适应运动是一场被中国的学术界误解和遗忘的中等教育改革运动。从整体上说，既有的学术研究认为 20 世纪 40 年代末 50 年代初受到“大萧条”和第二次世界大战的冲击，美国进步主义教育整体进入了衰落期；战后 10 年，美国教育基本上仅存在着两条基本的主线，一条是以 1945 年哈佛大学发表的《自由社会中的通识教育》（*General Education in A Free Society*）为代表的通识教育路径，另一条是从《史密斯-休斯法》（*Smith-Hughes Act*）中继承而来的职业教育的路径，以《教育在战备中的角色》（*Education's part in the War Effort*，1946 年）为代表。因此，一般对于生活适应运动的理解要么认为它属于职业教育的范畴，因为它是在美国教育委员会职业教育大会上首次提出的，要么就是仅关注它的对立面——学院派批评家的研究。例如，永恒主义者赫钦斯在二战后的言论、学院派批评家阿瑟·贝斯特（Arthur Bestor）与海曼·里科弗（Hyman Rickover）对生活适应运动、进步主义的批判等，缺乏专门论述生活适应运动的论文与著作。因此，为了丰富和完善国内学界对生活适应运动本身的研究，为了更好地理解进步主义教育及其对立面，也为了进一步充实我们对战后 10

① Sol Cohen, *Progressives and Urban School Reform: The Public Education Association of New York City, 1895-1954* (New York: Bureau of Publications, 1964); Gerlad Gutek, *Education in United States: A Historical Perspective* (Englewood Cliffs, New Jersey: Prentice-Hall, 1986); Diane Ravitch, *The Troubled Crusade: American Education, 1945-1980* (New York: Basic Books, 1983); Herbert M. Kliebard, *The Struggle for the American Curriculum*, 1893-1958 (New York: Routledge, 1995); Dorothy Elizabeth Broder, *Life Adjustment Education: An Historical Study of a Program of the United States Office of Education, 1945-1954* (New York: Teacher College, Columbia University, 1976); Lona Bibbs, *Historical Development of Life Adjustment Education and its Implementation in the Chicago Public Secondary Schools per National and State Patterns, 1945-1955* (Chicago: Loyola University of Chicago, 2002).

年间美国教育整体发展的观念，有必要对生活适应运动进行全面的研究。

第一节 背景："社会效率"的追求

生活适应运动虽发生于二战之后，但在美国历史上有着较为深远的背景，其主要的理念根植于美国实用主义哲学的"社会效率"追求。

1871—1874年，在哈佛大学进行活动的"形而上学俱乐部"孕育了美国的实用主义。实用主义把确定信念作为出发点，把采取行动当作主要手段，把获得实际效果当作最高目的。从本质上说，它强调"生活""行动"和"效果"，它把"经验"和"实在"归结为"行动的效果"，把"知识"归结为"行动的工具"，把"真理"归结为"有用""效用"或"行动的成功"。因此，可以说实用主义的根本原则在于一切要以效果、功用为标准；无论是唯物主义还是唯心主义，无论是科学还是宗教，"有用即真理"。实用主义这种强调"行动""效果""有用"的思想在20世纪初引发了人们关于学校教育的"社会效率"（social efficiency）的追求，即如何使学校教育真正"有用""有效"，进而形成了一场"效率热"（the cult of efficiency），课程改革是其核心步骤①。

所谓"效率热"，一方面，它代表着一类关于学校教育的社会职能的思考，即强调学校系统作为整体社会系统的子系统承担着重要的社会控制与社会服务职能；② 另一方面，在第一次世界大战前后，它又与科学管理（scientific management）这一概念联系在一起，即将"泰勒

---

① Edward A. Krug, *Shaping of the American High School*, Ⅱ (Madison: University of Wisconsin Press, 1972), p. 4.

② Edward A. Krug, *Shaping of the American High School*, Ⅰ (Madison: University of Wisconsin Press, 1969), p. 249.

制”用于学校的经营和教育的管理之中。[①]“泰勒制”是由伯利恒钢铁厂的工程师弗雷德里克·泰勒（Frederick W. Taylor）发明的，这是一类企业界的话语和意识形态，其目的是在降低成本、提高产量的同时，把秩序、标准化和纪律贯彻到生产过程中。作为一种技术，科学管理包括认真分析要执行的任务，详细设计生产过程中所使用的动作和材料的时间安排，确定最快、最好的步骤，以及消除任何不必要的步骤。在20世纪初期，每当学校因为无效或效率低下而饱受指责的时候，许多教育改革家便开始极力主张把企业的原则和实践应用于学校管理，主张把这些“科学”管理应用于教育事业。例如，进步主义教育实验中的“葛雷制”（Gray Plan）就是“效率热”的重要体现。他们认为，如果不把具体指导“浪费”（waste）[②] 在从来不需要或不使用它的学生身上，那么学校工作将会更有效。而“有效的”学校教育就是为学生建构一套能将他们直接引向有助于实现他们职业或教育目标的课程，这能为安置学生提供一个科学依据。

因此，在随之而来的课程改革中，“效率热”提出了两大要求：一是必须科学地拟定课程目标，对于“社会效率”的倡导者而言，这意味着课程必须直接服务于日常生活。二是在学校的课程体系中，只需也只能保留有助于实现课程直接服务于日常生活目标的课程。[③] 其中，最典型的代表就是博比特（John Franklin Bobbitt）开发的课程系统，他采用了泰勒的工作概念和任务分析法，将课程的开发建立在分析成年人的职业、行业、社会和政治角色的基础之上。1912年，他在《消

---

① Edward A. Krug, *Shaping of the American High School*, *I* (Madison: University of Wisconsin Press, 1969), p. 305.

② John Franklin Bobbitt, "The Elimination of Waste in Education," *The Elementary School Teacher 12*, 1912: 259-271.

③ Edward A. Krug, *Shaping of the American High School*, *I* (Madison: University of Wisconsin Press, 1969), p. 307.

除教育中的浪费》(*The Elimination of Waste in Education*)一文中用工厂做比喻，阐明了课程如何能适用于生产“它最适合的成品”[①]，即提供以预测的儿童社会和职业角色为基础的教育。

1913年，全国教育协会对此做出了回应，任命了中等教育重组委员会(Commission on the Reorganization of Secondary Education)，要求其根据社会、工厂及中学人口和教育学习理论中所发生的众多变化重新审查中等教育的课程与组织，并且于1918年发表了著名的《中等教育的基本原则》(*Cardinal Principles of Secondary Education*)。该报告确定了指导课程的7个目标：健康；掌握基本的方法(读、写和口头表达)；高尚的家庭成员；职业；公民资格；恰当地利用闲暇时间；道德品格。它强调为了实现社会的有效运作，为了让学生更有效地利用时间，为了实现学校更有效的运营，教育应该帮助学生理解他们在社会中的作用，应向他们提供最直接的、为现实生活及未来生活做准备的课程。[②]

在这些早期的“社会效率”倡导者的实践中，最有影响力的人物之一是大卫·萨缪尔·斯内登(David Samuel Snedden)[③]。1909年，斯内登成为马萨诸塞州第一届教育委员会委员；1916年，哥伦比亚大学教师学院专门为其设立了职业教育与教育社会学教授席位。斯内登强调教育的社会职能，尤其是社会控制职能，提出教育的核心使命就

---

① John Franklin Bobbitt, "The Elimination of Waste in Education," *The Elementary School Teacher 12*, 1912: 269.

② Herbert M. Kliebard, *The Struggle for the American Curriculum, 1893-1958* (New York: Routledge, 1995), p. 218.

③ Dorothy Elizabeth Broder, *Life Adjustment Education: An Historical Study of a Program of the United States Office of Education, 1945-1954* (New York: Teacher College, Columbia University, 1976), p. 86.

是“尽可能有效的运作”①。那么，如何实现这种有效的运作呢？斯内登认为，学校教育应该立足于学生差异化的需求，为学生提供能直接满足其现实生活需要的课程②。斯内登最著名的学生便是查尔斯·普洛瑟。普洛瑟是20世纪早期美国职业教育的重要倡导者，因其在推进《史密斯-休斯法》中发挥了重要作用而得名。同时，普洛瑟还曾受教于桑代克，接受了桑代克关于“科学”的教育之社会职能的相关思想。③

在第二次世界大战之后，随着迫切要求改革中等教育的社会诉求的出现，普洛瑟开始倡导并实践斯内登在20世纪初的“社会效率”理念，试图推进中等教育改革，进而成为指导生活适应运动的核心价值理念。

第二节 兴起：普洛瑟倡议与生活适应大会

在第二次世界大战即将结束之际，美国国内开始出现关于中等学校课程设置的争论。其根源在于人们认为当时中学传授的知识与中学生的实际需求相距甚远。④ 虽然早在20世纪初美国就出现了一系列关于改革中学课程的社会运动，如“十人委员会”与课程的标准化运动、

---

① David Snedden, “Differences among Varying Groups of Children Should be Recognized,” in *NEA Addresses and Proceedings*, Vol. 29, June 3, July, 1908: 753.

② Arthur Wirth, *Education in the Technological Society: The Vocational Liberal Studies Controversy in the Early Twentieth Century* (Scranton: Intext Publishers, 1972), p. 156.

③ Dorothy Elizabeth Broder, *Life Adjustment Education: An Historical Study of a Program of the United States Office of Education, 1945-1954* (New York: Teacher College, Columbia University, 1976), p. 92; Merle Curti, *The Social Ideas of American Educators* (Totowa, New Jersey: Littlefield, Adam & Co., 1978), pp. 459-499.

④ Walter H. Gaumnitz, “Developments in Secondary Education,” in *Life Adjustment Education in Action: A Symposium*, Franklin R. Zeran, ed. (New York: Chartwell, 1953): 32.

手工训练运动、综合中学运动，试图改变传统的学术课程在中学里的支配地位，但收效甚微，[①] 中学依然是以大学的预科课程为主。传统学术课程的支配地位、年级制的学生流动模式、单一的教学科目与教学方法及升级考试等，都导致了中学里大量落后生的出现。10—15 岁的来自贫困和移民家庭的后进儿童充斥着小学的高年级，"作为个人，这些学生深感羞耻和颓废；作为一个群体，他们共同造成了被教育家所称的'浪费'——这种浪费在推崇社会效率的时代就是一种社会罪恶"[②]。这也反映在当时美国中学的入学率和辍学率上。在二战后期，由于各类军工厂提供了大量的劳作岗位并大量使用童工，使美国中学的辍学率大幅度上升。据统计，大约每年只有 80％的中等教育适龄人口进入十年级，其中只有不到 40％的学生能够顺利完成学业。1940—1941 年，这一比例甚至降到了 73％。[③] 到了 1945 年前后，这一状况进一步恶化，全美每年大约有 300 万中等教育适龄人口没有进入中学，这大约占当时适龄人口的三分之一。[④] 这一现象也得到杜鲁门总统的极大关注，他曾致信《美国教育周刊》（*American Education Week*），认为"美国教育正处于危机的边缘"[⑤]。对此，全国教育协会做出了回应，提

---

① George Counts, *The Senior School Curriculum* (Chicago: University of Chicago Press, 1926); Webb, L. Dean, *The History of American Education : A Great American Experiment* (Upper Saddle River, N. J. : Pearson Education, Inc. , 2006), pp. 181-182.

② D. Tyack, L. Cuban, *Tinkering toward Utopia : A Century of Public School Reform* (Cambridge, MA: Harvard University Press, 1995), p. 186.

③ *Life Adjustment Education for Every Youth* (Washington: Office of Education, Federal Security Agency, 1948), p. iii; J. Dan Hull, *Primer of Life Adjustment Education for Youth* (Chicago, Illnios: American Technical Society, 1949), p. 4.

④ Frank W. Hubbard, "The Continuing Crisis in Education: 1946-1947," *The High School Journal 31*, Feb. , 1947: 16-24; Herbert M. Kliebard, *The Struggle for the American Curriculum , 1893-1958* (New York: Routledge, 1995), p. 217.

⑤ Harry Truman, "Letter to the Patrons, Students, and Teachers of American Schools," *School Life*, No. 30, 1947: 10.

出战后美国教育的调整既不应完全延续传统学术课程的路径，也不应当完全走职业教育的道路，而是应该为青少年适应战后的生活做好准备。[①]

1945年6月，由美国教育委员会职业司（Vocational Division of the United States Commission of Education）筹办的职业教育大会在华盛顿召开，讨论、确定《职业教育的未来》（*Vocational Education in the Years Ahead*）的报告。与会人员共同表达了“教育应服务于生活”“重建中等教育”[②] 的诉求。在大会的最后，当时明尼苏达州明尼阿波里斯市负责推进《史密斯-休斯法》的邓伍迪中心主任（Director of Dunwoody Institute）普洛瑟应邀进行总结发言，从而形成了著名的“普洛瑟倡议”及“60%原则”，即中等教育应为大部分学生负责，提供他们所需要的适应生活的训练：

> 在大会报告终稿的商榷过程中，与会人员共同认为，社区的职业学校能够为20%的中等教育适龄人口提供他们所需的职业技能培训，而中学能为另外20%的学生提供他们所需的大学预科课程。但对于剩余的60%中学适龄青少年而言，我们并不认为他们受到了他们所需的生活适应训练；并且我们认为，当且仅当美国公共教育的管理者在职业教育的协助下为这一群体的学生重新设置相应的培养方案之后，这些学生才能成为合格的美国公民。
>
> 因此，我们请求，美国教育委员会（U. S. Commissioner of Education）与职业教育助理委员会（Assistant Commissioner for

---

① Ralph W. Tyler, "Proposals for Postwar Educational Services," *The School Review* *52*, Nov., 1944: 511-513.

② U. S. Office of Education, " Vocational Education in the Years Ahead," in *Bulletin* *234*, Vocational Division, General Series 7 (Washington, D. C.: Government Printing Office, 1945), p. Ⅺ.

> Vocational Education）能够共同召集相当一部分通识教育与职业教育的代表，召开大会或一系列地方会议，共同商讨这一问题，寻求解决这一问题的方案。[①]

普洛瑟的倡议很快得到了美国教育委员会的热烈响应[②]，美国教育委员会的主任约翰·斯图贝克开始按照“普洛瑟倡议”筹备地方会议，并且形成了一个响亮的官方口号——“学校·生活”（School Life）。斯图贝克一共筹办了5次地方会议，分别在纽约（1946年4月）、芝加哥（1946年6月）、夏延（Cheyenne，1946年9月）、萨克拉门托（Sacramento，1946年9月）和伯明翰（Birmingham，1946年11月）召开。这五次会议的共同主题就是讨论并实践普洛瑟倡议，共同认为“需要为绝大部分中学生提供适应生活的教育”，并且倡导举办一次全国性的大会来推动该倡议。[③]

1947年5月，这场全国性的“生活适应”大会在芝加哥举行。在芝加哥会议上，来自各地的代表们纷纷表达了他们对教育的“职能”的诉求，描述在各地出现的大面积中学学业失败现象，以及低入学率和极为严重的辍学问题；认为当时的中等教育是不充分的，中等教育的目的是为“有效生活”（effective living），大部分中学生需要“适应生活”的教育，包括“引导”（guidance）、“公民意识”（citizenship）、“家庭生活”（home and family life）、“休闲娱乐”（use of leisure）、“健

---

① J. C. Wright and Galen Jones, *A Life Adjustment Program for the Major Group of Youth of Secondary-School Age Not Appropriately Served by Preparation for College or for a Specific Vocation* (Washington D. C.: Office of Education Division, Record Group 12, National Archives), p. 4.

② "Proposals for Public Education in Postwar America," in *National Education Research Bulletin* 22, April, 1944: 40.

③ Diane Ravitch, *The Troubled Crusade: American Education, 1945-1980* (New York: Basic Books, 1983), p. 65.

康”（health）、“认知技巧”（tools of learning）、“工作经验与职业适应”（work experience and occupational adjustment）；提出必须对中学课程进行改革，中学课程设置的标准应该是青少年的心理发展轨迹，而非学术逻辑；他们还进一步认为“适应生活”的教育不仅仅针对那些中学学业失败者，而应被推广到所有的美国青少年中。① 同年，斯图贝克任命了第一届“为青年提供生活适应教育”全国委员会（National Commission on Life Adjustment Education for Youth），其委员的构成囊括了全国教育协会、美国学校管理协会（American Association of School Administrators）、美国职业教育协会（American Vocational Association）、全国中等教育监管者协会（National Association of High School Supervisors and Directors of Secondary Education）、全国中学校长协会（National Association of Secondary-School Principals）、全国天主教福利会议（National Catholic Welfare Conference）等全国各主要教育协会的成员，这标志着生活适应运动正式在全国范围内展开。

第三节 发展：“伊利诺伊中学课程计划”与“基本生活”课程

可以说，生活适应运动是一项“行动着”的、“生活着”的改革，其根本目标在于“有效”地改革中学课程，使其能够“行之有效”，能为青少年“有效”的生活做好准备。它在全国范围内受到了意想不到

---

① Herbert Smith, "American High Schools after the War," *Education* 64, Feb., 1944: 386-391; Diane Ravitch, *The Troubled Crusade: American Education, 1945-1980* (New York: Basic Books, 1983), p. 65; Dorothy Elizabeth Broder, *Life Adjustment Education: An Historical Study of a Program of the United States Office of Education, 1945-1954* (New York: Teacher College, Columbia University, 1976), pp. 13-15; *A Tentative Statement Concerning the Meaning and Implications of the Prosser Resolution* (Washington D. C.: Office of Education Division, Record Group 12, National Archives).

的欢迎，1947 年 12 月《时代周刊》的调查显示，当时在全美 48 个州中大约有 35 个州在不同程度上开展了“生活适应”改革。[①] 在其所采取的改革措施中，最为著名的有两项改革：一项是在伊利诺伊州境内开展的中学课程改革计划，称“伊利诺伊中学课程计划”；另一项是出现在密歇根巴特尔克里克市的中学课程改革计划，称“基本生活”课程。前者是在全州范围内的整体性改革，后者是一项地方的局部改革。

一、伊利诺伊中学课程计划

“伊利诺伊中学课程计划”始于 1947 年 9 月，也被称为“伊利诺伊生活适应计划”（Illinois Life Adjustment Education Program），它由伊利诺伊州督学（Illinois Superintendent of Public Instruction）和伊利诺伊中学校长协会（Illinois Secondary School Principals Association）、伊利诺伊州境内的各所大学与学院，以及其他 38 家各类外行或专业团体共同发起。其中，伊利诺伊大学的桑福德（Charles Sanford）是其主要领导者[②]，伊利诺伊州议会每年将拨款 35000 美元用于课程改革[③]。这是一项自下而上的改革，认为课程改革的基本动力来自“草根”（grass root），即教学一线的师生，因此课程改革的权力也应赋予地方学校而

---

① “Get Adjusted,” *Times*, Dec. 15, 1947: 64.

② Charles W. Sanford, “Challenging Developments in the Illinois Secondary-School Curriculum Program,” *National Association of Secondary School Principals 33*, April, 1949: 57; Lona Bibbs, *Historical Development of Life Adjustment Education and its Implementation in the Chicago Public Secondary Schools per National and State Patterns, 1945-1955* (Chicago: Loyola University of Chicago, 2002), p. 83.

③ Dorothy Elizabeth Broder, *Life Adjustment Education: An Historical Study of a Program of the United States Office of Education, 1945-1954* (New York: Teacher College, Columbia University, 1976), p. 178.

非学校外部的咨询团体。①

因此，“伊利诺伊中学课程计划”并没有形成某种固定的、要求全州范围内所有中学都普遍接受的课程模式，② 而是启动了6项相关的课程改革措施：一是与课程改革密切相关的地方研究。为了协助参与的本地学校掌握课程修订基本事实，截至1950年，伊利诺伊中学课程计划已经在约200所中学进行了5项基础研究。这些研究涉及学校的稳固力（Holding Power）、隐性学费、学生参与课外活动的程度和性质、指导服务的适用性及关于高中毕业程度的后续研究。二是课程开发项目。联合所有对伊利诺伊课程计划感兴趣的州和当地学校、团体、个人改善中学课程。各支持机构和组织的代表构成州指导委员会，制定政策，向当地学校提供咨询服务，建立课程方案。在来自伊利诺伊州教育部及州内大学的130名顾问中，两名顾问组成一个团队，为当地高中提供免费顾问服务，帮助教职员工制订课程计划，每个团队与一所学校进行长期合作。三是工作坊制。为教师等生活适应实施者举办研讨会和工作坊，截至1950年，已有600多名学校管理人员参加了为期3天的研讨会，来自29个县的6200名管理人员和老师参加了为期1天的课程，350名管理人员和教师参加了为期两天的讲习班。四是公报制。发表公报及其他出版物，以及指导计划的事实。为了阐明伊利诺伊州课程计划工作的宗旨和基本假设，传播其研究方法和结果，并且提出可行的课程修订方法，伊利诺伊中学课程计划已经编写并发行了7本主要

---

① Victor M. Houston, Charles W. Sanford, J. Lloyd Trump, *Guide to the Study of the Curriculum in the Secondary Schools of Illinois*, Circular Series A, No. 51, Illinois Secondary School Curriculum Program Bulletin No. 1 (Springfield, Illinois: Office of the Superintendent of Public Instruction, 1948), p. 9.

② Lona Bibbs, *Historical Development of Life Adjustment Education and its Implementation in the Chicago Public Secondary Schools per National and State Patterns, 1945-1955* (Chicago: Loyola University of Chicago, 2002), p. 84.

出版物。五是密切中学与大学的联系，寻求修改大学入学要求的可能。针对大学招生条件，伊利诺伊州已有多年的研究基础，伊利诺伊课程计划从实践领域明确了立即采取行动的必要性。六是在全州范围内建立课程发展组织。[①] 计划围绕着“生活”“有效人格”“健康”“个人财务管理”“闲暇娱乐”“婚姻、家务、育儿”等问题展开课程设计[②]；向伊利诺伊州境内所有中学提出了一些改革建议，如改革已有的课程，要让“教学内容和教学方法与青少年们所处的现实生活及未来生活的需求更加合拍”；进一步丰富广域课程（也称合科课程，broad field curriculum），“将两种或多种学科课程合并为同一课程”；开发一般认知课程，使教学内容从各个领域的学科课程转移到青少年的需求与社会需求之中；缩减学科课程，要在整体的课程领域中进一步明确中等教育的目标。[③] 它鼓励减除“隐性学费”，鼓励课外活动与社会参与，鼓励为青少年提供积极指导；要求对学校课程改革进行效能评估。[④]

可以说，当时伊利诺伊中学课程计划所形成的“使青少年以最经济的方式获得最有效的生活适应的中等教育”[⑤] 的课程改革模式成了各

---

① Harod Hand, *Principal Findings of the 1947-1948 Basic Studies of the Illinois Secondary School Curriculum Program*, Circular Series A, No. 51, ISSCP Bulletin No. 2 (Springfield, Illinois: Office of the Superintendent of Public Instruction, 1949), p. 5.

② Kenneth B. Henderson, *Principal Findings of the Follow-up Study of the Illinois Secondary School Curriculum Program*, Circular Series A, No. 51, ISSCP Bulletin No. 17 (Springfield, Illinois: Office of the Superintendent of Public instruction, 1951), p. 4.

③ Charles W. Sanford, *The Story in Nineteen Schools: Reports of Progress on Curriculum Developmental Projects*, Circular Series A, No. 51, ISSCP Bulletin No. 10 (Springfield, IL.: Office of the Superintendent of Public Instruction, 1950), p. 6.

④ Harod Hand, *Principal Findings of the 1947-1948 Basic Studies of the Illinois Secondary School Curriculum Program*, Circular Series A, No. 51, ISSCP Bulletin No. 2 (Springfield, Illinois: Office of the Superintendent of Public Instruction, 1949), pp. 12-66.

⑤ Dorothy Elizabeth Broder, *Life Adjustment Education: An Historical Study of a Program of the United States Office of Education, 1945-1954* (New York: Teacher College, Columbia University, 1976), p. 183.

个州乃至全国范围内中学课程改革争相效法的基本范式。该课程计划后因“生活适应”运动整体衰落而废止。

二、“基本生活”课程

另一项著名的生活适应改革是密歇根巴特尔克里克市的“基本生活”课程改革。这项改革始于1947年9月，终于1956年。① 巴特尔克里克市督学维吉尔·罗杰斯（Virgil Rogers）是这项改革措施的主要倡导者。“基本生活”课程改革最初源于1944年芝加哥大学在巴特尔克里克市的一项调查。这项调查显示，在巴特尔克里克市存在着大面积的中学学业不精及辍学率高的现象，其中等教育质量亟待修正，调查建议重新审视通识教育，改革教学目标，完善教学。② 随后在哥伦比亚大学教师学院贺拉斯·曼-林肯学校实验中心的帮助下，巴特尔克里克教育委员会（Battle Creek Board of Education）开发了一类名为“基本生活”的课程。这是一种“问题中心”课程，教学内容的安排是围绕着“问题的解决”展开的，包括人类的发展、两性关系、团队关系、家庭关系等日常生活中所面临的基本关系与问题，进而升华为学术认知，讨论礼仪、举止、着装、军事训练、心理健康乃至社群主义与民主

---

① John R. Cochran, *A Study of the Procedures Used to Initiate, Develop and Maintain the Basic Living Course in the Senior High School in Battle Creek, Michigan* (New York: Columbia University, 1954), p. 2.

② John R. Cochran, *A Study of the Procedures Used to Initiate, Develop and Maintain the Basic Living Course in the Senior High School in Battle Creek, Michigan* (New York: Columbia University, 1954), p. 40.

等。[1]“基本生活”课程关注“问题”“过程”“生活”，认为帮助青少年正确地认识、处理“人与社会之间的各种关系问题”是“最基本、最迫切的需求”，而这也形成了“基本生活”课程的典型特征[2]。

1948年，“巴特尔克里克学校教学计划”（the Instructional Program of the Battle Creek Schools）详细阐述了“基本生活”课程的基本原则：一是巴特尔克里克学校应为每一位入学的孩子提供最好的教育。二是教育应该最大限度地帮助学生发展的技能：交流、思考的根本技能，按照公认的社会标准控制自己的行为；与他人合作的习惯和生活态度；创新兴趣和能力；了解周围的物质和文化世界；建设性使用休闲时间的能力；成为合格公民、家庭成员和工人的技能和知识。三是孩子们通过参加他们自己承认并接受其目的的活动达到最好的学习效果。四是每个孩子都有独特的能力。五是教育不仅限于学校内部，教师应该努力使所有的教育经验都有价值。六是家长、学生、教师和社区都应该参与教育计划，同时适当地参考有关教育过程的科学数据。七是班级、学校应该提供民主程序，方便集体意见的表达、制定和落实，并且根据需要或判断的变化重新审视行动和政策。[3]

“基本生活”课程教授的知识内容被分为三类：一是既有学术地位，又具备社会地位，在普通交流渠道中普遍可以接受的内容，即人类学、社会学与种族和宗教相关的心理学等学科的事实或发现，这些内容可能涉及遗传、烟草、青少年犯罪等社会问题。二是具有学术地

---

① Hubert M. Evans, "Cooperative Research and Curriculum Improvement: Progress Report of an Experimental Education Project, Battle Creek, Michigan Schools and the Horace Mann-Lincoln Institute of School Experimentation," *Teacher College Record 51*, April, 1950: 426, 438, 440.

② Herbert M. Kliebard, *The Struggle for the American Curriculum, 1893-1958* (New York: Routledge, 1995), p. 218.

③ Hollis Caswell, *Curriculum Improvement in Public School Systems* (New York: Bureau of Publications, Teachers College, 1950), p. 112.

位和有效性但尚未达到充分社会地位、可以自由进入普通交流渠道的内容，即关于性关系、人类生殖和人类发展的学科内容。三是在正规教育中通常被认为不重要的内容材料，即关于修饰、社会关系和男女关系的信息。①

"基本生活"课程的关键部分是通过帮助学生解决团体问题，实现个体和群体行为的重建。相对于个人、群体生活中出现的具体问题，更能帮助个人获得更好适应生活所需的知识。其具体方法是设立"基本生活"教室，学生进入新的环境，熟悉彼此及老师简历。随着他们对个人关系的意识的提高，学生们理解"基本生活"的性质。问题解决包括 8 个步骤，这些步骤是相互关联的：一是探索和诊断阶段；二是基于小组共识选择问题；三是定义问题并达成一致；四是提出可选择的解决方案；五是选择和评估方案；六是概括问题解决需进行的活动；七是根据概括，个人或集体采取行动；八是评估团体和个人成长。② 在 20 世纪 40 年代，它是巴特尔克里克市中学的必修课；1951 年 3 月，被修改为中学的选修课；1956 年，随着麦卡锡主义的出现而被废止，"基本生活"成了禁语，当时甚至还出现了焚烧"基本生活"相关书籍的现象。③

可以说，无论是伊利诺伊中学课程计划，还是"基本生活"课程

---

① Hubert Evans, "Cooperative Research and Curriculum Improvement: Progress Report of an Experimental Education Project, Battle Creek, Michigan School and the Horance Mann-Lincoln Institute of School Experimentation," *Teacher College Record 51*, No. 7, 1950: 427.

② Hubert Evans, "Cooperative Research and Curriculum Improvement: Progress Report of an Experimental Education Project, Battle Creek, Michigan School and the Horance Mann-Lincoln Institute of School Experimentation," *Teacher College Record 51*, No. 7, 1950: 444-445.

③ Dorothy Elizabeth Broder, *Life Adjustment Education: An Historical Study of a Program of the United States Office of Education, 1945-1954* (New York: Teacher College, Columbia University, 1976), p. 190.

改革，它们共同反映了生活适应运动改革的一些基本特征：为大多数不为大学做准备或在职业轨道上的青少年服务，它强调实用目标，主张活动课程、经验课程，主张课程的视域应该是开放的，如职业、家庭生活、个人卫生和健康，而且摒弃传统的学术课程、学科课程；它们强烈地体现了“有用”“有效”“行动”等追求“社会效能”的意识形态对学校教育的影响，渴望着重塑学校的社会职能，实践着进步主义教育学的基本理想——为了民主的教育及民主的教育过程；它强调“儿童中心”，具体实践着“教育即生活”“教育即生长”“教育即经验持续不断的改造”，要求课程必须满足青少年的需求，课程设计必须以学生的实际需求为中心；它强调“社会中心”，要求课程的内容必须围绕着现实生活中的具体问题展开，鼓励学生围绕着身边的具体实践提出问题、解决问题，要求学校知识必须服务于为学生现实生活与未来生活做准备的过程；它强调学校与家庭的合作、与大学学院的合作、与社区的合作，从课程开发、课程讨论、课程确定的全过程中反映合作、民主等进步主义时代的基本精神。这体现了在第二次世界大战之后，美国社会进入了一个整体的适应期——从战时到和平时期的经济适应；在新的住宅配置和郊区中的生活适应；比以前更短暂、更流动、更繁荣的社会适应①。

第四节　批判与衰落：阿德勒、贝斯特、麦卡锡与苏维埃的夹击

生活适应运动的发展并非一帆风顺，一开始，它就招致严肃的批评。甚至可以说，生活适应运动是一场不合时宜的教育改革风潮。对

---

① G. Gutek, *Basic Education: a Historical Perspective* (Bloomington, IN: Phi Delta Kappan Educational Foundation, 1981), p. 183.

生活适应运动的批评始于1949年，批评的各类出版物总数大约是9本，1953年各类批评生活适应运动的出版物达到了49本，而在诸如《生活》（*Life*）、《读者文摘》（*Readers' Digest*）、《大西洋月刊》（*Atlantic Monthly*）等全国性的主流报刊媒体上的报道文章更是不胜枚举，这形成了当时美国教育界的一场“大辩论”[①]。

1947年4月16日，伯纳德·巴鲁克（Bernard Baruch，1870—1965年）在南卡罗来纳州哥伦比亚市的一次演说中首次使用“冷战”表示美苏之间除了直接的军事战争之外在经济、政治、军事、外交、文化、意识形态等方面的对抗状态。随着第二次世界大战硝烟的散尽，美苏冷战也逐步升级，从最初的军备竞赛发展到科技实力、经济实力乃至综合国力的对抗；从最初的美苏两国之间的对抗发展到以美国为首的资本主义阵营与以苏联为首的社会主义阵营之间的对抗，以及在资本主义阵营中美国与日本和欧洲在经济和科技实力上的竞争状态。国际局势上的对抗状态为美国国内的舆论营造了一种“危机”意识。这样的一种“危机”使生活适应教育不断遭到要素主义者和永恒主义者的双面夹击。他们认为生活适应教育是美国生活中反智主义的一种威胁性表现。大多数反对的声音来源于文理教育课程，即“传统课程”的支持者们。传统课程向来被认为是人类智慧的结晶，他们不仅批判“生活适应”，还批判“进步教育”“通识教育”和“核心课程”。他们认为学校教育的目的是促进智力的提升，培养批判性思维，使学生成为民主社会中的合格公民。传统课程的支持者们用刺耳的、蔑视的语调毫不留情地攻击生活适应教育者，讽刺他们的虚弱和可笑。

1949年，贝纳德·贝尔（Bernard Iddings Bell）的《教育中的危机》（*Crisis in Education*）和阿德勒（Mortimer Adler）的《疯癫的教

---

① Diane Ravitch, *The Troubled Crusade: American Education, 1945-1980* (New York: Basic Books, 1983), p. 70, 73.

学：普通人看公立学校教育》（*And Madly Teach：A Layman Looks at Public School Education*）的出版标志着批判的开始。他们在生活适应教育中发现了一个完美的攻击目标：信仰的缺失与道德的相对主义、理性的破坏与反智主义[①]，“它继续着大量的口号、行话和各种反理智主义；它把近代进步主义的功利主义和团体因循守旧带进了其最终的平凡化”[②]。因此，他们要求回归更传统的课程，认为教育的目的是培养理性，而凭借浓缩西方文明的古典名著课程能够最好地做到这一点，所以他们首选的课程是经典的自由七艺课程，这反映了20世纪30年代永恒主义的延续。此后的几年中，“教育中的危机”论调充斥着各类新闻媒体。

而这种批评在1953年贝斯特的批判性研究——《教育的荒原》（*Educational Wastelands*）发表后达到了高潮。贝斯特是二战后生活适应教育和进步主义教育最重要的批评者之一。他强烈反对美国学校的反理智主义特点，断言这是由进步主义教育家引起的，这些教育家“阐明教育的目的如此琐碎以至于放弃了对沉思者的尊重，并且蓄意把学校从科学和学问的训练中分离”[③]。贝斯特倡导回到基础——定义明确的理性训练的传统自由七艺课程和以智力发展作为教育的主要目标。同早期的要素主义者一样，贝斯特认为，这样一种课程应该是系统的、连续的，因为“清晰的思考是系统的思维，（而且）自由教育涉及知识的逻辑组织”[④]。贝斯特的评论被保守派和进步主义教育的其他反对者

---

① Herbert M. Kliebard, *The Struggle for the American Curriculum, 1893-1958* (New York: Routledge, 1995), p. 221.

② Diane Ravitch, *The Troubled Crusade: American Education, 1945-1980* (New York: Basic Books, 1983), p. 70.

③ Authur Bestor, *Educational Wasteland: The Retreat from Learning in the Public School* (Urbana, IL.: University of Illinois Press, 1953), p. 10.

④ Authur Bestor, *The Restoration of Learning* (New York: Alfred A Knopf, 1956), p. 36.

极力称赞，并且在大众报刊上被广泛宣传。而当时的海军上将里科弗则更严厉地断定生活适应“就如现在马和马车一样无望地过时”，宣称“……彻底重组美国教育，还要在此之前革命性地颠覆教育目标，这样才能使我们有条件赢得与俄国人的教育竞赛”①。他断定自由七艺教育提供了批评性思维和问题解决所需的理性训练，以及高级的专门训练；同时，他还关注学术上有天赋的人，认为他们是保持美国与苏联竞争优势的核心。

与此同时，20 世纪 40 年代末开始出现的麦卡锡主义也从外部冲击着生活适应运动。麦卡锡主义源于威斯康星州约瑟夫·麦卡锡（Joseph McCarthy）参议员率领的大肆宣扬对共产主义者和颠覆分子的国会搜查——这是一个触及美国生活的每个方面的狂热的反共产主义的时代。右翼极端分子利用共产主义者渗透的威胁诋毁他们认为的自由和进步的个体或理想。公立学校和大学由于在塑造年轻人思想和价值观上的作用，使学校成了在更大的社会层面发动意识形态斗争的战场，也成了那些在州和地方层面关心“不忠”和“颠覆”的首要目标。②

在许多学校，教师在恐惧和怀疑的气氛中工作。在教室里，教师的学术自由受到压制。根据曾经担任巴特尔克里克市“基本生活”课程职责的教师们回忆，在麦卡锡时代，无论“基本生活”教师说什么，都有人会反对。可以说，由麦卡锡主义引发的红色恐慌给予生活适应运动致命的一击：生活适应课程对“共同认知”“合作主义”“社区主义”“民主生活”的强调，生活适应与自由政治、教科书的改造联系起来促进国际理解，讨论共产主义与社会主义，这些都使生活适应的批评者们有意无意地、暗示地将其与共产主义联系起来，对生活适应进

① H. Rickover, *Education and Freedom* (New York: E. P. Dutton, 1959), p. 188.

② Diane Ravitch, *The Troubled Crusade: American Education, 1945-1980* (New York: Basic Books, 1983), p. 71.

行攻击，认为他们是“反美国的”。[①] 因此，为了转移和避开批评，当时的许多教育家开始有意识地“常常淡化进步主义的特征，以免被视为颠覆分子，他们大力强调‘3Rs’‘基础知识’‘基本技能’和对美国传统的忠诚”[②]。

就这样，在20世纪50年代永恒主义、要素主义、麦卡锡主义的夹击中，生活适应运动被艰难地维系着，直到1957年10月斯普特尼克一号成功发射为止。斯普特尼克一号的成功似乎使美国教育在一夜之间从“生活”“经验”“活动”“民主”“合作”转向了“科学”“数学”“学术”“高质量”与“高标准”。[③] 可以说，斯普特尼克一号成了“骆驼背上的最后一根草”[④]，来自苏维埃的打击终结了20世纪40年代由生活适应运动而引发的教育“大辩论”，也从根本上终结了生活适应运动乃至进步主义运动本身。

结语：效率中心——进步主义运动的第三条道路

事实上，最终扼杀生活适应运动的不是它的学院派批评者，也不是苏维埃，而是生活适应运动自身。关于生活适应运动及其所代表的

---

① S. Mondale, S. Patten, eds., *School, the Story of American Public Education* (Boston: Beacon Press, 2001), pp. 183-213.

② S. Foster, *Red Alert: Educators Confront the Red Scare in American Public Schools, 1947-1954* (New York: Peter Land, 2000), p. 184.

③ Dwight D. Eisenhower, "Our Future Security," in *US Congress, Senate Committee on Labor and Public Welfare, Science and Education for National Defense: Hearings before the Committee on Labor and Public Welfare, 85th Cong., 2nd sess.* (Washington, DC: U. S. Government Printing Office, 1958), pp. 1357-1359.

④ Diane Ravitch, *The Troubled Crusade: American Education, 1945-1980* (New York: Basic Books, 1983), p. 79; Herbert M. Kliebard, *The Struggle for the American Curriculum*, 1893-1958 (New York: Routledge, 1995), p. 226.

战后进步主义运动终结的原因，学界大致有两种说法：一种是“生命周期说”，认为无论是何种社会运动，都必然遵循“萌芽—生长—衰落”的生命周期，这由客观决定论所决定；另一种是“矛盾说”，认为多元理念的冲突、多元实践的冲突、理念与实践的矛盾是其衰亡的主要原因。[①] 除此之外，我们认为至少还有以下两种原因导致了它的衰落：

第一，从组织管理上看，作为一场全国性的教育改革运动，生活适应大会及其委员会一直处于资金紧张状态。当时全国教育委员会中等教育重组的组长、全国中学校长协会的成员盖伦·琼斯（Galen Jones）曾这样说：“（生活适应）大会及其委员会的全部活力依赖于宣传、激励生活适应改革的实践，一切都有赖于大笔的资金支持；一旦经费出现了短缺，一切就都结束了。”[②] 虽然全国教育委员会全力支持生活适应运动在全国范围内的展开，虽然各州各地方的生活适应改革是由地方财政支持的，但作为一个全国性的组织——生活适应大会及其委员会从未获得过全国教育委员会的拨款。在生活适应运动兴起的初期，其全部经费来自私人基金会——西尔斯-罗巴克基金会（Sears-Roebuck Foundation）。后来随着时间的推移，西尔斯-罗巴克基金会开始以各种借口减少对生活适应大会及其委员会的赞助。有记录显示，当时负责筹集经费的委员莫布里（M. D. Mobley）曾为10000美元的活动经费与西尔斯-罗巴克基金会沟通了长达两年之久。其间，西尔斯-罗

① 张斌贤：《教育与社会变革》，中国社会科学出版社，2013；Diane Ravitch, *The Troubled Crusade: American Education, 1945-1980* (New York: Basic Books, 1983).

② Dorothy Elizabeth Broder, *Life Adjustment Education: An Historical Study of a Program of the United States Office of Education, 1945-1954* (New York: Teacher College, Columbia University, 1976), p. 49.

巴克基金会以预算紧张为由进行拖延，最后他们也仅获得 2500 美元。[①] 可以说，经费的短缺从根本上桎梏了生活适应运动的发展。

第二，从价值理念上看，奉行“有用”“有效”原则的生活适应运动一旦在实践中“无用”“无效”了，必然导致它的终结。当然，一方面，生活适应运动最初提倡的许多内容都被纳入学校：过程、活动和经验都被明智地融入学科教学中，对健康和职业的关注在学校培养中占据着极为重要的地位，对儿童间个体差异的关注取代了因循守旧的习俗和死记硬背。但另一方面，生活适应运动没能认识到自己走向了无情地拒绝传统学术课程的极端主义，同时对进步主义教育的基本原则和基本信条不顾一切地、因循守旧地执行也导致了由其所代表的进步主义教育原则的平凡化、庸俗化与功利化。他们对 20 世纪四五十年代教育乃至整体社会所面临的关键问题也没能给予充分的重视。[②] 从根本上说，生活适应运动没有跟上战后美国整体社会经济政治发展的步伐，它已经“过时”了，所以注定了它的衰落。

但生活适应运动与时代的不合拍并不意味着它没有价值：

其一，生活适应运动所奉行的“社会效率”理念代表了进步主义运动的另一条道路——“效率中心”。一般而言，学界要么认为进步主义教育是“儿童中心”的，要么认为进步主义教育是“儿童中心”“社会中心”兼而有之的。实际上，除了“儿童中心”“社会中心”这两种

---

① “E. J Condon to M. D. Mobley,” in *Files of Sears-Roebuck Foundation*, Chicago, Illinois, 1948-12-27; “M. D. Mobley to E. J Condon,” in *Files of Sears-Roebuck Foundation*, Atlanta, Georgia, 1949-12-30; “E. J Condon to M. D. Mobley,” in *Files of Sears-Roebuck Foundation*, Chicago, Illinois, 1950-3-5; “M. D. Mobley to E. J Condon,” in *Files of Sears-Roebuck Foundation*, Atlanta, Georgia, 1950-3-6.

② Diane Ravitch, *The Troubled Crusade: American Education, 1945-1980* (New York: Basic Books, 1983); P. A. Graham, *Progressive Education: From Arcady to Academe: A History of the Progressive Education Association, 1915-1955* (New York: Teachers College Press, 1967).

基本的取向之外，在进步主义时代还有另一条非常重要的价值理念，就是“社会效率”。如前所述，在进步主义时代，“社会效率”是实用主义的产物，但究其根本，在实践中，它是美国进入工业化时代、由工业带来的一种企业和产业的意识形态，它综合了当时实用主义、科学主义、工业主义、民主主义（普遍主义）对“有用”“科学”“实际”“公共”的基本诉求[①]。这种诉求最初体现在进步主义教育早期的实验——“葛雷制”中，而生活适应运动是其在战后的重要体现。

其二，生活适应运动最终实现了美国中学[②]的大众化，完成了中学运动。早期的美国中学实际上一直是大学的预科阶段。在美国内战之后，随着城市化、工业化的发展，随着重建运动的出现，旨在推进美国中学，也就是我们所说的“高中”的普及化的中学运动开始出现。实际上，“十人委员会”“新九人委员会”（即中等教育重组委员会）、综合中学运动都是旨在推进中学大众化的不同发展阶段。生活适应运动以“满足大多数青少年适应生活的需求”为行动指南，通过生活适应的课程改革，最终使中学阶段成为青少年成长普遍的需求。一方面，这意味它回应了工业化要求培养“有效公民”的需求；另一方面，意味着美国的中学（也就是高中）最终被纳入公共教育系统之中，完成中学运动的最终目标——中学的大众化。[③]

其三，生活适应运动是美国教育史上“知识民主化”的又一次重要尝试。知识的民主化实际上是美国教育史上一个非常重要的议题——它实际上强调的是“知识”如何服务于“民主”的建构，具有强烈的工具主义和实用主义色彩。从最初的宗教动因——“五月花号”

---

① 李剑鸣：《关于美国进步主义运动的几个问题》，《世界历史》1991 年第 6 期，第 51、54 页。

② 这里的“中学”指的是 Senior School，与我国的“高中”相同。

③ Richard Hofstadter, *Anti-intellectualism in American Life* (New York: Alfred A. Knopf, 1979), pp. 342-343.

所带来的清教徒的“宗教民主”到建国初期的政治动因——共和主义、民族主义所带来的“政治民主”，再到内战之后的重建时期、工业革命带来的“工业民主”，一直到20世纪80年代新保守主义带来的“经济民主”，都在不同形式、不同手段、不同渠道地推进着各类知识、各类学校服务于“民主”的进程。生活适应运动通过运用工业化时代企业的意识形态——“有效、经济地生产”的概念建构教育中的“民主”概念，以倡导中等教育必须以满足青少年的实际需求为手段，以帮助未来工业社会的各类“员工”获得承担新的任务所必需的知识和技术，以及其有效地参与工业生产、工业社会所需的决策意愿和能力，培养了工业社会的“有效公民”，这不仅最终完成了中学的大众化，更在实际上提高了工业化时代整体“员工”的受教育程度与素质，回应着“工业民主”的基本诉求。

【主要参考文献】

一、中文参考文献

李剑鸣．关于美国进步主义运动的几个问题［J］．世界历史，1991（6）：50-57.

张斌贤．教育与社会变革［M］．北京：中国社会科学出版社，2013.

二、英文参考文献

Arthur Wirth. Education in the Technological Society: The Vocational Liberal Studies Controversy in the Early Twentieth Century [M]. Scranton: Intext Publishers, 1972.

Authur Bestor. Educational Wasteland: The Retreat from Learning in the Public School[M]. Urbana, IL.: University of Illinois Press, 1953.

Authur Bestor. The Restoration of Learning[M]. New York: Alfred A Knopf, 1956.

D. Tyack, L. Cuban. Tinkering toward Utopia: A Century of Public School Reform[M]. Cambridge, MA: Harvard University Press, 1995.

Diane Ravitch. The Troubled Crusade: American Education, 1945-1980[M]. New York: Basic Books, 1983.

Dorothy Elizabeth Broder. Life Adjustment Education: An Historical Study of a Program of the United States Office of Education, 1945-1954 [M]. New York: Teacher College, Columbia University, 1976.

Edward A. Krug. Shaping of the American High School, Ⅰ [M]. Madison: University of Wisconsin Press, 1969.

G. Gutek. Basic Education: a Historical Perspective[M]. Bloomington, IN: Phi Delta Kappan Educational Foundation, 1981.

H. Rickover. Education and Freedom[M]. New York: E. P. Dutton, 1959.

Herbert M. Kliebard. The Struggle for the American Curriculum, 1893-1958[M]. New York: Routledge, 1995.

Hollis Caswell. Curriculum Improvement in Public School Systems [M]. New York: Bureau of Publications, Teachers College, 1950.

John Franklin Bobbitt. The Elimination of Waste in Education[J]. The Elementary School Teacher, 1912, 12.

John R. Cochran. A Study of the Procedures Used to Initiate, Develop and Maintain the Basic Living Course in the Senior High School in Battle Creek, Michigan[M]. New York: Columbia University, 1954.

R. E. Callahan. Education and the Cult of Efficiency[M]. Chicago: University of Chicago Press, 1962.

Richard Hofstadter. Anti-intellectualism in American Life[M]. New York: Alfred A. Knopf, 1979.

S. Foster. Red Alert: Educators Confront the Red Scare in American

Public Schools, 1947-1954[M]. New York: Peter Land, 2000.

S. Mondale, S. Patten (eds). School, the Story of American Public Education[M]. Boston: Beacon Press, 2001.

第八章　教育民权运动[①]

1776 年，美国独立运动领袖、第三任美国总统托马斯・杰斐逊起草的《独立宣言》以"人人生而平等"昭告天下。但《独立宣言》的初稿在大陆会议激烈的辩论中、在南方佐治亚州和卡罗来纳州代表们的执意坚持下，其中一个重大的修改是删去了杰斐逊对英王乔治三世允许在殖民地保持奴隶制和奴隶买卖的有力谴责。[②] 删去这段文字的结果是，奴隶制在新的国家继续存留，可见建国伊始美国黑人人权问题之纠结、复杂和残忍。而关于黑人问题的决战却是近两百年后发起的一场艰苦卓绝的政治运动。

美国民权运动是 20 世纪五六十年代美国黑人争取平等权利的一场波浪壮阔的群众性运动。其目标是废除种族隔离，实行种族平等，帮助黑人在经济、政治、教育、选举上取得平等权利。一般认为民权运动以 1954 年美国最高法院做出关于"布朗诉托皮卡教育委员会案"（Brown v. Board of Education of Topeka）的历史性判决为开端。1964 年，民权运动的压力促使美国国会通过了《民权法》。1968 年，主要领导人马丁・路德・金（Martin Luther King）被刺杀后，民权运动逐渐

---

① 本章撰稿人：陈瑶。

② 删去的文字是这样的："他向人性本身发动了残酷的战争，剥夺了一个从未开罪过他的遥远的民族的最为神圣的生命和自由的权利，捕获和贩运他们到另一个半球充当奴隶，或者使他们在运转的途中遭受悲惨的死亡……"［美］卡尔・贝克尔：《论〈独立宣言〉：政治思想史研究》，彭刚译，商务印书馆，2017，第 163 页。

分裂，走向衰落。通过长期艰苦的斗争，黑人的地位和处境获得一定程度的改善，但并未实现彻底的种族平等。

以黑人为主的美国少数族裔争取教育平等权利的斗争是民权运动的一条主要线索，斗争从20世纪上半叶就已经开始，[①] 到50年代中期以布朗案为代表，以法律诉讼为武器集中爆发，被民权运动的大潮所裹挟，在此后的10年间取得了前所未有的成果，教育中的“取消种族隔离”（desegregation）主要在认识上、法律上得到认可并逐渐付诸实施。20世纪60年代中期到20世纪末，又进一步推进“学校一体化”（integration），事实上的教育种族隔离的消除也在一些方面变为现实。

争取平等的教育权利是民权运动的起点，也是民权运动的主要方式、主要组成部分和重要诉求。在不同的历史时期，黑人对教育都投注了极大的热情，他们坚信教育是谋求个人和群体状况改善的重要力量，平等的教育机会是获得平等的经济与政治地位的基础。虽然直至今天，教育中的种族隔离和不平等还在以各种新的面目出现，但这近半个世纪的教育民权运动的重要历史意义不容忽视，它也是未来少数族裔在新的历史条件下继续争取教育平等权利的重要基础。因此，无论从历史事实的角度还是教育史研究的角度，都可以将“教育民权运动”（educational civil rights movement）视为一场相对独立的教育运动[②]。这样的视角既有助于深度解析民权运动，也有助于丰富教育运动的研究内容。

教育民权运动作为一场由弱势群体发起、主导且并不全由教育界人士所领导的、长期延续的教育运动，在美国教育运动史上可谓独树

---

① 同期开展教育民权运动、争取教育平权的并不仅仅是黑人，即非裔美国人，还包括其他少数族裔，如原住民，即印第安人，以及墨西哥裔、西班牙裔、亚裔等，在此为便于叙事并突出主线，以黑人的教育民权运动为主题。

② Evans Clinchy, “Needed: A New Educational Civil Rights Movement,” *The Phi Delta Kappan 82*, No. 7, Mar., 2001: 492-498.

一帜。

第一节　“隔离难以平等”：教育民权运动的序曲

在现代社会的现代国家中，受教育是宪法规定的公民的一项基本权利，同时也是一项义务。然而，在美国黑人尚不是公民的年代，黑人受教育既不是权利，更谈不上义务。黑人的平等权利需从争取基本的人权开始。

一、20 世纪以前的重要法案中黑人平等权利的发展变化

美国内战以前，南部各州盛行奴隶制，各种有关黑人的法典（black code）规定黑人并没有人身自由。北部各州尽管在 18 世纪末开始陆续废除奴隶制，但社会中的种族歧视根深蒂固。1863 年，林肯发表奴隶解放宣言，美国黑人争取人权的斗争继续不断、曲折而反复地进行着。从全国层面相关立法的角度来看，最早是 1865 年国会通过的《第十三条宪法修正案》，该法案的制定在宪法上彻底废除了黑人奴隶制度。此后 1868 年的《第十四条宪法修正案》规定赋予所有美国人公民权，“包括原来的奴隶”。1869 年，《第十五条宪法修正案》是内战后重建时期为保障黑人选举权而制定的，规定“合众国及任何一州不得以种族、肤色或以受过奴役为理由拒绝或剥夺合众国公民之选举权”。该修正案从法律上保障了黑人与白人同等的政治权利。以上这些法案表明，根据宪法规定，黑人获得了公民权和选举权。但众所周知，事实并非如此，这些法案在很长一段时期并未得到认真执行。

1875 年，国会通过了《民权法》，联邦政府旨在对此前的漏洞进行修补，赋予黑人平等权利。然而，1883 年，美国最高法院在 5 个关于黑人民权的案件判决中，拒绝赋予黑人平等权利，宣布 1875 年的《民

权法》违宪，不承认黑人的公民权。此后，争取黑人权利的努力频频受挫，19 世纪 80 年代和 90 年代，南部的很多州通过了诸如《吉姆·克劳法》(*Jim Crow law*) 等歧视黑人、要求种族隔离的法案。[①] 19 世纪的最后 10 年和 20 世纪初的 20 年是废奴后美国黑人社会地位最低的时期，很多黑人甚至被私刑处死。

为了给白人霸权披上一层合法的外衣，1881 年，田纳西州率先通过了第一个“隔离但平等”(separate but equal) 的法律，南方白人种族主义者宣称“隔离意味着不平等”是黑人一厢情愿的想法。1896 年，最高法院对普莱西诉弗格森案 (Plessy v. Ferguson) 的判决[②]从联邦最高法院的角度肯定了种族隔离的“合宪法性”，肯定了《吉姆·克劳法》在美国社会中的“正确性”，将“隔离但平等”推至全国。特别是南部各州，纷纷颁布法律剥夺黑人的各种权利，一套双元社会的复杂的种族隔离体系渗透到社会生活的方方面面，包括公共交通工具、公共学校、居住社区、工作机会等，从社会生活的各个方面“合法”地排斥黑人，同时给予黑人的资源、设施和机会都极其有限。到 20 世纪

---

① “吉姆·克劳”是 19 世纪 20 年代黑人流行歌舞剧中的一个黑人角色，后来成为白人对黑人的蔑称。《吉姆·克劳法》是指 19 世纪 70 年代后期开始，白人种族主义者控制的南部各州议会通过的一系列种族隔离法令。其主要内容：禁止黑人与白人通婚；否认黑人在涉及白人的案件中有诉讼和作证的权利；禁止黑人自由流动，限制黑人就业；在学校、居住地、公共交通、公共场所（包括旅馆、餐馆、剧场、公园、公墓、教堂、医院、娱乐体育场所等）普遍推行种族隔离。参见张生茂、张友伦主编《美国历史百科辞典》，上海辞书出版社，2003，第 113 页。

② 普莱西诉弗格森案是美国最高法院判决种族隔离“合法化”的案件。1890 年，乘客普莱西（Homer Plessy）以路易斯安那州通过的一项种族隔离法律违背了宪法向法院提出诉讼。1896 年 5 月，最高法院判决确定了路易斯安那州在铁路交通方面实行“隔离但平等”原则的“合法性”，认为此种隔离非种族歧视，并未剥夺《第十四条宪法修正案》中所保证的黑人公民权。参见张生茂、张友伦主编《美国历史百科辞典》，上海辞书出版社，2003，第 422 页。

初期，“大部分黑人已经对‘二等公民’的社会地位听之任之，逆来顺受”①。普莱西诉弗格森案的判决所确认的“隔离但平等”原则成为种族隔离制度的法律基础，使此后半个多世纪几乎所有公共活动场所的种族隔离都“合法化”，严重侵犯了黑人的公民权。

二、争取教育平等权利的早期努力

在这个过程中，争取黑人平等权利重要组成部分的受教育权的斗争也从未停止过。

（一）南北战争之前

废除奴隶制后，黑人获得人身自由却并不等于在社会中获得平等地位。在美国内战结束前，400 万非裔美国人（占南方人口的 40%）居住在南方，40.9 万人居住在北方，也即 90%的黑人是南方的奴隶。他们没有接受教育的权利，诸如佐治亚州等还实施了反识字法，支持奴隶主们严惩识字的奴隶。内战以前，国教会和教友会等各种教派出于宗教的目的，也曾为黑人零星地开办一些学校，主要是以识字为主。同时，由于南方种植园经济的需要，奴隶主对黑人奴隶提高生产效率及加强思想意识控制有一定的需求，因此黑人得到了一些受教育的机会。但另一方面，白人殖民者由于担心耽误生产，以及担心黑人有了文化不好驾驭，以致动摇奴隶制的根基，所以即便是有限的受教育机会，其内容和形式也十分粗陋，主要是粗浅的读写技能、简单的职业训练及价值观的灌输。

一直站在黑人的立场、主动为黑人争取自由平等权利的积极力量主要是废奴主义者，他们中有黑人，也有白人。他们有的以个人力量创办学校，如 1781 年弗吉尼亚州的废奴主义者普利赞慈（Robert

① 祝贺：《美国公共学校种族隔离的终结》，浙江教育出版社，2014，第 41 页。

Pleasants）在里士满附近自己的土地上为黑人孩子开办了学校；有的废奴主义者成立了废奴协会或解放奴隶协会，有组织地为黑人创造各种受教育的机会，引导黑人走向自由，适应美国社会。废奴主义者和一些教会还在南北方为黑人开办了主日学校，如新泽西州 19 世纪初在纽瓦克（Newark）和伯根（Bergen）为有色人种开办的主日学校；19 世纪 40 年代路易斯安那州的一个白人妇女在她的庄园里开办了一所主日学校，虽在当时是违法之举，她依然招收了很多黑人奴隶。① 很多主日学校后来发展为普通学校，被归并到公立学校系统中，继续为黑人教育做出贡献。无论南方、北方，黑人深知开启民智、教育为先的重要性，众多黑人杰出领袖积极投入到争取教育权利的活动中，道格拉斯（Frederick Douglass）就是其中一位伟大的黑人领袖。他来自南方种植园，由于有机会识字受教育而成为自由人。他通过办学、办报、著述、演说，不断敦促黑人拿起教育的武器来寻求自由，鼓励人们与种族隔离做斗争。他的影响极其广泛，激励了一代又一代的黑人领袖。

在已经逐步建立公立学校系统的北方，种族歧视在教育上最明显的体现莫过于学校教育的“种族隔离”。19 世纪早期，大多数北方州市要么禁止非裔美国人的孩子与白人一起上学，要么为他们建立独立的学校。新英格兰诸州、宾夕法尼亚州、俄亥俄州和纽约州都通过法律保证隔离学校的运作。宾夕法尼亚州 1854 年的《学校法》（*School Law*）中的一条规定“黑人和白黑混血的孩子只能上隔离学校”。没有制定具体的隔离法律的州市则依靠“习俗”阻止非裔美国人的孩子上白人学校。黑人要么继续在隔离学校上学，要么无学可上。其结果是非裔美国人的孩子经历的是“一种极其恶劣的教育环境”：学生们挤在人数过多、日趋破旧的教室里上课。他们的白人老师通常能力不足、

① 此段中 3 个办学的事例来自屈书杰著《美国黑人教育发展研究》，河北大学出版社，2004，第 19、23—24 页。

厌恶教师工作、经常“忍受侮辱和社会的排斥”，而且只能得到“微薄的工资”。而且，这些学校的课程内容是经过压缩的，教师很少教学生文法。“在很大程度上，这种限制反映了非裔美国人被排除在专业性的工作之外，还反映了一种普遍存在的思想，认为非裔美国人的平均智力程度阻碍了他们进行更高层次的学习。”① 北方白人以黑人“智力有限”为借口，声称黑人的孩子只需要少量的教学设备、教师和课程内容。因此，隔离学校仅仅培养在隔离的社会里进行有限工作和生活的美国黑人。

黑人采取各种各样的措施对北方的隔离学校政策做出回应。一些黑人宁愿建立自己的私立隔离学校。例如，在俄亥俄州，黑人组建了学校基金会（School Fund Society）并建立了一些教育中心。他们认为隔离学校的设置可以使非裔美国人的孩子远离愚钝的白人老师，远离白人同学的侮辱；隔离学校可以培养比那些最好的白人学校更优秀的学生，这就给予非裔美国人很好的机会证明自己并不比白人差。

在北方黑人争取教育权利的斗争中，马萨诸塞州的波士顿最具代表性。波士顿的学校隔离制度开始于18世纪90年代，那时当地的非裔美国人父母要求政府建立隔离学校。他们想“保护”自己的孩子免受来自白人同学和老师的虐待、起绰号和各种嘲弄。这种半私立的学校还得到一些城市公共资金的支持。但是，1820年后，黑人父母和领导人开始质疑设立隔离学校是否合乎道德和法律，很多黑人对隔离学校的各种活动进行了攻击。波士顿学校委员会（the Boston School Committee）在1833年的报告中宣布隔离学校是不公平的。“隔离学校不仅教学质量低下，而且生活条件非常恶劣与不足。”报告指出，隔离学校对任何一个种族来说都是无益的。然而，委员会采取的唯一行动

---

① Altenbaugh, Richard J., *American Education: the National Experience, 1783-1876* (Upper Saddle River, N. J.: Merrill//Prentice Hall, 2003), p. 96.

就是为非裔美国人的孩子建造了一所新的教学楼，隔离学校制度仍然毫发无损。1829 年，来自波士顿的黑人自由民戴维·沃克（David Walker）发表了一篇时评——《告天下有色公民》（*Appeal to the Coloured Citizens of the World*），谈到了教育问题。沃克说："我必须毫不虚伪地说，无知是背叛和欺骗的源泉，它会侵蚀我们的命脉。……我们目不识丁且无知地成长。成百人中没有人会读会写，上千人中没有人拥有自由的教育权。"① 他的评论被广泛传播，具有很大的影响力，一定程度上唤起了美国白人的良知并动员了美国黑人。19 世纪 30 年代，黑人及其领导人和白人废奴主义者采取了一些强有力的举措来整合波士顿的学校。起初，他们通过向学校高管和市政官员请愿对隔离学校进行简单抵制。最终，他们向法院提起了诉讼，这就是著名的马萨诸塞州最高法院判例"罗伯茨诉波士顿案"（Roberts v. Boston）。② 黑人律师罗伯特·莫里斯（Robert Morris）和废奴主义领导人、后来成为议员的查尔斯·萨姆纳（Charles Sumner）为罗伯茨一家辩护。在一波三折的法庭辩论的同时，波士顿的黑人领袖们毫不气馁地团结起来，成立了"平等学校权利委员会"（the Equal School Rights Committee），请求马萨诸塞州的立法者们废止波士顿的学校隔离法。1855 年，马萨诸塞州终于通过了相关的法案，和平地废除了公立学校的隔离制度。

马萨诸塞州的胜利极大地鼓舞了黑人领袖，19 世纪 40—50 年代，

---

① Altenbaugh, Richard J., *American Education: the National Experience, 1783-1876* (Upper Saddle River, N. J.: Merrill//Prentice Hall, 2003), p. 96.

② 1847 年，本杰明·罗伯茨（Benjamin Roberts）想要把他 5 岁的女儿萨拉送入离家最近的小学上学。但是，这所学校与其他 3 所学校拒绝招收萨拉，因为他们认为她可以去为非裔美国人而建的隔离学校上学。然而，萨拉到最近的隔离学校上学也得走 1.5 英里（约 2.41 千米），而途中就有 5 所白人小学，它们并不招收非裔美国人的孩子。由于波士顿的法律强制黑人孩子进隔离学校，萨拉就被白人公立学校拒之门外。罗伯茨对此提出了抗议，然后向法院提起诉讼。1849 年，马萨诸塞州最高法院受理了此案。

他们一直通过法院诉讼、会议呼吁、请愿书和发表社论等形式不断地鼓励黑人争取平等的教育权利。他们在罗得岛州、宾夕法尼亚州、俄亥俄州和印第安纳州发起了类似的运动，不过遗憾的是都以失败告终，种族主义仍然盛行。“一些地区少量接纳黑人进入公立学校，但他们只能单独坐在一边，对于那些不听话的白人学生，老师会经常罚他们与黑人坐在一起。”①

在南北战争之前，黑人教育在各方面的努力下有了一定的发展，尤其是 19 世纪以来北部和西部的黑人开始有机会接受公立学校教育，尽管是在隔离学校中。另外一小部分黑人还接受了高等教育，到 1860 年，有 28 名黑人毕业于学院。但是，对于绝大多数黑人，尤其是对生活在南方的黑人奴隶而言，接受教育还是难以企及的个例。

（二）南北战争之后

1865 年，持续 4 年之久的南北战争以北方胜利告终。这也标志着废奴主义者斗争的胜利，美国 400 万黑人获得了人身自由，这是美国历史上的一个重要里程碑。

战争的洗礼及战后的重建加速了争取黑人权利斗争的进程，从林肯的《解放奴隶宣言》开始，经历了若干立法，黑人逐渐在法律上获得了公民权、教育权，甚至选举权。黑人争取平等教育权的努力也进入了一个新的历史时期，最明显的特点就是以法律为依据并不断扩大法律依据。

战争期间及战后重建时期，各方力量做出了争取教育权利、获得教育机会的各种努力。在联邦军队的占领地，联邦政府当局、黑人领袖、北方的传教士开始了对黑人实施正规教育的工作。例如，联邦军队的将领萨克斯顿将军（General Rufus Saxton）在南卡罗来纳州、易

---

① 以上对波士顿相关史实的描述材料主要参考 Altenbaugh, Richard J., *American Education: the National Experience, 1783-1876* (Upper Saddle River, N. J.: Merrill // Prentice Hall, 2003), pp. 96-98.

顿将军（General John Eaton）在密西西比流域及班克斯将军（General N. P. Banks）在路易斯安那州都开办了学校，招收其监管地的黑人成人和孩子。同时，联邦军队后期也向黑人自由人征兵，在黑人军团建立学校或以其他非正规的教育方式在黑人中普及文化，提高士兵素养。战争期间为联邦作战的黑人士兵将近 18 万人，那些在军队中学会了读写的黑人士兵往往以英雄、受人尊敬与模仿的楷模的形象返回黑人群体中，成为黑人群体中的领袖人物。他们中还有很多退役后成为自由民学校的教师。①

在政治重建、社会重建的背景下，南方也开始了教育的重建。在这个过程中，自由民局（the Freedmen' s Bureau）、教会、基金会、慈善组织及黑人中的有识之士一起，共同承担了南方的教育重建任务。南北方的教会组织，尤其是黑人教会如非洲人卫理会，还有一些援助性的组织如各地的自由民援助协会，也在黑人教育中发挥了重要作用。自由民局作为联邦政府建立的一个权威机构，对南方教育重建给予了大量的支持，包括创办学校、资助黑人自己办学、选派北方教师、引入新英格兰的课程体系、增加工业教育内容等，还与教会和慈善机构合作资助创办了一些学院，开启了黑人自己的高等教育。自由民局的总督学阿尔福德（John V. Alvord）在各州都指派了督学，负责创办或监督、管理各种类型的学校——日校、夜校、主日学校、工业学校、学院。它同北方的慈善机构和宗教组织合作，使南方的黑人教育事业迅速发展。到 1867 年，前南部联邦各州的最边远的县都办起了学校。大量教师从北部奔赴南方，1869 年，在南部自由民局的学校里共有 9500 多名教师。1870 年教育工作基本结束时，自由民局共建立了 4329 所学校，吸纳了 24.7 万多名学生。② 那些早先接受了教育的黑人对于

---

① 屈书杰：《美国黑人教育发展研究》，河北大学出版社，2004，第 39 页。

② 屈书杰：《美国黑人教育发展研究》，河北大学出版社，2004，第 53 页。

文化的力量有更深刻的感受，他们对办学有极大的热情，自觉地承担教育本族子弟的工作。尽管教师和资金缺乏，以及不断遭受南方白人的仇视和破坏，他们还是积极创造条件，在南方开办了自己的学校。在某些地区，黑人免费学校的规模与自由民局资助办学的规模不相上下，如到 1867 年 1 月，新奥尔良有 65 所黑人办的免费学校，拥有 2967 名学生；自由民局管辖下有 56 所学校，2527 名学生就学。① 正是在重建时期，南方的公立学校系统开始逐步建立，黑人开始接受真正意义上的正规教育。

然而，可以想见，在南方公立学校系统的成形过程中，最大的争议在于是建立种族隔离的学校，还是种族混合的学校？事实上，就当时的社会氛围而言，将不同种族的学生混合在一校的想法是徒劳的，就是大多数黑人自己也不愿意，而在同一时期的北方公立学校系统中，种族隔离学校也正盛行。一些有志于推动南方“智力、道德和工业教育”发展的基金会组织，如皮博迪教育基金会（Peabody Education Fund）也着意于促进兴建种族隔离学校，基金会首届主席巴纳斯·西尔斯就反对资助混合学校，他认为白人肯定不会进入这类学校，还会将董事会引入无休止的争论中，认为如果国会通过了混合学校的议案，那么南方的公共学校系统将会土崩瓦解。同时，黑人自己也存在妥协思想，许多黑人为隔离学校辩护，具体有两个原因：一是隔离学校可以使他们的孩子免受白人老师和同学的侮辱、威胁和骚扰；二是隔离学校可以给非裔美国知识分子提供教学机会。黑人学者布克·华盛顿（Booker T. Washington）就是支持种族隔离学校的黑人代表。华盛顿认为黑人应该首先将劳动自救放在首位，暂时避开政治权利斗争，默认种族和隔离的社会环境，努力从道德、劳动技能、经济水平上提升自身，重塑黑人形象，赢得白人的尊重，进而白人也会逐渐赋予黑人

---

① 祝贺：《美国公共学校种族隔离的终结》，浙江教育出版社，2014，第 31 页。

相应的政治权利。[①] 华盛顿的言论和观点赢得很多白人和黑人的赞同，他的影响力也促进了种族隔离学校的兴建。

在重建初期，本来南卡罗来纳州、佛罗里达州、密西西比州和路易斯安那州没有涉及黑白分合的问题，而且南卡罗来纳州和路易斯安那州在早期建立的是黑白混合的学校制度，但重建后期所有混合学校的尝试都销声匿迹了，各州开始陆续颁布法律确立种族隔离的学校制度。1873 年的德克萨斯州最早，紧随其后的是北卡罗来纳州和亚拉巴马州（1876 年）、南卡罗来纳州、路易斯安那州（1877 年）、密西西比州（1878 年）和弗吉尼亚州（1882 年）。尤其是 1896 年最高法院对普莱西诉弗格森案的判决之后，“隔离但平等”原则成为种族隔离制度的法律基础，南方的种族隔离的公立学校制度从 19 世纪 70 年代到 20 世纪前 20 年中建立起来，教育中的种族歧视似乎“理所当然”。种族隔离涉及 11173 个学区的 1150 万名黑白儿童，这些学生占了当时在校中小学生的 39%。黑人学校数量少、层次低、设施简陋、经费投入低。940 年，南方各州黑人学校的生均投入只到白人学校生均投入的 45%。黑人学校的教学质量远远落后于白人学校。[②] 黑人著名民权人士瑟古德·马歇尔（Thurgood Marshall）将南方黑人的教育称为“狗窝教育”（doghouse education）。在南卡罗来纳州克拉伦登县（Clarendon County），学校董事会于 1949—1950 学年在每个白人学生身上花费 179 美元，而在每个非裔美国孩子身上花费只有 43 美元。非裔美国人学校缺乏午餐室、保管服务、足够数量的桌子和许多课外活动，孩子们还不得不应付恶劣的卫生条件。[③]

---

① 祝贺：《美国公共学校种族隔离的终结》，浙江教育出版社，2014，第 33—35 页。

② 本段中的数据引自祝贺著《美国公共学校种族隔离的终结》，浙江教育出版社，2014，第 39—40 页。

③ Altenbaugh, Richard J., *American Education: the National Experience, 1783-1876* (Upper Saddle River, N. J.: Merrill//Prentice Hall, 2003), p. 303.

“隔离”在法律的支持下被迅速有效地执行，而“平等”却举步维艰，难以企及。更何况“隔离但平等”对黑人有识之士而言，也只是不得已的妥协。只要隔离，就不平等，且不论师资、条件、质量的巨大差异，就算这些能被抹平，这种平等也并不公正。

第二节 “取消种族隔离”：教育民权运动的开启与高峰（1954—1968年）

美国黑人争取平等权利、反对种族歧视的斗争完全构成了另一部漫长而绵延不断的美国历史。其中，废奴运动是一个决定性的起点，而另一个重要的节点就是民权运动，它们不但对黑人改变地位很重要，而且对美国的文明进程至关重要。而民权运动的突破点又在于教育民权运动。布朗案并非偶然，是黑人有意识、有计划、有设计地争取民权的重要举措。这离不开美国全国有色人种协进会的长期蓄势，布朗案作为一个运动的起点，水到渠成。

一、全国有色人种协进会的系列斗争

在1896—1954年半个世纪的时间里，两个相反的方面同时在发展。一方面是在法律的支持下隔离制度造就的二元社会的固化，另一方面是隔离制度根基在逐步发生动摇。后者的发生有这样几个主要原因：首先，两次世界大战，尤其是第二次世界大战，给黑人的民权斗争带来难得的历史机遇，黑人一方面与白人对外并肩作战，参与了反对法西斯主义的斗争，另一方面对内明确地提出了反对《吉姆·克罗法》的种族隔离与歧视。黑人在第二次世界大战中普遍提高了权利意识，白人也开始反思他们习以为常的种族隔离与歧视和“为保卫世界民主而战”之间的悖论。其次，战后进入美苏冷战阶段，《吉姆·克罗法》

等的存在使社会主义苏联在驳斥美国的“人权指控”时屡占上风，给美国带来负面的国际影响，联邦政府开始考虑逐步推行平权举措。再次，20 世纪 30 年代以后，美国南北方经济与社会一体化加快，南方工业发展，种植业经济得到改造，南方对北方经济的依赖和联系开始加强，这就逐渐削弱了南方团结一致抵制种族变革的态度，随着南方工业化和城市化水平的不断提高，社会人口整体受教育水平也在提高。最后，大量黑人迁出南方，1910—1960 年，大约有 500 万南方的黑人迁至北方和西部的城市中，这些人的选票在总统选举中的作用不可小觑。1943 年，全国有色人种协进会在《黑人选民宣言》中表示，黑人不会固定不变地支持某个政党，而是将选票投给两党中更支持黑人争取平等权利的一方。如此种种，社会舆论逐渐松动，种族关系得到改善，越来越多的白人自由派积极加入到为黑人争取权利斗争的声援中。

在这个过程中，1909 年成立的“全国有色人种协进会”（National Association for the Advancement of Colored People，简称 NAACP）是一支“搅动风云”的重要力量。在 20 世纪 30 年代早期，全国有色人种协进会的战略家们策划了一个聪明的、精致的又比较温和的方案来抨击种族隔离问题：将种族隔离逆转为“平权法规”，即先从依据法律争取平权的角度入手来争取逐渐消除种族隔离。① 从严格的法律角度看，“隔离但平等”政策外强中干、昂贵奢侈、不堪一击，是一种荒诞不经、漏洞百出的种族歧视政策，完全可以运用法律武器逐渐冲破。在种族隔离盛行的美国南方，重复建设的黑白隔离设施给政府和社会造成了沉重的财务负担。如果涉及“隔离但平等”的法律诉讼如火如荼、遍地开花，如果南方各州各级政府和私企缺乏财力为黑人提供“完全平等”的公共设施，如果黑人能够在教育、经济、政治和社会文明等

① 陈伟：《把种族隔离逆转为“平权法规”——瑟古德·马歇尔与民权诉讼案》，《读书》2017 年第 12 期，第 42—52 页。

方面取得显著的进步，那么荒诞不经的种族隔离制度必然陷入难以摆脱的危机，最终必然土崩瓦解，不攻自破。全国有色人种协进会在前期已经确立了以法庭诉讼争取民权的策略，并且在一些相关的法律诉讼中已经取得了初步的成功①。为扩大战果，协进会独辟蹊径，有意识地逐渐将诉讼的重心转移到最能引起社会共鸣的教育中的种族隔离方面。

协进会成立伊始，著名黑人知识分子杜波伊斯（William Edward Burghardt Du Bois）当选协进会理事会理事，负责宣传与研究工作。随着社会环境的变化，华盛顿的主张已经引起怀疑与反思，杜波伊斯认为这种妥协的思想使黑人自欺欺人，沦为“二等公民”。② 他的系列文章和社论展现了与华盛顿不同的黑人教育观，他积极鼓舞黑人继续主动追求平等的教育权利，鼓励黑人进一步学习人文、社会、自然科学等有自由价值的学科，而不仅仅满足于掌握简单的劳动技能。在维护教育平权的具体斗争中，还有两位杰出的黑人民权斗士功绩卓著。一位是查尔斯·休斯顿（Charles Houston），他曾 11 次在联邦最高法院出庭辩论，维护黑人宪法权利，不仅为民权运动奠定了扎实的基础，还为其培养了一流的法律人才。他 1935 年出任协进会首席法律顾问，精心指导黑人精英律师，“以彼之矛，攻彼之盾，对簿公堂，依法较真，运用法律武器对种族隔离和种族歧视提出挑战”，被誉为“《吉姆·克罗法》杀手”“攻破种族隔离堡垒的法律设计师”。他主张的“学校均等化”策略在早期的法庭斗争中发挥了重要作用。另一位是他的弟子瑟古德·马歇尔。马歇尔毕业于休斯顿执掌的黑人大学——霍

---

① 1915 年“吉恩诉美国案”（Guinn v. United States）是协进会取得的首次突破。在此案中，最高法院裁定俄克拉荷马州选举法中歧视黑人的“祖父条款”（即选民本人或直系长辈在 1867 年前拥有选举资格，不需参加“识字能力测试”）违宪。

② 张聚国：《杜波伊斯对解决美国黑人问题道路的探索》，《史学月刊》2000 年第 4 期，第 93—101 页。

华德大学法学院。他们师徒二人联手，在南部高等教育领域取得了教育平权的突破性进展，[①] 后又以公立中小学作为主攻方向。1939 年，马歇尔创设了全国有色人种协进会的法律辩护和教育基金会（Legal Defense and Educational Fund）。在长达数十年法庭斗争中，马歇尔在最高法院对簿公堂 32 次，获胜 29 次，其申诉率之高令人惊叹。到 20 世纪 40 年代末，马歇尔已经成了有名的“民权先生”（Mr. Civil Rights）[②]。1967 年，他被任命为联邦最高法院首位黑人大法官。“休斯顿和他的高足马歇尔携手奋斗，利用美国现成的司法体系和宪法原则，把南部横行无忌长达半个世纪之久的种族隔离法律钉死在历史的耻辱柱上。”[③]

在以教育平权为切入点的法律诉讼中，“布朗诉托皮卡教育委员会案”是一场决定性的胜利。

二、布朗诉托皮卡教育委员会案

20 世纪上半叶，在全国有色人种协进会等的努力下，诉诸法律武器的策略取得了有效的成果，普莱西案的“平等”部分已经被一长串的法院裁决有效地削弱了，隔离的“平等”不是真“平等”。自 20 世纪 50 年代开始，马歇尔将他的注意力转向清除“隔离但平等”概念中的

---

① 尤其是在 1935 年“穆瑞诉皮尔森案”（Murray v. Pearson）中，马歇尔与休斯顿携手合作，打赢了第一个重要的教育民权官司，州法院判决马里兰大学法学院必须录取黑人学生。这个案件给予协进会及黑人民众极大的鼓舞。

② Altenbaugh, Richard J., *American Education: the National Experience, 1783-1876* (Upper Saddle River, N. J.: Merrill//Prentice Hall, 2003), p. 301.

③ 陈伟：《把种族隔离逆转为“平权法规”——瑟古德·马歇尔与民权诉讼案》，《读书》2017 年第 12 期，第 42—52 页。

“隔离”。1950 年，协进会胜诉的两个案件[1]标志着从早期“学校均等化”策略转向对种族隔离制度的直接挑战。同年，全国有色人种协进会在纽约召开了一个全国性的战略大会，决定在将来的案件诉讼中追求“没有种族隔离基础上的教育”，并且共同协商如何开展彻底推翻“隔离但平等”原则的法律诉讼。[2] 如前所述，战后国内国际环境的变化，种族隔离制度之不合时宜尽显，所以布朗案及其判决可谓水到渠成，尽管其过程也曾一波三折。

马歇尔和协进会的其他律师在全国精心选择了种族隔离教育方面的几个案件进行起诉，所谓“布朗诉托皮卡教育委员会案”实际上包含 5 个独立的案件，分别在堪萨斯州的托皮卡、卡罗来纳州的克伦登县、弗吉尼亚州的爱德华王子岛县（两件）及特拉华州。其中，布朗案的具体情况：1950 年，全国有色人种协进会代表奥利弗·布朗（Oliver Brown）试图将她 7 岁的女儿琳达·布朗（Linda Brown）送进离她家很近的一所白人小学上学。但学校拒绝接受她，迫使她需要走几个街区，通过危险的调车场去赶公共汽车才能到达她可以上的黑人隔离学校，这额外增加了 30 分钟的路程。奥利弗及其女儿琳达向联邦地区法院提起诉讼。就这样，全国有色人种协进会分别以当地中小学黑人学生的名义，向当地的联邦地区法院提起诉讼，要求黑人孩子能够平等进入白人中小学校学习，同时指控黑人学校和白人学校并不平等，而且“隔离但平等”的原则本身违反了《第十四条宪法修正案》的相关条款。

这是全国有色人种协进会周密准备的一组关于中小学种族隔离教

① 这两个案件是威斯特案和麦克劳林案。这些案件认为种族隔离制度对黑人造成的损失不仅是教育设施的不平等，还包括学生之间缺乏平等交流的机会和文化。任何“隔离”的观念都产生“低人一等”的感觉，教育专家证明，种族隔离会带来心理伤害，这是这个制度必然的硬伤。

② 祝贺：《美国公共学校种族隔离的终结》，浙江教育出版社，2014，第 41 页。

育的诉讼案件。除了在特拉华州提起的诉讼得到了联邦地区法院的支持外，其他地方的联邦地区法院都驳回了黑人的诉讼要求。之后，协进会把这一组诉讼案件以“布朗诉托皮卡教育委员会案”命名，上诉到了联邦法院。联邦最高法院在 1952 年 12 月 9 日听取了双方的第一轮辩论，但在判决上发生了严重的分歧。大法官们清楚地意识到，此案的判决结果必将对美国社会的发展走向产生深远影响，所以没有马上对布朗案做出判决。这其实是一个良好的信号，表明在联邦最高法院的层面上，一些大法官已经对“隔离但平等”的原则产生了动摇。

最高法院要求原告和被告就该案再进行一次辩论。在下一次的辩论中要回答最高法院法官提出的历史问题：“1. 用历史证据说明当年国会制定《第十四条宪法修正案》时曾明确禁止过种族隔离教育行为。2. 用历史证据说明国会在其他的法律里曾明确禁止种族隔离教育行为。3. 如果无法找出上述证据，能否说明为什么最高法院必须推翻种族隔离教育制度。”马歇尔决定向学术界寻求帮助，他向大约 130 位社会科学家发出了邀请。他们中的绝大多数人是历史学家和宪法史专家。然而，在听取专家们的意见后，马歇尔毅然放弃引用历史根据进行诉讼辩护，大胆地采纳新的诉讼策略，即强调种族隔离教育对黑人孩子造成了严重的心理伤害。① 这一决定极其英明，事后也证明正是这一策略给予了大法官们判决的理由。毕竟“我们的宪法应当基于当下的文明之光来进行解释，而不应该被禁锢在一个多世纪之前所缝制的紧身衣内”。“一部制定于马车时代的宪法要想在 20 世纪仍具有生命力，生生不息的奥秘就在于与时俱进。”② 很多人已经有了这样的历史自觉。

经过深思熟虑后，1954 年 5 月 17 日，最高法院的法官们对布朗案

① 谢国荣：《全国有色人种协进会与美国公立教育中种族隔离的取消》，出自《美国民权运动史新探》，商务印书馆，2016，第 182—197 页。

② 田雷：《一九三七：美国最高法院到了最危险的时刻》，《读书》2017 年第 7 期，第 11—20 页。

形成了一致判决，学校的种族隔离制度违宪。这是一个历史性的时刻。首席法官厄尔·沃伦（Earl Warren）在判决中强调了公共教育的价值和作用，肯定了平等教育在美国社会生活中的重要性。他认为，种族隔离是否合法或合理不能依靠从历史中寻找根据的办法来证明，而是要注重公共教育在美国社会和国民生活中的影响。

这次判决已经完全破坏了美国社会尤其是南部社会种族隔离制度的宪政基础。违宪不仅存在于教育中的种族隔离，而且广泛存在于美国社会生活的方方面面。

法律的判决事实上没有立即明显生效，法律中的消除种族隔离并不代表人们尤其是南方白人的观念和态度中种族歧视的消除，在 1955 年的一个补充性的判决中，最高法院规定各州可以根据实际情况采取“合理的”措施，以“经过全面慎重考虑的速度”取消种族隔离。

事实上，判决被宣布后，南方白人就掀起了各种抵制活动。

三、对布朗案判决的对抗与顺从

布朗案的判决本身并不标志着学校种族隔离的结束；相反，它标志着以实现令人难以捉摸的种族融合的漫长斗争的开始。美国学界对布朗案对民权运动的意义有积极的看法，认为这是促使大规模消除种族隔离运动的开端，大力推动了民权事业的发展；但也有消极的意见，认为“南部大规模的抵制”延缓了民权进程。[①] 但就一场教育民权运动的起始而言，它确是当仁不让的，它在教育领域引起的从对抗到顺从、从形式到内容，或者哪怕是从“法律上”的不平等到“事实上”的不平等……一系列的变化让人们认同这是一种进步。

① 谢国荣:《布朗案判决与美国民权运动述评》，出自《美国民权运动史新探》，商务印书馆，2016，第 270—286 页。

布朗案之后，取消学校种族隔离的教育民权运动缓慢地向前发展，其间经历了法律史学家 J. 哈维·威尔金森三世（J. Harvie Wilkinson, Ⅲ）所说的对抗性反应（1955—1959 年）、表面顺从（1959—1964 年）、适度顺从（1964—1968 年）等阶段。[①]

（一）对抗性反应

一些南方社区顽固地拒绝取消学校种族隔离，采取对抗、法庭诉讼、暴力威胁，甚至关闭公立学校等方式。阿肯色州小石城所发生的事件在令人沮丧的取消学校种族隔离的努力中成为最臭名昭著的事件。州长奥瓦尔·法柏斯（Governor Orval Faubus）使用州权力作为他的武器，拒绝中央高中或任何其他公立学校废止种族隔离。1957 年 9 月 3 日，他下令阿肯色州国民警卫队暴力阻止 9 个非裔美国青少年进入小石城的高中。每天各种暴力相向、各种外围的压力和威胁，虽然有联邦军队的护佑，但无情骚扰的压力和媒体的关注对小石城九勇士造成了伤害。他们逐渐收回热情，对于整个取消种族隔离的进程和目标变得悲观。尽管其中的 8 人完成了动荡的学年，但是这个插曲在耻辱中结束。这些学生后来被称为“小石城九勇士”（Little Rock Nine），成为各地非裔美国儿童争取取消种族隔离学校斗争的象征。州长法柏斯甚至在 1958—1959 整个学年简单粗暴地关闭了所有学校。其他很多南方地区也采取了这样的策略，如弗吉尼亚州爱德华王子县也通过关闭它的公立学校反对取消种族隔离。1959 年后，很多白人学生进入匆忙组织的以教堂和租用的店铺为校舍的私立学校读书，而非裔美国人的孩子则完全没有学校教育。取消种族隔离的最初阶段以敌对和不妥协为主要特征。

---

① Altenbaugh, Richard J., *American Education: the National Experience, 1783-1876* (Upper Saddle River, N. J.: Merrill//Prentice Hall, 2003), p. 306.

（二）表面顺从

拖延战术则是这一阶段的特点。到 1961 年，在南方和边境州 7000 个学区中，只有 11%的学区实施了“融合”，大多数南方社区决定表面上遵守“象征性”政策。当地的白人学校当局采取“学生配置法案”，“分配”少量黑人学生学位到学校，而没有白人学生被派往黑人学校。例如，在北卡罗来纳州的夏洛特，1957—1958 学年有 3 个黑人学生在白人学校，1958—1959 学年有 4 个，1959—1960 学年只有 1 个。在黑人看来，在许多方面，1960 年的表面文章并不比 1954 年之前的种族隔离更好，象征性改革只是对种族融合原则上的肯定，并没有实质性的改变。象征性的种族融合不是虔诚信念的开始，而是精心设计的新的种族歧视形式。

（三）适度顺从

为反制对布朗案判决的反抗或蓄意拖延抵制，民权运动在马丁·路德·金等人的领导下蓬勃开展起来，教育机会与民权是一个国家给予黑人愿意为保卫她而献出生命的最基本的承诺，也极易汲取舆论的支持。金以街道为战场，采取了直接行动，即非暴力游行、静坐等示威活动向政府施压。其中，1963 年 3 月在华盛顿的那场游行中，他发表了《我有一个梦想》的著名演讲，直接加快了《民权法》（*Civil Rights Act*）通过的进程。

1964 年 6 月，经过肯尼迪政府密集游说的努力，加之此后 11 月总统被刺的情感余波使国会通过了《民权法》。肯尼迪的继任者林登·约翰逊（Lyndon Baines Johnson）在批准《民权法》时，在电视演讲中要求所有公民帮助消除美国存在的侵犯他人人权的残余，宣布在学校、公共场所、工作中的种族隔离和种族歧视为非法，并且为整个社会，尤其是学校废除种族隔离提供了更多的工具。联邦政府的司法和行政部门要求南方全面废止种族隔离，而不是片面的、形式的。约翰·霍普金斯大学的杰出社会学家詹姆斯·科尔曼（James S. Coleman）依据

《民权法》开展了全国性关于教育机会均等的调查研究，于同年发表了著名的《科尔曼报告》。科尔曼的研究结论引起了广泛的争议，但其中关于“种族失衡导致黑人儿童自信心受损、学习动机下降，从而导致教育质量低下”的结论为尽快结束种族隔离提供了有力的佐证。[①]《科尔曼报告》的发表在一定程度上促进了各地采取措施改变学校中种族单一的状况。此外，他提出的通过提早入学延长在校时间以加强学校教育对处于文化不利状况儿童的影响的建议被1965年的《初等与中等教育法》(*Elementary and Secondary Education Act*)所采纳。约翰逊总统成功地游说国会通过了一系列有利于种族融合的立法，这些法律中最重要的就是这个《初等与中等教育法》。这是一个强大的立法，正如历史学家理查德·克鲁格(Richard Kluger)所阐释的，这是“给地方学区提供大规模的联邦资金、给政府提供强大的金融俱乐部来执行联邦法院取消种族隔离的法令”。在1964年《民权法》下，任何实行了歧视的州或地方政府都没有资格接受联邦资助。而《初等与中等教育法》是旨在向贫困和无知宣战的富有创造力的一系列联邦新计划的一个增值部分。新计划还包括学校资助、模范城市、经济机会办公室、美国志愿服务队、开端计划等，“约翰逊使它们成为‘伟大社会’铺路石的标记。……国家中没有哪个部门比黑人从‘伟大社会’中获益更多”[②]。在联邦资金的资助下，各种民间组织兴办自由学校、公民学校，开展开端计划，以社会教育的方式从外围协助学校体系消除种族隔离，致力于早期教育、成人教育、教育扶贫，帮助黑人获得政治权利，实

---

① 屈书杰：《美国黑人教育发展研究》，河北大学出版社，2004，第223页。

② Altenbaugh, Richard J., *American Education: the National Experience, 1783-1876* (Upper Saddle River, N. J.: Merrill//Prentice Hall, 2003), p. 306.

现社区种族融合等。[①] 一些基金会如洛克菲勒基金会（Rockefeller Foundation）也致力于推行“平等机会项目”，为黑人提供更多更好的接受高等教育的机会。

这个时期，南方开始采取另一个“聪明”的策略来阻止完全取消种族隔离，即所谓的“自由选择计划”，将原有的单一种族学区打破，重新划分学区，安置学生就近入学，但同时允许“自由转学”，似乎消除种族隔离的责任在家长。该方案保证黑人儿童入学，但学校委员会制造大量隐性障碍阻止黑人选择进入白人学校就读，而对白人转出黑人学校大开绿灯。“自由选择计划”执行的结果就是白人孩子没有选择去黑人学校，许多黑人也没有选择白人学校。到 1964 年，只有十五分之一的南方黑人孩子进入了种族融合学校。

总的来说，这段时期来自平等权利立法的动力，以及一系列教育改进计划，使取消种族隔离的努力不断向前推进，长期以来由州立法形成的双重学校系统逐渐被打破。继美国国会通过 1964 年《民权法》和 1965 年《初等与中等教育法》后，肯定性行动计划、开端计划、约翰逊总统“向贫穷宣战”等一系列社会改革措施出台，联邦政府司法部、卫生部、教育部、福利部等不断介入取消种族隔离措施的实施中。黑人在大学入学、毕业就业、教师收入、儿童早教等方面有了更多的平等权利。布朗案判决的目标正在得到实现，即从 1954 年布朗案判决到 20 世纪 60 年代后期，短短十几年的时间，教育民权运动开启并迅速达到高峰，教育机构的种族隔离制度在法律上已经在消除。虽然教育平权还任重道远，但这一段的教育历史对于美国教育乃至社会发展来说，意义极其重大。

---

① Tomek, Beverly C., "'A Stalking Horse for the Civil Rights Movement': Head Start and the Legacy of the Freedom Schools," *The Southern Quarterly* 52, No. 1, Fall, 2014: 115-133.

四、教育活动家的努力

当运动的领导者在前台为教育平权而战时，获得教育平权的黑人孩子的教育是如何完成的，是由何人来完成的？这是我们完整了解教育民权运动的一个重要部分。下面我们以一位黑人女性教育活动家的经历为案例来展现。

塞普蒂玛·波因特·克拉克（Septima Poinsette Clark，1898—1987年）在南卡罗来纳州的种族隔离学校——艾弗里师范学院接受早期教育，后又在本尼迪克特学院和汉普顿学院分别获得学士和博士学位，她一生从事教育和社会活动。她是马丁·路德·金所领导的全国有色人种协进会及南方基督教领袖大会（the Southern Christian Leadership Conference，简称SCLC）的重要成员。由于其本人的谦逊低调，也有性别原因，她对以法律争取民权的这场运动的促进作用被当时及后人所忽视。然而，忽视她也就忽视了在这样一场教育运动中一位教育活动家的努力。“对那些具有教育专业知识的人的观点的忽视极大地削弱了全国有色人种协进会和南方基督教领袖大会通过争取遵守宪法规范来实现种族平等的整体效果，尤其是对那些本来是他们工作的受益者的大量黑人贫困人口来说。”①

克拉克认为知识为边缘人群的赋能是正规的法律平等（民权法令）难以做到的，文化与个人能力能够给他们带来持久的政治与社会经济能力。而与克拉克一样，在布朗案之前就在为贫困的、被剥夺公民权的社区的种族隔离学校教书的那些教育工作者，他们的工作及其精神气质就是教育改变命运的最好例证。

---

① Brown Nagin, T., " The transformation of a social movement into law? the SCLC and NAACP's campaigns for civil rights reconsidered in light of the educational activism of Septima Clark," *Women's History Review 8*, No. 1, 1999: 81-137.

克拉克 1898 年出生在南方腹地南卡罗来纳州的查尔斯顿，父母都是黑人劳工，父亲是目不识丁的前奴隶。克拉克自己就站在社会不平等的最前沿，即同时包含了阶级、性别和种族隔离因素。从事教育活动是她有意识的、同时也是与生俱来的选择。早在布朗案之前，克拉克就已是一名南卡罗来纳州公立学校的教师。学校位于一座荒蛮落后的小岛——约翰之岛（John's Island）上，甚至在 20 世纪 30 年代的罗斯福新政之前，岛上还运行着某种形式的奴隶制，克拉克在岛上的年轻人中发起了一场“教育运动”。她相信通过教育使他们获得自我激励的可能性，这是年轻人摆脱他们父辈令人绝望的生活模式的最好机会。1918 年离开小岛的时候，她确实培养了一批能读会写的黑人孩子，也奠定了她一生事业的方向。在此后的近 30 年中，除了公立学校的青少年培养工作，她还从事过黑人半文盲士兵的扫盲工作，对成年人的教育工作也同样让她深刻体会到知识的增长给这些未受过教育的人所带来的心理和物质方面的改变。总之，在南卡罗来纳州隔离学校的教学生涯是她积极从事民权运动的缘由。

克拉克教学思想的核心是尽最大可能发挥每一个孩子的最大潜能。因此，她尽量了解学生，因材施教，使课程和方法贴近学生的生活背景和需要。她还开发了独特的补偿课程。从教期间，她相继获得了学士和硕士学位。她的硕士论文反映了她一贯的教育哲学：如果学校教育得当，每个人都可以成功——充满了令人敬畏的乐观主义、实用主义和民主精神。她认为，在知识、权力、经验的互动中，处境不利的儿童可以通过教育获得情感和心智的成长。当他们获得社会运行的理论和实践知识时，就会自主激励而发生改变。但是，影响教育的因素来自内部也来自外部，学生社区生活背景会影响他们的教育过程。例如，学生对教学过程和课程内容的态度必然会受到种族隔离学校和歧视性就业环境的影响。简而言之，克拉克明白教育过程和学生的教育进步从根本上受到家庭关系、经济关系、社会关系和权力关系的影响。

但克拉克相信，黑人学生们在实现自我价值的同时，也会寻求群体的赋能。[①] 那些获得了必要知识的学生将会努力改善他们在社会中的地位，同时也会努力去改善系统中最糟糕的部分，甚至尝试创建一个新的系统，哪怕仅仅是努力持续斗争去改造社区。

1954 年布朗案后，她受邀来到田纳西州蒙特亚格尔的汉兰德民俗学校（the Highlander Folk School in Monteagle）。在创办者南方白人自由主义者迈尔斯·霍顿（Myles Horton）的支持下，她的关于人类个人潜能及社区赋能（community empowerment）的信念被广为传播。克拉克的方法是把消除贫困社区个体的个人障碍作为解决诸如被剥夺选举权等种族平等的结构性障碍的先决条件。“作为激进的乐观主义者，克拉克将她的教育和贫困边缘社区赋能计划称为‘公民教育’（citizenship education）。”[②] 她以汉兰德民俗学校为阵地，通过互动式讲习班同与会者分享想法和理想，提高对压迫的认识，并且坚定了在每个人所在社区反对种族隔离的决心，同时也汲取了金博士所赞同的对社会变革采取非暴力直接行动的方法。讨论班成果丰硕，影响广泛。[③] 这是她 30 年黑人社区隔离学校教育经验的必然发展，也是她着手促进社区政治权利斗争的基础。

克拉克的公民教育计划面向成年人，以扫盲为切入点，基于社区

---

① 克拉克的理论中常常使用赋能或赋权（empowerment）这一概念，如自我赋能（self-empowerment）和社区赋能（community empowerment），也包含自主、自我激励的意思，即个体通过识字和学校教育获得自我发展的意识，而社会通过有自我发展意识的个体获得社区自主发展的能力，从而走向民主和平等。

② Brown Nagin, T.,“ The transformation of a social movement into law? the SCLC and NAACP's campaigns for civil rights reconsidered in light of the educational activism of Septima Clark,”*Women's History Review* 8, No. 1, 1999: 81-137, 92.

③ 讲习所其中一位参与者是罗莎·帕克斯，她于 1955 年夏天在汉兰德民俗学校学会了非暴力反抗的策略，几个月后，也就是 1955 年 12 月 1 日，她成了蒙哥马利公共汽车抵制运动的催化剂。

自主的理念，似乎是在不受政府干预的情况下寻求教育和政治公正的理想策略。在该计划的具体操作中，最关键的教育要素是课程和教师。就课程而论，这取决于学生们想知道什么，如现实生活需要他们了解的公民制度。他们常常以联邦宪法、联合国人权宣言和一些相关的法律文件为教材，通过这些教材，既学习读和写，也了解公民权利和责任，以及作为黑人少数族裔事实上未曾合法享有的公民权。至于教师，是“非正统”的，他们是有文化的当地人，但并不必须接受过正规的高等教育，最基本的条件是他们应该能够与社区民众建立人际关系，是能够理解并激励学生的人。总而言之，他们是能够提高社区民众政治意识的人。他们乐于参与社会活动，并且理解克拉克的项目所基于的自我赋权哲学（self-empowerment philosophy）。“公民教育”的学校模式在萨凡纳、佐治亚州和亚拉巴马州的亨茨维尔等传统南方地区被广为复制。到 1961 年，约 700 名公民学校的教师在克拉克的指导下开展公民教育工作，直接的结果是产生了 42000 名新的非洲裔美国选民。

“公民教育计划”与南方基督教领袖大会（SCLC）的既定目标一致，即实现“充分的公民权利、平等和融合”，也与马丁·路德·金正在召集民权组织共同推进的大规模选民登记运动的意愿一致。当时正值汉兰德民俗学校因法律问题而受到威胁，金博士立即要求将公民学校项目转移到南方基督教领袖大会，作为该组织为非裔美国人争取政治权利项目的重要组成部分。1961 年，南方基督教领袖大会与全国有色人种协进会、种族平等大会（Congress of Racial Equality）、全国城市联盟（National Urban League）和学生非暴力协调委员会（SNCC）一起建立了“选民教育项目”（Voter Education Project），宣布了一项将 100 万南方黑人加入选民登记名册的目标。同年，南方基督教领袖大会的董事会成立了公民教育部，任命克拉克为教育教学主任。以这样的身份，克拉克游历了整个南方，继续在当地社区复制公民学校模式，训练和指导教师，引导成千上万的非裔美国人致力于学会读写和争取政治权力。在克拉克为南方基督教领袖大会工作到1969年时，有70万南方非裔美国人成为登记选民，而且这些选民中的许多人是在1965年8月6日《联邦投票权法》通过之前就完成登记的。

40多年前，克拉克以在落后的南方小岛上单打独斗所开始的“教育运动”为源头，为南方社会政治系统的变革铺设了广阔的基石。从某种意义上说，她及和众多如她一般的草根教育活动家的所为与金博士有力的公众演讲和非暴力运动等一样重要。没有这些被唤起权利意识的“马前卒”站出来勇敢面对“消防水龙头”和“攻击犬”，没有那些在克拉克的扫盲计划中受过训练的更有意愿参与选举过程的穷苦黑人，更广泛的民权运动就不可能被一步步向前推进。克拉克工作的成就常常被当时的男性民权运动领袖有意或无意地忽视，这或可归因于民权运动组织内部所固有的等级制度、克拉克的女性身份及她所从事的是最为基层而又琐碎具体的教育工作。不过，金博士曾在非正式的场合将她誉为“民权运动之母”，而前总统卡特在她生前称赞她为“被埋没的英雄”（unsung heroes）。从直接的联系来看，克拉克的教育运动在某种程度上启发了金博士所领导的民权运动，成为这场声势浩大的社会运动的重要组成部分，她的哲学与行动主义风格也可与金博士的直接行动方法相媲美。可以说，这是教育运动与社会政治运动相辅相成，共同推动社会进步的经典范例。

以克拉克的眼光审视这场教育民权运动，受教育程度低的当地人在公民教育计划中学会了阅读，获得了社会意识，因而可以自我赋权，这种权力既不是《民权法》所授予的，当然也不能被《民权法》所剥夺。这些来自底层的普通人成就了他们自己。如果没有教育活动家在学校及社区针对青少年及成人的教育的努力，关于公正的抽象概念将难以转变为具体的、成功的教育平权。随着时间的推移，以教育为中心的社会改革形式被广泛接受，克拉克的方法即使不是最新颖或政治上最激进的，也是所有社会改革方法中最不可或缺的。克拉克才华横溢，成就卓著，她在民权运动时期的做法延续了重建以来黑人社会中教育人士的传统，像玛丽·皮克（Mary Peake）、范妮·杰克逊·科平（Fanny Jackson Coppin）和安娜·茱莉亚·库珀（Anna Julia Cooper）这些非裔美国女教师在她们的社区和学校所做的那样。[①]

人与人之间这种人为的隔离本身就是“怪胎”，是美国民主的一道伤疤，损伤了整个美国社会，没有谁能从中获益。它助长的是白人的冷漠与自私，映衬的是黑人的隐忍与愤懑。它是一道必然要被拆去的藩篱。而这个斗争最关键的起点只能依靠黑人自身的觉醒，只是这种觉醒离不开一个世纪以来黑人受教育机会不断扩大这一重要因素。因此，美国的民权运动同时也是一场通过教育、在教育中及为了教育的教育运动。然而，与金博士的轰轰烈烈相比，克拉克的方法虽然对人的发展具有长远的价值，但见效慢、历时长、更具不确定性，因而被批评为保守的和渐进的。[②] 这是教育本身的特性使然，事实上，即便有了《民权法》，法律上取消了种族隔离，教育平等也难以立即奏效，教育民权运动还将延续。

第三节 “学校一体化”：教育民权运动的延续（1968年至20世纪80年代）

取消学校教育中的种族隔离是美国20世纪六七十年代中小学教育的主要问题，随着取消学校种族隔离进程的深入，改革的内涵也逐渐发生了变化，人们开始主张学校“一体化”，即要求打破一切形式的种族隔离，人为地建立种族融合学校。

---

① 教师是当时极少数对黑人女性开放的专业性职业。

② 克拉克的保守性可类比布克尔·华盛顿和简·亚当斯（Jane Addams），他们强调个人的提升先于社会结构的改革，甚至后者要以前者为前提条件；而在边缘人群自我赋能的信念上，她与杜波依斯也有相同点。

一、取消种族隔离的内涵变化

1968年，马丁·路德·金遇刺身亡。同年，理查德·尼克松（Richard Milhous Nixon）总统因倡导州的权利而赢得了南方选民。在他获胜之后，联邦政府开始撤销前任约翰逊总统所有的社会计划，美国民权运动呈衰落之势。尼克松政府被证明是取消学校种族隔离的"蓄意阻挠者"。在许多方面、在南方公立学校中取消种族隔离的运动在1968年后徘徊不前，种族融合的努力开始集中在北部和西部。也就是说，前一阶段关注的焦点是取消法律所认可的南方教育机构中的种族隔离，那么从20世纪60年代末开始，随着布朗案判决目标的基本实现，加之政治的变化及南方黑人向北方城市的大量迁移，教育民权运动的重心从南方转向北方。在北方学校中，"合法的隔离"（de jure segregation）早已不存在，但存在着由学校委员会人为造成的及由于居住区隔离造成的"事实上的隔离"（de facto segregation），于是取消种族隔离的内涵也发生了变化，即主动实现学校一体化，取消任何形式的种族隔离。当制度化的种族隔离基本被废除后，消除北方这种"事实上的隔离"成为人们追求的新目标。消除"合法的种族隔离"所关注的是保护宪法赋予个体的权利不受州及其机构的侵蚀与侵害，而消除"事实上的种族隔离"的目标则是从理性社会的构想出发，试图在学校中实现种族融合。①

但从这个时期开始，在教育民权运动中可以看到一种混杂的局面和结果。它意味着长期而有效的取消学校种族隔离运动的开始，即人们在更大范围内被调动起来，进入了一个大规模种族融合时代，即学校一体化时代。与此同时，这一时期除了以法庭诉讼作为争取平等权

① 屈书杰：《美国黑人教育发展研究》，河北大学出版社，2004，第233页。

利的方式外，各种有组织的社会运动、教育变革运动发挥了更多、更大的作用。

二、“学校一体化”的标准与措施

（一）标准

伴随着取消学校种族隔离内涵的变化，取消隔离的实施策略也发生了重大变化，联邦最高法院更多地介入促进种族融合的进程中来。1968 年，在“格林诉弗吉尼亚新肯特县学校委员会”（Green v. School board of New Kent County，Virginia）一案中，最高法院裁决“自由选择计划”违宪，与布朗案的原则相抵触，要求学校委员会立即承担取消学校种族隔离的职责，并且确定了有效的学校一体化计划标准——格林要素。这些要素包括学生安置，指在学校招生计划中要达成黑人、白人学生一定比例的平衡；教师配置，是指教师聘任要达成教职人员多元化的目标；交通，指的是为实现种族融合所实施的校车计划；设施，指的是各学区教学设施要一致；课外活动，要求少数族裔学生更多地参与课外活动。法院将从学校委员会的具体行为，即这些要素的统计数字来评判其取消学校种族隔离的工作是否遵循了法院的要求。格林案件后，最高法院裁决各州对消除隔离的痕迹有不可推卸的责任，各州不能仅仅采用种族中立的政策，或者所谓“自由选择计划”作为纠正以往过错的措施。格林要素的确对 1968 年后南方学校一体化的进程产生了实质性的影响，到 20 世纪 70 年代，南方的一些州甚至成为全国学校一体化占比最高的地区。[①]

不仅如此，在格林要素的框架下，联邦最高法院几个重要的判决继续为实现全国性的“学校一体化”提供了一些指导性标准和措施。

---

① 屈书杰：《美国黑人教育发展研究》，河北大学出版社，2004，第 237 页。

例如，1969 年的“美国诉亚拉巴马蒙哥马利县教育委员会案”（U. S. v. Montgomery County Board of Education，Alabama），法院使用定量标准为学校委员会规定了教师配置的种族比例，对消除教师中的种族隔离产生了广泛的影响；同年，“星格顿诉杰克逊市属独立学区案”（Singleton v. . Jackson Municipal Separate School District）为教师安置确立了“星格顿标准”（Singleton Standard），即学区中每所学校黑人教师的比例要与学区中黑人教育工作者的总比例一致。20 世纪 70 年代，教育部、卫生部和福利部加大了对各地取消种族隔离的督导力度，1977 年颁布了高校取消种族隔离的“阿丹姆斯标准”。这些标准包括任何一州黑人高中毕业生进入两年制和四年制高等教育机构的比例要与白人高中毕业生的比例相同；传统白人四年制高等教育机构中的黑人学生每年都要有一定比例的增长；到 1982—1983 学年，传统白人院校中黑白学生的比例之差至少要减少 50%；各州中黑人居民毕业于本科和进入研究生院的比例要等同于白人居民相应的比例；增加进入传统黑人院校的白人比例。①

（二）措施

20 世纪七八十年代，学校一体化主要是在联邦的干预下，通过诸如校车计划、学校有限选择计划、磁石学校、重新划分学区、补偿教育等措施来实现的。

为克服基于城市居住模式导致的种族隔离，最高法院在 1971 年北卡罗来纳州的“斯万诉夏洛特-迈克兰伯格教育委员会案”（Swann v. Charlotte-Mecklenberg Board of Education）中对取消学校种族隔离做出了里程碑式的裁决，即将校车作为取消学校种族隔离的工具。最高法院认为夏洛特-迈克兰伯格学区没有遵守格林要素标准，根据标准，

---

① 甘永涛，刘宁：《格林要素：美国种族同校的评判标准》，《中国民族教育》2011 年第 4 期，第 41—43 页。

学校系统理想的黑人比例应为 9%—38%。为使每个学校达到这一比例，必须额外将 1 万—3 万名学生用校车分别运送到远离家门的学校上学，于是判决使用强制的校车计划以达到学校一体化的标准。校车计划成为各地实现公立学校种族融合的主要强制性手段。自校车计划实施以来，效果明显，“到 1972—1973 学年，11 个南方州中 46.3%的黑人孩子在有大量白人孩子的学校上学。全国没有哪个部门能将取消种族隔离做到这个地步”[①]。但另一方面，成千上万的人的抱怨信件或请愿洪水般淹没了最高法院，以此来表示抗议，并且发生了“白人逃离”（white flight）现象[②]。白人家庭不是把自己的孩子送进反种族隔离学校，而是很快放弃城市而搬至郊区，或者把孩子送进私立学校或教会学校。1970 年，里士满实行校车接送的第一年，城市学校学生中有 35%的白人；而到 1976 年，即实行校车接送的第七年，白人学生数量少于 20%。波士顿拥有全国最早的公立学校系统，1855 年就在其公立学校中正式废止了种族隔离，但在 1974—1975 学年，它成为以暴力反对校车计划的讽刺象征，也因此获得了“北方的小石城”名号。这种种族暴力事件持续发生，直到 20 世纪 80 年代才开始减弱。不过，在波士顿，种族并不是唯一的问题，社会阶层差异问题是另一条导火线。有学者这样认为，“用校车接送学生遭到了不可原谅的、阶级的双重标准。也许波士顿提供了在这个国家我们处理种族问题的一种方式：把贫穷的黑人和白人工薪阶层扔到壕沟作战，而大多数美国中产阶级依然舒适地驻扎在战场以外”[③]。种族隔离不仅代表了一种种族和民族现

---

① Altenbaugh, Richard J., *American Education: the National Experience, 1783-1876* (Upper Saddle River, N. J.: Merrill//Prentice Hall, 2003), p. 307.

② 白人逃亡是指美国城市中产阶级白人为了逃避废除种族隔离的影响而向市郊的迁徙。

③ Altenbaugh, Richard J., *American Education: the National Experience, 1783-1876* (Upper Saddle River, N. J.: Merrill//Prentice Hall, 2003), p. 307.

象，同时还是维护社会阶层的壁垒。

人们对校车计划一直争议不断，公立学校虽然在种族构成比例上有所进步，教育质量却并未有明显提高，因而出现了一些推进学校一体化的其他措施，与校车计划的强制性相比，这些措施更偏于引导性和资源性，同时也体现了妥协性。例如，20 世纪 70 年代开始出现的磁石学校，通过开设地方公立学校所不具备的独特的有吸引力的课程计划，吸引本学区或更多的学区以外的学生前来就读，不分种族，无论社会背景。磁石学校没有学区和入学条件的限制，除教授读、写、算等基本技能外，还给学生提供其他专业选择，如音乐、戏剧、计算机、科学及视觉艺术等学科。不管有无校车接送，城市中白人学生注册数都在急剧下降，磁石学校的目的是在大城市达到学生注册人数的种族平衡。此外，20 世纪 70 年代密歇根州底特律市的“米利肯诉布拉德利案”（Milliken v. Bradley）的判决①为事实上的种族隔离“发明”了补偿教育。判决规定的补救性阅读项目、教师培训活动及专项测试与咨询项目等为后来的废除种族隔离案件提供了先例，即任何地方法院都能够强制要求否认宪法赋予儿童的教育权利的学区试行专业的教育措施作为补偿。

三、“学校一体化”的停滞与衰退

在尼克松主政下，联邦最高法院 1973 年对“圣安东尼奥学区诉罗德里格斯案”（San Antonio School District v. Rodriguez）的判决允许城市学校资助不平等的实践的继续，也即法院已经在本质上宽容了学校的不平等。任何试图进一步延伸布朗裁决的努力都会撞到罗德里格斯

① “米利肯诉布拉德利案”有两个案件，第一个是 1971 年，最高法院拒绝底特律市区学校（主要是黑人学校）与周边的郊区白人学校合并。第二个是 1974 年，在同样的判决下采取一系列的教育措施，作为对种族隔离的补救。

案裁决的南墙，包括上述底特律“米利肯诉布拉德利案”的判决，这在某种程度上标志着取消种族隔离的努力到了“瓶颈”，反映了尼克松弱化种族融合要求的目标。此外，尼克松还支持宪法修正案宣布的将校车用于废止种族隔离的目的为非法。他任命的最高法院的法官都赞成保护郊区，米利肯案裁决鼓励白人从城市“逃往”郊区，使种族隔离的居住模式具体化，并且保证了公立学校中弹性形式的、事实上的种族隔离。

此后，尼克松政府的联邦最高法院的法官们，还有共和党总统罗纳德·里根（Ronald Reagan）和乔治·布什（George Bush）都确保拥有一个保守的司法部。即使是民主党总统卡特（Jimmy Carter），对于取消种族隔离看起来也是矛盾的。1980 年上台的里根政府行政部门缺乏反种族隔离承诺，司法部门蓄意阻挠的反种族隔离的裁决标志着种族融合运动的终结，公立学校中废除种族隔离的进程在 20 世纪 80 年代止步不前。

学校一体化的淡化也不完全是因为政治的“退步”。有些研究认为，学校一体化给黑人带来了很多正面的影响，如与白人间的学业差距在缩小，生活机会增多。但更多的研究表明，学校一体化在追求提高黑人学生受教育机会的同时，并没有解决好黑人学生就学学校教育质量的问题。这使人们在寻求对黑人学生实行各种教育补偿的同时，对学校一体化所能发挥的作用产生了疑问。自 20 世纪 90 年代以来，随着人口分布的变化，法院所规定的学校种族平衡的标准在大城市学区越来越难以实现，解除法院对地方学区取消种族隔离监管的呼声也越来越高，毕竟学校是社区不可或缺的组成部分，而人们有选择居住地的自由，取消学校种族隔离的方法和手段备受争议。一些学区已开始放弃学校一体化目标。“自愿性学生分配计划再次变得可以接受，只要同时对遭到歧视的学生采取补偿措施，并且积极鼓励各个种族的学生入学（如磁石学校那样），自愿主义就可以被接受。这种包含多种策略的计划一方面反映了国家对废除种族隔离的含混态度，另一方面也实现了少数族裔权利和多数族裔权利之间明确的政治妥协。”①

结语：教育民权运动的历史意义

20 世纪 60 年代的民权运动是一场社会运动，它以法律为手段，以教育平权为起始目的，而且正因为以教育平权为起始目的，所以获得了最大的社会动员，因而它也是一场教育运动，是美国历史上诸多教育运动中不可或缺的一部分。这是一场由弱势群体发起并长期延续的教育运动，与民权运动相辅相成，相互借力，最终对美国的教育政策乃至文明进程产生了重大影响。20 世纪 60 年代民权运动的系列活动引起了联邦政府对教育政策的大规模介入，直接导致了美国历史上重要教育政策的出台，美国纽约州前教育总监詹姆斯·艾伦（James Allen）曾说：“黑人通过他们的和平示威，比其他方面更多地促使我们的社会到达了这样前所未有的高度。”而弗兰克斯·坎贝尔（Francis Keppel）也有类似的观点，他说：“感谢上帝，有民权运动！”② 本章所述的教育民权运动以黑人的民权运动为主要线索，但不可忽视的是，这场民权运动同时激发了其他少数族裔和弱势群体争取权利的斗争，如墨西哥裔美国人、印第安人、华人、女性等。

从“隔离但平等”的诉求到“取消种族隔离”，再到“学校一体化”的种族融合的努力，消除了法律上的种族隔离，尽管事实上的种族隔离还时隐时现，这个过程是历史的进步。从政治合理性来看，布朗案的判决破坏了种族隔离制度的宪政基础，但维护了美国宪法。“种

---

① ［美］韦恩·厄本，杰宁斯·瓦格纳：《美国教育：一部历史档案（第三版）》，周晟、谢爱磊译，中国人民大学出版社，2009，第 445 页。

② Charles Vert Willie, Jayminn Sulir, “Martin Luther King, Jr., the civil rights movement, and educational reform,” *Educational Policy* 5, No. 1, 1991: 29-43.

族隔离制度与美国宪法格格不入”，马歇尔曾大发感慨：“我们将会遭遇障碍和挫折，我们命中注定会遭遇障碍和挫折，但是问题终究能够得到解决。”[①] 从经济合理性来看，二元化的社会模式太花钱，人口中占很大比例的一部分处于文盲或低教育层面，何以体现人力资本，二元化模式拉了整个社会发展的后腿，成为社会发展的“短板”。从文明进程来看，教育平权是社会发展的基础和必然。

短短几十年间，教育民权运动的成果斐然。从人权到民权，民权中以教育权为先导，通过一代又一代黑人及其他少数族裔、弱势人群受教育人口的增多，通过一次又一次的起诉、判决，通过一轮又一轮的种族融合的教育尝试和观念的推广，在新一代的白人和其他种族儿童的眼中，种族隔离变为怪现象，而种族融合才是现代人的“政治正确”。因此，尽管种族歧视在社会中并未根除，也难以根除，并且时不时以新的面貌出现，但“通过教育”“为了教育”且“在教育中”，种族融合的社会基础已经形成，难以被摧毁。

1995 年的“密苏里州诉詹金斯案”（Missouri v. Jenkins）禁止“自愿地”废止种族隔离和取消联邦对废止种族隔离学校的资助，实际上是摧毁了布朗案的裁决。根据加里·奥尔菲德（Gary Orfield）的说法，1896 年“普莱西诉弗格森案”裁决后的 100 年，美国公立学校走了一圈又回到了种族隔离的原点。[②]事实上，“回到原点”的说法是夸张之辞，在布朗案后的几十年间，数以百万计的非裔美国儿童在种族融合的学校获得了教育。如果民权运动不是从 19 世纪中叶就“现在自由”（freedom now），而是如一些白人、黑人温和派所期待的那样，几代人慢慢进步，那么受教育的非裔美国儿童数字必然要大打折扣，社会观

---

① 陈伟：《把种族隔离逆转为“平权法规”——瑟古德·马歇尔与民权诉讼案》，《读书》2017 年第 12 期，第 42—52 页。

② James W. Loewen, *Lies My Teacher Told Me: Everything Your American History Textbook Got Wrong* (New York: New Press, 1995), p. 9.

念也难以快速进步。历史没有如果，当然历史也不会全然回到原点。

进入21世纪，美国社会中的教育不平等依然存在，种族的、阶级的、性别的、地域的、经济的各种因素交织在一起，又加剧了这种不平等的复杂性。美国国家数据显示，大多数非洲裔和拉美裔就读的公立学校主要是贫穷的孩子，但是96%的白人学校多数是中产阶级。[①] 于是，有人疾呼："需要一场新的教育民权运动。"[②] 毕竟，美国人民所期望的真正的公平、正义、平等、民主的公共教育体系还未完全到来。

美国学者用一句"朴实而复杂"的话评价教育民权运动：经过民权运动，这个国家及其教育系统比它过去要好，但还没有达到它可能达到的高度。[③]

【主要参考文献】

一、中文参考文献

[美] 韦恩·厄本，杰宁斯·瓦格纳．美国教育：一部历史档案（第三版）[M]．周晟、谢爱磊，译．北京：中国人民大学出版社，2009．

陈伟．把种族隔离逆转为"平权法规"——瑟古德·马歇尔与民权诉讼案[J]．读书，2017（12）：42-52．

陈瑶．从教育平权到教育赋权——美国民权运动的教育视角[J]．教育文化论坛，2023（2）：41-52．

---

① Altenbaugh, Richard J., *American Education: the National Experience, 1783-1876* (Upper Saddle River, N. J.: Merrill//Prentice Hall, 2003), p. 312.

② Clinchy Evans, "Needed: A New Educational Civil Rights Movement," *Phi Delta Kappan 82*, No. 7, 2001: 492-498. 文中作者谈及进入21世纪的美国仍然有2000多万的儿童处于贫困状态，他们及他们的父母还没有获得足够的健康保险、学校教育、社会服务和就业机会。

③ Charles Vert Willie, Jayminn Sulir, "Martin Luther King, Jr., the civil rights movement, and educational reform," *Educational Policy 5*, No. 1, 1991: 29-43.

甘永涛，刘宁. 格林要素：美国种族同校的评判标准［J］. 中国民族教育，2011（4）：41-43.

屈书杰. 美国黑人教育发展研究［M］. 保定：河北大学出版社，2004.

谢国荣. 美国民权运动史新探［M］. 北京：商务印书馆，2016.

张聚国. 杜波伊斯对解决美国黑人问题道路的探索［J］. 史学月刊，2000（4）：93-101.

祝贺. 美国公共学校种族隔离的终结［M］. 杭州：浙江教育出版社，2014.

二、英文参考文献

Altenbaugh, Richard J. The American people and their education: a social history[M]. Upper Saddle River, N. J. : Merrill//Prentice Hall, 2003.

Brown Nagin, T. The transformation of a social movement into law? the SCLC and NAACP's campaigns for civil rights reconsidered in light of the educational activism of Septima Clark[J]. Women's History Review, 1999, 8(1): 81-137.

Charles Vert Willie, Jayminn Sulir Sanford. Martin Luther King, Jr., the civil rights movement, and educational reform[J]. Educational Policy, 1991, 5(1): 29-43.

Evans Clinchy. Needed: A New Educational Civil Rights Movement [J]. The Phi Delta Kappan, 2001, 82(7): 493-498.

Frederick Douglass, Richard J. Altenbaugh. Liberation and Frustration: Fifty Years after Brown[J]. History of Education Quarterly, 2004, 44 (1): 1-9.

Michael Fultz. The Displacement of Black Educators Post -Brown: An Overview and Analysis[J]. History of Education Quarterly, 2004, 44

(1):11-45.

Tomek, Beverly C. "A Stalking Horse for the Civil Rights Movement": Head Start and the Legacy of the Freedom Schools[J]. The Southern Quarterly, 2014, 52(1): 115-130.

第九章　“回归基础”教育运动[①]

第一节　“回归基础”教育运动的缘起

自20世纪五六十年代以来，全美范围内的基础教育改革不断出现；然而，其结果并不足以应对美国国内外形式迅猛发展对教育改革的需求。为了进一步发展美国基础教育，改善以往教育改革运动遗留的问题，满足公众对教育的期望，20世纪70年代初期，一群教育“门外汉”（家长、商人、政治家等）自发组织、领导了一场由下而上、声势浩大的基础教育改革实践运动——“回归基础”教育运动。[②] 运动的动因最初在于基础教育的现实需求，而正是由于新的现实需求与新的理论发展的不断出现，作为一个开放性的运动，席卷全美的“回归基础”也在发展中不断进行着各种调适。

一、“动荡不安”的社会

1969年发生的经济危机终结了美国战后长期的经济扩张和消费繁荣，20世纪60年代末，美国人开始感受到通货膨胀和失业的压力——

① 本章撰稿人：叶红艳。

② 瞿葆奎：《美国教育改革》，人民教育出版，1990，第494页。

美国经济陷入停滞和通货膨胀两症并发的“滞胀”[①] 困境，除通货膨胀导致的物价持续性上涨外，由于经济缓慢增长及波动所带来的经常性的大量失业更是困扰着当时的美国人。美国经济进入低谷期，据统计，1973—1974 年经济危机时，美国经济全面陷入停滞，GDP 产值同期减少了 2.2%，就业岗位比 1973 年减少了 44 万个，失业率从 1973 年的 4.6%上升到了 1975 年初的 8.2%，全美总共有超过 700 万从业者陷入失业的困境。[②] 而 1979 年爆发的第三次经济危机其辐射范围、影响程度超越了之前的两次经济危机，接近 1.5 万家企业宣布破产或被迫倒闭，失业率一度飙升至 9.2%，全国约有 850 万人刚刚失业或无法找到工作。在此期间，美国人生活所需的燃料油和汽油等重要物资受到价格上涨、预计短缺和石油泄漏的威胁，严重的石油危机爆发，国内通货膨胀加剧，美国经济愈加低迷。

在经济危机与冷战的威胁下，美国的社会风气颓废，甚至毒品横行，许多社区频频出现“破碎的窗户”[③] 现象，犯罪率不断攀升。政府本身也问题层出，越南战争、水门事件等打击了美国民众对政府的信任，美国陷入政府信任危机，环境污染、核泄漏、暴力冲突、种族问题和贫穷问题接踵而至，社会动荡不安，腐败问题频现。经济滞胀，失业率、离婚率的增加，加重了美国家庭经济负担，家长无暇顾及孩子。而 20 世纪 70 年代初，美国公共学校系统备受民众指责，数百万美元公共税收的投入并未使民众在 60 年代开始的“创新教育”中得到满

---

① “滞胀”指的是美国在经济危机期间生产下降和失业率猛增的同时，物价不但没有下跌反而普遍大幅上涨，成为高通货膨胀率、高失业率和低经济增长并存的独特经济现象。

② 刘绪贻：《美国通史》（第六卷），人民出版社，2002，第 303 页。

③ 20 世纪 70 年代，美国经济危机，社区出现“窗户玻璃破碎却无人修理”的现象，这暗指美国社会破坏行为出现，违法犯罪率提高，居民安全感下降，社会动荡。

足,[①] 面对"公立学校甚至未能教会学生加、减、乘、除及其他基本技能"的教育现状,美国民众倍感失望,对公共教育系统的信心减弱。美国教育家、康涅狄格州(Connecticut)老赛德布鲁克学校董事会(Sedbrook Senior School Board)的前成员本·布罗丁斯基(Ben Brodinsky)认为,"越南战争和水门事件、通货膨胀和失业、商业腐败、毒品、成人犯罪和青年破坏,这些20世纪70年代美国'最头痛'的因素是'回归基础'爆发的根源"[②]。

二、基础教育质量"滑坡"

这一时期,暴力、血腥视频等电视节目层出不穷,学生受到低迷、堕落的社会风气等的影响,道德意识下降,思想价值观混乱,学生暴力事件频发,各种不良行为发生率、辍学率不断攀升,美国公共教育的环境不断恶化。

20世纪70年代的一项研究表明,大约50万名高中生表示,在学校中的大部分时间让他们感到恐惧,许多受惊吓(校园霸凌)的学生干脆在上学期间离开学校。然而,学生并不是暴力的唯一受害者。据统计,在美国各地近一半的教师报告说自己遭到口头攻击或成为猥亵手势的对象,每月约有5000名教师遭到人身攻击。教师们痛心疾首:"上个时代……对教师的攻击,即使是无礼的语言,也会受到非常严厉和迅速的惩罚。""今天的学生是厚颜无耻的,老师已经被吓倒;事实上,每8位老师中有1位承认,现在的他或她十分恐惧于与学生对质

---

① 20世纪60年代中期,美国的公立学校开始尝试创新,如开放式教室、模块化调度、个性化教学及药物教育、生态和人际关系的生活调整方案等。

② Burton Yale Pines, *Back to Basics* (New York: William Morrow and Company, 1982), p. 125.

(争论)。"[1] 更糟糕的是，法院的裁决规定，未经正当法律程序，学生不得被停学或开除，这通常意味着惩罚学生需要正式的听证会，校长对“问题学生”采取严厉行动变得犹豫不决。没有受到惩罚的学生再次回到课堂上继续骚扰学生、教师，甚至会因为无人敢管而逐渐肆无忌惮，扰乱教学秩序。斯蒂芬·韦斯利（Stephen Wesley）在俄亥俄州圣路易斯（St. Louis，Ohio）拉布雷学校考察时发现，“铃响了，姑娘们都不理会，她们在教室里戴着帽子和耳环，直呼教师的名字”[2]。迫于恐惧，学生上课时间变得不连贯，教师的教学任务难以完成。而在法院裁决的约束下，学校对学生的管理变得“畏首畏尾”。学生无心学习，教师不敢管理学生，其在教学中的主导作用消失。教师对于如何教学感到十分困惑；学校管理层也变得摇摆不定，犹豫不决；教学大楼脏兮兮；家长不知道该做什么，公立学校教育环境进一步恶化，有些曾经繁荣的学校逐渐变得破败甚至关闭。

基础教育的质量可想而知。国家教育进步评估（the National Assessment of Educational Progress，简称 NAEP）自 1969 年以来，一直在测试和评估 9—35 岁美国人的写作能力。研究发现，9 岁学生几乎没有掌握基本的写作技巧，17 岁学生在拼写词汇和句子结构方面表现了严重的缺陷，超过 18 岁的学生根本不愿意写作。全国范围的写作水平不容乐观，大多数（不同年龄段的）美国人在写作时往往只会使用最简单的句子结构和最基本的词汇，而青少年阶段的美国人在写作方面的表现不断恶化，高中毕业生的写作“笨拙叠加，句子不连贯，段落不明确”。据美国卫生、教育和福利部（the Department of Health, Education and Welfare，简称 HEW）不完全估计，当时（20 世纪 60 年

---

① Burton Yale Pines, *Back to Basics* (New York: William Morrow and Company, 1982), p. 55.

② Burton Yale Pines, *Back to Basics* (New York: William Morrow and Company, 1982), p. 125.

代左右）美国有 100 万名 12—17 岁学生的阅读能力未达到普通四年级水平。因此，在美国，每 10 个 17 岁青年中就有 1—2 个是功能性文盲（Functional illiteracy）①，而在少数族裔青年中这一比例竟然接近 40%，全美有近 2300 万成年人所掌握的文化技能不足以履行其在社会工作、生活中的职能，也被定义为功能性文盲。

1973 年，美国学习能力倾向测验（Scholastic Aptitude Test，简称 SAT）委员会发布一份公告：“在过去的 10 年里（1963—1973 年），SAT 的分数一直处于下滑状态：语文平均分数下降 50 分，数学平均分数下降约 40 分。”② 公众越来越意识到功能性文盲即将成为常态而不是例外：高昂的教育成本（1929—1974 年，美国国民生产总值从 1010 亿美元上升到 14000 亿美元，各级教育经费年支出从 30 亿增加到 1080 亿美元，教育的经费支出从占国民生产总值的 3.1%上升到 7.8 %）换来的是低测试分数，被寄予厚望的公共教育系统甚至连最基础的语言和计算技能都没教好，基础教育质量下降，SAT 分数危机成为 20 世纪 60—70 年代最令美国民众忧心的事件。

社会对基础教育的成果也变得越来越不满：雇主一如既往尖锐地指责那些进入劳动力市场的工人在阅读、写作、工作习惯方面的差劲。纽约的一名商人抱怨：当时找到能够正确拼写和使用标点的秘书或能写出清晰书面报告的初级管理人员非常困难，毕业生竟然不会填写票据。学院和大学抱怨说：许多最聪明的新生在某些方面表现得非常清晰和成熟，但是把想法组织在纸上时就严重不足了，而大学教师不得不对这些学生进行基础知识和基本技能的“补习”。教育学教授肯尼斯·斯特赖克（Kenneth Strike）指出，“现在的高中文凭意味着学生

① NAEP 定义的“功能性文盲”，指的是不具备能够完成美国社会基本任务所必需的功能的高中生，如阅读报纸、驾驶、填写报账单、计算汇率等。

② 瞿葆奎：《美国教育改革》，人民教育出版，1990，第 510 页。

12 年来相当忠实和安静的考勤——准时到学校，安静地坐到下课”①。在教育过程结束时，学校或教师并不在乎学生实际学到了什么知识和技能，而是倾向于关注所谓的“座位时间”。学生家长质疑美国当时的教育系统，他们认为唯一比美元贬值更快的是高中文凭：毕业时，约翰尼②（美国基础教育阶段学生的代称）不会读书，不会写作，不会加法，不会减法。父母参加家长会、学校董事会时指责学校在阅读、写作和数学教学方面存在问题，但是由于不理解孩子当时接受的教育是什么，也无法改变孩子的教育状况，他们变得愤怒和无奈。美国公共基础教育处于水深火热之中，公众迫切希望提高基础教育学生学业成绩水平，改变当时教育质量持续下降的事实。

三、教育改革相继失败

“冷战”期间，美苏“军备竞赛”升级，联邦政府鼓励学校开设了更多的学术课程——科学、数学，培养足够的科学家与工程师等来进行竞赛。③ 尤其是 1957 年苏联两颗人造地球卫星“斯普特尼一号”“斯普特尼二号”相继飞入太空，美国的霸权地位受到威胁，那些在过去不重视教育的政治家开始非常认真地关注教育。

1958 年，美国中小学课程改革一马当先，各种新教学大纲、新教科书、“新课程”出现，社会各界反应强烈。然而，学术专家忽略学校日常活动中教师和学生的现实情况，导致很多课程难度过大，课程目

① Snider, Robert C., *Back to the Basics* (Washington D. C.: National Education association, 1978), p. 23.

② 一家名叫《福布斯（Forbes）》的工业家杂志将高中毕业生称作“约翰尼”，并且在文中写道：“约翰尼不会读、写、算。”后来又加上一条“约翰尼也不会工作”。讽刺当前教育的失败，培养的学生没有基本的生存技能，不能满足社会发展的需求。

③ 贺国庆等：《战后美国教育史》，上海交通大学出版社，2014，第 38 页。

标偏理想化，中小学生不堪重负，都表示无法胜任新课程的学习，学习成绩出现大面积下滑，课程改革流于形式。20 世纪 70 年代初，生计教育运动爆发。这一教育运动对扭转苏联卫星上天事件以来美国学校“智育至上”的氛围，以及在教育实践过程中过于重视纪律、分数、讲授、固定的课程安排等倾向起到了一定的作用。但是，生计教育仅仅围绕满足学生职场需求进行教育，忽视了学生的基本素质培养。

国内经济的持续“滞胀”，以及 20 世纪 60 年代后期美国奉行对外扩张政策，政府财政支出不断加大，国家经济负担加重，美国各个城市的贫穷率不断攀升。家长和政府无力承担“教育创新”政策所需的大量教育资金，公立学校因为无法获得足够的教育经费，基础设施等各项建设不得不停滞，教师工资也得不到保障，开始对教学任务懈怠，校园内混乱不堪。部分州政府不得不接管学校，却又没有能力治理好学校。基础教育改革失败，社会各阶层对公立学校教育系统的不满和愤怒愈加明显，人们指责“花样不断”的基础教育并没有找到解决教育问题的真正方法，只是“雷声大雨点小”的尝试，高中毕业生仍然没有能力行使作为求职者和公务员，作为高效的生产者和明智的消费者，作为公民、父母，或者作为可以生存在当时复杂社会的个体的职责，基础教育的发展并没有起色。①

奥德尔断言：“要是学校能减少那些无聊的废话，回到‘基础知识’，学校的税收自不必提高。”② 教育是建立在商业或工业模式的基础上的，预算削减的观点是固有的，教育的经济目标是效率和标准化。创办只开设基础教育课程的学校要比创办过去 10 年间那种课程繁多的学校省钱，这种主张赢得深受通货膨胀和学校预算不断上升之苦的纳税人的赞同。于是，美国不得不开始通过减少“装饰性课程”“选修

① 贺国庆等：《战后美国教育史》，上海交通大学出版社，2014，第 33 页。

② Snider, Robert C., *Back to the Basics* (Washington D. C.: National Education association, 1978), p. 93.

课”等削减教育成本，降低教育预算，从而缓解教育方面的经济负担。这样，作为一个低成本、低预算，强调学习“基础课程”的教育运动——“回归基础”得到美国政府和家长的大力支持。

四、“回归”基础呼声四起

公众对更听话的孩子，更安静的学校，更重视阅读、写作和算术的教育的需求比往年变得更加强烈。1971年，教育家乔纳森·科佐尔(Jonathan Kozol)批评激进的学校改革“导致很多时候，富裕的白人孩子以高成本、严格和连续的教育为代价，流利地说三种语言，而贫穷的孩子却做黏土花瓶、织印度头巾、玩偏光相机、爬测地圆顶”[①]，并且提出“回归基础”口号，呼吁美国教育界强调对“基础”的重视，这是“回归基础”首次正式出现。

在美国，联邦宪法规定教育由各州负责，州再授权地方学区负责，教育不仅是三级政府的职责，它还受行政部门、立法部门和司法部门的影响。[②] 而由于美国政治上的分权而治，州与州之间在学制、课程、师资、教育管理、教育财政等方面的政策差异较大，教育水平难以统一，而联邦政府又因为无权制定相关法规而难以协调各州教育的发展。正是在这种情况下，各种旨在调节各州之间及各州与联邦政府之间教育关系的州级和全国性教育团体应运而生，并且对基础教育改革政策的制定与实施产生了广泛而重要的影响。教育机构的特点为公众参与自发性教育改革运动提供了机会。当看到公共学校的软弱、无目的性，以及学校不断向学生无下限的“屈服”后，部分民众不再只将希望寄托于公立学校或教师，将所有教学事务交于教师或学校管理人员去做，

---

① 贺国庆等：《战后美国教育史》，上海交通大学出版社，2014，第40页。

② ［美］理查德·D. 范斯科特等：《美国教育基础——社会展望》，北京师范大学外国教育研究所译，教育科学出版社，1984，第269页。

而自己只做一个“验收人”和“观望者”，他们希望能够走入公共教育中，获得更多参与学校管理的机会与权利。于是，学生家长或关心基础教育的社会各阶层自发组织起来形成民众组织[①]或加入相关正式教育团体[②]，参与学校教学，发现学校的不足，督促学校和教师进行改正。一时间，这类团体如雨后春笋般在广泛多样的地区涌现。

在一些城市，关心基础教育问题的选民通过投票选举自由学校董事会成员中更保守的候选人的方式，表达自己对基础教育的期望——基础教育应该注重基础知识和基本技能，学校应该开设以基本技能为导向的课程和执行更严格的学生纪律。家长也对过去10年的“创新”感到心灰意冷，他们感觉自己被欺骗了，于是组织起来对学校董事会实施政治压力，迫使学校教育逐渐偏向“基础”；教师面对数目繁多的选修课程，将班级日常学习生活作为某种娱乐项目的、过度自由、放纵的学生，以及只注重学生是否满意的辅导员和管理员，也逐渐厌倦了“教育创新”，纷纷以教师工会为“阵地”支持“回归基础”，反对“教育创新”。于是，“回归基础”教育运动在众多团体的呼声下发展起来。

第二节 “回归基础”教育运动的开展

20世纪70年代中期，在美国民众和政府机构、立法机关、教育部门，以及其他社会团体积极参与推动下，“回归基础”教育运动迅速开展。教育主张变得更加明确，运动所提倡的两项主要教育制度——教育问责制（Accountability）和最低能力测试制度（the Minimum Competency Testings，简称MCTs）逐渐完善，被各州、县市及学区

---

① 如社区教育委员会、学校董事会、教师工会、家长委员会、家长和教师联谊会等。

② 如全国教育协会中等教育重组委员会、全国教育协会教育政策委员会、全国公民教育委员会、美国教师联合会、全国中小学校长联合会、霍姆斯协会等。

采用；而顺应“回归基础”教育运动发展趋势，基础学校（Fundamental School）得到越来越多的认可，在部分州、县建立起来。这场教育运动就像一场飓风几乎席卷整个美国。

一、明确教育主张

“回归基础”受到很多教育人士的热烈支持。布鲁内尔（R. L. Brunelle）在接任新罕布什尔州教育局长时提出“如果不阅读，你就什么也学不到”，支持在州的各学区推行“回归基础”教育运动。1977 年 4 月，“回归基础”教育运动的强硬派支持者爱迪生基金会主席詹姆斯·G. 库克（James G. Cook），在温斯佩德会议（the Wingspead Conference）[①] 上指出“回归基础”教育运动的目标：“我们的公共教育应该把注意力放在文字读写能力和数学计算上，教育系统将朝着基本知识、真理、美、正义、爱和信仰发展。用格·哈马舍尔德（Dag Hammarskjold）的话说，我们想让孩子不仅能干而且富有同情心，成为真诚、友善、温和、温暖、安静、谦虚的人，这样他们就可以变得更坚定、更强、更聪明。”他强调“回归基础”教育运动不再只是简单的注重“3R”（阅读、写作和数学的基本能力）课程学习，作为学生当时和以后生活和学习所必需的其他基础知识和能力也是运动所提倡学习的。因此，库克将健康、社会和文明的责任（Social and civic responsibility）、经济能力（Economic capability）、创造力（Fostering creativity）、空闲时间的使用、人性（Humaneness）、积极的自我概念（Positive self-concept）列入学生不可或缺的基础知识，基础课程由“3R”扩展为“3Rs”。在库克的积极倡导下，“3Rs”作为主要的“基

---

① 温斯佩德会议是 1977 年 4 月在威斯康星州的拉辛举行的“基本技能在美国教育的状态”会议。该会议主要分析语言能力、计算能力和其他基础知识发展能力的要求及“回归基础”教育运动的相关问题，呼吁教育者重点关注基础能力。

础课程”被越来越多的学校采用，从而推动了“回归基础”教育运动的进一步发展。①

综合各个时期和各个地方“回归基础”教育运动的实施情况、实际措施及运动支持者的言论，其有5个方面明确的教育主张：

第一，强调基础课程教学，注重传统教育。一是小学阶段，学校要将主要的教育精力用于阅读、写作和算数这类基本技能的培养上。1978年，全国阅读权利会议（National Right to Read Conference）特别强调了阅读和写作技能的重要性。二是中学阶段，学校教育的主要精力应被用于本国语（英语）、自然科学、数学、历史的教学，使用不违背传统家庭和国家价值思想的“清洁”的教科书进行教学。三是学校要强调基础课程的学习，取消一切装饰性课程（如选修科目），停止讲授华而不实的学科。四是学校注意课程的挑选，那些未经检验的新数学、新科学、语言学、电子教学等一系列强调概念而不强调事实的所有创新课程都必须取消。五是课堂学习以基础课程为主，“社会服务”项目的学习不能占用基础课程的学习时间，“社会服务”项目包括性教育、驾驶教育、指导、吸毒教育、体育。②

第二，采用传统的教学和评估方法。一是在日常教学过程中，学生的学习方式包括练习、背诵、日常家庭作业、经常性测验等。二是发放成绩报告单，采用传统的等级评分法（A、B、C）或百分制，并且要求经常加以评定和填发。三是升学和毕业要依据学生基本技能和基础知识熟练掌握水平是否合格来决定，而不是根据学生在校学习的年限或在教室里“坐多久”。通过最低能力测试的学生，证明已达到对学校要求的技能和知识掌握的熟练度，方可升级或颁发毕业文凭。取消根据出勤率决定是否能毕业的做法。

---

① Farrell, Edmund J., *The Basics: Random Reflections on a Movement* (Richmond: the Annual Conference of the Virginia Council of Teachers of English, Nov. 4-5, 1977).

② 贺国庆等：《战后美国教育史》，上海交通大学出版社，2014，第40页。

第三，确定教师主导权。在任何一个年级，教师要在学校教育的各个阶段起主导作用，并且能够有效控制课堂，取消学生主导的学习活动之类的无益措施。

第四，注重传统道德培养，把爱国主义重新列入学校教育。小学阶段，一天学习开始之前，学生要参加升国旗活动，并且背诵“效忠宣言”；课堂上，教师鼓励学生记忆鼓舞人心和纪念、赞美国家的诗歌。中学阶段，专门设立传统的历史课程，鼓励参加爱国集会活动。通过加强课程教学，教育学生爱祖国、爱上帝，培养传统道德。

第五，严明纪律。“回归基础”教育运动的支持者认为，纪律是维持课堂学习、学校管理，学校、教师、学生各司其职的前提和保证。在公共教育系统中实行严格的纪律，能够确保学校对学生的管理作用，发挥教师的主导作用，课程才不会因为课堂纪律的松散而被学生打断，教学任务和学习任务才可以完成，学校、教师、学生的管理、教学、学习才会正常进行，充分发挥学校纪律的作用，彻底改变公立学校系统的涣散之风。与此同时，允许适度体罚，并且规定服装和发型要合乎学生仪表，避免因为衣着而分散学生的精力。

二、完善教育制度

（一）教育问责制

20 世纪 60 年代，面对巨大的教育投入、公众教育成本的上升及学生、家长、政治家对教育成果的不满，问责的需求逐渐增长，问责制出现。运动根据当时实际存在的教育问题及矛盾，主张从 3 个方面进行问责：

1. 对公立学校进行问责

学校要对其教育效果负责，尼克松认为，学校的管理者和教师都要对他们的表现负责，这样做既符合学生的利益，也符合他们自身的利益。学校逐步恢复对学术标准的严格要求，并且对学生的学术成就进行精准的测量和评估，加强对学生的管理，适当“收缩”学生的自由。佛罗里达州希尔斯巴勒县明确规定中小学基础课程周教学“最低限度时间”，数学最低教学时间为 5 个小时，而阅读和写作最低课程教学时间不得少于 14 个小时。[①] 此外，提倡学校简化机构，减少行政管理人员、非学术人员及非学术活动的教育经费支出，将钱直接用在教师、课本、必要的教学仪器和设备上，强化学术功能。不仅如此，学校允许州长、立法者、家长等了解教育效果，适当参与学校教学事务，评估学校教学质量，督促学校职能更好的发挥。

学校的第一要务是为所有的孩子提供技能、工具和态度，这意味着要优先开发阅读、写作、口语、听力和解决数值问题等方面的技能，任何学生都不能被学校排除在外。学校需要给予他们机会去发展思维能力、工作能力、创建能力，并且以各自的方式获得生活满足感。当然，对学校的问责并不代表要由学校解决所有的问题，有些问题更确切地说是家庭、教堂、政府和其他机构的工作，如果学校负担过重，把资源花在各种挑战和问题上，就会影响学校职能的更好发挥。

2. 对教师进行问责

明确规定教师的教学职责，教师的工作时间要花在学生的学术指导上，非学术、社会或情感调节活动所用时间逐渐减少，有意识地营造一种适合学生学习的氛围，鼓励学生发展富有创造性的生产力和思维。专业教育工作者也开始传授学生基本技能和基础知识，不再试图通过使用不精确的、荒谬的教育专业术语做社会或心理实验，让家长脱离以前那种“仿佛进入教育的丛林，对所有教育活动充满着困惑与不解”的状况[②]，能够看到孩子在学习知识。因此，教师需做到这样几点：一是创造一个令学生感到舒适的教室环境；二是营造融洽、和谐

---

① 王英杰等：《美国教育》，吉林教育出版社，2001，第 217 页。

② Snider, Robert C., *Back to the Basics* (Washington D. C.: National Education association, 1978), p. 93.

的师生关系、同学关系，使学生不会害怕老师、同学或他自己；三是教师应该帮助学生学习读、写、听，并且进行富有想象力的、正确的沟通，鼓励学生去感受情感（愤怒、爱、恨、悲伤、恐惧、欲望），学会用语言、文字表达自己的情感；四是教师要引导学生去思考他将要做什么、该怎么做，使学生可以在一个具有明确结构的任务范围内拥有高度创造力，并且可以自由表达自己的想法，发挥自己的能力；五是教师应提供多种学习经验。一个充满好奇心和渴望表达自己的学生应该引起教师的注意，并且在教师的指导下接触各种各样的想法和方式以表达自己对这些想法的反应；六是就学生的努力而言，教师应给予学生一个反馈的机会去表现自己的能力，这会增加他们继续增长和深化创造力的动力。1977 年之前，宾夕法尼亚州费城（Philadelphia，Pennsylvania）、北卡罗来纳州夏洛特（Charlotte，North Carolina）等城市的 50 所学校要求中小学教师注重阅读和数学教学，定期为学生布置家庭作业。除此之外，要保证教师福利待遇，解决教师的后顾之忧，杜绝教师因福利待遇得不到保障而消极上课。

3. 对家长的问责

人们普遍认为纪律、学习动机、学习习惯不好，吸毒成瘾和酗酒成瘾等问题通常起源于校外环境。事实上，家庭因素占很大比重。20 世纪 70 年代，电视逐渐主宰家庭的生存空间和生活时间，拥有一个良好阅读环境的家庭在美国急剧下降，学生花大量的时间观看电视节目，学习成绩严重下跌。除阅读问题之外，家长对孩子的监管和教育存在许多问题。因此，如果想促使学生充分发挥他们的教育潜力，家庭需要与学校密切合作，家长需要与教师积极沟通，配合教师和学校的教育，为孩子的学习提供最佳环境，只是愤怒和无奈地指责学校、教师，并不会起到有效的作用。

为此，家长有这样几项责任：一是增加陪伴孩子的时间，关注孩子的学习、生活，为孩子创造一个适合学习的家庭环境。二是加入学校组织的家长志愿会、家长学校联合会等团体，积极参与学校教育，了解孩子的学习环境，来学校为学生服务，支持学校的教育制度，如杰斐逊县（Jefferson County）小学有250名家长志愿者定期为学校服务，从打扫房间到烘烤饼干、接听电话、在图书馆工作；此外，这些团体也为孩子家长聚在一起讨论孩子学习、生活问题提供了机会。① 三是家长接受学校的课程培训，从而可以理解学生学习的科目，并且在家中辅导孩子的课程作业。1976年的调查显示，每4名美国成年人中就有3人赞成向家长提供课程、作为公立学校教育制度的常规组成部分的想法。公立学校的学生家长支持这个计划的比值接近4∶1。所以，“不管父母在家或工作，如果他们的孩子不能按时在学校出现，就应立即通知他们”。家长要对学生的学习负责，“许多家长都没有意识到出勤是多么重要，那么他们应该一起被告知为什么出勤是非常重要的”，“应该将学校、地方当局及父母放在一个位置上，他们对学生的学习都是有责任的”。② 1977年，美国盖洛普民意调查（the Gallup Poll）就“是否因学生旷课而惩罚父母”问题在全国展开了调查，详见下表。

表21 是否因学生旷课而惩罚父母③

选项	全国总计（%）	无孩子在学校（%）	公立学校父母（%）	教区学校父母（%）
应该	51	52	48	46
不应该	40	39	44	48
不知道	9	9	8	6

① George H. Galluo, "Ninth Annual Gallup Poll of the Public's Attitudes Toward the Public Schools," *Phi Delta Kappa 59*, No. 1, Sept., 1977: 36.

② George H. Galluo, "Ninth Annual Gallup Poll of the Public's Attitudes Toward the Public Schools," *Phi Delta Kappa 59*, No. 1, Sept., 1977: 33-38.

③ 引自 George H. Galluo, "Ninth Annual Gallup Poll of the Public's Attitudes Toward the Public Schools," *Phi Delta Kappa 59*, No. 1, Sept., 1977: 33-38。

被访者被分为“无孩子人群”“公立学校父母”“教区学校父母”三类。调查结果显示，三类受访者支持“因学生旷课而惩罚父母”的比重几乎最大。而在全国总计中，一半以上（51%）的被访者认为“孩子无故旷课，父母应该受到惩罚，强调对家长的问责，树立家长对孩子负责的意识”。因此，家长对孩子的学习、生活、教育有不可推卸的责任。

（二）最低能力测试制度

MCTs 是美国“回归基础”教育运动中最重要也是最有效的一项教育制度，其作用主要是衡量学生对基础知识和基本技能的掌握程度，解决教育质量“滑坡”问题，从一定程度上保证中小学教育质量的提高。MCTs 既是“回归基础”运动的具体措施，也是运动顺利发展的制度保证，更是运动留给美国教育的成果，是教育问责在教师和学生层次的具体化，以及“回归基础”教育运动制度化、体系化的缩影。

1. 初步成型

1972 年，旧金山学区发生了第一例“学生控诉学校渎职”案件，即彼得·多伊案①，引起众多教育工作者深刻的反思：“学生的出勤率并不代表学生知识的掌握程度，高‘出勤率’更不能保证教育质量。”学校教育迫切需要一个适合的问责机制来衡量和保证教育质量。于是，人们将目光投向 MCTs。

1972 年 MCTs 首次在俄勒冈被使用后，各州开始逐步推行并初步成型。MCT 是鉴别学术能力的一种工具，以“文凭制裁”（Diploma sanctions）② 的方式衡量学生基本能力的掌握程度，并且根据测试成绩

---

① 1972 年，彼得对旧金山联合学区提起集体诉讼，指责该学区学校忽视了对彼得等学生基本技能的教育，导致他们毕业获得文凭后成了功能性文盲。

② “文凭制裁”指的是通过 MCT 的学生将被允许年级晋升或毕业颁发文凭，未通过 MCT 的学生，将会被要求进行课余时间的补习，再进行测试。三次未通过 MCT 的学生将不会得到毕业文凭或不允许获得年级晋升。

决定哪些学生应该接受“补习”教育，哪些学生可以进入下一年级接受新知识的教育或在高中毕业时被给予文凭，从而督促学生将重点放在阅读、写作、计算等基本技能的学习上。于是，学生的文凭拥有了实际的“意义”，杜绝了“坐够时间”即可晋级、毕业的教育模式。与此同时，MCTs 对那些远离课堂却对教育有一定话语权的人（如董事会成员、州议会和立法者）而言，是评估一个好学区、一所好学校、一个好课程或一个好老师、一个好学生的方式，这种方式可以简洁、明确地协助他们对教育做出更加合理的判断，如关于下一年教育资助的决定。

2. 逐步完善

在接下来的 5 年中，伴随着 MCTs 在各个州的基本成型，各州立法机关及政府通过立法、召开会议制定相关政策、颁布统一测试标准等加强测试制度的合法性、系统性，MCTs 的模式、测试项目与测量方法被不断完善。

（1）MCTs 的基本模式。MCT 的主持机构、测验的对象、内容、最低分数线及用途等不尽相同，各州测试的名称亦各不相同；此外，各州对能力的定义不同，导致 MCTs 的模式繁多，但模式之间的关键区别是州或地方控制的程度。

模式一，州标准—州测试。由州一级政府及教育部门制定最低能力标准，并且根据标准设计测试项目、测量方法、评分标准，然后根据教育立法统一在全州的各个学区及学校系统实施。只有通过最低能力测试并达到州政府规定的基本技能和基础知识的熟练程度，学生才可以晋升年级或获得高中毕业证。强调州教育立法，建立法律问责制度，增加州政府在公共学校教育系统中的作用。1976 年，佛罗里达州颁布《佛罗里达教育责任法》，规定州有责任设置学生的最低能力标准，并且根据标准制定相应的测试。比如，1977 年 10 月，佛罗里达州各学区 12 万名高中三年级学生进行的 MCT，测验分成数学和交流技能两个部分，时间共 3 个小时，测试项目、最低能力标准全部由州教育董事会统一制定，然后由各学区按立法机关要求实行测试及后期的“补习”教育。

模式二，州标准—本地测试。将部分教育权分放到地方学区手中，州制定了最低能力标准后，具体的测试实施计划由各学区根据自身实际情况，以州制定的能力标准为基础，设计最低能力测试项目。MCTs在俄勒冈州推行后，州教育委员会规定了学生测试能力的要求或标准，但将MCTs具体执行计划交给了地方学区，强调所有学区实行的计划和测试都必须以州设计的标准为基础，确保设计既能满足学区实际情况的测试项目（测试试题），又能与全州教育目标相一致。

模式三，地方标准—本地测试。该模型拒绝州政府和联邦政府对最低能力测试的控制或托管，由学区决定“学生最低能力”的标准是什么、应该制定什么样的测试及如何衡量学生的能力等。例如，1975年科罗拉多州通过提议，州政府不干预地方学区的教育管理，由学区自行制定标准，设计测试项目。测试包括4个部分——数学、拼写、语言和阅读，所有2—12年级的学生在每年的4月和12月接受测试，未通过测试的学生将接受学校提供的“补习”教育，坚持“教学—测试—补习—重新测试”模式。增加学区教育的自由性、测试项目的个性化，更加符合当地教育的实际情况。

（2）MCTs的测试项目与测量方法。20世纪70年代，美国基础教育改革的内容主要包括标准的学校科目（艺术、科学、英语等）、基本技能（阅读、写作、算术，即“3R”）、生活技能（平衡支票簿、填写工作申请等）、生存技能（建筑火灾、游泳等），或者上述几组知识或技能的不同组合。MCTs根据教育现状，以当时教育重点为基础，对学生在不同领域的知识和技能进行测量，其测试项目包括“3R”课程、功能性扫盲、公民、消费主义、社会责任、职业发展、就业技能、生存技能、自由企业制度、社会研究和自然科学等，将学生今后可能需要的技能尽可能全面地纳入MCTs的测试项目中。

由于MCTs规定的测试项目几乎涉及学生能力的所有内容，导致测试内容过于烦琐、教育经费激增、测试难度增加，参与标准制定的教育者及其他人员无法短时间内制定如此之多的测试标准，公立学校亦无法完成与测试内容相匹配的教育。1972年，虽然俄勒冈州以法律的形式规定了300多种能力作为测试项目，但是直到1978年，学生只接受了阅读、听力、分析、口语、写作和计算等基本技能的测试，此后该州的MCTs测试项目也主要集中在阅读和计算上。

在MCTs的测量方法中，课堂上的纸笔测验是最主要、也是最常见的，此外还包括学校产品和表演（散文、绘画、汽车制动器工作等）、模拟（在教室进行模拟面试、模拟销售）、实际的表现（真正的工作面试）。使用纸笔测试可以在短时间内公布测试结果，并且能就结果发现学生的问题。但是，它也存在不足：纸笔测试并不能真实地预测学生在未来社会中可能存在的问题，或者在实际生活中所需的解决问题的技能。因此，在实际测试过程中，MCTs既注重纸笔测试，也会运用其他测量方法衡量和评估学生能力。

（3）MCTs的推广。完善的MCTs体系在美国各州及学区的运用迅速增加，佛罗里达州在1975年以州立法的形式规定对全州范围内所有学生的升级或毕业实行最低能力测验；同年，新泽西州（New Jersey）颁布《公立学校教育法》，明文规定对全州中小学生进行基本能力测试，州教育部不仅对成绩排名后20%的学生予以帮助，还要对测试成绩低于标准65%的学生进行全州补习；1976年，康涅狄格州曼彻斯特市（Manchester）开始实施最低学业标准或最低能力标准测试，对650名10年级学生在语文、数学两个科目上进行试点测试；同年，弗吉尼亚州（Virginia）制定全州性最低教育目标，对中小学生进行阅读、英语和数学的最低能力标准测试。①

① 马骥雄：《战后美国教育研究》，江西教育出版社，1991，第41页。

为了加强 MCTs 的规范性，1976 年，全国中小学校长联合会（National Federation of Primary and Secondary School Principals）为全美各州制定了统一的高中毕业最低能力标准。该标准由 20 个州的州政府和 16 个州的地方政府参与制定，通过法律督促各州教育署和各学区建立 MCTs。测试内容主要有 4 条：一是阅读、写作及口头表达方面的功能性能力；二是在数学方面起码懂得小数和百分数；三是掌握美国历史与文化知识，包括民主管理概念和过程；四是完成其他相关学科的课程，培养足够的能力。①

盖洛普民意调查发现，65%的美国公众支持高中毕业生必须掌握最低能力（基本知识和基本技能）。其他民意调查显示，这一比例高达 80%。国家教育委员会协会对学校董事会主席进行的调查发现，76%的民众认为每个学生都必须将通过最低能力测试作为毕业的先决条件。1977 年，北卡罗来纳州立法机关在非裔议员的支持下压倒性通过一项法案，要求所有高中毕业学生必须在全州能力测试中取得及格分数才可以被授予毕业文凭，这一措施为 MCTs 的进一步发展提供了法律保障。同年 6 月，美国已经有 10 个州颁布法律，要求将最低能力测试作为高中毕业及年级晋升的标准。其他 16 个州的教育委员会的裁决要求采取类似的行动。②

教育问责制和 MCTs 的完善及运行，为“回归基础”教育运动的开展提供了制度化的保证。

---

① Hutt, Ethan L., "Certain Standards: Minimum Competency, School Outcomes and the Law," in *Theory and Data in the History of Education: A Cross-Cultural and Cross-Generational Exchange* (Switzerland: University of Bern, 2012).

② Hutt, Ethan L., "Certain Standards: Minimum Competency, School Outcomes and the Law," in *Theory and Data in the History of Education: A Cross-Cultural and Cross-Generational Exchange* (Switzerland: University of Bern, 2012).

三、创办基础学校

基础学校作为一种专门开展“回归基础”教育的学校，是“回归基础”教育运动最具体、综合、彻底的体现。纪律和秩序是基础学校的关键要素，它是督促学生良好行为的前提。另外，学校坚持“3Rs”课程教学，实施最彻底的传统教育，每一项学校制度都会非常具体地在课堂教学、日常学习生活中得到体现。在基础学校，MCTs的能力标准和测试要求是评估学生学业水平的标尺，学校、教师、家长也要遵守教育问责制对学生的学习和成长负责，做到“三位一体”教育学生，从而保证学生基础课程的学习、基础技能的获得及良好行为习惯的养成。

（一）基础学校的初创

基础学校与美国同时期的公立学校略有不同，在许多公立学校，家长们被告知孩子们在被要求学习之前一定要有兴趣。但是，在基础学校，家长们被告知不管孩子们是否喜欢，都将被教授某些科目。在公立学校，父母经常被告知学习是从学生的需要、能力和兴趣演变而来的。在基础学校，学生被告知并期望学习教师定义的对他们有好处的东西。教师认为孩子们没有能力知道他们需要学习什么样的知识和技能，所以在学校他们需要教师的指导。竞争并不全是坏事，基础学校主张孩子在学校中要学会克服挫折和偶尔的失败。基础学校的任务包括努力培养学生最基本的能力、充实和实施家庭理想、发展对传统价值观和道德的欣赏，并且提供一种强调课程内容和教育目的的教育理念。

（二）基础学校的教育目标

综合美国大多数基础学校的实际教学，其基本教育目标通常可以被概括为五大类：

第一，为了继续接受教育而掌握基本技能，即教授学生准确、有效地掌握读、写、说、拼、算这些基本能力，并切使其能够尽可能早地达到年级水平，因为学校每一个层次的学业水平都是为学生在下一个阶段继续接受教育所做的准备。

第二，理解和铭记国家的历史、遗产和政府结构，并切以逻辑和客观的方式进行推理。在共和国宪法中，这是自建国初期就已经形成的教学理想和原则，被认为是接受基础教育和负责任地行使公民权的必要条件。

第三，每一个孩子都要应对学习中的挑战，从而使他们做到最好。孩子的学习任务必须按时完成，为了让孩子体验成功和满足，老师要对其课程作业进行纠正，这将被视为努力的真正回报。在相互尊重、合作和尊重他人权利的框架内，一种竞争精神应被视为学校生活的一个组成部分。学校要培养每个孩子追求卓越或至少尽力的愿望。

第四，实施教育问责制。考试、评分和报告是必要的，这样每个学生都可以了解自己的能力和局限性。要准确地向家长报告，以书面形式向家长通报孩子的进步，凸显每个孩子的特点。

第五，加强对家长进行的公民、尊重、纪律和个人责任等的培训。学校的任务不应被视为创造一种新的社会秩序，而是加强和实现家庭理想、发展对传统价值观和道德观的欣赏。家庭教育对孩子而言十分重要，只有家庭教育和学校教育同步进行、内容相辅相成，学生才能得到更好的发展，而家庭教育的负责人主要是父母，所以学校需要协助或指导父母进行公民、尊重、纪律和个人责任的学习。

（三）基础学校的教育特色

除强调“3Rs”课程和纪律教育之外，大部分基础学校的教育内容还包括以下特点：

1. 教科书的使用

在基础学校的说明书中提到“教科书对学生而言是必需的！每一位学生手上都有每门学科的教科书，再加上多个补充学习的相关教科书”。埃文斯顿（Evanston，Ill.）说：“我们提出的‘传统’替代方案理念是为了让每个学生在每年都能完成每一个基本主题的一个完整的基础文本。”

2. 家庭作业

梅尔斯说：“做作业是性格塑造。”帕萨迪纳三所基础学校为学生每周布置了 4 个晚上的作业，“孩子们要学会独立工作并独立负责工作”。在基础学校，父母通常被要求签署或同意“合同”，家长鼓励孩子完成家庭作业，并切允许学校使用“留校”作为对未完成家庭作业学生的惩罚。一所学校的校长说：“所有的家庭作业都是为了加强日常工作而设计的。因此，孩子们被分配数学练习、书籍报告和与主题直接相关的各种项目，所有的家庭作业都有明确的目的和期望。”

3. 着装规范

基础学校倡导者认为，适当的着装在很大程度上有助于营造一种尊重他人的氛围。因此，在杰斐逊县科罗拉多、圣安塞尔诺等地区，基础学校关于着装规范有专门而详细的规定：“衣服的吸引力和得体性是关键，通常他们应该穿合适长度和款式的衣服。可以是匹配的衣裤套装。女士们要穿长筒袜，男教师也有合适的服装搭配，并且他们的头发和胡须将符合基础学校的原则和哲学。”杰斐逊基础小学负责人说：“在我们学校，男孩们应该打扮成男孩、女孩应该打扮成女孩的样子。我们会监督他们，告诉他们哪些类型的着装是可以穿或不可以穿的。所有的学生都要有高标准的外表和得体的着装。”校长们认为这对学校的风气和氛围都有帮助，这种规定也能够最大限度地避免学生因为着装问题而分散学习精力。①

4. 爱国主义

阅读基础学校的家长手册可知：“首先是爱，然后是赞赏和尊重，

---

① Burton Yale Pines, *Back to Basics* (New York: William Morrow and Company, 1982), p. 55.

它会激发和发展理解与奉献。”“当一个孩子第一次被教导去爱他的国家时，在他接受了爱国教育之后，将有足够的动力激励他去了解美国和她的传统。忠于祖国的感情给予孩子一种认同感——他属于美国，他有根。”

5. 节约时间

加利福尼亚州帕罗奥图市（Palo Alto）胡佛结构学校（Hoover Structured School）校长克拉克强调学生拥有足够的学习时间，他对聚会有非常严格的规定，学校允许聚会，但不经常举行；聚会只在午餐时间举行，学生边听节目边吃东西。这样，学生就不会失去课堂学习的时间。“我们每年只允许4次聚会，每次只持续30分钟，通过精心的会前准备工作避免浪费大量的时间。”①

在基础学校中，杰斐逊县基础学校比较具有代表性。这里有两所基础学校，包括一所高中和一所小学。在这两所学校里，孩子们如父母所希望的，在这样的环境中研究和学习：注重阅读、写作和算术；强调标准的课程，没有过多的选修课；教师是权威的象征；强调背诵、操练和作业的同时，还有“无废话”的纪律，传统的A-D-F评分系统和等效数值，以及爱国主义。

自从1972年第一所基础学校在加利福尼亚州圣杰罗尼莫开设以来，至少有15个州开设了基础学校。到1977年，根据吉恩·S.鲁夫拉（Jean S. Ruffra）的统计，在全国范围内，从马萨诸塞到加利福尼亚，从德克萨斯到密歇根，至少有23个学区在公立学校系统中建立了基础学校，基础学校（包括高中和小学）已经达到165所。截至1977年秋天，有10个或12个额外的学区正计划建立这样的学校。

① Burton Yale Pines, *Back to Basics* (New York: William Morrow and Company, 1982), p. 55.

第三节 “回归基础”教育运动的教育影响

“回归基础”教育运动自兴起之后，在质疑声中不断进行改善，获得广大民众的支持，20世纪70年代中后期在美国大部分州流行，其推行的实践措施也得到各学区的采纳，美国各州基础教育质量“下滑”现象得到缓解，短期内学生学业成绩也有上升趋势，“回归基础”教育运动在这一时间段的影响十分显著。

一、基础教育改革席卷全美

“回归基础”教育运动自兴起以来得到广泛支持，尤其是随着教育环境的变化，“回归基础”教育运动的影响正在逐步加深和拓宽。

1977年，美国盖洛普民意调查委员会就“（家长）你听说过或读到过‘回归基础’教育运动的信息吗?”在全国范围内进行调查，详见下表。

表22 你听说过或读到过“回归基础”教育运动吗?①

选项	全国总计（%）	无孩子在学校（%）	公立学校父母（%）	教区学校父母（%）
听说过	41	38	47	62
没听说	57	60	52	36
不知道/无答案	2	2	1	2

调查结果显示，全国被调查的家长听说过该运动的比例超过40%，

① 引自 George H. Galluo,“Ninth Annual Gallup Poll of the Public's Attitudes Toward the Public Schools,”*Phi Delta Kappa 59*,No. 1,Sept. ,1977:33-38。

而孩子在教区学校和私立学校读书的家长则达到了62%。与此同时，美国盖洛普民意调查委员会还进行了“你赞成还是反对‘回归基础’教育运动”的调查，详见下表。

表23　你赞成还是反对“回归基础”教育运动?①

类别		支持（%）	反对（%）	不知道（%）
全国总计		83	11	6
性别	男	83	10	7
	女	83	11	6
种族	白人	84	10	6
	非白人	75	20	5
年龄	18—29岁	79	14	7
	30—49岁	82	12	6
	50岁及以上	87	7	6
居民人数	100万人及以上	78	12	10
	500000—999999人	77	13	10
	50000-499999人	85	12	3
	2500—49999人	88	5	7
	2500人以下	85	9	6
教育	小学	93	6	1
	高中	84	9	7
	大学	81	13	6
地区	东部	77	15	8
	中西部	89	6	5
	南部	85	11	4
	西部	81	11	8

① 引自George H. Galluo,“Ninth Annual Gallup Poll of the Public's Attitudes Toward the Public Schools,”*Phi Delta Kappa 59*,No. 1,Sept.,1977:33-38。

调查结果显示，全国83%的受访者表示支持这一运动，无论是白种人或黑人、男人或女人、东西南部的人、接受过不同阶段教育的人，所有测试组的支持率都超过了75%。到1980年，“回归基础”教育运动的范围进一步扩大，代表性的学校有北卡罗来纳州夏洛特市的迈尔斯学校、帕罗奥图市的胡佛结构学校及帕萨迪纳市的约翰·马歇尔基础学校。基础教育委员会实时统计加入“回归基础”教育运动学校的数量，根据最新报告，到1977年秋天，威斯康星州麦迪逊市（Madison，Wisconsin）及圣迭戈市（San Diego）等地区将会加入。粗略计算，当时全美已经有30个州加入“回归基础”教育运动，从而呈现“遍地开花”的场景，虽然也存在很多反对的声音，在西弗吉尼亚州卡纳瓦县（Canahua，West Virginia），运动的支持者与反对者甚至爆发了暴力冲突，导致流血事件，但“回归基础”确实成了真正的全国性教育运动。

二、基础教育质量有所提高

“回归基础”教育运动期间，教育质量确实略有提高，美国基础教育出现了一定程度的好转。自1972年俄勒冈州首次使用MCTs，到1976年全国中小学校长联合会为全美各州制定了高中毕业最低能力标准，MCTs在美国受到越来越多学校的认可。1975—1977年是MCTs被采用的高峰期，1982年增长趋于平缓，但此时已经有36个州采用MCTs，MCTs席卷了美国。在不断的修改和完善中，MCTs在各个学区的教育效果十分显著。

1977年，佛罗里达州首次对两万名学生进行了最低能力测试，相当大比例的黑人学生未通过考试，测试结果引起很大反应，MCTs受到美国民众的指责、质疑，甚至受到专业人士的谴责。州立法机关则立即采取措施，拨款100万美元，为各学区不及格的学生统一提供州制定的“补习”教育，并切计划对 1978—1979 学年“补习”计划的拨款增加 250%，使更多的学生拥有通过 MCTs 的机会。1978 年 10 月，第二轮最低能力测试开始，结果显示黑人和白人学生的考试成绩都有了显著的提高：在 11 年级的学生中，通过交流技能测试的学生比例为 97%，比 1977 年提高 5%；通过数学测试的为 74%，比 1977 年提高 10%。而黑人学生的通过比例增长明显，在参加 1978 年测试的 11 年级黑人学生中，89%通过交流技能测试，比 1977 年提高 15%；40%通过数学测试，比 1977 年提高 17%。这一年的最低能力测试第一次正式被运用于俄勒冈州毕业班的毕业测试，取得了令人满意的效果。[①]

尽管 MCTs 还存在种种问题和不足，但作为一个快速发展的测试制度，截至 1978 年，已有 20 个州采取了某种形式的 MCTs，规定了中小学生最低能力标准，其他各州正在考虑或打算使用，全国只有 4 个州表示不准备考虑这个问题。1980 年，全国三分之二的州已经发起了某种形式的最低能力测试，许多人要求学生在高中毕业时必须达到最低能力标准。

1983 年佛罗里达州的统计数据表明，非裔美国人 MCTs 的通过率从 1977 年的 22%上升至 1983 年的 90%以上。到 1985 年，北卡罗来纳州和其他 17 个州已经建立了更为严格的毕业考试，MCTs 成为美国“最流行的针对学生个人类型的问责机制”。到 1988 年，85.8%的非裔美国人通过了阅读测试，而白人的通过率是 96.6%；79.6%的黑人通过了数学测试，白人则是 94%。在政府、立法机关、各学区教育者及社会各界的努力下，MCTs 取得显著成绩改善的效果，其实用性、灵活性增加，得到社会各界的认可。在 MCTs 的督促和“补习”教育的帮助下，美国中小学生的 MCT 通过率不断提高，这也意味着他们的阅

① 曹秋平：《美国的“最低能力测验”运动》，《外国教育资料》1980 年第 2 期，第 54—58 页。

读、写作、算数等基本知识和基本技能的掌握程度不断提高，从这一方面来看美国的基础教育质量得到了改善。

“回归基础”教育运动之前所进行的改革，或追求“创新”，或主张“生活技能”，是对教育的片面改革或对前一个改革遗留问题的修改，并没有真正实现教育改革的目的。“回归基础”教育运动总结了二战后所有教育改革的不足，理清当时最突出的教育矛盾，提出“强调基础，提高教育质量”的核心目标，并且“严明纪律”，发挥了教师主导性作用，防止了学生“过度自由”，保证了课堂学习的正常秩序。在不断的发展和改革中，运动主张逐步完善，教育问责制度、MCTs根据实际情况进行改革，虽然新问题不断出现、教育运动自身矛盾凸显，但在20世纪70年代一定程度上提升了美国基础教育质量，学生对基础知识和基本技能的熟练掌握水平得到提高，“回归基础”教育运动的核心教育目标得到实现。

第四节 “回归基础”教育运动的衰退

随着时代的发展，新问题在运动中不断出现，民众的追风热情冷却下来，对“回归基础”开始进行冷静的思考。1977年，盖洛普民意调查对“全美居民对公立学校的评价”进行调查，评价等级为A、B、C、D四个级别，详见下表。

表24 美国民众对公立学校的等级评价①

评价等级	1977年（%）	1976年（%）	1975年（%）	1974年（%）
A（满意）	11	13	13	18

① 引自 George H. Galluo,“Ninth Annual Gallup Poll of the Public's Attitudes Toward the Public Schools,”*Phi Delta Kappa 59*,No. 1,Sept.,1977:35。

续表

评价等级	1977 年（%）	1976 年（%）	1975 年（%）	1974 年（%）
B（基本满意）	26	29	30	30
C（不满意）	28	28	28	21
D（非常不满意）	11	10	9	6
失败	5	6	7	5
无答案	19	14	13	20

调查结果显示，推行“回归基础”教育运动后，人们对公立学校的满意度并未提高，反而越来越低，公共教育系统并没有满足公众的教育期望，教育矛盾依旧存在，公众对公立学校的教育不满持续升级。与此同时，专业教育者也站出来指责“回归基础”教育运动：基础教育委员会的副主席乔治·韦伯（George Weber）批判“回归基础”只局限于课程改革和纪律的合理改变；迪特莫（Dittmer）将“回归基础”看作“用旧思想解决新问题的‘失败实验’”；维因加特纳（Weingartner）则认为“回归基础”是“返回到从来没有过的‘过去’，是教育的倒退，这是一个对教育和文明的破坏过程”。①

一、问题频发，MCTs“失效”

进入 20 世纪 80 年代，“回归基础”教育运动本身所具有的局限性及发展过程中新出现的弊端主要存在 3 个方面的问题和矛盾：

第一，测试与年级晋升、毕业挂钩，为获得学生在 MCTs 中的高成功率，教师有可能忽视未出现在考试中却同样重要的知识材料，不

① George H. Galluo, “Ninth Annual Gallup Poll of the Public's Attitudes Toward the Public Schools,” *Phi Delta Kappa 59*, No. 1, Sept., 1977: 34.

进行测试的课程被缩减，MCTs的测试项目成为学科教学的主要内容，教师教授的知识、学生学习的知识逐渐向测试项目涉及的知识偏移。然而，测试知识只是基础能力的一部分，并未涵盖所有知识点，部分教师“为测试而教”，而部分学生为了毕业或年级晋升也会侧重学习与测试内容有关的知识，“为考试而学习”，导致学生知识面狭窄。甚至出现将“最低标准”视为教育的唯一目的，能够做到“最低能力标准”就是“优秀”，导致学生不努力学习，“平庸主义”滋生①。这样就与MCTs的目的（衡量学生的基本能力，督促学生努力学习）相矛盾，难以保证教育质量的提高。而在高中“待”了3年却不能通过MCTs的学生，由于测试失败，这些学生将永久被指责为“不称职的功能性文盲”，无法成为社会需要的人，这将限制他们的职业选择。有人建议给未通过MCTs的学生颁发出席证书或“特殊”文凭，反对人士则认为，这将导致某些学生群体处于次等地位，学生群体就会被自动划分等级，从而形成新的隔离形式（优等生—通过测试；差等生—未通过测试），侵犯学生的教育平等权。

第二，MCTs打着“教育机会均等”的旗号，提倡白人学生和有色人种学生在一起学习，但在各种事实上的种族隔离下，接受“精英教育”的白人学生MCTs测试通过率远远高于黑人学生。1977年，在佛罗里达州参加考试的115901名学生中，36%未通过测试，而在失败的学生中，78%是黑人学生，如此高的测试失败率导致黑人学生丧失信心，再加上某些学校教师刻意的忽视和引导②，辍学率不断上升，获得

① 这里提及的“平庸主义”指的是学生受MCTs影响，只求掌握最低标准的能力通过测试，不再努力学习以获得更高水平的知识和技能。

② “废除种族隔离”法案通过后，美国仍然有部分学区“阳奉阴违”，表面上将黑人学生和白人学生放在一起学习，实际上某些白人教师刻意引导黑人学生放弃继续攻读或年级晋升的想法，甚至一些教师在学校忽视黑人学生的教育，致使其中途辍学或根本不参加MCT。

文凭的比例持续下降，而佛罗里达州政府只有10%的职位不需要标准文凭，黑人就业情况也随之恶化。[①] 1978年10月，北卡罗来纳东南部基督教领袖利昂·怀特（Leon White）和纳尔逊·约翰逊（Nelson Johnson）在美国国家教育委员会会议上宣布，为了维护非裔美国人“平等”获得文凭的权利，他们将通过示威游行、抵制和诉讼阻止测试的实施。1980年5月，钱伯斯（Chambers）质疑北卡罗来纳州MCTs的合宪性，认为北卡罗来纳黑人学生仍然是被“歧视的对象”，学校未能“弥补语言和文化上的差异”，这些因素已“对黑人学生产生极端的歧视性影响”。最终，通过对北卡罗来纳州、佛罗里达州、格鲁吉亚州和弗吉尼亚州早期测试结果的研究发现，MCTs的实施某种程度上剥夺了黑人学生获得文凭、就业和接受高等教育的机会，它不是促进教育平等的措施，而是“教育歧视”的延续，违反了美国禁止歧视的联邦法律，全国有色人种协会领导人也呼吁暂停能力测试。

第三，MCTs在实施过程中产生的新问题。MCTs为没有通过测试的学生制定的“补习”计划基本上都是根据测试标准所进行的补习教育，学习内容多是测试的相关题目，“补习”过程只是对测试项目不断熟悉的过程，学生通过测试并非真正达到了能力水平的要求，而是对测试项目熟练度的不断提高。这一措施使测试的有效性降低，最低能力标准的学术性和实用性受到质疑。此外，“补习”计划的实施是教师给予少数有严重学习问题学生的课外帮助。然而，这对在同一个学校系统中的所有其他学生而言，可能会破坏教学的基本技能，因为辅导教师的存在往往会导致学科教师在课堂上放弃这些技能教学的责任，即使这些技能在教室里是必须采用的，学科教师也可能会产生一种侥幸心理：辅导教师会帮助学生对这些技能进行补习。因此，不少人认

① Robert C. Serow, “Effects of Minimum Competency Testing for Minority Students: A Review of Expectations and Outcomes,” *The Urban Review*, Vol. 16, No. 2, 1984: 67-75.

为，MCTs 的实施并没有保证学生基础能力的掌握，也不是对教育质量的保证，这样的测试评估体系无法真正衡量学生的学业水平，更不可能改善教育质量下滑的现实问题，人们逐渐对 MCTs 失去信心。

二、纪律难行，中小学教师“力不从心”

“回归基础”教育运动的盛行使很多人逐渐认识到纪律是进行有序教学、有效评价学生的保证。因此，学校对学生的学习提出如下纪律：学生将在课堂上进行自我教导，以免扰乱学生的学习过程；在教室外面，学生将以尊重个人的权利和财产的方式对待自己。遗憾的是，这种自律的态度并不存在于许多教室，当时的学生已经熟悉并习惯于“开放教室”和“新数学、新英语等”，不知道如何倾听别人，不知道向哪个方向走。他们经历了“多愁善感”的 60 年代，“个人发展”被认为比成就更有价值，“创造力”是最高的目标，而且经常完全迷失在如何应付他们的工作、如何利用他们的时间、如何让自己去学习的困难中。面对这种情况，学校、教师也是进退两难，教师不能强迫学生去倾听教师的授课，否则就是侵犯他们的权利，也不能体罚他们，否则会被学生的家长起诉；如果学校开除学生，父母就会叫喊他们的孩子有受教育的权利。即使“回归基础”教育运动已经在美国大部分州县开展，教师仍然不时迫于某些原因或根据某些法律规定向学生“屈服”，导致教师无法真正对学生的学习进行指导或引领，学生的学业水平并未得到实质上的提高。1976 年的盖洛普民意测验显示，公众认为“缺乏纪律”是公立学校必须处理的最大问题。

此外，运动期间大力提倡削减教育支出，取消“个性化教学”“选修系统”及“小班教学”和“分组教学”，将原来的 15 人或 10 人班级合并成 30—35 人制班级。教师在这样的班级中试图保持纪律的同时再向学生教授基础知识，由面对几个学生教授半小时的课程变成面对三十几个学生进行长达 1 小时的授课，教师变得非常繁忙，逐渐变得疲惫，有些教师甚至无法完成上课任务，其效率和精力都受到极大的挑战，而学生的学业成绩很难有较为显著的提高。教师工作压力增大，教学力不从心。

三、模式僵化，基础学校遭受质疑

基础学校的理念伴随着“回归基础”教育运动的流行在美国受到更多州的支持，然而基础学校并不适合每一个学生。教育家们意识到，在基础学校“教师是教育的控制者”，学生需要遵守学校纪律，根据教师的要求，将所有的孩子放在相同的教室，按照规定的进度，学习统一的知识内容，用同一个评价体系衡量学生的能力，这样按部就班的学习并不能体现学生的实际能力。因为即便在相同的教学环境和相同的知识程度下，所有的孩子并不都会以同样的速度学习，并且这样做忽视了学生的个体差异。盲目地将学生送进基础学校，学生的基础技能虽然在一定程度上会有所提高，却会对整体素养的发展产生不利的影响。学生的潜能被彻底忽视，僵化的教育只会培养“最平凡的学生”。基础学校的教学模式使每一位学生都必须接受“千篇一律”的教育，忽视他们的个人特点，剥夺了学生教育公平的权利。对此，有人反对道：“伴随着基础学校的风行，‘平庸的潮流’正在如洪水般淹没如今的教育”，高中毕业生虽然会脱离“半文盲”限制却无法达到“精英”。与此同时，精英主义吸引着家长，越来越多的家长正在将他们的孩子转到 20000 所具备高学术水平的私立学校，到 20 世纪 80 年代初，基础学校的弊端越来越明显，美国共有 510 万名学生就读于私立学校。

四、内容单一，“基础”存在分歧

运动发展初期，“强硬派”倡导者提出废除选修课，注重“3R”课程教学，强调学生对基础知识和基本技能的掌握等一系列改革基础教育的措施。然而，“3R”所包含的课程比较单一，并非学生所需要学习的全部课程。基础教育委员会发言人乔治·韦伯在接受美国国家公共电台采访时指出，“3R”课程不包括科学、历史、地理、政治、外语、艺术，而这些都是所有学生都必须学习的基础课程中的部分课程，这是该运动自身不可避免的局限。此外，运动的一部分支持者倾向于反对所有教育创新及之前所有的教育改革，坚持“倒退”回到三四十年代的传统教育，这其实是对“回归”的误解，是运动僵化的表现。运动所强调的功能性读写能力在某种程度上也只是培养学生对最基本的反映事实语言的掌握，如报纸文字、教科书文字、使用说明书等，而无法培养学生对表达情感的语言文字的理解，中学毕业生成功脱离“文盲”称号，却依然无法掌握情感阅读、阅读理解能力。里德·惠特莫尔（Reed Whittemore）认为，“这样的教育将使我们失去一种丰富的语言”。针对“基础”的看法仍然存在分歧和混乱，国家进步教育评估（NSBA）调查发现，一般人专注于将“硬”科目（一般指“3R”课程）和传统文化课程（如艺术、文学、音乐、古典文学）作为基础知识，但仍有近四分之一的人把基础知识当作教学方法（教师讲课、操练、记忆、作业、课本学习和字母评分），五分之一的人认为在学生着装规范、尊重权威和爱国态度方面都属于“基础”。事实上，运动的整个发展过程都未能彻底解决到底什么才是“基础”这一核心问题，这就导致在 NSBA 的调查中发现八分之一的人认为“我们不需要‘回归基础’运动，学生现在的技能和他们以前的一样好或更好”。更少的人（9%）对“回归基础”运动持批判态度，他们认为“‘回归基础’是美国教育发展的一个倒退”。3%的董事会成员认为“回归基础”运动就是“很多大众媒体的废话，很快就会很安静的消失”。[①] 运动自兴起时便一直受到人们的质疑，虽然在发展过程中改善或修正了部分理论、制度，但矛盾和问题一直存在，也未曾解决最本质的问题——教育质量持续低下。

五、标准混乱，评价体系有失公允

“回归基础”教育运动的主张明确提出发放成绩报告单，采用传统的等级评分法（A、B、C、D、E、F）或百分制对学生的学业水平进行评估，并且要求经常加以评定和填发。然而，美国教育的“分权而治”导致在各州的评估分级标准不一致，进而导致很多跨州考学的高中毕业生“措手不及”，他们无法理解在不同州、不同学区的“A”有什么不同，“B”“C”或任何等级意味着什么样的水平。由于划分等级的差别，进入大学后一部分得了“A”的学生也不得不重新花时间再去“补学”基础课。从一个学区转到另一个学区读书，学习侧重点、评估标准也随之改变，宾夕法尼亚州学生学业等级水平“A”在俄勒冈州却有可能是“C”，转校生只能重新开始适应新的学习模式和测评标准，这对他们而言是不公平的，学生获得的成绩缩水，分数贬值。学业水平等级标准不一致，导致人们在衡量全国基础教育质量水平时也产生了分歧。

“回归基础”教育运动自1971年初步成型以来，一直处于“冰火两重天”的境地——社会各界对该运动褒贬不一。1971—1977年是“回归基础”教育运动逐步完善和迅速发展的时期，其所提倡的教育制度

---

① Snider, Robert C., *Back to the Basics* (Washington D. C.: National Education association, 1978), p. 45.

和教育措施在全美得到推广和认可，“回归基础”一定程度上提升了教育质量，改善了教育环境（课堂环境），缓解了激化的教育矛盾，完善了基础课程评价体系，使强调基础知识深入人心。但教育的质量问题从来都不是一场运动能够永久解决的，到70年代末80年代初，加之运动自身的种种问题得不到彻底解决，“回归基础”教育运动在测试制度、评价体系、教师、学生、课程方面的具体问题也越来越明显，运动整体存在的矛盾逐渐升级，“回归基础”受到越来越多人的批评和指责：公众认为这仅仅是消除了那些昂贵的“廉价”公共教育①，但是教育状况没有得到改善；对传统教育的支持者来说，这是提升传统学科（科学、数学、英语和历史）地位的一种尝试，却没有完全成功；批评者认为“回归基础”教育运动在很大程度上就是“我们要削减学校预算”“让我们的学校变得有规则和秩序”的代名词，这场运动的兴起不是源自孩子（学生）的需要，而是成年人怀旧情怀的诱发。它是对过去教育改革的一次大规模的“修修补补”，倡导者并没有重新审视美国的教育状况，仅仅是将过去现成的模式应用到中小学，从而达到“让我们有更多听话的孩子”“让学生安静地待在教室里”和“孩子们不要问太多的问题”，却没有彻底解决教育质量下降的根本问题，反而产生许多新的教育问题。20世纪80年代教育运动在经历了短暂的兴盛后走向“衰退”。当然，对于一场教育运动而言，“衰退”也是它必经的过程。

结语：持续的作用

“回归基础”教育运动不仅对当时美国教育产生了影响，而且对今

---

① 昂贵的“廉价”公共教育是指教育经费惊人的巨大，教育结果差强人意，讽刺20世纪60—70年代美国基础教育问题。

天美国的教育也发挥着持续性作用。“回归基础”教育运动实际上是一场探寻“基础”的教育改革，运动强调课堂纪律的不断加强、教师主导地位的再次确立及教育问责制和 MCTs 支撑下评价体系的形成。这些主张无一不是在为学习“基础”、掌握“基础”服务，规范的课堂秩序是正常学习一门课程的前提；严格的纪律和教师的主导作用是课堂教学的基础，纵观美国二战后的教育改革，学生“过度的自由”带来的不是“创新”而是混乱；完善的评价体系则是对教师、学生认真完成各自教学和学习任务的一种督促和评估。然而，“回归基础”教育运动在发展过程中不断出现新的教育问题，问责制度、MCTs 某些不完善的方面暴露出来，基础学校过度强调“传统”略显僵化，“回归基础”教育运动的成果逐渐无法应对新时代的需求。在进入 20 世纪 80 年代，经历了短暂的兴盛后，“回归基础”被更加全面的新的改革运动代替，不过其强调基础知识、严明纪律的主张和教育制度（MCTs、教育问责制）被融入新运动中，继续发挥作用。

一、MCTs 成为常态

20 世纪 90 年代以后，在南方温和派领导人、联邦法官和非裔美国领导人的支持下，越来越多州的学生被要求通过更严格的毕业考试，建立持久和日益一致的测试制度成为全国的共识，各州基本认可使用测试成绩让学校和教师对教育成果负责，MCTs 成为教育问责的一种常规方式。2001 年，美国总统布什提出《有教无类法案》，要求各学区为学生在阅读和数学这两个科目上设定具有挑战性的学术标准，并且为学生制定每学年进步的学习目标，以此保证所有学生（白人学生及其他有色人种学生）在 12 年内达到精熟水平。此外，对 2—8 年级的学生进行这两个科目的最低能力标准测试，评估学生基础能力水平的提升。各个州拥有自己选择和设计测试项目的权利，前提是保证测试与州课程标准一致。为保证各州测试计划的顺利实施，联邦政府每年资助各州教育资金600亿美元以“激励”各州8个年级进行的阅读与数学测验。①

NCLB的颁布和实施扩大了对学生和老师问责的范围，而作为教育问责主要方式的MCTs，成为实施NCLB的措施之一。随着MCTs的进一步完善和推广，美国教育逐渐“建立一个新的方向”——它把教育政策的制定和教育实践的重点转移到教育机会均等上，开始让学生直接对自己的知识和技能成绩负责，“1983年后，所有学生在公立学校里都拥有相同的教科书、课程、图书馆和出勤要求。”② 这一新方向是美国教育史的一个重要转折点，是对美国教育机会平等更具体、更深刻的问责，更是对美国基础教育质量问责。

二、问责制继续发展

问责制自20世纪50年代萌芽，经历了60年代的初步发展，70年代伴随着“回归基础”教育运动的倡导和推动，问责制蓬勃发展。进入20世纪80年代后，“回归基础”教育运动被其他教育改革运动吞没，但问责制并没有随之没落，而是顺应时代要求进行改革，融入新的改革中继续发挥作用，这一时期的问责制主张引入全体共同肩负的教育问责和领导问责机制，以此改进公立学校教育。

进入20世纪90年代，提高教育质量、推动教育发展仍然是美国教育改革面临的首要问题。结合当时美国教育实践情况，教育问责主要

① Baker S. Desegregation, “Minimum Competency Testing, and the Origins of Accountability: North Carolina and the nation,” *History of Education Quarterly*, Vol. 55, No. 1, 2015: 33-57.

② Darryl Paulson, Doris Ball, “Back to Basics: Minimum Competency Testing and Its Impact on Minorities,” *Urban Education 19*, No. 1, April, 1984: 5-15.

有两个普遍的发展趋势：一是州政府开始更加坚定分权化的教育服务和实施学校层面的改革；二是教育关注的焦点逐渐下移，各个学校的实际情况和具体表现成为问责制关注的新焦点。美国各个州政府开始倾向于重视对学习成果、提供奖励的诱因、执行惩罚及协助学校建立改革能力等的评价；同时，各州政府给予学校和教育工作者更多的自主权，用来换取学校担负更多的教育问责。问责制对当代美国教育的影响越来越具体、深入。

20世纪80年代，高质量教育委员会（Commission on High Quality Education）为应对新时期美国教育界出现的新问题和新需求，提出发展“高质量教育”，在美国实施更全面、综合的教育改革，而强调基础知识、基础阶段教育的“回归基础”教育运动在这样的背景下慢慢淡出大众的视野，逐渐沉寂。不过，“沉寂”不是“衰亡”，作为运动的三项主要内容——MCTs、教育问责制及基础学校在之后的教育改革中继续发挥作用，而基础教育所提倡的“重视基础知识”时至今日仍然被人们所认可。因此，“回归基础”教育运动也被称作20世纪80年代美国进行更加全面系统教育改革的前奏曲。

【主要参考文献】

一、中文参考文献

［美］劳伦斯·A.克雷明．美国教育史·3·城市化时期的历程（1876—1980）［M］．朱旭东，等译．北京：北京师范大学出版社，2002.

［美］S．鲍尔斯，H.金蒂斯．美国：经济生活与教育改革［M］．王佩雄，等译．上海：上海教育出版社，1990.

［美］理查德·D.范斯科特等．美国教育基础——社会展望［M］．北京师范大学外国教育研究所，译．北京：教育科学出版社，1984：269.

贺国庆等．战后美国教育史［M］．上海：上海交通大学出版社，

2014.

刘绪贻，杨生茂．美国通史（第六卷）[M]．北京：人民出版社，2002.

[美] 埃里克．方纳．给我自由！一部美国的历史 [M]．王希，译．北京：商务印书馆，2010.

陆有铨．躁动的百年——20 世纪的教育历程 [M]．北京：北京大学出版社，2012.

[美] 迈克尔·W. 阿普尔．文化政治与教育 [M]．阎光才，等译．北京：教育科学出版社，2005.

张斌贤．外国教育思想史 [M]．北京：高等教育出版社，2007.

[美] 阿伦·奥恩斯坦，莱文·丹尼尔．基础教育（第八版）[M]．南京：江苏教育出版社，2003.

瞿葆奎．美国教育改革 [C]．北京：人民教育出版社，1990.

二、英文参考文献

Snider, Robert C. Back to the Basics [M]. Washington D. C.: National Education association, 1978.

Burton Yale Pines. Back to Basics[M]. New York: William Morrow and Company, Inc. , 1982.

Riegel. Rodney P, Lovell. Ned B. Minimum Competency Testing [J]. The Phi Delta Kappa, 1980(11): 2-16, 30.

Burton Yale Pines. Back to Basics[M]. New York: William Morrow and Company, Inc. , 1982.

Francis Schrag. Back to Basics: Fundamental Educational Questions Reexamined[M]. Edinburgh, Scotland: Jossy Bass Inc. , 1995.

National School Boards Association. Back to Basics [R]. National School Boards Association All Rights Reserved, 1978.

James R. Layton. Reading research: The source for challenging back-to-the-basics advocates[J]. Contemporary Educational Psychology, 1981,6(3):252-262.

W. James Popham. The Case for Minimum Competency Testing [J]. The Phi Delta Kappa,1981,63(2):546-549.

第十章　学校选择运动[①]

美国学校选择运动（school choice movement）是 20 世纪 80 年代中期开始的主张通过公共学校市场化实现分权的改革，也称“公共选择运动”“学校授权运动”。其主要政策有校本管理、学券制、择校等。《美国传统词典》（第五版）对“学校选择”（school choice）的定义：允许学生选择在任何私立学校或公立学校入学的公共教育计划，通常以教育券系统或奖学金系统为基础。[②] 追溯学校选择的历史便可发现这一定义只阐明其现代内涵而未囊括“学校选择”丰富的历史内涵。事实上，这是一场由来已久的教育运动。

第一节　运动前奏：从构想到实践

美国的学校选择起初只是哲学家、政治学家和教育家在构想“理想国”时提到的只言片语，而正是这些构想引导了学校选择的创生，成为美国学校选择的缘起。然而，19 世纪中期美国公立学校系统建立以后，这些构想被共和的理想冲淡，但“学校选择”的理念并没有消逝，并且促进了早期选择性学校（alternative school）的出现，尽管建立这些选择性学校的意旨不尽相同。

---

① 本章撰稿人：蒋玉阳。

② 陈露茜：《论 20 世纪 80 年代“学校选择运动”中的意识形态冲突》，《浙江大学学报（人文社会科学版）》2015 年第 3 期，第 166—176 页。

一、学校选择构想

美利坚合众国建成之前，学校选择的构想已经萌芽，这种构想沿袭了家长对子女教育负责的私立教育传统，也代表着争取个人权利和家庭权利的自由意志。英国教育家约翰·洛克（John Locke）的《教育漫话》（*Some Thoughts Concerning Education*，1693 年）一书中认为家庭应对子女的教育负责；英国经济学家亚当·斯密（Adam Smith）在《国富论》（*Wealth of Nation*，1776 年）中建议政府给家庭提供学费，家长为子女选择学校；18 世纪，汤姆·潘恩（Tom Paine）在《人的权利》（*The Rights of Man*，1792 年）中提出了造福穷人的择校计划，认为家庭有义务负责子女的教育，而且应当为穷人减轻经济负担以扩大低收入阶层受教育的机会[①]；英国哲学家约翰·斯图亚特·密尔（John Stuart Mill）在《论自由》（*On Liberty*，1859 年）中也指出家长应为子女选择适合的学校，该学校学费中无法支付的部分应由政府补齐差额。《论自由》第四章“论国群小己权限之分界”中明确指出，“凡一己之谋，正民各显特操之地，宜任自繇，而为国家所不为过问者”[②]。教育上的自由要做到“教育之各异”，他并不否认国家办学，但是应与私人办学“杂然并存，与相摩厉，而去就则听民之自择”[③]。也就是说，国家办学与私人办学相结合，人们就学去向听由其自行选择，国家并不需要包揽教育事业，只需考察家长是否按时送子女就学而已。无论来自“旧世界”的理论还是美洲土地上新生的教育观点，都认为政府只应该保障教育经费，不应该强迫家庭接受由政府提供的公共教

---

① ［美］埃尔查南·科恩：《教育券与学校选择》，刘笑飞等译，北京师范大学出版社，2008，第 5 页。

② ［英］约翰·穆勒：《论自由》，严复译，北京联合出版公司，2013，第 80 页。

③ ［英］约翰·穆勒：《论自由》，严复译，北京联合出版公司，2013，第 108 页。

育，他们的作品中不乏要求政府资助弱势群体受教育的想法。

但随着公共教育系统的建立，“选择”的理念被共和观念冲淡。公共学校（common schools）成为教育的主流，这也意味着家庭选择学校的范围缩小。公共学校之父贺拉斯·曼在马萨诸塞州的努力和亨利·伯纳德在康涅狄格州和罗得岛的付出，加上其他州公立学校运动领导者所做的贡献，共同促成了美国19世纪最重要的教育改革运动——公共学校运动，19世纪中期建立了由税收支持公共学校体系。到1850年，8100所公共学校散布在美国的大部分地区，基本做到一间教室有一位老师。州政府扮演着教育的“最终监护人”角色，政府强制儿童入学，但仍然给予家长一部分选择学校的自由，即此时家长能够在公共学校与非公共学校之间进行选择。实际上，父母教育权包括父母对学校教育所享有的权利的“主要表现之一是父母的学校选择权”[①]，所以公共教育“威胁到家庭对于儿童的权威”[②]，政府剥夺了家庭早先拥有的对儿童教育的决定权。

不可否认，公立教育系统巩固了美国的共和制，但建立公共教育体系并不等于教育公平随之而来。贺拉斯·曼期待公立普通学校促进教育平等，期待公立普通学校成为社会机器的平衡器和财富创造的源泉，他似乎指望公立普通学校成为美国所有社会问题的万能药。然而，父母手中尤其是黑人父母手中仅有的“自由”依然敌不过种族隔离的限制。1896年，普莱西诉弗格森案确立了“隔离但平等”原则，白人小孩与少数族裔小孩分开就读，该原则使学校选择在半个世纪里成为空洞设想，对少数族裔孩子而言，学校选择可以说是海市蜃楼。

---

① 尹力：《试述父母教育权的内容——从比较教育法制史的视角》，《比较教育研究》2001年第11期，第11—16页。

② 祝贺，张斌贤：《美国公共教育种族隔离合法性的确立：普莱西案始末》，《四川师范大学学报（社会科学版）》2013年第2期，第71—76页。

二、早期的学校选择实践

20世纪60年代，美国教育改革的方向是教育平等，但种族隔离将美国划成两个相“分离且敌对”的世界，“种族歧视打造了两个社会——一个社会由贫穷的少数族裔群体组成，另一个由相对富裕的白人构成”[①]。形成两个世界的最明显边界就是居住地，由于美国社区由种族和阶级划分，市中心尤其是市中心贫民窟居住的多是低收入、少数族裔家庭，郊区居住的是上层阶级和超富阶层。在“就近入学”原则下，居住地便决定了孩子在哪里接受教育，即在学区内离居住地最近的学校入学。20世纪60年代前期，“选择学校”议题与种族政治相互缠绕。此时种族歧视的紧张局势进入一个新高峰，学校选择出现了一些新的实践形式。

（一）“白人出逃”学园（white-flight academy）

布朗诉教育委员会案否定了“隔离但平等”原则在教育领域的合法性，要求改革公共学校，建立种族融合的公共学校系统。然而，种族隔离不是一日形成，便不可能一日消除。一些白人种族主义者为抵制学校中的种族融合，选择逃到郊区。最初的选择性学校“白人出逃”学园之所以建立，主要是因为白人担心自己的孩子与非裔学生同校。学校选择本质上是利用“自由选择”的理念抵制种族融和。白人对种族融合的恐惧迫使他们逃往郊区，他们在郊区集资建立排斥种族融合的学校。“白人出逃”学园是特定时代的产物，“白人出逃”这一名称随着种族融合进程的缓慢前进逐渐消逝，成为种族隔离在教育历史上的印记。

---

① ［美］拉塞尔·邓肯，约瑟夫·戈达德：《当代美国》（第二版），中国人民大学出版社，2009，第2页。

（二）自由学校

20 世纪 60 年代，在反文化运动和反对同质化的文化氛围下，人们对当时的价值和信仰提出异议。20 世纪 60 年代的美国亦不例外，新左派运动（the New Left）①、民权运动、反主流文化、学生抗议、反战运动和与日俱增的对美国同质化和商品化社会的抗议都发生在美国这片土地上。罗恩·米勒（Ron Miller）把自由学校运动视为教育上的“反文化”（counterculture），因为自由学校的倡导者反对国家资本主义、政府治理，认为教育应该为青年在社会中找到一席之地做准备，然而传统的学校在道德上压抑学生，从而固化种族和阶级压迫，在愈加超理性和不真实的“技术化的”社会塑模生产一批批学生。②

20 世纪 60 年代后期，受到创造多样性和选择思潮的鼓舞，美国人在公共学校之外创造新型学校的举动蔚然成风，由此掀起了自由学校运动（free school movement）。20 世纪 60 年代的自由学校主要有两种：自由学校和选择性学校。1960 年《夏山学校》（夏山学校于 1921 年建于英国）出版后，美国创办的自由学校多模仿夏山学校，倡导合作、民主和无结构的教育，办学方式多样化；选择性学校开办的项目常常针对有特殊需求的教育消费者。20 世纪 70 年代中期，自由学校运动走向衰落。自由学校实际上是有相同志愿的家长为子女实施的课程改革。③ 可见，最初的“择校”是小团体的结盟行为，是学生及家长出于逃避种族融合或追求他们所认为的比公共教育更有价值的教育而自发“建立”的所谓“学校”，这些“学校”往往设施不齐全，也没有形成

---

① 该运动以“青年知识分子为主体”，“反对发达工业社会对人性的摧残”，“主张人道的理想社会”。参见赵林著《美国新左派运动述评》，《美国研究》1996 年第 2 期，第 40—58 页、第 4 页。

② Judith, Kafka, “Free Schools, Free People: Education and Democracy after the 1960s,” *History of Education Quarterly* 45, No. 1, 2005: 134-138.

③ 杨梅：《美国特许学校运动研究》，人民出版社，2014，第 67—69 页。

“学校”规模，其重点在于实现有着共同教育追求的家长想开设的课程或项目，是家长群体为自己孩子“开小灶”的行为，即自行创造优势教育资源，争取在逃离公立教育系统后子女的教育做到“自给自足”。

（三）磁石学校（magnet school）

20世纪70年代是令人乐观的教育实验和愈加保守的科层制和事实上的种族隔离并存的时代。公共教育中出现一些创造性的教育实验，如“人类：一项课程研究”（Man：A Course Study）（一个人类学的教学项目，特点是开展“螺旋式课程”，即某一概念会在同一课程中被重复教，但每次教学内容的层次不同，采用螺旋渐进的方法，每多教一次则上升一个层级），在开放教室组织新型课程，使学生通过“发现”学习掌握知识结构，人们似乎看到了公共教育的希望。然而，与之形成强烈对比的是，市中心平民区的公共学校正处于水深火热中，种族隔阂愈演愈烈，在波士顿等地甚至还演变为暴力事件；公共教育越来越保守，官僚主义倾向严重，公共教育系统的生命力和可行性遭到质疑。

在这样的背景下出现了磁石学校。顾名思义，磁石学校是开设特色项目以吸引学生到不受欢迎的地区就学的公共学校，是以维护种族平衡为目的的选择性学校。[①] 面对种族隔离带来的压力，最高法庭和政治领袖敦促国会筹集资金创建缓和种族差别待遇的学校，磁石学校应运而生。磁石学校是为消除种族隔离而创建的学校，但后期其侧重点逐渐转向追求高质量教学并因此受到广泛欢迎。尤其进入20世纪80年代里根（Ronald Reagan）总统任内，联邦政府投入大量改造城市的资金促进磁石学校的发展。磁石学校的建立始于政治行为，其迅速发展也主要归功于政治关注及政府拨款。磁石学校在后期的教育目标转向

① Peter W. Cookson Jr., Sonail M. Shroff, *School Choice and Urban School Reform* (New York: ERIC Clearinghouse on Urban Education, 1997), p. 5.

表明20世纪80年代公众对高质量教育的需求甚旺。磁石学校的发展依赖庞大的资金支持，政府干预下创建的磁石学校作为公共学校以外的选择形式，其迅速发展将学校选择带入大众视野。

“白人出逃”学园、自由学校和磁石学校等，无论是出于何种目的而选择，不可否认的是，都在公共教育的基础上提供了更多可供选择的学校类型。

第二节 运动发展：追求“优异”下的“选择”

如果说20世纪80年代之前20年的学校选择实践的本质是为追求教育平等，或者相反，是为逃避种族融合的较小范围内教育实践，那么20世纪80年代开始的学校选择追求“优异”（类似目前中国语境下的“优质均衡”）的热情几乎波及全社会。20世纪80年代是一个教育问题可以上头条的时代，也是一个教育中蕴含商机的时代。

一、《国家在危机中：教育改革势在必行》触发教育改革热潮

20世纪70年代中期，美国经历了石油危机及随后的经济滞胀，到20世纪80年代初经济开始衰退：失业率居高不下，大学毕业生找不到工作，美国经济发展前景堪忧。屋漏偏逢连夜雨，经济衰退的同时美国贫富差距也进一步拉大，全国的财富主要被最富有的1%的人掌握，而中产阶级也想得到国家财富中他们的应有之份。此时，教育成为经济不景气和社会不公正的替罪羊。1983年，教育优异委员会（Commission on Excellence in Education）成立，由里根总统任命的蓝丝带小组（Blue Ribbon Panel）开展调查，研究美国综合高中的教育状况，写成报告《国家在危机中：教育改革势在必行》（*A Nation at Risk*：*The Imperative for Education Reform*）。该报告指出美国综合高

中教育面临困境，综合高中课程只会将美国经济引向灾难性的危机。虽然有人认为这份报告只是政治上危言耸听的策略，目的是更迅速地推进改革，但无论如何，追求“优异”的浪潮无法阻挡。《国家在危机中：教育改革势在必行》掀起了美国高中的改革浪潮。

“学术优异”成为 20 世纪 80 年代教育改革的口号，保守主义的批评家认为国家处在危机中的罪魁祸首是进步主义，他们激烈抨击进步主义以儿童为中心的教育。[①] 埃拉·肖尔（Ira Shor）认为 20 世纪 70 年代和 80 年代保守主义通过 3 个方面实现教育改革：生计教育（career education）、“回归基础”（a return to basics）和学业优异（academic excellence）。这些改革的主要目的并非促进工作技能、读写能力和智力发展，而是实现保守主义的意识形态在一种更安全、更重大的位置（即教育领域）上的复兴。[②]

到 1985 年，美国大多数州都加入了“学术优异”的教育改革浪潮，累计公开了 500 份关于要改革综合高中的州一级报告。州一级的改革者对美国高中的改革采用的是戴维·泰耶克（David Tyack）和拉里·库班（Larry Cuban）在《修补出个乌托邦》（*Tinkering Toward Utopia*）报告中的“多多益善疗法”（the remedy is more），即公立学校延长学生每日和每年在校时间、开设更多学术性课程、重视基础、制定评价教师和教师薪资标准、进行学生学业成就的标准化考试并将地方学区的考试分数上报至州。总之，这份报告掀起的第一波浪潮的潜台词是“让蠢货们都动起来！”。

玛格丽特·戈尔茨（Margaret E. Goertz）在《新世纪教育政治学》中说道：不似 20 世纪 60 年代教育政治家是教育的利益相关群体，20

① Richard Neumann, *Sixties Legacy : A History of the Public Alternative Schools Movement , 1967-2001*(New York: Peter Lang Publishing Inc. , 2003), p. 197.

② Richard Neumann, *Sixties Legacy : A History of the Public Alternative Schools Movement , 1967-2001*(New York: Peter Lang Publishing Inc. , 2003), p. 198.

世纪80年代的教育改革由商业领导者和抽选的官员主导。由此，《国家在危机中：教育改革势在必行》的诞生是美国教育史上的一个转折点，促使联邦和州的教育政策制定者及其代理者卷入学校改革，他们对学校改革的参与度可谓前所未有。20世纪80年代出台的教育法律和政策对改革的要求如下：①

表25 州层面的改革（1980—1990年）

改革要求	改革实施情况
高中毕业	42个州建立标准
学生测试	继续20世纪70年代的测试势头；到1990年，47个州一级的测试项目
问责制	广泛采用测量和指标系统；到1990年，23个州超越考试分数而运用综合指标
教师标准	全面改革，尤其在教师测试方面从1980年只有几个州到1990年有39个州要求教师通过教育并通过考试方能从教

表26 学校层面的改革（1984—1988年）

高中改革项目	改革实施情况
更严格的入学标准	73%的高中
设置体育和课外活动的要求	70%的高中
更严格的执行标准	70%的高中
延长在校时间	40%的高中
布置更多家庭作业	27%的高中
给教师加薪	23%的高中
延长学年	17%的高中

① 表25和表26来自教育报告：*The Education Reform Decade*，*Policy Information Report*，*Educational Testing Service*（Princeton：N. J. Policy Information Center，1990），p. 7。

可见，20世纪80年代的教育改革贯彻对“优异”的追求：设置最低标准，采用种种负强化的手段对学生和教师提出更高要求。但如报告中所反映的，学生没有乖乖顺从当局的规定并接受“回归基础”的课程，许多学生把学校理解为呆板、无聊、压抑和不利于其智力发展的地方。因此，保守主义在采取提高学业要求、提高大学招生标准等措施后，进一步提出了更严格的纪律。这却使许多不适应的学生和迟钝的学生从传统主流学校中分离出来，[①] 而分离出来的这些学生成为20世纪80年代学校选择的主体。

《国家在危机中：教育改革势在必行》报告虽然对“择校”只字未提，但它对美国公立学校处在危机中的描述使美国人愈加感到教育改革的必要性，教育改革几乎成为共识，把市场引入教育成为学校选择诸多计划的生存土壤。报告出台后，里根总统的公开讲演承诺“政府将在以后几个月继续力争使国会通过学费税收减免、教育储蓄账户、校内自愿祷告、撤销国家教育部等议案”。里根领导的保守主义联盟极力反对州权力扩张，相信市场的力量。以主张自由放任资本主义而闻名的经济学家弥尔顿·弗里德曼（Milton Friedman）成为总统智囊中的代表人物。里根政府从教育体制外部寻求教育改革的“药方”。20世纪80年代初，里根政府抛弃了凯恩斯主义，吸收了供给学派和货币主义的政策主张，相信市场的力量和自由竞争的作用，推行市场机制的改革政策。1988年，新上任的布什为了兑现竞选时提出的“教育复兴”口号，于第二年签署《1989年教育竞争优秀奖励法》，实施“优秀磁石学校计划”，力促学校开放招生；1990年，教育部长卡瓦佐斯的《推进选择制，改革美国教育》预示着“择校”的推广；1991年颁布的《美国两千年教育战略》，主张推行教育券方案，鼓励包括私立学校在内的

---

① Richard Neumann, *Sixties Legacy: A History of the Public Alternative Schools Movement, 1967-2001* (New York: Peter Lang Publishing Inc., 2003), p. 200.

择校，认为这样才能打破传统教育体制中公立学校的垄断带来的弊端；1992年，布什在连任竞选中重申“择校”策略，随后拨款几十亿美元支持学校选择计划和教育券实施；1996年，克林顿政府继续推行“择校”政策，但只支持特许学校计划而反对教育券。

美国教育高度分权化和分散管理的特点使中央行政命令要求的改革难以统一实行，各州实施学校选择的动机来自两个方面：一方面，奖励性的联邦教育政策诱导各州学校为获得奖励资金实施学校选择计划；另一方面，各州之间为促进教育的优异或公平，相互关注和模仿而使选择的政策方案得到传播。因为教育自主权掌握在各州手中，所以各州有不同的学校选择具体实施模式，并且相互影响，形成了一些不同的学校选择计划，共同推动着学校选择运动。

二、“学校选择”遍地生花

根据不同情况和需求，各地学校选择计划呈现多种选择类型。明尼苏达州是全州范围内实施选择的典型，纽约市是全市范围内选择的典型，而马萨诸塞州是以反种族歧视为目的的选择的典型；另外，学校教育券又是最典型的一种学校选择形式，所受争议也最多，而特许学校是20世纪90年代以后美国最盛行的一种学校选择计划。

（一）明尼苏达州：州内的学校选择

1986年，全国政府官员会议（the National Governor's Conference）形成《看结果的时代》（*Time for Results*）报告，肯定了“选择”释放市场竞争的价值。次年，明尼苏达州成为学校选择运动的先锋，点燃该运动最初的星星之火。1988年，明尼苏达州制订了全州公立学校学区内和跨学区并行的开放入学（open enrollment）选择计划，此计划的通过标志着学校选择运动的开始。该计划允许学生选择本州内的任何学校，规定除非明尼苏达州的学校席位不够，否则不得拒绝录取。之后的几年，开放入学方案先后在堪萨斯州、爱达荷州、艾奥瓦州、马萨诸塞州、内布拉斯加州和犹他州实施。到 20 世纪末，公立学校选择已如火如荼，美国约四分之一的适龄儿童通过学区内或学区间的学校选择项目和特许学校（charter school）选择项目进入所选择的学校。

明尼苏达州首先打破学区内部和学区之间的壁垒，实现更大程度的“选择”，规定只要该州公立学校席位足够且不影响种族融合，全州所有公立学校面向所有幼儿园至 12 年级学生招生。1995 年，明尼苏达州 75000 名公立学校学生中有 15%加入了学校选择项目。这些学生把州提供的生均教育资金带到所选学校对应的学区，接收的学区为这些学生提供交通费用。

除了全州范围内开放入学政策，明尼苏达州学校系统还为学生提供许多其他可供选择的教育项目，其中有些是为拔尖学生准备的，譬如 1985 年启动的中学选择（Postsecondary Options）方案，让高中二、三年级学生进入公立或私立高等教育机构，获得高中的学分和未来高等教育的学分；有些是为学业困难学生准备的，譬如 1987 年建立的“二次机会”（second chance）项目，又叫“高中毕业刺激项目”（High School Graduation Incentive Program），为毕不了业和已经辍学的学生提供专为他们设计的教育项目助其毕业，提供这种项目的学校可能是公立学校，也可能是无教派的私立学校；还有专为 21 岁以上的成人设计的文凭机会（Diploma Opportunities for Adults）、专为怀孕和少数族裔家长设计的一些教育项目；地区学习中心（Area Learning Center）为 12 岁以上的人提供私人教育项目。家庭可以从税款中扣除学费，7—12 年级的学生家庭每年最多可抵税 1000 美元。① 建立这些学校选择项目为家长和学生扩大了可选择范围，可以不受限制在公立和私立学校、

① Peter W. Cookson Jr., Sonail M. Shroff, *School Choice and Urban School Reform* (New York: ERIC Clearinghouse on Urban Education, 1997), pp. 11-15.

教派和非教派学校，甚至是学校教育和非正式教育项目之间“自由”选择，其中为拔尖学生准备的教育计划体现学校选择对教育优异的追求，为学业困难、成人、孕妇等群体开设的教育项目表明学校选择对教育公平的青睐。

1991年，明尼苏达州通过《特许学校法》（*Charter School Act*），与当地校董会签下合同允许教师创办和管理公立学校。特许学校为学生提供创造性的、替代性的教育机会，并且对公共权威和家长负责。特许学校资金主要来自学校招生，特许学校对学校董事会和社区负责，实现其学校目标。1994年，明尼苏达州的法律允许在该州建立特许学校的数量增至35所。1994年，明尼苏达州议会调查部门（Minnesota House Research Department）的一项调查显示，选择了特许学校的家长满意度很高。大部分家长喜欢特许学校中特色课程、小规模和环境。特许学校能够提供创新的教育观点，因而人们认为特许学校能促进学校进步。[①]

学校选择计划名噪一时，吸引了许多参与者。1992—1993学年，超过113000名学生（该州共75万名公立学生，占15%）参加各种形式的学校选择项目，超过12500名学生进入其居住地所在学区以外的学校，比1991—1992学年上升了26%，比1990—1991学年上升了110%。1987年，即高中毕业刺激项目开展的第一年，超过2000名辍学者重回校园。1992—1993学年，14000名学生参加明尼苏达州的“二次机会”项目。1994—1995学年，超过18000名学生参加开放录取项目，超过6100位学生参加第二中学选择项目。学区内选择在城市地区更受欢迎，而开放招生在小规模学区和农村地区更受欢迎。参加开放招生的少数族裔学生呈增长势头，而少数族裔学生和低收入家庭学

---

① Peter W. Cookson Jr., Sonail M. Shroff, *School Choice and Urban School Reform* (New York: ERIC Clearinghouse on Urban Education, 1997), pp. 11-15.

生是参加“二次机会”选择项目的典型代表。[①] 一方面，该州的选择政策吸引了家长和学生到原有学区之外的学校上学；另一方面，新增加的教育项目为学业拔尖和处于弱势的受教育者提供了一些可选择项。

参与学校选择计划的人群多样，其个别原因也有多种，但归根结底都想通过选择寻求更优质和更适合的教育机会。具体而言，人们选择开放招生考虑的主要因素是学校学业方面的声誉。家长选择离家不近的学校，是因为对自己社区学校的教育服务和管理不满，学生试图寻找更好的学业服务和更积极的教育环境。值得一提的是，开放招生计划弱化了城乡二元，也弱化了学区之间的收入悬殊。开放招生计划促进了明尼苏达州公立学校的种族多样性，在当地学校层面上促进了教育资源平等分配。再者，在自己选择的学校中，学生自尊、态度和出勤率大大提高。选择项目让许多辍学者重回校园，选择性学校提供更多先进的课程，选择政策将一些家庭重新带回公立教育系统，还允许教育者开发新型学校，因而在一定程度上获得公众的支持。

不过，人们满意于选择并不意味着学校选择确实满足家长和学生的教育需求。也就是说，要求学校选择计划和新增的教育项目做到“因材施教”是不容易的，更不用说选择政策实施中出现的诸多弊端。1991—1992 学年的研究发现，让选择学校或学区改变或发展项目完全满足家庭的需求几乎是不可能的。有些证据确实表明，流失大量学生的学校会改善项目，却又有其他证据表明学校的进步并不归功于开放招生。学校选择未明显带来期待中的良性竞争。[②]

（二）纽约市：城市内的学校选择

纽约市学校系统是典型的规模大、少数族裔众多的学校系统。

---

① Peter W. Cookson Jr., Sonail M. Shroff, *School Choice and Urban School Reform* (New York: ERIC Clearinghouse on Urban Education, 1997), pp. 11-15.

② Peter W. Cookson Jr., Sonail M. Shroff, *School Choice and Urban School Reform* (New York: ERIC Clearinghouse on Urban Education, 1997), pp. 11-15.

1997年，纽约市拥有美国最大的公立学校系统，包含32个社区学区，超过1000所公立学校。62%的公立学校学生有资格参加补贴午餐项目(subsidized lunch programs)。该市73%的学生是非裔或西班牙裔。许多学生的家庭是新近移民家庭，纽约市公立学校的学生讲80多种语言。

纽约市学校行政长官（Former New York City Schools Chancellor）约瑟夫·费尔南德斯（Joseph Fernandez）提出城市范围内的学校选择计划，规定纽约被公立学校录取的所有学生家长有权将孩子转入所选的任何一所公立学校，只要所选学校席位足够。学校不能因种族、民族、性别或特殊需求而歧视儿童。该计划基于5项假设：一是旧的城市学校系统结构的官僚环境使改革举步维艰；二是城市学校必须进一步提升，让学生学有所成；三是所有父母，无论贫富，都有权选择孩子在哪接受教育，决定孩子如何受教育；四是让私立学校参与教育市场的竞争，给予管理者和教师刺激政策和主动权，让他们开发具有创造力的新教育项目；五是学校问责理所应当，因为问责制理论上会强迫教师和管理者优化课程和教学。①

纽约最有名的学校选择学区之一是社区学区4（Community School District Four)，该区位于东哈莱姆（East Harlem)，是纽约市最穷的社区之一。学校选择进程肇始，该区排名位于纽约市32个学区的最末。那时该区有13000名学生，其中的60%是西班牙裔、35%是非裔、4%是白人、1%是亚裔。几乎80%的学生有资格享有午餐免费或午餐减免，10%的学生被划分为英语欠熟练者（Limited English Proficient)。一些教育创新者、家长和社区领导联合起来回应强烈的教育改革需求。1976年，教师获得重新设计和创造新型学校的自主权，初中一级建立学区范围内的选择系统，要求家长在学区范围内可供选择的学校中选

① Peter W. Cookson Jr., Sonail M. Shroff, *School Choice and Urban School Reform* (New York: ERIC Clearinghouse on Urban Education, 1997), pp. 16-24.

择他们孩子要进入的高中。20 世纪七八十年代，该区 13 所中学被改造成 29 个选择性项目实施地。1997 年，该区有 44 所学校，这些学校被设立在 20 栋楼里。在这种意义上，一所学校并非一栋楼，而是“在总监或校长领导下围绕某中心主旨而组织的教育项目”。每所“校中校”（schools-within-schools）为 200 名甚至更少学生服务。每所学校给予教师充分自主权创造新的教育项目。

该区第一所选择性学校是为行为出格（act out）学生设计的贝塔学校（Beta School）。另一个选择性学校的例子是东哈莱姆表演艺术学校（East Harlem School for Performing Arts），这是一所关注开放教育的进步主义学校。20 世纪 70 年代，德博拉·梅尔（Deborah Meier）开办了一所中心公园东校（Central Park East），被人认为是该学区最好的选择性学校。该校坚持精华学校联盟（Coalition of Essential School），创立者西奥多·赛泽（Theodore Sizer）的理念聚焦于建立民主的共同体；与家庭和社区建立尊重关系；培养“动脑习惯”、活跃的批判质疑精神，激发学生好奇心，建立自然的竞争驱动力；整合课程，减少教学主题以避免知识表面化；建立学习与现实世界的联系。缩小教学规模是实现这些目标的关键。到 1997 年，该区有 4 所中心公园东校。

学生可跨学区申请多所学校，但是否被录取由学校决定。录取选择权在学校，每所学校掌控自己的项目和招生政策。学校三天内决定招生，有明确规定：学校可接受来自该区以外的学生数不得超过 20%。学生最多可同时申请 6 所学校。申请的第一志愿被拒则可转入第二志愿，以此类推。申请中要求拥有标准化考试的分数、教师写的学生工作习惯评语、出席记录和学业能力。该区内的学校选择是法定的，所以减少了埃尔莫尔（Elmore）所说的“积极选择者”（active choosers）和“消极选择者”（inactive choosers）之间的分化。所谓“积极选择者”，是指主动选择并最终进入最好的项目之人；而“消极选择者”，是指做不了决定的或没有充分信息以做决定的人。1992年，有60%的申请者被其第一志愿接受，30%被第二志愿接受，5%的人被第三志愿接受，剩下5%在咨询家长和教师以后最终被安排到合适的学校。如果一所学校申请者减少，那么必然要调查该校的总体运行情况并对之进行必要的改革。如果对一所学校做了很多工作却还没有长进，该校就要被迫关停。例如，1992年该学区两所学校因未吸引足够多的人申请而被关停。

纽约市高中还实施了许多其他形式的学校选择方案。磁石学校是提供特殊教育项目的公立学校，吸引不同种族和民族的学生。纽约市1997年有300所磁石学校，其中有学术型学校、职业型学校，还有提供学术和职业课程的混合型磁石学校（academic career magnets）。磁石项目组织松散，教育者拥有大量的自主权，激发学校系统诸多创新。学校拥有明确的重点和主题，使学生学习动机和自我认同感增强，最终将学生主体、设施和管理融为一体。但是，纽约市的许多磁石学校还处于实验阶段，未能证明该策略一定能促进学业成就。

在公平问题上，磁石学校引发巨大争议。学业成就高的学生，其家长的参与度高，拥有更多资源，会获得更多信息以进入更高质量的磁石学校，这也就决定了谁能进入最好的学校；相反，许多学生会被安排进入差的或拥有相对较少资源的学校。因为磁石学校可以挑学生，加上学术磁石学校录取的学生数量占总数的一半，那么不可避免地，落后学生会被安排进入较差学校。如果考低分的学生与同类学生被放在同一所学校，那么对该校的所有学生都不利。同伴环境是学生分层的另一种形式；它形成双层的教育系统，准备更充分或学习动机更强的学生会进入更好的学校，而弱一点的学生则留在资助少、缺乏资源的学校。

职业性质的磁石学校通过抽签系统减少种族和民族隔离。纽约市的职业磁石学校建成了一个相对公平的系统，体现在磁石学校的数量相当多，为许多学生提供席位；对于英语不太熟练的学生而言，申请系统相对简单；学校需在随机基础上，不考虑其阅读水平接受学生。但是，该系统仍然造成巨大的内部差异，原因在于贫穷的学生倾向于进入学术上比磁石学校弱的社区学校。有批判的声音认为，“谁进哪种学校与家长信息中心提供的信息有关”，家长越了解自己的学校选择项，就会越积极追求自己想选的学校。

（三）马萨诸塞州：反歧视计划

马萨诸塞州学校选择实验的开始是为了吸引白人进入市中心的学校。20 世纪 70 年代中期，马萨诸塞州为了促进种族融合，拨款建立磁石学校。一开始的数额是 200 万美元，后来增至 500 万美元，再后来包括新建设施和交通费用达到 5 亿美元。[①] 尽管磁石学校扩大了家长的选择范围，却让学校处于更加种族不平等的处境。由于磁石学校能力有限，使申请者感到失望，原本动机强烈的员工和家长纷纷流失，资金也随之转移到非磁石学校。总体而言，磁石学校的招生过程有利于学业成绩更好的学生，排斥了大量少数族裔学生。于是产生了分层的教育系统，剥夺了社区学校的资源。在促进种族融合方面，事实证明磁石学校并没有什么效果。该州承认选择系统如果只依靠磁石学校，只会产生消极作用，于是建议各市试验其他选择形式。

控制选择（controlled choice）应运而生。控制选择旨在通过鼓励所有学校成为选择学校，为所有学生提供高质量的学校，它对表现不佳的学校施压，这些学校面临不改进就倒闭的压力。如果学生没有被其第一志愿录取，就要确保为学生提供同等教育水平的合意的学校选择项。申请者越来越少的学校会得到帮助以促其提高，如果在一段时间内改进未果，这所学校就会被迫裁员或倒闭。控制选择计划的假设

---

① Peter W. Cookson Jr., Sonail M. Shroff, *School Choice and Urban School Reform* (New York: ERIC Clearinghouse on Urban Education, 1997), pp. 25-31.

是只要家长掌握学校信息并有权做决定，学校就不能停滞不前。控制选择是一种家长选择形式，取消依据儿童住址的自动分配，家庭接受咨询并掌握学校选择项的信息后挑选学校，运用这种形式试图达到学校中种族和民族平等。这种新的分配方式由家长偏好、学校容量和种族融合的努力决定。控制选择刺激每所学校更加高效，也鼓励增加低收入和少数族裔孩子家庭的有效参与。控制选择有四大主要目标：一是为处于不同地理位置的所有孩子提供进入所有公立学校的同等机会；二是告知每位家长参与选择的过程；三是给所有学校施压使之逐渐提高，消除居住地基础上的招生；四是有必要的话，弱化强制分配，每所学校都实现种族融合。马萨诸塞州的许多城市，包括剑桥、波士顿和切尔西（Chelsea），都实施控制选择。该州超过 25％的公立学校学生进入了积极鼓励选择的学校。

马萨诸塞州的控制选择比较有特色，而其中剑桥市的控制选择是全国最成功的控制选择计划之一。剑桥市投入资金、资源和时间贯彻该计划，该计划创造了一种同时扩大教育机会平等和提升学校质量的运作模式。幼儿园至 8 年级进入剑桥公立学校系统有 91％的学生被自己选择的学校录取，其中 75％的学生被第一志愿学校录取，16％的学生被第二或第三志愿学校录取。未被志愿学校录取却不愿被分配的学生在等待名单上。学生分配处的官员根据学校席位做出最终决定；但也有家庭对孩子的安排不满，到学校委员会上诉。该市控制选择实施 4 年以后，剑桥市少数族裔学生的数学和阅读成绩超过白人学生。学生出席率增加了 9％。该市 8 年级学生阅读、数学、社会和科学的学业成就超出国际水平。但是，4 年级学生和 12 年级学生低于国际水平。

家长的学校选择参与度很高。家长信息中心（Parent Information Centers）、剑桥市的家长协调员和由 13 所学校安排的家长向导组成共同体，欢迎所有家长参与，鼓励他们积极参与孩子教育的选择，发表观点以提升学校系统，促进了剑桥市学校系统的家长参与度。家长能够掌握关于学校学生和即将入校学生的最新信息以保证信息公平。该中心的使命是满足可能被传统学校系统忽视的非英语掌握者和贫穷家庭。

不过，控制选择模式也受到一些批评：咨询员常常不知道哪所学校缺少有效席位，从而让家长竹篮打水一场空；控制过多而选择过少，反种族隔离导致许多学生非志愿录取，一些批评者认为对种族、民族和性别的控制本身已经造成了选择，因而并未给予家长为孩子自由选择的权利。

（四）密尔沃基市：教育券计划的先锋

学校教育券是能够确保学生进入学生选择的任何一所公立学校或私立学校的现金证明。教育券在招生时得到兑现，公共资金跟着学生走。1991 年 11 月，威斯康星州的密尔沃基市成为教育券选择计划的首个试点。[①] 密尔沃基家长选择项目（Milwaukee Parental Choice Program，简称 MPCP）是限制性的公私立学校都可供选择的教育券计划。该项目专为低收入家庭学生进入私立学校或选择性学校设计，“防止公共款项被补贴给现有的私立学校学生、非贫穷家庭和进入宗教学校的学生”。教育券的现金价值通常等于一位学生在公立学校的花费（1990 年的花费是 2500 美元，1996—1997 学年的花费大概 4400 美元）。被选中学生须符合家庭收入不超过国家贫困线的 1.75 倍且未上过私立学校。每年这类学生的总额被控制在密尔沃基市公立学校（Milwaukee Public School，简称 MPS）当年招生人数的 1%以内。一开始，学校需将通过选择录取的学生人数控制在该校招生总数的 49%以内，而且不能有种族、民族、性别和宗教歧视。由于该项目的成功，1994—1995 学年将其参加人数限制放宽，增至该市公立学校学生的 1.5%，每所学

① Peter W. Cookson Jr.，Sonail M. Shroff，*School Choice and Urban School Reform* (New York：ERIC Clearinghouse on Urban Education，1997)，pp. 32-35.

校可以招收通过选择录取的学生人数达到该校招生总数的49%。

1995年6月，威斯康星州立法允许参加密尔沃基市家长选择项目的幼儿园至12年级学生总数达到7000人，而且可以选择宗教学校。当时教育券的现金价值等于3200美元。放宽人数限制使1996—1997学年的招生数进一步增加，总数达到15000人。面对该项目的扩张，有反对者建议下达暂停命令，其中包括教师工会和美国公民自由联盟（American Civil Liberties Union）。1995年8月，经授权，该项目临时中止。项目中止引发社会反弹，1996年8月，大法官保罗·希根波坦（Paul Higgenbotham）听取关于中止密尔沃基市家长选择项目的辩论以后，立法允许该项目的发展，但排除与宗教有联系的学校。最终，1997年1月，大法官希根波坦判定密尔沃基市家长选择项目违宪，理由是用州资金支持宗教机构，撤销该项目进一步发展的权利。

由威斯康星大学约翰·维特（John Witte）教授组织实施的研究成果《第四年报告》（*The Fourth Report*）指出1994—1995学年密尔沃基市家长选择项目的结果：参加选择的学生和该市公立学校学生成就无显著差异。4年间，学生成就的结果喜忧参半，但从数据上看差异仍不显著。休斯敦大学（the University of Houston）的杰伊·格林（Jay P. Greene）和哈佛大学的保罗·E. 彼得森（Paul E. Peterson）也研究了密尔沃基市的项目。他们发现3年或4年以后低收入少数族裔家庭学生的阅读平均分和数学平均分比对照组的公立学校学生分别高出3%—6%和5%—11%。尽管没有证据表明教育券能够提高学生成就，但是4年中家长对选择的态度和参与度一直很积极。选择性学校的学生家长在学校活动的参与度上比密尔沃基市其他学校高。

（五）特许学校：一种普遍形式

特许学校是公立学校选择运动的又一典型表现，也表达了该运动多样化、自治与选择的理想。特许学校是公立选择学校运动历史上一个重要的转折点。早期的公立选择学校和特许学校的主要差别就在于是否掌握管理权。大多数公立选择学校一直受学区管理部门直接控制。特许学校的典型特征就是比大多数其他公立选择学校更加自主，其中许多特许学校完全独立于学区管理。[①]

特许学校法的发展历程可追溯至1988年明尼苏达州的一次会议，美国教师联盟主席阿尔伯特·尚克（Albert Shanker）在会上谈及给教师机会让他们在公共教育领域创造更多选择。阿尔伯特·尚克受雷·巴德尔（Ray Buddle）《通过特许教育：重建学区》（*Education by Charter: Restructuring School Districts*）一书的影响很深，巴德尔提倡赋权于教师，让教师在学校创造新的项目，即与教师签下合同，允许教师创办和管理学校。此次会议之后，有4个参会者组成团队以期实现“特许”的构想。团队中的一员是乔·纳森（Joe Nathan），他曾是一所公立选择学校的一员，也参与过明尼苏达州开放录取立法。明尼苏达州市民联盟（Citizens League of Minnesota）进一步发展了特许学校的概念，曾发表一份报告倡导建立由当地学校董事会或州教育董事会赞助的特许学校。在一次有该州教育委员汤姆·纳尔逊（Tom Nelson）在场的会议后，市民联盟成员、州学校董事会成员、该州立法者和其他一些人组成临时委员会，提议特许学校立法。几经波折，1991年，法庭终于通过了该法律。1992年，第一个特许学校法律开始运行。[②] 加利福尼亚州也于1992年通过特许学校法律，1993年特许学校法律又得到6个州的批准。到1996年，25个州拥有特许学校法律，并且开办了近300所特许学校。1996—1997年，特许学校采取小班教学，录取人数的中值为150人，超过60%的特许学校录取人数少于200人。到1998年，34个州拥有特许学校法律，并且开办了近1129所特

---

① Richard Neumann, *Sixties Legacy: A History of the Public Alternative Schools Movement, 1967-2001* (New York: Peter Lang Publishing Inc., 2003), p. 208.

② Richard Neumann, *Sixties Legacy: A History of the Public Alternative Schools Movement, 1967-2001* (New York: Peter Lang Publishing Inc., 2003), p. 209.

许学校。[1]

20世纪末，各州的特许学校法律各式各样，有人分析将各州法律分为“强”法（强特许学校法）和“弱”法（弱特许学校法）。“强”法将建立特许学校的权力赋予很多团体，不只允许学校董事会建立特许学校，还允许各种实体建立；允许特许学校开设的课程范围很广，提高教学实践和管理的灵活度，允许建立大量特许学校。“弱”法则认为某些团体建立特许学校不合法，故赋予当地学校董事会否决权；限制课程创新和学校独立的范围，只允许建立少量特许学校。1998年，34个州拥有特许学校法律。其中，21个州的特许学校法律并未赋予当地学校董事会否决权，20个州的特许学校法律承认特许学校在法律上独立，18个州允许生均费用随儿童入学流入特许学校。尽管“强”法看上去可能为教育创新提供巨大空间，但卡罗尔·亚瑟（Carol Ascher）和格林伯格（Arthur Greenberg）研究纽约的特许学校后发现，特许学校法律可能会带来教育创新，但还认识到“课程与教学在保守主义的影响下，提供私人教育服务成为现实”[2]。

1996—1998年，特许学校数量实现4倍增长，这部分归功于两党对特许学校观念都表示支持。对共和党人来说，特许学校将市场引入教育系统，进一步实现公共教育资金跟随学生到达他们所选择的公立或私立学校。对民主党人来说，特许学校支持教育创新与教育机会平等，满足了学生及其家长要求的更广泛的学校选择权的需求，而不再将选择范围限于公共领域。克林顿总统及其教育部长赖利支持特许学校。总体而言，共和党人支持强法，所以由共和党人控制和管理的州

---

① Richard Neumann, *Sixties Legacy: A History of the Public Alternative Schools Movement, 1967-2001* (New York: Peter Lang Publishing Inc., 2003), p. 210.

② Richard Neumann, *Sixties Legacy: A History of the Public Alternative Schools Movement, 1967-2001* (New York: Peter Lang Publishing Inc., 2003), p. 210.

特许学校更加流行。①

三、运动的结果与影响

学校选择在一些地区受到欢迎而进行得轰轰烈烈，在另一些地区则因热情不够而不得不重新策划“选择”方案，但无论如何都无法否认，学校选择运动从兴起之际就与“自由”“优异”“公平”和“创新”等词语联系在一起，可是结果是否如愿目前尚无定案。

明尼苏达州的开放招生方案提供了在一定范围内“自由”选择的权利，也即扩大了选择范围；该州增加可供选择的学校和教育项目为家长和学生找到更优质和更适合的教育提供了可能性，为许多无法入学的人提供了教育机会；该州特许学校因为提供小而精、具有创新性的课程而受欢迎。然而，表面上学校选择和这些积极的词语相联系，可至今没有确凿证据表明学校选择和教育的优异或公平有直接的正向相关。

不似明尼苏达州的学校选择那般如火如荼地开展，纽约市的学校选择进展因为政策信息公开程度不够而耽搁，公众对学校选择热情不高，诸多增设的选择性学校也因为资金或学校工作本身而被迫倒闭。磁石学校虽与教育创新相联系，却也不能证明其促进学业成就。纽约市的社区学区 4 计划成为学校选择的成功案例，归其原因在于社区的努力、对平等的强烈渴望，如其措施具体到简化申请系统的语言等细节，但是在其实施过程中仍然受到资金不足的阻碍，也因为家长接受信息的充分度不够而备受诟病。

马萨诸塞州的磁石学校计划本意是反对种族隔离，其结果却适得

① Richard Neumann, *Sixties Legacy: A History of the Public Alternative Schools Movement, 1967-2001* (New York: Peter Lang Publishing Inc., 2003), p. 211.

其反，磁石学校中的资金流失加重学校不利处境。针对该州磁石学校的失败，控制选择通过家长的“自由”选择给学校施加压力以图促进教育优异，可是也被质疑为“控制”过多而选择过少，对家长“帮助与指导、信息与压力之间界限模糊”的状况往往使孩子落入非志愿的学校。

密尔沃基市的教育券计划一开始作为处于弱势学生的补偿性教育计划以期促进教育公平，但它客观上造成公共的教育资金被投放到公立和私立学校同时存在的教育“市场”，造成公立学校和私立学校之间的竞争。教育券的推行和学生成就也没有正向相关，另外家长和学生还不满于去离居住地更远地方上学造成的交通不便。

特许学校是通过“公办私营”方式提高学校自主权的一类学校，其观念因兼顾教育优异和公平而拥有更多生存和扩张可能性。然而，特许学校追求的办学观念和现实中的办学结果也不必然重合，特许学校至今的发展势头依然强劲，赞美与质疑也同样盛行。

综上可见，从各种各样学校选择教育政策和新增选择教育项目的初衷看，似乎都可能导向教育优异和公平，而现实往往并不能完全如愿。在上述案例中，除了社区学区 4 的案例有明确证据表明其在教育优异上确有提升之外，其他案例都没有确凿证据证明学生学业结果方面的长进，况且在社区学区 4 的案例中，其学业结果显著提高的原因尚不能确定是否由“选择”引发，也有可能是资金和精神上的支持，更不用说选择还造成了更多教育不平等的案例。所以，“选择”或许未必带来教育优异与公平。

第三节 学校选择新动向

进入 21 世纪，学校选择运动依然在继续，在各种教育改革中以各种形式体现。

一、《有教无类法案》

乔治·布什总统提出的《有教无类法案》得到了议会两党的支持。其最显著特点：各州唯有达到标准，才能得到政府专项基金（Title Ⅰ）。该法案目的是强化1994年颁布的《美国学校促进法案》（*Improving American Schools Act*，简称IASA）。《有教无类法案》定下的目标：2014年之前实现受政府专项基金补助的各州学校阅读和数学学业表现达到或超过熟练水平。

《有教无类法案》的全部内容超过1000页，重点有这样几个方面：一是各州规定学业水平标准。每年各州为3—8年级和11年级设立阅读和数学考试的标准，即达到年度学业项目（Academic Year Program，简称AYP）。二是采用问责制。如果学区学校没有达到这一标准，则认定该学校这一年“失败”。要求教核心课程（core curriculum），包括阅读、数学、科学和历史等；也要求聘用合格教师，须持本科文凭，通过州的教学考试，拥有该州教师资格证或同等效力证书。三是学校选择。只要某学校连续“失败”两年，家长就有权让自己的孩子转学。家长可以选择有良好表现记录的学校，并切由原学区提供交通补贴。四是“改过行动”（corrective action）。被认定为“失败”的学校有4年时间“改过”，“改过”有很多方式，如更新课程、延长在校时间、重组学校和另聘教师等。第五，学校“重建”。5年后，如果该校“改过”没有成功，依然是“失败”学校，就会失去被家长选择的机会，要接受“重建”，转制为特许学校。由此可见，《有教无类法案》为学校选择提供了统一的法律根基。该法案假设问责制下“失败”的公立学校倒闭，通过“重建”变成公众集资、私人管理的特许学校就能够填补公立教育的质量缺口。然而，此缺口能否被填补，这一假设能否成立，尚待证明。

2009年的经济危机使美国经济陷入困境，联邦政府发起“力争上游”项目（the race to top），发动争取特许权的竞争：投入43.5亿美元吸引各州进行“系统的教育改革”（system reform strategy）。为获得特许权，经济拮据的州创建了更多的特许学校，与联邦政府签署合同承诺自愿达到全国标准（voluntary national standard）。于是，各州制定新的标准以符合全国标准，并切建立与之相应的评估系统和数据系统。各州竞相争取特许权，对“力争上游”趋之若鹜。

然而，《有教无类法案》并没有实现2014年目标。更糟糕的是，因为各州片面追求联邦拨款带来了严重后果。一方面，如大卫·科亨（David Cohen）和苏珊·莫菲特（Susan Moffitt）在他们《平等的拷问》（*The Ordeal of Equality*）中指出的，总统和政策制定者追随各州自身所设立的标准和熟练水平指标，结果各州将标准一降再降以增加统计上达到熟练水平的学生人数。[①] 另一方面，《有教无类法案》促使学区、学校和学生均以考试分数判断学校质量，学生只需在机读卡上填写选择题选项即可，不再需要具备批判性思维和想象力。

这一法案使教育改革变得急功近利。该法案并没有规定任何课程，学校自由制定课程。也就是说，各学校的教学内容在某种程度上由其自由决定。一方面，该法案要求学区公开年度考试分数，学生分数高的学校会获得奖励，人们会期待学校“出产”高分；另一方面，公众可能也会尴尬地等待不太好的学校表现再差一点而进入“改过”行列。在众多城市中心学校中，分数似天使，又似魔鬼。在分数驱动下，学校中形成狂躁不安、高度紧张的氛围，往往出现孤注一掷、铤而走险的行为。教师教学只为考试而教，于是学校削减课程，集中于考试课，边缘化非考试课；出现大量作弊行为，如篡改成绩、篡改答案；教师

---

① David K. Cohen, Susan L. Moffitt, *The Ordeal of Equality: Did Federal Regulation Fix the Schools?* (Cambridge: Harvard University Press, 2009), pp. 1-17.

重视接近标准的学生，忽视掉队太远的学生。

该法案的结果恰恰没能实现“不让孩子掉队”，如科亨和莫菲特所说，凭借教师的努力，让所有孩子达到熟练水平是实现不了的。事实上，每年有1000所学校掉队，即没有完成年度学业项目。① 而教师替政治受过，成为没有完成年度学业项目这一教育难题面前的头号罪人，教师薪酬低于其他专业领域的从业者。②

二、2011年美国学校选择的新进展

2011年是美国学校选择取得重要进展的一年，已在进行学校选择项目的州仍在扩张项目，很多州又新创立了一些学校选择项目或增大投入，如亚利桑那州在2009年州宪法中规定教育券违背宪法，通过了教育储蓄账户（education saving accounts）以供特殊需求的学生上选择性学校③。佛罗里达州不仅增加了资金投入，允许更多学费抵税奖学金形式，还扩展了残疾学生麦凯奖学金（McKay Scholarship）。佐治亚州学费抵税奖学金（Tax Credit Scholarship）项目进一步发展，至2011年学生奖学金的数额已经达到5000万美元。印第安纳州立法通过了全国最大的学校教育券项目——印第安纳学校选择（School Choice Indiana），旨在帮助低收入和中等收入家庭。北卡罗来纳州启动为特殊需求的学生设置的学费抵税项目，而且特许学校限制数量在之前100所的基础上有所增加。俄亥俄州的教育券项目使有资格使用教育券的学

---

① David K. Cohen, Susan L. Moffitt, *The Ordeal of Equality: Did Federal Regulation Fix the Schools?* (Cambridge: Harvard University Press, 2009), pp. 17-44.

② David K. Cohen, Susan L. Moffitt, *The Ordeal of Equality: Did Federal Regulation Fix the Schools?* (Cambridge: Harvard University Press, 2009), pp. 130-178.

③ Marion Herbert, "The School Choice Movement Marches Forward in 2011," *District Administration 7*, 2011: 17.

生增加了4倍，该州克利夫兰奖学金和家庭教师项目（Cleveland Scholarship and Tutoring Program）还投入资金为有特殊需要的学生新设了项目。俄克拉荷马州也通过了该州第一个奖学金学费抵税项目。犹他州增加了特殊需要奖学金项目（Carson Smith Special Need Scholarship Program）的投资。总统巴拉克·奥巴马想要逐渐废除华盛顿特区机会奖学金项目（D. C. Opportunity Scholarship Program），而议会却使之复苏，给低收入学生提供奖学金进入私立学校。威斯康星州2011年密尔沃基市家长选择项目继续扩大，成为全国持续时间最长的学校选择项目。

对于这些新项目，学校选择的反对者认为这是在转移本属于公共教育系统的资金，而支持者认为这给低收入的学生和有特殊教育需求的学生提供了平等受教育的机会。

三、新世纪的特许学校

新世纪特许学校在全国扩张趋势迅猛，作为最早（1992年）开办特许学校的明尼苏达州，至2011年特许学校招生人数达全美中小学人口的4%。俄亥俄州的代顿市（Dayton）有三分之一的学生就读特许学校，华盛顿特区有40%的学生在特许学校。[①] 支持特许学校的人相信这些政策会为孩子提供比一般公立学校更好的教育，家长、教师和学区的工作人员“几乎一致认为学校选择确实是满足学生兴趣与需求的有效方式”[②]。然而，依据一个综合的特许学校评估，只有17%的特许学校考试分数高于对照组的公立学校，37%的特许学校学生考试分数低

---

① Jack Jennings, *Reflections on a Half-Century of School: Why Have We Fallen Short and Where Do We Go from Here*, Center on Education Policy, 2012: 1.

② Richard Neumann, *Sixties Legacy: A History of the Public Alternative Schools Movement, 1967-2001* (New York: Peter Lang Publishing Inc., 2003), p. 212.

于公立学校，其余特许学校学生考试分数与一般公立学校无差别。尽管证据表明学校选择运动并没有使教育有所提升，然而学校选择运动并没有衰落迹象，这或许是因为家长满意于较为自由的学校选择权，但是从总体而言他们孩子的学业成就并没有比待在一般公立学校更高。所以，“这是一个信念战胜证据的有趣案例”①。

把市场引入公立学校带来的问题是，企业式的学校和教师培训破坏了教师工会所苦苦追求的许多准则。大多数特许学校没有工会合同，也不要求教师持证上岗。例如，爱迪生这样的企业似乎有吞并整个城市学校系统的野心，爱迪生学校公司于 2001 年管理 16 个州的 79 所公立学校，它不断扩张特许学校，甚至整个城市学校系统。2002 年，爱迪生学校与另外两家私有企业——总理信标学院（Chancellor Beacon Academies）和胜利学校（Victory Schools）计划要管理超过四分之一的费城学校系统，而费城学校是全美第五大学校系统。爱迪生学校还推出自成一家的教师培训计划，并且提议给教师提供认证项目。美国教师联盟（the American Federation of Teachers）主席桑德拉·费尔德曼（Sandra Feldman）这样评价爱迪生学校的教师培训计划：“该计划类似一个企业培训项目，而不是为了提高教师质量。”教师工会也质疑其特许学校的问责制，因为爱迪生公司管理的许多州的特许学校并未进入标准化考试项目行列。②

特许学校招生还存在种族隔离问题。凯西·科布（Casey Cobb）和金·格拉斯（Gene Glass）发现亚利桑那州近一半特许学校存在大范围种族隔离，而该州特许学校数量接近全国特许学校数量的四分之一。总体而言，特许学校白人录取数量比该校附近的传统学校高 20%。少

① Jack Jennings, *Reflections on a Half-Century of School : Why Have We Fallen Short and Where Do We Go from Here*, Center on Education Policy, 2012:1.

② Richard Neumann, *Sixties Legacy : A History of the Public Alternative Schools Movement , 1967-2001* (New York: Peter Lang Publishing Inc. , 2003), p. 211.

数族裔学生占多数的特许学校基本都是职业初中，这种学校的学生毕业后进不了大学，因此被传统学校开除的学生视这些学校为应急项。特许学校学生的多元化受到限制。①

尽管学校选择、特许学校和其他公立选择学校对整齐划一的传统教育的影响不是很大，它们却成为引起公共教育发生巨大改变的强劲力量。尤其是特许学校，对维持和复兴公立学校选择运动起了很大作用。特许学校一直在努力创建一个多样化、高质量的教育系统，该系统允许学生选择他们想进的学校，虽然特许学校本质上只是更自主的公立选择学校，而且最好地发扬了选择学校运动的精神。

结语：一场“脱轨之旅”？

学校选择运动是一场历时较长、涉及面较广、政府参与度较高的教育运动。从运动的初始一路走来，左冲右突，摇摇摆摆，似一场“脱轨之旅”。不过，此处的“脱轨”是中性词，既反映了学校选择运动并未完全遵循初衷，也体现了“学校选择”一词历经时代的涤荡实现着内涵的再创造。

一、“学校选择”脱离初衷

不管是为逃避种族融合与实现课程创新而建的早期选择性学校，还是为实现种族融合而建立的磁石学校；不管是以继续学校为代表的20世纪80年代追求“优异”而遭人诟病的选择性学校，还是20世纪90年代以后以特许学校形式兴起的学校选择，都在一定程度上脱离了

---

① Richard Neumann, *Sixties Legacy : A History of the Public Alternative Schools Movement ,1967-2001*(New York:Peter Lang Publishing Inc. ,2003),p. 212.

“选择”曾经构想的“轨道”，即表达孩子及其家长选择适合学校的自由意志，即家庭及孩子对教育的选择权。现实反而更多地指向学校的自主权，强调学校的自主办学权力。虽然学校的自主权也尚未完全实现，但对家庭而言，只有那些手握足够教育资源的家庭才可能拥有教育市场上的选择权。于是，选择权利不仅没有到达学生和家长手中，还“反转”到学校——学校拥有选择学生的权利。而许多家长依然没有充足的资源或信息进行选择，又或者“在选择被视为万能药的情况下，生活及包括学习在内的各方面变成了持续寻找廉价消费品的过程，而不是寻求真理、知识、想象力和正义的过程”。①

表 27　不同时代选择性学校的创建目的

时期	学校	目的
建国前	（构想）	自由意志
20 世纪 60 年代	“白人出逃”学园	逃避种族融合
	自由学校	课程创新
20 世纪 70 年代	磁石学校	种族融合
20 世纪 80 年代	补习机构	追求“优异”
20 世纪 90 年代	特许学校	追求优异教育

20 世纪 80 年代学校选择运动开始——“选择的时代”来临时，“选择”已经偏离其教育理想，即民主而充满温情的教育。20 世纪 80 年代“回归基础”的“继续学校”大量存在，这些学校为低学业成就、不适应公共学校的“问题”学生设立，是追求“优异”背景下产生的补习机构。首先，20 世纪 80 年代的继续学校最明显地体现了这一时期

① ［美］亨利·A. 吉鲁：《教育与公共价值的危机：驳斥新自由主义对教师、学生和公立教育的攻击》，吴万伟译，中国人民大学出版社，2016，第 21 页。

选择性学校的补习机构性质，而不是能与传统学校同日而语的可选择项，其课程和教学目标的设置几乎是传统学校的拙劣模仿；其次，学生并非通过自己选择而被录取，选择性学校是传统学校中的不适应学生和辍学学生的“无奈之选”——没有选择时的勉强选择；再次，这些学校无关乎民主原则或学生兴趣，在学习环境上相对于传统学校，更具温情的选择性学校只在少数。

理论上，学生及家长学校选择范围从原先限制在学区内扩大到学区以外，这一“挑选”过程导致学校背负“竞争—淘汰”机制的压力，从而迫使学校提升办学质量，但实际上加剧了学生分层。一方面，将所谓的“正常”孩子和“十分好”“十分差劲”的孩子分离到不同学校；另一方面，家庭分层（家庭分层体现在每个家庭所占有的教育资源质与量的差异）也成为孩子分层的巨大推手。例如，尽管磁石学校扩大了家长的选择范围，却反而让学校陷入更加种族不平等的处境。纽约市磁石学校项目引起的“挤压过程”（creaming process）造成的分层的教育系统就是一个例子。① 也因此出现选择大潮下的“积极选择者”——那些通过选择最终进入最好或最适合项目的人和“消极选择者”——做不了决定的人或未充分掌握做决定所需信息的人。

总体而言，学校选择运动给学校带来了相对的自主权，却少有给学生及其家长带来实质上的“选择权”，很多所谓的选择性学校成为“问题”学生的补习学校。另外，公共学校之外的学校大多只是传统公共学校的变体，二者趋向同质而未切实构成公共学校之外的可选择项。

---

① Peter W. Cookson Jr., Sonail M. Shroff, *School Choice and Urban School Reform* (New York: ERIC Clearinghouse on Urban Education, 1997), pp. 16-24.

二、“学校选择”的内涵再创造

如果说“学校选择”在其历史进程中“脱轨”，那么这个“脱轨”当属中性词，它既有其消极一面，也意味“学校选择”随时代变迁实现了自身内涵的再创造：不同时代的“学校选择”体现了它现实的积极内涵，因而在今天的美国教育领域仍有一席之地。

早期的选择性学校——白人创建“白人出逃”学园抵制种族融合，或者是自由学校在教育上的“反文化”行为，抑或磁石学校前期维护种族融合的政府行为，还是后期转向高质量教学的目标，都是利用“学校选择”联系现实的具体反映。就算到20世纪80年代之时，沦落为补习机构的选择性学校也确实在一定程度上“造福”了被称作“别人”的那类学生，如研究者迪尔德丽·凯利（Deirdre Kelly）所言：“作为知识的奴隶，制度契约可能会强制规定叛逆的孩子和成绩差的孩子必须离开，但不同的是，继续学校试图让这些学生与教育事业重建联系。”[①] 也就是说，虽然许多人不看好选择学校，但20世纪80年代的一些家长和教育者看到选择学校为问题学生和其他一部分学生带来高质量和高效率的服务。因此，教育理想与现实之间的差距、政策颁布与实施之间的鸿沟在所难免，“学校选择”被放在任何一个社会、任何一种制度都不可能实现完全的自由与平等，它若能在某种环境中实现一定意义和一定程度上的“自由与平等”已算完成了其历史使命。与“配给”相比，教育市场化的“选择”只是资源配置的方式之一，两者各有优劣，二者的较量只是不同利益群体“制度上的较量”而已；本质上，学校选择机制不过是在义务教育体系的国家意志中加入个人

① Richard Neumann, Sixties Legacy, *A History of the Public Alternative Schools Movement ,1967-2001*(New York: Peter Lang Publishing Inc. ,2003), p. 202.

的选择机制。

三、保守主义与新自由主义占据上风

纵观“学校选择”的历史，我们看到它在美国已然走过半世纪，其内涵在发展过程中持续又缓慢地变化着，当今美国的学校选择政策更多是保守主义和新自由主义在教育上的凯旋，即利用市场化实现教育资源占有的阶级分化。

20 世纪 80 年代以后，“学校选择”和“教育的市场化”这一更为隐蔽却充满希望的词语被用来实施教育领域的控制和霸权，政客与商人联手利用“选择”这一意向制造“平等与自由”的幻象，象征主义（tokenism）的戏法屡试不爽。“当公立学校作为产业或潜在、利润丰厚的投资来运作时，它们简直就变成了控制中心，维持着意在惩罚那些因为种族和阶级而被边缘化的年轻人的惯例。”

如今仍受追捧的特许学校着实是一个信念战胜证据的有趣案例，它的“有趣”之处就在于，在没有确凿证据表明学校选择能提高教育质量的情况下，实用主义盛行的美国竟还有很多人对这一学校选择形式充满信任。为什么呢？因为美国人相信所谓的“平等与自由”，然而若我们考察政策制定的出发点与实践过程的出入，不同质量选择学校和选择失败的家庭阶级构成，不同阶级家长对孩子教育的期待、关注和选择意识，回到这些真实的教育“细节”中去，真相昭然若揭：学校选择隐退和淡化了种族问题，却造成了阶级固化，成为甄别和分层的新工具。

【主要参考文献】

一、中文参考文献

[美] 埃尔查南·科恩. 教育券与学校选择 [M]. 刘笑飞，等译. 北京：北京师范大学出版社，2008.

[美] 亨利·A. 吉鲁. 教育与公共价值的危机：驳斥新自由主义对教师、学生和公立教育的攻击 [M]. 吴万伟，译. 北京：中国人民大学出版社，2016.

[美] 拉塞尔·邓肯，约瑟夫·戈达德. 当代美国（第二版）[M]. 北京：中国人民大学出版社，2009.

[加] 莱文. 教育改革——从启动到成果 [M]. 项贤明、洪成文，译. 北京：教育科学出版社，2004.

[美] 迈克尔·W. 阿普尔. 文化政治与教育 [M]. 阎光才，等译. 北京：教育科学出版社，2005.

[英] 约翰·穆勒. 论自由 [M]. 严复，译. 北京：北京联合出版公司，2013.

杨梅. 美国特许学校运动研究 [M]. 北京：人民出版社，2014.

陈露茜. 论 20 世纪 80 年代“学校选择运动”中的意识形态冲突 [J]. 浙江大学学报（人文社会科学版），2015（3）：166-176.

黄学军. 平等视野下的学校选择：类型、评价与实践 [J]. 比较教育研究，2013，35（2）：52-57.

阎凤桥. 美国学校选择改革——来自卡内基教学促进委员会的评价 [J]. 北京大学教育评论，2004（1）：53-56.

尹力. 试述父母教育权的内容——从比较教育法制史的视角 [J]. 比较教育研究，2001（11）：11-16.

杨梅. 论特许学校对教育公平的现实拷问：促进公平，还是制造不平等 [J]. 比较教育研究，2014，36（8）：104-110.

祝贺，张斌贤. 美国公共教育种族隔离合法性的确立：普莱西案

始末 [J]. 四川师范大学学报（社会科学版），2013（2）：71-76.

赵林. 美国新左派运动述评 [J]. 美国研究，1996（2）：40-58，4.

二、英文参考文献

Paul E. Barton. The Education Reform Decade. Policy Information Report[M]. Princeton: Educational Testing Service Policy Information Center, 1990.

Peter W. Cookson Jr., Sonail M. Shroff. School Choice and Urban School Reform[M]. New York: ERIC Clearing house on Urban Education, 1997.

Richard Neumann, Sixties Legacy. A History of the Public Alternative Schools Movement, 1967-2001[M]. New York: Peter Lang Publishing Inc., 2003.

Marion Herbert. The School Choice Movement Marches Forward in 2011[J]. District Administration, 2011(7): 17.

Jack Jennings. Reflections on a Half-Century of School: Why Have We Fallen Short and Where Do We Go from Here[J]. Center on Education Policy, 2012: 1.

Judith, Kafka. Free Schools, Free People: Education and Democracy after the 1960s by Ron Miller; Sixties Legacy: A History of the Public Alternative School Movement, 1967-2000 [J]. History of Education Quarterly, 2005, 45(1): 134-138.

Richard Neumann, Sixties Legacy: A History of the Public Alternative Schools Movement, 1967-2001[M]. New York: Peter Lang Publishing Inc., 2003.

Policy Information Report, Educational Testing Service. The Education Reform Decade[R]. Princeton, N. J.: Policy Information Center, 1990.